成本书殿系列丛书

房地产项目招标采购案例实录

上册

组编单位　克三关（上海）科技有限公司

主　　编　胡卫波　吴永荣

副 主 编　李茂东　张晓燕　王　毅　王雄伟

参　　编　刘　航　赵金杰　江　鹏　李　寅
　　　　　李　杨　胡计兰　王　刚　孙　瀚
　　　　　杨　荣

主　　审　赵　丰

本书是招标采购管理四部曲的第一册,书中通过实录房地产项目招标采购的典型案例,并通过招标复盘,对招标成果进行了定性、定量的分析和总结,系统性地归纳出了房地产项目招标采购管理的思路和基本方法。为新周期下房地产开发向"高周转、低成本"的高效、精细化运作和管理,在招标采购环节的具体思路和应用提供了方向与参考样本。招标采购工作涉及项目开发建设的各个职能部门及方方面面,包括项目管理、建筑设计、施工、经济、法律、风险等多个专业,本书以实际案例为剖析样本,提供了全过程实操总结,力求能帮助房地产从业人员减少招标采购这个专业复杂度高、岗位敏感度高、工作强度高的工作的技术难度和职业风险。

本书适合于从事房地产开发项目招标采购管理、成本管理、预结算管理的房地产开发企业、全过程咨询企业等专业人士学习使用。

图书在版编目(CIP)数据

房地产项目招标采购案例实录. 上册/胡卫波,吴永荣主编. —北京:机械工业出版社,2021.1

(成本书殿系列丛书)

ISBN 978-7-111-67094-0

Ⅰ.①房… Ⅱ.①胡… ②吴… Ⅲ.①房地产–招标–案例–中国 Ⅳ.①F299.233

中国版本图书馆 CIP 数据核字(2020)第 252713 号

机械工业出版社(北京市百万庄大街 22 号 邮政编码 100037)
策划编辑:薛俊高 责任编辑:薛俊高
责任校对:刘时光 封面设计:张 静
责任印制:孙 炜
北京联兴盛业印刷股份有限公司印刷
2021 年 1 月第 1 版第 1 次印刷
184mm×260mm・31 印张・766 千字
标准书号:ISBN 978-7-111-67094-0
定价:128.00 元

电话服务   网络服务
客服电话:010-88361066   机 工 官 网:www.cmpbook.com
        010-88379833   机 工 官 博:weibo.com/cmp1952
        010-68326294   金 书 网:www.golden-book.com
封底无防伪标均为盗版   机工教育服务网:www.cmpedu.com

丛书编委会

主 任 委 员
赵 丰

副主任委员
胡卫波　　刘 航　　袁满招　　唐 艳　　王雄伟

编 委

刘爱娟	邓 彬	余久鹏	欧岚杰	罗 雷
陈 晨	张瑞炫	吴永荣	李茂东	张晓燕
王 毅	赵金杰	李 红	江 鹏	李 寅
李 杨	胡计兰	王 刚	胡学芳	孙 瀚
梁艳娟	叶大军	刘 涛	毛凌凯	潘晶晶
杨 荣	裘子晗	肖 雄	马 宁	车其昌
尹永超	李张博	孟庆春	孙连宗	汤明军
韩学民	路福和	邹秀峰	赵拥国	吕少华
金 龙	覃赛玉	庞天泳	张 静	肖新蕾
吕思洋	谭 明	万华荣	林柏霞	赵 平
喻海洋	张丽敏	张 阳	程 伟	徐尊主
李仲周	巩文文	陈又亮	李亚峰	刘 波
易 艺	李火元	瞿 佳	安 强	吴池光奇
李 元	李朝伟	柴志国	陆小武	王卓荣
张 淼	雷 明	王 巍	张漫玲	

序

房地产招采人[一]不容易。

在房地产开发企业的诸多部门及岗位中，招采较为特殊，这从很多企业的人事安排就可初见端倪。招采工作做好了，可以视为是最重要、最有技术含量、最有前途的；做得不好，也可能认为只是简单地走走流程、没有技术含量、没有前途的。做到第一种状态的有，处于第二种状态的也不在少数。不是大家不努力，招采人确实不容易。

招标需求一直在改

计划没有变化快，在房地产开发项目上更是如此。理论上每一个项目需要签订的合同类别和数量基本可定，根据工程进度计划，就可以直接倒排招标计划。但由于实际操盘方式的特殊性，现场工作推进时间受前期规划调整、设计不断地修改及工程现场各类不可预见因素的影响，招标计划也是一直在改。标杆企业一般会在项目动工前排定整个项目的全景周期计划，但是，就算是国内各家竞相学习的优秀企业，也需要每两周在项目公司组织的沟通协调会议上根据实际情况梳理、调整各项招标计划。

不是招采人不愿意到工程现场"与时俱进"，及时了解现场的需要。能定期到现场对接工作，这对于招采人来说实际上很难做到。在实际工作中，招采岗位一般被时间追得很紧，未按时定标就会影响现场进度且背负相应的绩效考核，如果项目为远郊盘或项目地与办公地不在一个城市，那么就会更可能由于出差时间难以安排、出差成本高等原因导致难以下到现场。而大多数公司又没有驻项目招采人员的编制，由此导致关于招标计划的沟通基本上是通过打电话、开视频会议等线上方式。还有现场工程师与招采人员在某些方面考虑问题的角度不同，导致对接招标计划时多少都会存在"步调不一致"的情况。

近期计划突发、中期计划遗漏、远期计划不准，这是时常会出现的情况，由此导致招采工作被动、效率低、疲于"救火"，成为招采人心里的痛。

设计图纸一直在改

无论是由谁来编制招标工程量清单，设计图纸皆是必要条件。而我们身处高周转开发模式的情境下，设计周期较短，设计图纸提供不及时、质量精细度不高成为制约招标质量和效率的重要因素之一。

被戏称为"图纸搬运工"的设计部门同事也很无奈，面对项目开发周期尽可能压缩的目标及各类设计制约条件的不确定性，导致收到设计院发的图纸后要求当天或在极短的时间内下发，几乎没法安排出合理的审图时间，这也是设计部门同事一直抹不去的"心伤"。

[一] 从事招标、采购的实施及管理人员的简称，本书余同。

为配合早开工，招采部门通常只能以"招标版"的设计图纸提前进行招标，这很容易导致在定标后出现图纸版本差异而引起的合同总价调整风险，极端情况甚至出现过某商业综合体项目的图纸版本在结算时已有了50多个版本。加之招标版图纸上很多详图缺失，设计人员往往未能到现场踏勘而根据"标准设计条件"出图，导致产生了大量的招标答疑问题，影响回标效率、增加回标次数，并为合同执行过程中出现新增项目的核价困难、施工内容及工程量与招标不一致导致索赔等履约争议埋下了隐患。

投标单位一直在换

每一个合同执行部门都有自己的诉求，工程部想要一家"配合好"、能抢工、质量好、不追着要工程款的承包单位；成本部想要造价人员能力强、核价核量配合效率高的承包单位。而实际情况是，房地产公司付款不及时、现场工作面移交不及时且工期关门时间不延后、对施工单位上报的各项资料处理不及时、施工单位在项目现场遇到的各类问题长期得不到有效的解决且无专门的渠道可以反馈等。合同执行部门不断地反馈这家单位有问题、那家单位不配合，需要补充新的好的单位。由此，造成合作良好的承包单位的合作意愿逐渐被消磨殆尽，合作一般的承包单位开始往不好的方向发展，合作不好的单位则可能爆发出扯皮、甚至停工等更大的问题。同时，再次投标时，"吃过亏"的单位可能会在报价中考虑一定系数的"风险费用"，最终导致投标价格偏离"合理报价"。

承包单位大都不是抱着"扯皮闹事、只做一锤子买卖"的心态来投标的，而是有着"做好第一单、争取长期合作"的初心。绝大部分合作不愉快的情况，背后可能主要有三个原因：

（1）在考察入围阶段，没有向投标单位交代清楚付款方式、工程管理规范等合作条件，实际情况与其之前预期情况差别较大。

（2）在招标阶段，没有将现场情况及可能影响价格的因素尽可能地落实清楚或者没有写明白，习惯性地以一句"投标单位自行踏勘现场，所有影响报价的因素自行考虑在报价内"就把所有风险全部转嫁到投标单位。

（3）部分管理人员的官僚主义习气严重，主动帮施工单位解决问题的意识较淡薄，施工单位的合理诉求长期得不到解决。

以上情况，导致供方库内的合作单位因甲方主动淘汰、单位合作意愿减弱等原因减少，由于根源问题得不到解决，新补充入库的单位往往会重复这个恶性循环，导致库内单位不稳定，合作默契、彼此认可的长期合作单位总是不够。

当然，我们也不能以点概面、以偏概全地用上述三大现状掩盖了设计、成本、工程等部门同事辛苦的付出及优秀的工作绩效。但上述三人现状确确实实在各家房地产开发企业或多或少地存在着。同时，招采团队中也存在一小部分业务能力偏弱、责任心不强的伙伴。

综合看来，招采人所面对的不是一个单纯的技术性工作，而是一个更需要管理技能和管理情商的综合性岗位。

要做好招采工作，不仅需要具备成本造价的专业基础和工程管理的现场经验，还要有一定的开发报建、财务、法务等相关业务知识。日常工作虽然基于技术业务能力，但更需要有优秀的策划、组织、协调和处理问题和矛盾的能力。当然，最难的是还要有持续性加班和坚韧的抗压能力。

如何才能更好地完成招采工作？这是一个很大的课题，我想至少可以从两个方面来看待这个问题和做出我们的努力。首先是做好基本面工作：例如做好背调、充分沟通，严格把控入库单位的质量；合理排布招标计划，及时完成招标定标；持续做好履约跟踪，协助解决各种现场问题。其次，努力为公司创造"增值服务"。例如通过不断地招标复盘和对履约问题的分析与处理，协同相关部门一起找到问题背后的根本原因，从源头制定预防及管理对策，把"以人的能力和责任心执行工作"逐步过渡至"以工作体系方法及标准流程框定人的行为方式及行为准则"上来。通过组织招标复盘及优化工作安排，反哺内部管理，实现协助设计优化、工期优化、现场管理等全系统的优化等，提升项目整体开发能力及完善公司管理体系。通过以上"理想"，实现工作顺了、项目好了、公司好了的目标，招采人的价值也会得到更高的认可。

理想很丰满，但不是不可实现。有了理想，就有了目标和方向。招采人不容易！招采人也大有可为！

招采同行们，且行且珍惜，且行且自豪！

江 鹏

2020年10月15日

前　言

招标采购部，是房地产开发企业中加班最为普遍的一个部门。只要还在拿地，这个部门就不可能有闲下来的时候。尤其是在高周转、严控成本的今天，招标采购人员更是冲在一线，用聪明才智和加班熬夜来不断地压缩招标周期、降低定标价格水平的急先锋。

经验总结、同行交流、信息化，有助于提高专业化水平，有助于平衡好缩短招标周期和提高工作质量这两个目标。但由于招标采购的特殊性，即使是同一家企业、同在招标采购部，同事之间也要遵守纪律，彼此之间的工作内容并不经常沟通，任何有关招标采购的信息外流都可能影响招采工作的正常进行和最终的定标结果。部门之间或企业之间就更难实打实地进行信息交流了，加之每一个招标背后有着大量的资源整合和信息处理，想说全且说清楚，凭几句话或几条微信，不可能做到。

经验总结是进行同行交流和信息化的基础。没有经验总结，同行们在相互交流和学习时难以有满意的深度，也容易空对空。没有经验总结，信息化工作可能出现"用别人的软件管理自己的工作"，最后软件反成累赘这样的怪象。

地产成本圈一直致力于在招标采购这个主题上征集更多的原创性经验总结，但五年来一直进展缓慢。2019年6月，终成一书。共13位参与者，从前期策划、过程管理、供方管理、职业生涯管理这四个方面贡献了70 000余字，我们以成本内刊的方式出了《招采管理》，这本书得到了广大同行的认可和喜欢。2020年初，我们想把这本书进行系统性整理、增加几篇案例、增加50%的内容后正式出版。在公众号征集读者意见过程中，大量的读者表达了购买意向；在征稿过程中更是得到诸多同行的响应，参与作者数量成倍增加，故原计划的一本书变成了案例册、管理册两本书，拟先后出版。在案例册的征稿过程中，我们的作者普遍地写完一篇案例后，意犹未尽，一鼓作气地写了第二篇、第三篇，甚至写到第八篇。现在，我们计划出四本书，案例三本（上册、中册、下册）、作业指导一本。相信在这一套书出版后，会有更多的同行参与原创性的分享，也会有更深层次的原创性分享。

有案例后，可以先做到言之有物，继而再做到言之有理。有案例，最大的好处是我们在进行经验总结、继而在同行之间讨论某个工程的招标采购工作或成本数据时，有一个共同的对象。希望本书会成为同行在讨论交流招标采购问题时的一本案头书，自己企业的案例可能不方便拿出来交流，而这本书中的案例可以发挥一些作用，为大家讨论和解决招标采购问题垫一垫脚。

需要说明的是，本书所选案例全部是房地产开发项目的实例，全部是邀请招标类型（非公开招标），各个案例所体现的招标过程的合规性遵循各自企业的管理制度而具有差异性。我们在案例整理时，尽可能统一格式，尽可能不改变对原有招标过程的描述。出于脱敏的需要，工程名称、投标单位、价格数据，甚至某些个性化用词等内容已作处理，如有雷同、纯属巧合。

本书共 8 章、24 个案例，涉及的业态有住宅、公寓、商业街、商业综合体、主题乐园，定标时间普遍在 2017—2020 年，有装配式建筑的预制混凝土 PC 构件，也有绿色建筑的中水工程，但欠缺的标段更多，尤其是前期和顾问类。特别遗憾的是，尚未收录到应用价值工程分析方法来评定标的案例。在中、下册中，我们将继续努力。

赵丰先生是地产成本圈知识分享的积极参与者、支持者和帮助者，是成本书殿系列丛书编委会主任，为我们的产品奠定基调、校正方向，并为我们指出了初稿的问题，给出了提升的方法。赵丰先生从 2016 年接受我们的专访、相互认识后一直帮助和指导我们，在很多场合都给予了我们支持和帮助，并用各种方式鼓励我们。

副主编李茂东先生，极其认真，这次为本书贡献了 4 篇案例，是【案例 1.2】【案例 5.1】【案例 5.3】【案例 6.1】的主要编写者。

副主编张晓燕女士，是第二次参编成本书殿系列丛书，这次为本书贡献了 3 篇案例，是【案例 5.2】【案例 6.2】【案例 8.1】的主要编写者。

副主编王毅先生，是第二次参编成本书殿系列丛书，这次为本书贡献了 1 篇案例，是【案例 4.6】的主要编写者；还有商业公区装修、酒店公区装修、办公楼通风与空调共 3 篇案例将在中、下册中收录。

副主编王雄伟先生，是第三次参编成本书殿系列丛书，与我合作编写了【案例 2.3】【案例 3.1】【案例 4.1】，同时帮助我进行了全书审核。

参编刘航先生，是成本书殿系列丛书的编委会副主任，是第二次参编成本书殿系列丛书，这次为本书贡献了 2 篇案例，是【案例 4.5】【案例 7.2】的主要编写者。参编赵金杰先生，负责完成了郑州市首批商业住宅装配式建筑项目全过程招标投标采购管理工作，是【案例 3.2】的主要编写者，为本书贡献了实属难得的装配式项目案例。参编江鹏先生，为本书撰写了序，并且是【案例 2.1】的主要编写者。参编李寅女士，曾经做过大型文旅综合体项目的招标采购工作，为本书贡献了唯一一篇乐园项目的【案例 4.4】。参编李杨先生，是【案例 4.6】的合作编写者。参编胡计兰先生、王刚先生、孙瀚先生、杨荣先生，帮助我进行了统稿，并配合我编写了【案例 4.2】【案例 4.3】【案例 6.3】和【案例 7.1】。

并列主编吴永荣女士，是第二次参编成本书殿系列丛书，这次为本书贡献了 4 篇案例，是【案例 1.1】【案例 2.2】【案例 4.7】【案例 5.4】的主要编写者。还有基坑支护、总包（含装配式）、太阳能热水器、别墅石材幕墙共 4 篇案例分析将在中、下册中收录。

我作为丛书编委会副主任、本书主编，主要负责丛书的策划和组织工作，对全书进行了统稿和校对，并且是【案例 2.3】【案例 3.1】【案例 4.1】【案例 4.2】【案例 4.3】【案例 6.3】【案例 7.1】的合作编写者。

感谢给予地产成本圈信任和注资的八位股东和他们的家人，没有他们的雪中送炭，我们难以为继，更不可能组织编写这些书。

感谢尹贻林先生、何清华先生、李锦伟先生、贺旭光先生对我在投资控制、项目管理、成本管理、监察审计工作上的指导和帮助。

感谢马薇老师在商务英语课堂上别开生面地讲解和用自己的经历启发了我，让我能继续坚持和努力做自己想做的事情。

感谢在本书的策划过程中，积极响应与付出的吕思洋、谭明廷、万华荣、覃赛玉、金龙、杨荣、邹邹、赵平、肖新蕾、张静、喻海洋、吴池光奇、巩文文、陈又亮、李亚峰、刘波、易艺、李火元、瞿佳、张丽敏等同仁。

感谢在本书的编写过程中，给予帮助的李红女士、李元先生，以及几位不便署名的朋友。

感谢我曾经工作过的世茂、宝龙、红星美凯龙等企业的评标报告和成本后评估格式为本书提供了很好的借鉴。

我们经历的案例还很少，经历和经验更有限，难免有不足和错误之处，恳请广大读者同仁批评和指正，期待您在使用本书的时候边用边批，您的阅读感受和意见敬请反馈至胡卫波微信号 17317259517，或邮箱 huweibo@frcc.co。

本书主编　**胡卫波**

2020 年 10 月 16 日

目　录

序
前言

第1章　前期及顾问 ·· 1
【案例1.1】　高层住宅项目地质勘察工程 ··············· 2
【案例1.2】　高层精装公寓楼施工图设计 ············· 10

第2章　土石方及地基基础工程 ···················· 18
【案例2.1】　高层住宅项目土石方工程 ················· 19
【案例2.2】　高层住宅强夯工程 ··························· 38
【案例2.3】　小高层住宅项目桩基工程（管桩和方桩）····· 52

第3章　主体土建工程 ································· 65
【案例3.1】　高层住宅项目总承包工程 ················· 66
【案例3.2】　住宅项目预制混凝土构件（PC）供应······ 113

第4章　机电安装工程 ······························· 143
【案例4.1】　高层住宅小区综合机电工程 ············ 145
【案例4.2】　高层住宅项目消防工程 ··················· 170
【案例4.3】　高层住宅项目弱电工程 ··················· 192
【案例4.4】　文旅小镇水乐园项目弱电智能化工程 ···· 214
【案例4.5】　住宅项目燃气壁挂炉工程 ··············· 236
【案例4.6】　商业综合体项目防火门工程 ············ 247
【案例4.7】　住宅小区中水工程 ························· 262

第5章　外立面工程 ···································· 273
【案例5.1】　高层住宅铝合金门窗工程 ··············· 274
【案例5.2】　住宅外幕墙工程 ···························· 291

【案例 5.3】 商业综合体项目外装工程 ………………………… *319*
【案例 5.4】 高层住宅项目外保温及涂料工程 ……………… *343*

第 6 章 室内装修工程 …………………………………………… *363*
【案例 6.1】 高层住宅套内全装修工程 ………………………… *364*
【案例 6.2】 住宅公区装修工程 ………………………………… *383*
【案例 6.3】 高层住宅公区装修维修和品质升级工程 ……… *417*

第 7 章 室外工程 ………………………………………………… *426*
【案例 7.1】 住宅小区景观绿化工程 …………………………… *427*
【案例 7.2】 商业街音乐喷泉工程 ……………………………… *455*

第 8 章 其他工程 ………………………………………………… *473*
【案例 8.1】 住宅小区开荒保洁 ………………………………… *474*

附录 本书出版致谢单位 ………………………………… *482*

第1章 前期及顾问

本章提要

本章主要介绍项目开发前期和设计咨询顾问类标段的招标过程和总结相关数据。这些标段包括前期临建、场地平整、施工围墙、各类设计和咨询顾问等。本书列举的案例是其中的2个标段。

【案例1.1】为地质勘察标段,列举的是山东省某大型高层住宅项目的初勘和详勘招标案例。该案例的特点是在招标过程中充分发挥投标单位在当地地质条件下的技术和经验优势,鼓励投标单位合理优化详勘方案。

【案例1.2】为设计标段,列举的是山东省某单栋高层精装公寓楼的施工图设计招标案例。该案例的特点是作为案例企业首次按招标制度进行设计招标,并采取综合评分法定标。在招标前期进行了设计单位履约的风险预判,在招标过程中落实了风险预防措施并进行了成本事前管控。

【案例1.1】

高层住宅项目地质勘察工程

1. 基本信息

(1) 工程概况（表1.1-1）

表1.1-1 工程概况一览

工程地点	山东省某市
建设时间	2019—2020年
主要业态	高层住宅17栋（36个单元、1 817户）、5个配套建筑、地下车库
交付标准	毛坯
建筑面积	285 125m^2（其中：地上212 596m^2，地下72 529m^2）
层数/层高	住宅地上14层、18层、26层/2.9m，沿街商业地上2层，储藏室地下2层，车库地下1层
结构形式	剪力墙结构

(2) 标段概况（表1.1-2）

表1.1-2 标段概况一览

特征工程量	用地面积74 240m^2，钻孔延长米约7 175m
目标成本	513 225元
工期要求	初勘14个日历天，详勘45个日历天
定标时间	2019年8月
招标方式	邀请招标
定价方式	固定单价
招标范围	初勘、详勘
标段划分	不分标段

2. 招标过程

(1) 编制招标计划

本标段从招标启动会到发出中标通知书，计划25天，中标单位需要在2019年8月20日前进场。招标计划见表1.1-3。

表1.1-3 招标计划

序号	工作清单	完成时间	参加部门
1	招标启动会	2019-7-23	成本部、设计部、工程部

(续)

序号	工作清单	完成时间	参加部门
2	投标单位审批	2019-7-23	成本部
3	招标文件审批	2019-7-25	成本部
4	发标	2019-7-29	成本部
5	现场答疑、标前辅导	2019-7-30	工程部、成本部、设计部
6	答疑回复	2019-8-1	成本部
7	第一轮回标、开标	2019-8-6	成本部、财务部
8	淘汰、确定第二轮回标和议标单位	2019-8-6	成本部
9	定标前约谈	2019-8-6	成本部
10	编制评标报告	2019-8-9	成本部
11	定标	2019-8-12	成本部
12	中标单位审批	2019-8-13	成本部
13	发出《中标通知书》	2019-8-16	成本部

（2）确定投标单位

经审批确认，共邀请5家单位参与投标（表1.1-4），其中2家单位是项目公司推荐的新入库单位。

表1.1-4 投标单位情况

序号	投标单位	在公司内的业绩	企业资质等级	单位来源
1	A	无，新考察入围单位	乙级	项目部推荐
2	B	无，新考察入围单位	甲级	项目部推荐
3	C	市内A项目	甲级	供应商库
4	D	市内B项目	甲级	供应商库
5	E	市内C项目	甲级	供应商库

（3）编制招标文件

1）编制报价清单

①初勘方案：由甲方提供方案，并提供初勘工程量。

②详勘方案：由投标人出具岩土工程勘察详勘方案，并自行计算详勘工程量。详勘工程量由设计、工程评判各家方案的合理性，统一工程量后进行二次报价。

2）技术要求。拟建场地在地貌上属山前倾斜冲洪积平原，地貌类型单一。按照现行规范规定，确定本次勘查的主要目的与任务如下：

①查明场区不良地质作用的类型、成因、分布范围、发展趋势和危害程度，提出整治方案建议。

②查明建筑范围内岩土层的类型、深度、分布、工程特性，分析和评价地基的稳定性、均匀性和承载力。查明埋藏的河道、沟浜、墓穴、防空洞、孤石等对工程不利的埋藏物。

③提供地基变形计算参数，满足建筑物沉降、差异沉降或整体倾斜计算的要求。

④划分场地土类型和建筑场地类别,判别饱和砂(粉)土的液化可能性,并评价场区液化等级。

⑤查明地下水的埋藏条件及变化规律,判定地下水对建筑材料的腐蚀性。

⑥在季节性冻土地区,提供场地土的标准冻结深度。

⑦提出经济合理的地基基础方案,以及有关地基基础方案所需的岩土技术参数。

⑧提出设计施工中应注意的岩土工程问题。

(4) 第一轮回标

1) 回标总价分析,见表1.1-5。

表1.1-5 回标总价分析

排名	单位名称	报价/元	与最低标对比	
			差额/元	差额比例
1	D	412 227	—	—
2	C	508 410	96 183	23%
3	A	529 035	116 808	28%
4	E	567 225	154 998	38%
5	B	589 330	177 103	43%

2) 工程量分析。四家单位投标书中初勘的工程量均与招标清单提供的参考量保持一致,无工程量偏差。详勘工程量有较大差异,见表1.1-6。

表1.1-6 工程量对比

项目名称	工程量/m				
	D	C	A	E	B
初勘	585	585	585	585	585
详勘	6 107	7 485	7 527	7 560	7 834

3) 综合单价分析,见表1.1-7。

表1.1-7 单价对比

项目名称	综合单价/(元/m)				
	D	C	A	E	B
初勘	62	63	65	65	70
详勘	62	63	65	70	70

注:所选取的历史定标项目勘察工程及技术标与本标段基本相同,具有一定的参考性。各投标单位的初勘、详勘单价均明显高于历史项目单价(同地区历史项目单价是55元/m)。

4) 技术标分析,见表1.1-8。

表1.1-8 技术标评标结果

排名	单位名称	技术标名次	结论
1	B	1	合格

(续)

排名	单位名称	技术标名次	结论
2	D	2	合格
3	C	3	合格
4	E	4	合格
5	A	5	不合格，资质不满足地库勘察的要求

在技术标的评标过程中，发现了其中 A 单位的资质存在问题。本工程招标文件对企业资质等级的约定是要求为工程勘察乙级及以上。但由于车库地基基础设计等级为甲级，且车库有勘察布点，车库的详勘单位必须为甲级资质。但鉴于本工程包含初勘、详勘两项内容，因此入围单位必须为甲级资质。

经招标小组讨论，结合 A 单位的报价情况，决定其不进入第二轮报价。

5）第一轮回标小结：各投标单位初勘、详勘单价均高于历史项目价格水平，且其中两家总价高于目标成本，项目考虑约谈议标后进行二轮回标。

6）确定详勘的报价工程量。在勘察标段中，充分发挥投标单位的专业技术和经验优势，鼓励投标单位提出勘察方案的优化建议，以便实现双赢。

第一轮回标后，各单位在详勘工程量上差异较大，勘探点数量在 214~224 之间，平均勘探深度在 29~36m 之间，详见表 1.1-9。

表 1.1-9　详勘工程量对比

详勘工程量	单位	D	C	A	E	B
勘探点	个	214	217	224	216	220
钻探孔进尺	m	6 107	7 485	7 527	7 560	7 834
平均勘探深度	m	29	34	34	35	36

确定钻孔位置和深度要遵循《岩土工程勘察规范》（GB 50021—2001）（2009 年版）规范中具体对孔深和间距都有说明，孔深和建筑物基础宽度有关。布孔方式一般是沿建筑物基础的中线和交点处布置。一般根据规范，结合工程具体实际情况进行布置。

通过投标单位对详勘方案进行优化，得到切实可行的最优详勘方案，并达到降低成本的目的。

地质勘查属于专项设计，由专业单位做方案会更专业、更经济，通过方案比选及约谈情况，确定最优设计方案。由投标人设计详勘方案，并自行估算详勘工程量。再组织设计、工程两个部门评判各投标方案的合理性，在二次报价中统一工程量后进行报价。

①勘探孔数量优化。通过评判各家详勘方案，其中 3 家的详勘方案为：初勘点作为后期详勘点，详勘工作量可以相应减去初勘工程量，方案较合理。

②勘探孔深度优化。通过约谈投标单位，了解各家单位的设计思路和对规范的理解，勘察深度分别按车库、14 层、18 层、26 层住宅、配套建筑物等不同的建筑高度进行精细化设计，在满足规范的前提下进行详勘深度优化。

该工程的最终详勘方案经设计部和工程部综合评定，最终确定详勘工程量为 6590m，见表 1.1-10。

表 1.1-10 详勘工程量估算表

详勘工程量	单位	14层	18层	26层	地下1层车库	2层沿街商业	合计
基底面积	m²	1 485	7 142	2 328	43 680	4 156	58 792
勘探点	个	16	78	24	70	33	221
钻孔深度	m	33	38	58	15	20	30
钻孔总进尺	m	520	2 970	1 390	1 050	660	6 590

7）第一次议标会。项目部于2019年8月6日组织投标单位、项目工程部、项目设计部进行了第一轮议标会并于2019年8月6日发出议标问卷。

本次议标会议主要对以下内容进行了讨论及澄清：

①向各投标单位阐述了招标范围、界面、方案，清单列项，并对疑问予以澄清及明确。

②明确和强调本工程所需工期及一次验收通过等技术要求，对不完善的技术标要求予以澄清及补充。

③对各投标单位在细部含量、综合单价的缺漏、偏高及偏低进行澄清。

议标会议后向相关投标单位发议标问卷，以下为议标问卷的主要内容：

一、技术部分补充说明如下：

1. 我公司不提供临时设施及临设搭设场地，请贵公司确认，已对现场仔细勘察并完全了解现场的情况且相关费用已含在投标报价中（包括但不限于临时设施的搭设、生活、办公、调试用水电接口的位置及接入措施费用等）。

2. 受场地限制，材料无法集中堆放，中标人应合理安排进料计划，搬运材料时产生的二次倒运、采购及管理费等任何费用均由中标人自行承担。因政府要求停工的，投标人自行承担因停工所产生的一切费用，包括但不限于人员、机械等的窝工费，所产生的任何费用均自行承担。

3. 对图纸及甲方提供的技术要求所涵盖的范围（含标书及图纸要求）已全部报价，单价已包含运费、检测费，如有漏报视为投标方对本次投标的优惠。

4. 满足甲方招标文件中关于现场测量及工期要求。

5. 请贵公司在技术标中完全回应技术要求及全部技术要求的附件。

二、商务部分

1. 请贵公司确认，贵公司上报的单价不会随着市场的价格浮动而调整。初勘、详勘单价已综合考虑各种地质条件，不因地质条件变化而调整单价。

2. 请贵公司确认，投标单价已满足图纸及规范要求，清单中未列明的费用在经贵公司复核后，若无补充项目，则视为已包含于投标报价中。

3. 请贵公司确认开增值税专用发票的相关费用已考虑至投标报价中，本次增值税税率按6%计入。

4. 对投标文件及附件的所有要求都已认真阅读并认可，并保证通过政府相关部门验收。

5. 初勘单价包含勘察点位清理费用，详勘单价不包括点位清理费用，发生时按实际产生的机械台班计取签证。

6. 初勘、详勘单价较市场价明显偏高的，请重新复核后报价。

7. 详勘工程量二次报价统一为6 590m。

(5) 第二轮回标

1) 总价分析。本轮回标除 D 报价上调以外,其他各家均有优惠下浮,见表 1.1-11。

表 1.1-11 总价分析

排名	投标单位	第一轮报价/元	第二轮报价/元	与最低标对比		与第一轮对比	
				差额/元	比例	差额/元	比例
1	C	508 410	344 400	0	0%	-164 010	-32%
2	B	589 330	401 800	57 400	17%	-187 530	-32%
3	D	412 227	418 256	73 856	21%	6 029	1%
4	E	567 225	430 500	86 100	25%	-136 725	-24%

① 修正计算错误:无。
② 税率错误:无,各单位均为一般纳税人,税率为 6%。

2) 工程量分析。各家工程量均无差异,与参考工程量保持一致。

3) 单价分析。本次回标四家单位单价在议标约谈后均有一定幅度下浮,其中最低报价单位 C 的下调幅度最大,C 单价低于历史项目单价,B 单价略高于历史项目单价。具体见表 1.1-12、表 1.1-13。

表 1.1-12 单价对比

项目名称	综合单价/(元/m)			
	C	B	D	E
初勘	48	56	62	60
详勘	48	56	58	60

表 1.1-13 单价分析结果说明

投标单位	与上一轮报价对比	与历史工程单价对比
C	①较第一轮回标下调 32% ②初勘、详勘单价下调 15 元/m ③详勘工程量减少 895m	略低于历史项目单价
B	①较第一轮回标下调 32% ②初勘、详勘单价下调 14 元/m ③详勘工程量减少 1244m	略高于历史项目单价
D	①较第一轮回标上调 1% ②初勘单价未调整,详勘下调 3.6 元/m ③详勘工程量增加 483m	高于历史项目单价
E	①较第一轮回标下调 24% ②初勘下调 5 元/m、详勘下调 10 元/m ③详勘工程量减少 970m	高于历史项目单价

(6) 议标、定标

1) 最低标的合理性分析。按 C 的最终报价 344 400 元计算,勘察全费用单价为 48 元/m。

C单位的最终报价控制在目标成本范围内，且各项单价均趋于合理。详见以下分析：

①与次低标对比，属于合理价。拟定标单位的全费用单价48元/m，低于次低标单位报价约17%。

②与历史项目价格对比，属于合理价。经分析，拟定标价格对应的成本指标低于历史项目工程15%。

③与集团内同类项目价格对比，属于合理价。最低标单价低于集团同类项目单价约46%，见表1.1-14。

表1.1-14　单价分析说明

项目名称	最低标报价C /(元/m)	历史中标价 /(元/m)	集团同类项目 价格/(元/m)	与历史中标 价比较（低）	与集团内同类 项目价格比较（低）
初勘	48	55	70	15%	46%
详勘	48	55	70	15%	46%

2）商务标定标意见。投标单位C的最后投标价在市场合理水平范围内，综合考虑实际施工现状及条件，最终报价合理，成本指标低于历史价格，控制在目标成本之内，具备商务定标条件。拟定标价对应的成本指标详见表1.1-15。

表1.1-15　拟定标价的成本指标分析

科目描述	目标成本			拟定标价		
	总价/元	指标/(元/m²)	单价/(元/m)	总价/元	指标/(元/m²)	单价/(元/m)
地质勘察	513 225	1.8	72	344 400	1.2	48

3. 招标总结

（1）招标计划复盘

本项目招标总体时间从启动到发出中标通知书，实际25天，与计划相同；其中，从发标到发出中标通知书，实际18天，与计划相同，无异常情况，详见表1.1-16。

表1.1-16　招标计划与实际完成对比

序号	工作清单	日历天数		完成时间	
		计划	实际	计划	实际
1	招标启动会	1	1	2019/7/23	2019/7/22
2	投标单位审批	1	2	2019/7/23	2019/7/23
3	招标文件审批	3	4	2019/7/25	2019/7/25
4	发标	7	8	2019/7/29	2019/7/29
5	现场答疑、标前辅导	8	9	2019/7/30	2019/7/30
6	答疑回复	10	11	2019/8/1	2019/8/1
7	第一轮回标、开标	11	12	2019/8/2	2019/8/2

(续)

序号	工作清单	日历天数 计划	日历天数 实际	完成时间 计划	完成时间 实际
8	淘汰、确定议标单位	15	16	2019/8/6	2019/8/6
9	定标前约谈	15	16	2019/8/6	2019/8/6
10	编制评标报告	18	19	2019/8/9	2019/8/9
11	二次回标、定标	21	22	2019/8/12	2019/8/12
12	中标单位审批	22	23	2019/8/13	2019/8/13
13	发出《中标通知书》	25	25	2019/8/16	2019/8/15

（2）数据分析与总结

1）工程量指标分析，见表1.1-17。

表1.1-17 工程量指标分析

项目名称	钻探孔/个	钻探孔总进尺/m	平均钻孔深度/m	含量指标/(孔/100m²)	含量指标/(m/100m²)
初勘	12	585	48.75	0.02	1.00
详勘	221	6 590	29.82	0.38	11.21
合计	233	7 175	30.79	0.40	12.20

注：上述平方米指标是按项目建筑物占地面积58 792m²（含车库占地面积43 680m²）。详勘与初勘重复利用的孔位只计算初勘工程量。

2）成本指标分析，见表1.1-18。

表1.1-18 成本指标分析

主要清单项	总价/元	建筑面积指标/(元/m²)
初勘	28 080	0.10
详勘	316 320	1.11
合计	344 400	1.21

3）实物工程量单价，见表1.1-19。

表1.1-19 实物工程量综合单价

序号	项目名称	综合单价/(元/米)	说明
1	初勘	48	土质情况：粉质黏土 深度：45m/65m
2	详勘	48	土质情况：粉质黏土 深度：15m/20m/35m/40m/55m/60m

【案例1.2】

高层精装公寓楼施工图设计

1. 基本信息

(1) 工程概况（表 1.2-1）

表 1.2-1 工程概况

工程地点	山东省某三线城市
建设时间	2019—2022 年
主要业态	底商+公寓楼（1 栋，1 单元，300 套精装公寓）
交付标准	精装
建筑面积	总建筑面积为 34 541m^2
层数/层高	共 25 层，其中 1~5 层为底商层高 4.1m；6~26 层为公寓，层高 3.6m
结构形式	框架剪力墙结构

(2) 标段概况（表 1.2-2）

表 1.2-2 标段概况

特征工程量	地下车库 6 352m^2，底商 9 024m^2，公寓 19 165m^2
目标成本	100 万元
工期要求	设计周期 90 日历天
定标时间	2019 年 5 月
招标方式	邀请招标
定价方式	固定单价
招标范围	包括建筑、结构、水电暖、消防等全部专业设计
标段划分	不分标段

2. 招标过程

(1) 编制招标计划

本标段从招标立项到最终确定中标单位，整个招标工作持续时间 45 天，中标单位应于 2019 年 7 月 1 日根据施工任务书要求进行施工图深化设计工作，见表 1.2-3。

表 1.2-3 招标计划

序号	工作内容	计划完成时间	责任部门	简述
1	招标申请	2019-4-16	设计部	设计部提供招标申请、单位资质要求、确定单位时间等基本内容

(续)

序号	工作内容	计划完成时间	责任部门	简述
2	单位搜集	2019-4-25	招采⊖部	供应商库、招采平台、设计部推荐等
3	单位考察	2019-4-30	设计部、招采部、成本部	非库内单位考察
4	入围单位审批	2019-5-5	招采部	确定最终入围单位，缴纳保证金
5	招标文件审批	2019-5-5	招采部、设计部、成本部	清单、设计要求、合同、评标办法等全部内容
6	发标	2019-5-8	招采部	
7	现场/远程答疑会	2019-5-16	招采部、设计部、成本部	完成答疑汇总、清单调整、作出回复
8	开标、评标	2019-5-22	招采部、设计部、营销部、成本部	开标、答辩讲解、商务与技术标评标、评分汇总、最终洽谈
9	定标	2019-5-27	招采部	定标审批、中标公示
10	发出中标通知书	2019-5-30	招采部	

（2）确定招标范围及界面

1）招标范围。该项目所有地上及地下车库建筑（含公区装修）、结构、给水排水、电气、消防等专业的设计，不含室内精装、幕墙专项、室外景观、泛光照明、室外水、电、智能化等专业设计。

2）设计要求

①施工图编制要符合国家现行规范要求，施工图中的任何构件均要标注清楚，描述不清楚时做详图说明，部分功能须满足使用要求。

②对于门窗洞口、顶板、外墙、屋面、造型口等易错、易漏、重点、难点部位要认真设计，必要时做出节点详图。

③各专业之间要加强合图管理，避免建筑与结构、水电等图纸不一致情况。

④底商部分结构设计时，要充分考虑不同业主使用功能的不同，可能对结构造成的影响。

⑤所有设计选材均不得选用非常规性的材料，应选用常规材料。

⑥施工图建筑公区装饰及门窗等部分不得预留二次设计，应按照相关专业要求进行符合性设计并满足招标方要求。

⑦所有含量指标须满足设计任务书中相关限额指标，见表1.2-15。

（3）确定投标单位

经招标小组讨论，本标段的投标单位须满足以下条件：

1）具有工商行政管理部门核发的有效企业法人或个体营业执照，营业执照年度年检

⊖ 招标采购，行业中多简称为招采，全书余同。

合格。

2) 具有良好的商业信誉和经营业绩，没有有损其经商声誉的记录，具有独立履行合同和提供优质服务的能力。

3) 资产运营良好，不存在因借贷、担保等可能影响投标人履行本招标项目的情况。

4) 符合投标项目经营范围、能独立承担民事责任的设计单位。

5) 具有建筑工程设计甲级及其以上资质，各专业人员配备齐全。

6) 具有5个以上同类项目、同等规模及以上的设计经验。

7) 项目总负责人须具备国家一级注册建筑师执业资格，结构专业负责人须具备国家一级注册结构师执业资格。

8) 具有一般纳税人认定证书。

经招标小组考察、评审，最终确定6家单位入围本次设计招标。入围单位名单及评审情况见表1.2-4。

表1.2-4　投标单位以往合作情况及考察情况汇总

序号	投标单位	考察情况	历来合作情况	单位来源
1	A	库内单位	综合体项目	供应商库
2	B	库内单位	住宅项目	供应商库
3	C	库内单位	住宅项目	供应商库
4	D	合格	合院项目	招采平台
5	E	合格	未合作	设计部推荐
6	F	合格	未合作	设计部推荐

（4）招标风险预判

本次设计招标为公司制度改革以后的首次，结合在成本实施过程中遇到的问题及同设计部沟通了解到的一些情况，及时对后期合同执行过程中存在的问题在招标阶段提前明确，以减少后续索赔费用的发生。

基于以下工作获得的信息，在招标策划中提前防范相关风险：

1) 对各项目的复盘，对施工图方面造成的成本影响进行反思，在招标过程中对设计单位提出要求，在合同中约定，尽可能减少相关的风险。

2) 通过与相关部门的沟通，了解设计单位在执行过程中可能会提出的索赔问题，能在合同条款上提前规避的尽可能提前规避。

3) 加强与其他同类项目的沟通，了解其他项目的情况及可能存在的问题，在合同条款中进行明确。

对于以下风险，提前在招标文件及合同条款中对下述风险进行预防性条款的约定，并在招标中确认。

1) 设计的错漏碰缺造成拆改的相关责任。因各专业图纸信息量大，且各专业间会存在沟通不畅，造成各阶段采用的底图不一致或未互相补位，造成后期现场施工过程中反复拆改导致索赔费用的发生。在合同补充条款中约定，对因设计图纸之间相互不对应造成的拆改，每出现一处扣除设计费1万元，对于各专业图纸不对应造成的索赔超过50万元及其以上的，发包方有权不予支付设计费,并取消其在后续项目中的承揽资格。

2)重计量指标超过限额指标的相关责任。因重计量工作一般是在施工图纸出图后,在前期阶段无法准确核实设计是否超限额指标。为有效防止施工图指标超过限额指标造成成本超支风险,在合同条款中约定,设计院在设计过程中,应提供设计概算指标,设计概算指标不得超过限额指标的95%。重计量完成后,经发包人核算指标超过限额指标5%以上时,每超过1%扣除设计费5万元直至设计费扣完为止,设计院有责任进行无条件的图纸修改,直至满足合同约定为止。

3)施工图设计深度不够,造成二次深化设计的责任。建筑施工图往往会出现因为图纸中表述不全面,造成后续部分专业需要进行二次深化设计,例如公共区域装修、门窗窗型、百叶及栏杆图、保温节能图、涂料分格等内容。在招标文件及合同文件中明确约定,建筑施工图应满足实际施工的需要,不能仅为示意,对应图纸中因不明确而造成的二次深化设计费用由设计单位支付,并从其合同额中予以扣除。

(5)编制招标文件

招标文件的主要内容包括:招标须知、合同条款、设计要求、设计任务书、工程量清单等相应内容。

1)确定主要条款,详见表1.2-5。

表1.2-5 招标文件中部分条款约定

序号	名称	条款约定
1	承包方式	本工程采用固定单价合同,合同的工程数量、单价固定不变,由中标人按照施工任务书要求完成全部施工图设计内容,除非发生合同范围和工程设计变更,否则应按照合同约定的方式结算
2	付款方式	①合同签订后,付合同额的15% ②扩初设计完成后,付合同额的15% ③全部施工图纸图审完成后,付合同额的35% ④主体竣工验收合格后,付合同额的20% ⑤全部验收合格后,付合同额的15%
3	评标办法	本工程分两轮评标: ①第一轮评标:先评技术标再评商务标,综合评分前2名进入第二轮澄清评标 技术标:最终评分为所有评委评分中去掉一个最高和一个最低报价后的算术平均值 商务标:当有效投标报价大于等于五家时(含五家),评标基准价为各有效投标评标报价,去掉一个最高和一个最低报价后的算术平均值。当有效投标报价少于五家时(不含五家),则以所有有效投标评标报价的算术平均值作为评标基准价。投标报价与评标基准值相比,高于评标基准值的,每高1%从基本分100分的基础上扣1分,扣完为止。低于评标基准值的,每低1%从基本分100分的基础上扣0.5分,扣完为止。(分值计算采用内插法) 综合评分:其中技术标占60%,商务标占40%,按技术标及商务标加权比例计算最终评分 ②第二轮澄清评标:进入第二轮的两家单位中,最终澄清报价较低的投标单位为中标单位

2）确定技术标评标方法。结合本招标内容的实际情况，确定本项目技术标的评标内容及分值，相关内容见表1.2-6。

表1.2-6 技术标评分

序号	评价内容		评分说明	分值
1	同类业绩情况	①	企业同等规模以上业绩（业绩不少于5个，每少1个扣1分）	5
		②	项目总负责人同等规模以上业绩情况（业绩不少于5个，每少1个扣1分）	5
		③	企业同等类型奖项获得情况（奖项不少于5个，每少1个扣1分）	5
2	项目管理机构构成	①	各专业人员配备齐全（建筑、结构、水电暖、智能化等）	10
		②	各专业人员资质证书齐全，各专业负责人具备相关证书（一级结构师、一级建筑师、电气工程师等证书）	5
		③	其他设计人员具备同类项目设计经验不少于3个	5
3	设计进度与质量保证措施	①	满足前期设计方案要求	5
		②	设计进度安排合理，关键节点控制措施得当	10
		③	设计质量保证措施、风险预防措施得当	10
		④	设计变更程序合理有序	5
4	成本优化措施	①	有针对性的指标限额控制措施	10
		②	有针对性的材料选型优化措施	10
5	服务承诺	①	以往项目评价情况良好	5
		②	有针对性的设计巡检服务承诺	5
		③	有针对性的变更内容优惠服务承诺	5

（6）开标与评标

1）技术标评审。按照评标办法要求，先组织投标单位进行PPT讲解与技术答辩，各技术标评委结合投标单位述标情况，对各投标单位技术标进行现场打分，见表1.2-7。

表1.2-7 各评委技术标评分

评委	A	B	C	D	E	F
设计部总监	89	86	82	94	92	72
设计部经理	82	88	80	89	90	83
营销部总监	88	89	89	91	85	79
营销部经理	86	85	82	87	88	68
成本部经理	82	86	76	95	92	73
合计	85.33	86.67	81.33	91.33	90.00	74.67

2）商务标评审。技术标评审完成后，由审计部及成本部人员对商务标标书进行现场拆封、

记录，由成本部人员依据商务标评标办法，对商务标进行评分，详见表1.2-8、表1.2-9。

表1.2-8　开标记录

对比项		A	B	C	D	E	F
总价/元		623 139	646 256	414 497	826 981	934 724	401 794
单价（元/m²）	底商	18.50	20.00	12.00	28.00	35.00	12.00
	公寓	18.50	19.00	12.00	24.00	25.00	12.00
	车库	16.00	16.00	12.00	18.00	22.00	10.00

表1.2-9　商务标评分

对比项	A	B	C	D	E	F
投标报价/元	623 139	646 256	414 497	826 981	934 724	401 794
报价与基准值的偏差百分比	−0.73%	2.95%	−33.97%	31.74%	48.91%	−35.99%
商务标评分值	99.64	97.05	83.02	68.26	51.09	82.00

注：基准价为627 718元。

3）综合评分。按照评标办法，结合技术标及商务标评标情况，由招标专业工程师，进行现场综合评分汇总，见表1.2-10。

表1.2-10　综合评分汇总

排名	投标人	商务标得分A 权重40%	技术标得分B 权重60%	综合得分 C＝A×40%+B×60%
1	A	99.64	85.33	91.05
2	B	97.05	86.67	90.82
3	D	68.26	91.33	82.10
4	C	83.02	81.33	82.01
5	F	82.00	74.67	77.60
6	E	51.09	90.00	74.44

4）澄清洽谈。根据评标办法针对综合排名前两名的投标单位进行现场商务澄清洽谈（综合排名第一名：A，综合排名第二名：B）。

经最终澄清洽谈，两家投标单位最终澄清报价见表1.2-11。

表1.2-11　最终澄清洽谈汇总

序号	回标单位	最终总价/元	最终单价/（元/m²）			其他
			底商单价	公寓部分	车库单价	
1	A	602 690	18.00	18.00	15.00	免费赠送泛光照明设计
2	B	630 880	19.00	19.00	15.00	无其他优惠

(7) 定标

1）综合实力分析。A单位属于省内较大规模设计院，在以往项目合作中，现场协调、变更处理、后期服务等各方面配合较好，本项目拟派负责人为以往合作项目中的负责人，此类工程业绩较多，综合实力满足招标项目需要。

2）中标价的合理性分析

①与目标成本对比。A单位的最终报价（602 690元）<目标成本（1 000 000元），拟定中标价在目标成本范围内。

②与市场价对比。A单位的综合单价与历史单价及对标项目对比，综合单价略低于对标项目，属于市场合理价，详见表1.2-12。

表1.2-12 设计费对比

序号	清单项	拟中标单价/(元/m²)	对标项目单价/(元/m²)		
			拟建项目其他单体	其他合作项目	对标项目
1	公寓、底商施工图设计	18	19.5	21	19
2	车库（不含人防）施工图设计	15	16	17	15

3）定标结论。根据招采制度及本次招标评标办法，结合上述合理性分析，建议中标单位为投标单位A，拟定中标金额为602 690元。

3. 招标总结

(1) 招标计划复盘

本项目招标总体时间从启动到发出中标通知书，实际31天，短于计划的45天；其中，从发标到发出中标通知书，实际17天，计划23天。无异常情况，详见表1.2-13。

表1.2-13 招标计划与实施对比

序	工作清单	日历天数/天		完成时间	
		计划	实际	计划	实际
1	招标申请	1	1	2019-4-16	2019-4-16
2	单位搜集	10	7	2019-4-25	2019-4-22
3	单位考察	15	9	2019-4-30	2019-4-24
4	入围单位审批	20	13	2019-5-5	2019-4-28
5	招标文件审批	20	13	2019-5-5	2019-4-28
6	发标	23	15	2019-5-8	2019-4-30
7	现场/远程答疑会	31	22	2019-5-16	2019-5-7
8	开标、评标	37	25	2019-5-22	2019-5-10
9	定标	42	28	2019-5-27	2019-5-13
10	发出中标通知书	45	31	2019-5-30	2019-5-16

(2) 成本指标（表 1.2-14）

表 1.2-14 成本指标分析

序号	主要清单项	工程量/m²	含税单价/(元/m²)	单价组成/(元/m²)			
				建筑	结构	机电	其他
1	底商施工图设计	9 024	18.0	7.0	6.0	4.0	1.0
2	公寓施工图设计	19 165	18.0	7.0	6.0	4.0	1.0
3	车库施工图设计	6 352	15.0	6.0	5.0	3.0	1.0
	合计	34 541	17.4	6.8	5.8	3.8	1.0

备注：其中含增值税 6%。

(3) 限额指标（表 1.2-15）

表 1.2-15 结构限额指标

序号	内容	钢筋含量/(kg/m²)	混凝土含量/(m³/m²)
1	公寓裙房	64	0.36
2	公寓塔楼	66	0.38
3	地下车库（无人防）	113	1.15

(4) 问题分析与对策

1) 问题描述：在本次招标过程中，由于参与本次项目投标的为三个梯队的投标单位，两家本地设计院、两家省内知名设计院、两家北京设计院，六家投标单位实力悬殊较大，导致技术标与商务标比例不同，对最终的结果影响较大，影响公平性。

2) 原因分析：
①入围条件太宽泛，导致入围单位水平层次不齐。
②未对各投标单位进行充分调研，不了解不同设计院的报价区间。
③未慎重考虑评标办法，在报价比较接近的情况下，如何做好取舍。
④未有明确的设计招标制度，导致技术标评分内容缺乏针对性。

3) 解决对策：
①提前对拟定单位水平进行权衡，确定合理的评标办法。
②加强市场摸底工作，及时了解市场行情，搜寻符合拟定条件的投标单位。
③建立和完成设计成本数据库及供应商资源库，清楚了解各投标单位的真实情况，以及在不同行业中所处的位置。
④建立设计战略合作，以战略合作的形势，降低设计成本，提高设计效率。

第 2 章
土石方及地基基础工程

本章提要

本章主要介绍土石方及地基基础工程相关标段的招标过程并总结相关数据。这些标段包括土石方工程、地基处理、各类桩基工程、基坑支护工程等。本书列举的案例是其中3个标段。

【案例2.1】为土石方工程标段，列举的是云南省某大型高层住宅项目案例。该案例的特点是结合项目复杂性在招标前期进行了单标段的招标策划，对投标单位进行充分调研和严格筛选，对现场条件进行充分现场踏勘，在招标文件和招标清单编制中对施工和结算中的风险进行了事前管控。

【案例2.2】为地基处理工程标段，列举的是山东省某住宅项目的地基强夯工程案例。该案例的特点是结合地质情况选择强夯进行地基处理，总建筑面积成本指标28.68元/m^2。

【案例2.3】为桩基工程标段，列举的是江苏省某住宅项目的管桩和方桩工程案例。该案例的特点是在住宅区域和地库区域分别选择管桩和方桩。

【案例2.1】

高层住宅项目土石方工程

1. 基本信息

(1) 工程概况（表2.1-1）

表2.1-1　工程概况

工程地点	云南省昆明市
建设时间	2015—2017年
主要业态	高层住宅，地下两层
用地面积	78 300m²，见表2.1-3
建筑面积	423 700m²，见表2.1-3

(2) 标段概况（表2.1-2）

表2.1-2　标段概况

特征工程量	总挖方量570 000m³（见表2.1-3）
目标成本	A地块：29 070 000元 B地块：26 647 500元
工期要求	A地块：150天（下发开工令后45天内完成主楼区域及综合楼区域土石方施工，其余区域按发包人现场工程指令完成） B地块：60天（下发开工令后60天内满足桩基施工条件）
定标时间	2015年4月
招标方式	邀请招标
定价方式	综合单价包干
招标范围	地块范围内土石方工程及原遗留建筑（构筑物）拆除外运
标段划分	按地块分2个标段

(3) 项目规模及工程量（表2.1-3）

表2.1-3　项目规模及工程量一览

地块	用地面积（万m²）	建筑面积/万m²			挖方量/万m³		
		地上	地下	合计	外运	内倒	合计
A	4.79	17.94	6.07	24.01	26	4	30
B	3.04	13.44	4.92	18.36	22	5	27
合计	7.83	31.38	10.99	42.37	48	9	57

2. 招标过程

(1) 招标策划和招标计划

项目地处市区范围内并紧邻市政主干道，场地情况为城中村拆迁地块，土方工程量大，招标前期须做好招标策划。特别是与设计及工程部落实基坑支护形式，土方、桩基、基坑支护施工顺序及施工配合衔接方案，下基坑临时道路主通道及支道规划方案，土方施工配合基坑支护每道撑的最大开挖深度、项目大门开口数量及场内土方开挖方案等。

以上内容均影响现场施工，直接关系到土方单位动工后是否能顺利出土，能否避免与其他前后工序衔接单位产生摩擦或相互影响。表 2.1-4 是本项目招标策划会议记录。

表 2.1-4 招标策划会议记录

标段名称	土石方工程
组织部门	招标管理部
参加部门	成本部、工程部、设计部
项目概况	（本书略）
工程概况	（本书略）

1. 拟采用的招标方式。采用邀请招标，内部公开开标
2. 施工单位资质和实力。具备土石方工程专业承包相应资质等级。邀请具备资金实力、施工实力及信誉良好的施工单位进入招标范围，保证以合理最低的价格选择中标单位并保证施工中按照我公司的进度要求完成土方开挖及外运任务。同时，需要充分与拟投标单位沟通，了解其最近 1 年在项目附近及项目所在市区范围内施工土石方工程的情况，其弃土场地选择情况，以往合同执行情况等，确保中标单位有实力承接我公司工程
3. 招标图纸和技术资料。根据目前总规图报审进度，招标时尚无经集团总部审批通过的（带地下室范围）总规图（设计院下发），本次招标按照设计部提供的最新一版图纸进行招标。招标时以已具备的小区地形测绘图、地质勘察报告（阶段性报告：体现土层分布）作为招标资料
4. 工程量清单。目前项目总规图尚未获正式批复，暂无经集团总部审批的小区竖向方案（带方格网），无经批复的土石方工程量。根据设计部估算，两个地块合计总挖方量约 78.20 万 m^3。表 2.1-3 中总挖方量为招标过程中经设计部门优化方案后估算的工程量，详见后续说明
5. 定标方案。本次需招标的土石方工程量较大，为保证按照开发计划按期完成土石方施工，防止若一家中标而施工过程中因自身承接能力及渣土场等原因导致窝工、停工、出土效率降低等影响进度的潜在风险发生，两个地块土石方工程分别单列清单招标，确定两家中标单位签订施工合同。评标定标过程中确保两家中标单位工程量清单主要项目价格一致或价差不大，非主要清单项价格一致
6. 施工条件准备情况。项目入口一作为渣土车辆出入口。施工时现场具备临时用水，临时用电暂按发电机考虑
7. 技术标要求。在技术标中，要落实其施工方案、施工组织安排、机械及运土车辆安排，合理制定现场挖土及土方外运方案，用于评标时从方案及技术方面进行评判、把关
8. 招标范围澄清。桩间土、地下室顶板覆土不在本次土石方工程的招标范围之内，纳入主体工程合同范围
9. 风险预控。现场计量是今后施工过程中的难点，尤其是原场地内遗留的各种旧的构筑物、旧地坪、旧道路、旧基础，分布不规则，厚度不规则，形状不规则，部分还与土方混杂在一起。需招标、工程部协调成本部共同考虑如何简易正确地在施工中计量各项工程量清单

本标段从招标启动会到发出中标通知书，招标周期计划 30 天，中标单位需要在 2015 年 5 月 1 日前进场，详见表 2.1-5。

表 2.1-5 招标计划

序	工作清单	计划完成时间	参加部门
1	招标策划会	2015-3-27	招标部、工程部、合同管理部、技术部

(续)

序	工作清单	计划完成时间	参加部门
2	拟入围单位摸排、考察、前期沟通	2015-3-30	招标部、工程部
3	投标单位审批	2015-4-5	招标部
4	招标文件审批	2015-4-5	招标部
5	发标	2015-4-8	招标部
6	开标	2015-4-13	公司领导、招标部、合同管理部、监察部、项目工程部
7	价格商谈	2015-4-15	公司领导、招标部、监察部（开标现场进行）
8	编制评标报告	2015-4-20	招标部
9	中标单位审批	2015-4-22	招标部（报审）、预算部（审核）
10	发出《中标通知书》	2015-4-25	招标部

（2）确定与招标有关的重要事项

根据本项目土方工程特点，存在根据开发进度调整施工节奏的可能性、市区内项目渣土清运证照办理手续繁杂等多项影响现场施工及单位报价水平的情况。主要包括：

1）定标方案。本次招标的土石方工程量较大且为不相邻的两个地块，为保证按期完成土方施工并考虑若一家单位在施工中因各种原因出现窝工、停工、出土慢或无法出土等问题时可由场内另一家单位快速接手，招标策划时拟定按两个地块分别各由一家单位承接且两家单位中标价格水平须一致或接近的招标原则。

2）付款方式。在招标阶段与各家投标单位沟通采用商业承兑汇票方式支付进度款，以此减轻开盘销售前的付款压力。支付金额中采用商业承兑汇票的比例由投标单位在投标文件中自行申报，并在招标过程中与各家进行商谈、确认。

3）价格合理性。土石方外运项为总报价中占比最大的清单项，市区内土石方外运价格包含内容较多（包括但不限于机械费、运输费、弃土费、关系协调费、安全文明措施费、基坑内临时施工道路处理措施费等），为便于合理分析并进行价格谈判，招标文件中提供《细项价格组成分析表》（模板），并要求投标单位按照既定格式提报价格细项组成。

4）弃土场和临时堆场。市区内土石方外运价格与弃土场的选择紧密相关，要求投标单位报价文件中提交拟倾倒土方弃土场名称及外运距离以用于评标参考报价合理性及作为本地弃土场信息积累。用于日后回填的土方，运至项目内甲方指定的后期开发地块内堆放。招标文件中提供标明各地块位置及场内临时堆土区域的平面图以供投标单位进行场内土方倒运报价测算。

5）安全文明施工风险预防。市区内工地对安全文明管控严格，由项目工程部提供标准，招标文件及合同中写明安全文明设施建设、维护、移交要求，包括但不限于市政路至场内段临时道路硬化、三池一设备、场内及场外公共区域洒水降尘、人工清扫等。

6）工程量清单的准确性。招标部门踏勘现场并与工程部门讨论及确认施工内容、工作范围及相应清单项目，包括但不限于场内原建筑/构筑物拆除及外运、土石方挖运相关项、内支撑下挖土、桩顶预留保护土开挖等。

7）暂停施工风险。招标部门与运营计划部、工程部沟通，预判根据开发进度及工期排布可能出现的临时停工、机械设备二次（多次）进出场情况，在合同中约定合同价格包含的机械进出场次数、机械进出场单独计价的原则及计价方式。

8）计量原则。淤泥、内支撑下挖土及其他特殊施工内容收方计量原则。

9）施工方案。场内土方运输进出口位置、车辆停放及运输线路方案、每日出土量预判等。

10）入围单位。优先选择近期承接过或正在项目所在区域进行土石方工程施工的单位，以便价格控制、渣土证办理、与城管及相关部门关系的协调。

11）施工界面。项目工程部提供土方施工与工序前后工程（包括但不限于桩基础、基坑支护等）相关工程界面划分标准及土方单位与相关工程配合事项。

（3）确定招标范围

1）招标范围不包括桩间土、地下室顶板的覆土，此部分土方由总包单位负责。

2）包含工程范围内的场地表面清理，包括林木砍伐、树兜挖除及灌木、杂草、农作物、生活垃圾清理等内容，所有产生的垃圾均需外运弃置。

3）包括场内土石方平衡。

①挖方区土石方的开挖外运、场地平整、修边坡及基底（平台按设计要求标高或缓坡要求完成），含土石方中障碍物清除。

②将挖方区可作填料用的土石方按甲方要求挖、运、卸至项目红线范围内甲方指定区域内堆放，如需作填土处理则按填土技术要求及施工规范分层压实至设计要求标高，压实系数达到设计及规范要求，边坡及缓坡造型按设计及相关规范要求完成。

4）基坑/地下室土石方开挖外运。

5）石方爆破或机械破碎处理后开挖外运。

6）淤泥的开挖外运。

7）基坑土石方施工完毕并移交完成之前的承接地块范围内零星土石方工程，包括但不限于甲方要求乙方配合完成的人工湖、道路、园林、园建、售楼部、临水、临电等所需的土石方工程及甲方要求的其他零星土石方工程。

8）按照甲方要求为可能需要配合的其他工程提供机械设备。

9）按照甲方要求完成承接地块范围内砖渣、混凝土碎块及其他建筑垃圾等废渣的清运。

10）素混凝土、钢筋混凝土构件及构筑物［包括地坪、地梁、基础（含桩基础）等］，砖砌构件或构筑物（砖砌地坪、旧砖墙等）、旧道路（含道路基层、道路面层等道路结构层）等场地内遗留物的拆（挖）除及建筑垃圾清运。

11）配合其他专业工程施工，如基坑支护施工过程中的配合工作（如按甲方要求配合基坑支护进行分层开挖等）。

12）红线范围内外因标高调整造成的二次或多次开挖、倒运及回填。

13）工程施工范围及进出场通道的临时道路修建及维护（含临时道路修建、临时道路修整/加固/加宽/维护、施工过程中必需的砖渣垫路等所有为保证施工顺利进行采取的措施内容）、施工工地进出口5m内道路硬化处理、三池一设备（车辆过水池、沉淀池、过滤池及车辆清洗设备）的修建及维护、场内洒水降尘、场内及工地进出口附近的卫生清洁等安全文明施工措施。

(4) 确定技术要求

1) 挖方区域施工技术要求。

①挖方边坡应按设计或规范要求修整成型，坡面平顺一致。

②土方开挖应从上到下分层分段依次进行，随势做成一定的坡势，以利泄水，并不得在影响边坡稳定的范围内积水。

③在挖方上侧弃土时，应保证挖方边坡的稳定。弃土堆的坡脚至挖方上边缘的距离，应根据挖方深度、边坡坡度和土的性质确定。

④在滑坡地段挖方时，必须遵循由上至下的开挖顺序，严禁先切除坡脚。

⑤爆破施工时，应防止因爆破震动影响边坡稳定。

⑥用于场内回填的爆破岩石，必须保证粒径小于30cm且不大于分层厚度的2/3，并按设计图纸或工程师指定的填方区域回填压实。

⑦在有支护基坑内开挖施工时，应按支护结构设计规定的施工顺序和开挖工序分层开挖。开挖至锚杆、土钉作业面时，开挖面与锚杆、土钉的高差不宜大于500mm，挖土机械不得碰撞或损害锚杆、腰梁、土钉墙墙面、内支撑及其连接件等构件，不得损害已施工的基础桩。

2) 填方区域施工技术要求。

①填方区域的地表杂草、有机物料、树墩及主根必须清除。填方区域如有淤泥、软土应处理后再回填。

②填方边坡应按设计要求施工，设计无明确要求时，坡度按定额分土质的放坡系数执行。

③回填压实系数按如下标准：地坪垫层以下及基础底面标高以上的压实填土，压实系数不应小于0.94；其余区域回填土压实系数不小于0.9。

④回填必须分层回填压实，每层铺土厚度为30~50cm。如压实过程产生"弹簧土"，应挖除、换填后再压实。

(5) 确定投标单位

招标前期通过会议讨论确定，对投标单位的要求包括以下三项：

①具备土石方工程承包相应资质等级。

②具备一定的资金实力和施工实力。根据土方单位业绩与其以往合作甲方联系进行履约情况背调，包括但不限于资金实力、现场管理能力及出土能力、与甲方配合度等。重点落实近两年是否存在土方工程履约问题或纠纷。

③具备良好的信誉。邀请参与投标的土石方单位须在项目所在区域近两年内有过土石方工程业绩。此类单位熟悉项目出土所匹配的土场，在项目所在区域有良好的信誉。

经前期市场寻源、考察、单位踏勘现场、周边土场考察、与单位当面沟通，特别是详细了解了各单位近两年的土方工程履约情况，包括弃土点的选择、运输车辆的状况、各类手续办理情况等，完成新单位考察入库后，经公司领导同意，共邀请库内7家符合要求的合格供方参与投标。投标单位情况见表2.1-6。

表 2.1-6　投标单位情况汇总

序号	投标单位	公司业绩及优势	单位来源
1	A	渣土协会成员，企业同时在经营拆迁公司、小额资金融资担保公司，在项目所在区域有土方工程业绩	新入库单位
2	B	项目所在地临近工地的土方工程施工方	新入库单位
3	C	国内前十标杆房地产企业颁牌优秀合作伙伴，在项目所在区域有土方工程业绩	新入库单位
4	D	本地知名施工单位，同时也是基础类工程施工单位，若同时中标土方及基坑支护工程有利于现场施工管理	新入库单位
5	E	项目内前期合作方开发地块的土石方施工单位	供方库
6	F	项目前期的拆迁单位，项目所在区域内有土方工程业绩	供方库
7	G	库内原其他项目的合作单位	供方库

（6）编制工程量清单

1）说明本工程的报价方式，包括：

①本工程采用清单综合单价包干的形式，在承包范围内以包工包料，包机械，包工期，包质量，包安全文明施工，包协调各类外部关系，包验收合格，包市场风险，包税金，包利润、管理费、规费的形式承包。

②如本工程需采用爆破，则由乙方负责办理爆破许可证。乙方不具备爆破施工资质时，由乙方分包给具备爆破相关施工资质单位进行施工，并承担相关费用。

③如本工程需办理外运弃置或外购土石方等手续的，则由乙方办理相关的手续并承担相关费用。

2）工程量清单编制注意事项，包括：

①由于地下室方案、基坑方案、竖向方案等设计资料尚不具备，工程量清单编制原则为工程量暂估、清单列项需齐全。暂定工程量由公司设计部测算并提供给招标部，招标部复核并根据现场施工方案予以完善。

②为便于各投标单位清晰明确地知晓甲方要求并准确报价，所有与单位报价相关的要素均要在工程量清单相应清单项或表格下方备注中写明。这些要素包括但不限于特殊约定的计量方式、价格中需综合考虑的因素、安全文明要求、其他与价格或计量相关的重要内容。

③详尽写明综合单价的包干范围，例如包括但不限于表 2.1-7 的内容。

表 2.1-7　土石方综合单价的包干范围

序号	类别	单价包干范围
1	工作范围	场地平整、土石方清运、土石方中障碍物清除、场地构筑物的拆除（含基础）、垃圾及植被等的开挖及清运
2	场内倒运	由乙方原因引起的土石方场内二次倒运费
3	堆放和排放	场内堆放压实费、渣土排放增加费
4	特殊土质	淤泥、流沙开挖清运处理费
5	排水	施工场地排水费用（基坑土石方开挖的降水费除外）

（续）

序号	类别	单价包干范围
6	赶工	合同工期内的赶工费
7	水电	施工水电费（含洗车水、电费用）
8	费用组成	人工费、材料费和各种损耗、机械费和机械进退场费、机械爬坡降效费、定位测量放线费、土石方的挖装运及回填压实费、岩石（含孤石）的爆破或机械破碎费（不分爆破方式，爆破等级、机械破碎方式，包含办理爆破手续费用）
9	开办费	技术措施费（含雨期及异常气候施工措施费）、管理费、安全文明施工措施费、抑尘降噪费、临时设施费及其他措施费、施工临时便道的施工及养护费，维持施工期间边坡稳定的安全措施费
10	堆场和手续	乙方自行解决土石方、建筑垃圾及其他外运渣料的堆放场，办理运输及堆放所需的相关证件、协调政府相关管理部门及其他可能影响正常施工的人员及单位的关系并承担相关费用
11	特殊情况	在甲方尚未取得《国有土地使用权证》及其他办理渣土清运证照及手续所需的资料前，乙方负责办理渣土清运证照及手续并协调相关单位及人员，保证乙方合同范围内土石方工程的渣土外运顺利进行。证照办理、关系协调及渣土外运过程中产生的所有其他费用均已包含在合同清单综合单价中
12	风险	各种施工风险和其他一切不可预见费、税金、利润及本合同虽未提及但乙方在完成本工程过程中必须支付的与本工程相关的其他费用

3）工程量结算计量办法，需要说明以下三项内容：

①计量依据：本工程开挖或回填前的原始地形图以甲方、乙方签字认可的测量数据为计量依据。各施工区段完工后以甲方、乙方、场地接受方（如有）三方签字认可的测量数据为计量依据。

②原始测量数据要求包括以下三点：

a. 原始地形面和完成面的实际挖填范围线、边坡线、坡度拐点、其他的轮廓点必测，且测量数据要求必须注明测量点的属性。

b. 测量点要求布点均匀，根据现场地势起伏变化，选择布点间距不大于 10m×10m，基坑开挖布点间距不大于 5m×5m。

c. 土石方完成测量时，场地接收单位已进场的，竣工完成面测量须由甲方组织甲方、乙方、场地接收单位共同参加。场地接收单位未进场的，竣工完成面测量须由甲方组织甲方、乙方共同参加。

③计量方式：使用南方 CASS 软件，以施工前的测量数据、施工后的测量数据及其实际施工范围采用方格网计算方法进行计量。

计量时不论土石方类别、干湿度、土方与石方的比例、土石方与其他材质（垃圾）的比例，不考虑松散系数。由于施工单位原因造成的塌方及超挖、超填部分均不计方量及费用。除场外购土回填、场内临时堆土区取土回填、外运弃置方量外均按原始体积计算。场外购土回填方量或场内临时堆土取土回填方量以回填、碾压后的方量计算。外运弃置方量按挖方量减去场内取土回填方量和场内临时堆土方量计算。

如遇大面积岩石（含按照石方计量计价的清单项目）、淤泥，甲乙双方现场判断、测量并签字确认后作为计量计价依据。

如遇基坑内支撑下挖方或桩顶预留保护土挖方，甲乙双方现场判断、测量并签字确认后作为计量计价依据。

超挖、超填部分不计工程量，且乙方须负责按设计要求整改，并承担一切处理费用和延期责任。

4）工程量清单报价表，见表2.1-8。

表2.1-8 工程量清单计价表

序号	工程项目	暂定工程量/m³		工程内容
		A地块	B地块	
1	土方开挖、外运	316 200	297 000	土方（包括砖渣、混凝土碎块、其他建筑垃圾等废渣）开挖、装、外运至场外土石方（建筑渣土）弃土场
2	土方开挖、场内运输、堆土（不需压实）	91 800	77 000	①土方开挖、装、运至场内指定地点按甲方要求堆放 ②堆土需按照规范及政府相关要求整平、覆盖
3	土方开挖、场内倒运堆放、取土回填、压实及场地平整	1	1	①土方开挖并按要求修边坡及平台底（平台按图示标高或缓坡要求完成，永久道路处的土方挖至路基标高） ②按甲方要求将甲方确认可用作回填料的土方运输并堆土至场内指定地点，堆土需按照规范及政府相关要求整平、覆盖。待具备回填条件后按照甲方要求取土并运输至场内指定地点按填土技术要求及施工规范分层压实，回填完成至图示标高，密实度达到国家规范要求，边坡及缓坡造型按图示要求完成（不含主体基坑及房心回填） 作回填料的土方需按国家规范执行，不得含有建筑垃圾、生活垃圾、不符合回填要求的土质类别及不得含有粒径大于20cm的碎石
4	石方破碎、开挖、外运	1	1	①石方（类别综合）破除、石渣归堆整理、开挖、装、外运至场外土石方（建筑渣土）弃土场 ②破碎方式综合考虑
5	淤泥土开挖、外运	1	1	淤泥开挖、装、外运至土石方（建筑渣土）弃土场
6	基坑内支撑下挖方增加费	1	1	①本清单项目只包含因在基坑内支撑下挖方而另外增加的单方费用，不包含其他工程项目清单中的工作内容 ②本清单项目不单独计价，"基坑内支撑下挖方"发生时本清单项目与其他对应挖方清单项目配合计价

(续)

序号	工程项目	暂定工程量/m³		工程内容
		A 地块	B 地块	
7	桩顶预留保护土挖方增加费	4 590	5 500	本清单项目只包含甲方指定区域内按如下施工要求而另外增加的单方费用,不包含其他工程项目清单的中工作内容: ①施工要求:运输车辆不能进入,挖方机械在区域外挖方或区域内按甲方要求以小型挖方机械施工 ②本清单项目不单独计价,"桩顶预留保护土挖方"发生时本清单项目与其他对应挖方清单项目配合计价

说明:表中工程量为设计前期的估算量,在招标过程中基底标高进一步明确后,总挖方工程量会有减少。

(7) 第一轮回标分析

1) 回标总价分析,见表 2.1-9、表 2.1-10。

表 2.1-9 回标总价分析(A 地块)

投标单位	报价/元	与最低报价对比		出土承诺
		差额/元	差额比例	
A	25 890 800	235 000	1%	√
B	29 136 800	3 481 000	14%	√
C	25 655 800			√
D	25 564 500	−91 300	−0.4%	×
E	25 893 900	238 100	1%	√
F	28 760 900	3 105 100	12%	√
G	32 858 300	7 202 500	28%	×

表 2.1-10 回标总价分析(B 地块)

投标单位	报价/元	与最低报价对比		出土承诺
		差额/元	差额比例	
A	22 448 300	178 500	1%	√
B	25 184 000	2 914 200	13%	√
C	22 269 800			√
D	22 787 000	517 200	2%	×
E	22 450 400	180 600	1%	√
F	24 905 100	2 635 300	12%	√
G	28 519 400	6 249 600	28%	×

因招标方式为开标现场进行二次谈价,谈价后单位现场进行价格复核及调整并最终报价,因此发包人不进行现场复核清单报价。

2）工程量分析。7家单位投标书中的工程量均与招标清单提供的参考量保持一致，无工程量偏差。

3）单价对比分析，见表2.1-11。

表2.1-11　单价对比分析

序号	清单项	综合单价/(元/m³)						
		A	B	C	D	E	F	G
1	土方开挖、外运	78.6	85.2	78.7	76.4	78.4	85.4	100.0
2	土方开挖、场内运输、堆土（不需压实）	12.7	24.6	9.7	16.1	13.1	19.6	14.2
3	土方开挖、场内倒运堆放、取土回填、压实及场地平整	17.3	28.8	14.3	22.1	16.1	39.8	20.9
4	石方破碎、开挖、外运	138.5	87.8	89.2	115.6	125.6	105.7	171.4
5	淤泥土开挖、外运	84.3	86.9	88.2	92.5	98.5	105.5	231.9
6	基坑内支撑下挖方增加费	5.8	15.1	15.1	11.1	15.1	20.1	130.8
7	桩顶预留保护土挖方增加费	5.8	15.1	6.0	14.1	8.0	20.0	20.1

4）清标小结。本轮回标后，C为最低标，G明显较其他投标单位报价偏差率较大。根据公司招标流程，由监察部参加现场与各家单位分别进行报价澄清及商谈，各家单位现场重新核算后由授权委托人确认最终报价。

（8）第二轮回标分析

1）回标总价分析，见表2.1-12、表2.1-13。

表2.1-12　回标总价分析（A地块）

投标单位	报价/元	与最低报价对比		出土承诺
		差额/元	差额比例	
A	25 890 800	551 200	2%	√
B	28 828 500	3 488 900	14%	√
C	25 339 600			√
D	25 248 300	−91 300	0.36%	×
E	25 893 900	554 300	2%	√
F	26 856 400	1 516 800	6%	√
G	32 858 300	30 318 700	11.9%	×

表 2.1-13　回标总价分析（B 地块）

投标单位	报价/元	与最低报价对比		出土承诺
		差额/元	差额比例	
A	22 448 262	453 900	2%	√
B	24 918 804	2 924 442	13%	√
C	21 994 362			√
D	21 869 004	−125 358	−0.6%	×
E	22 450 404	456 042	2%	√
F	23 276 196	1 281 834	6%	√
G	28 519 404	6 525 042	30%	×

2）工程量分析。现场二次报价为在首次报价基础上调整的综合单价及总价，因此，工程量无变化。

3）单价对比分析，见表 2.1-14。

表 2.1-14　单价对比分析表

序号	主要清单项	综合单价/(元/m³)						
		A	B	C	D	E	F	G
1	土方开挖、外运	78.6	84.4	77.6	75.4	78.4	80.4	100.0
2	土方开挖、场内运输、堆土（不需压实）	12.7	24.1	9.7	16.1	13.1	16.1	14.2
3	土方开挖、场内倒运堆放、取土回填、压实及场地平整	17.3	28.1	14.3	22.1	16.1	32.2	20.9
4	石方破碎、开挖、外运	138.5	87.4	89.2	115.6	115.6	85.4	171.4
5	淤泥土开挖、外运	84.3	86.9	88.2	92.5	90.5	90.5	231.9
6	基坑内支撑下挖方增加费	5.8	14.1	15.1	11.1	15.1	20.1	130.8
7	桩顶预留保护土挖方增加费	5.8	14.1	6.0	14.1	8.0	20.0	20.1

现场二次回标后，报价作为最终投标报价。

开标现场不宣布投标单位排名，待开标会后，组织评标、价格分析、定标报审后，确定中标单位后通知各家投标单位的最终定标结果。

（9）评标、定标

1）淘汰未承诺出土的单位。保证出土及时性及出土量为市区项目土石方工程履约中最核心的要素，渣土外运证照办理、出土时间、出土量在现场二次商谈后仍未进行承诺的单位在今后履约中存在重大风险，因此对 D 单位和 G 单位报价按废标处理，不纳入有效报价范围。

2) 与拟中标单位进行最终议标。根据现场二次回标结果，确定拟中标单位，第一备选 C 单位，第二备选 E 单位。基于土方合同金额较大，二次开标确定拟中标单位后，招标部与 C 单位及 E 单位分别再次进行了价格商谈。

谈判策略主要有两点：

①首选与报价较低的 C 单位商谈，再与 E 单位商谈（若 E 单位降价后价格水平仍高于 C 单位，直接按照 C 单位的价格水平商谈）。

②土方开挖外运项金额占比较大，为主要谈判清单项。土方内倒堆放为第二重点谈判清单项。其他清单项，工程量较小或作为备用项放入工程量为 1，价格谈判难度较小。

商谈结果是最终报价 E 单位稍偏高于 C 单位。C 单位为合同金额较大 A 地块土方工程拟中标单位，E 单位为 B 地块土方工程拟中标单位。最终报价调整情况如下：

①投标单位 C 的土方开挖外运项调减 0.2 元/m³，最终报价为 77.4 元/m³，土方内倒堆放金额不变。A、B 地块总调减金额 15.91 万元。

②投标单位 E 单位土方开挖外运项调减 0.5 元/m³，最终报价为 77.9 元/m³，土方内倒堆放金额不变。A、B 地块总调减金额 30.60 万元。

3) 拟中标单价的合理性分析。对主要的 7 个清单项单价进行合理性分析，详见表 2.1-15～表 2.1-21。

表 2.1-15　中标单价合理性分析 1　　　　　　　　　　（单位：元）

序号	项目名称	计量单位	报价		评标测算价
			最低标	次低标	
1	土方开挖、外运	m³	77.40	77.90	78.11
测算说明	一、基础测算价＝土方挖运费（定额组价）＋其他相关费（市场平均价） 1. 挖掘机挖土、外运 28km，定额组价全费用综合单价为 58.96 元/m³ 2. 弃土费用：11.67 元/m³（130～150 元/车，自然密实方 11～13m³/车） 3. 办理渣土证及协调等费用：2.5 元/m³（渣土证 1 元/m³，协调费分摊 1.5 元/m³） 4. 基坑开挖后砖渣垫路材料费及挖运费用：3 元/m³ 合计：76.13 元/m³ 二、基础测算价与投标报价差别 1. 基础测算价：定额组价中，管理费+利润＝2.52 元 2. 投标报价：管理费+利润＝4.5～8.89 元/m³ 3. 基础测算价与投标报价此项差额（按投标最低价计入）：4.5-2.52＝1.98（元/m³） 4. 差异分析：定额中管理费及利润以"人工费+机械费×8%"作为计费基数。土方工程市场化程度较高，单位考虑管理费利润为在报价总成本基础上考虑实际施工土方量预计增减方量再加上一个经验性利润总额，再从总额按投标策略分解到各清单项目报价中。参照土方市场管理费利润一般性占比，定额组价金额偏低。由此，评标分析时可按照投标单位报价最低管理费及利润额测算 三、基础测算价+管理费利润差额 76.13+1.98＝78.11（元/m³） 四、市场询价：包干价 80～85（元/m³） 五、拟中标单位报价分析 1. 拟中标价格略低于评标测算价				

序号	项目名称	计量单位	报价		评标测算价
			最低标	次低标	
测算说明	2. 拟中标价格低于市场询价（分析：市场询价因未实施招标投标过程，单位未实地踏勘现场，未认真研读招标文件及合同条款、未深入沟通支付方式及现场工程管理模式，仅根据工地区域以往工程经验报价并有所保守。因此，报价普遍较实际投标价格稍偏高）				

备注（下同）：
1. 根据各家投标单位报价资料，弃土场距离分别为27km、28.5km、30km、26~30km
2. 根据前期土场考察结果，距离项目最近及市场了解后可倒土的弃土场距离为：A土场30km、B土场26km、C土场28km
3. 本次核价，外运距离按照平均距离28km考虑

表2.1-16 中标单价合理性分析2 （单位：元）

序号	项目名称	计量单位	报价		合理价
			最低标	次低标	
2	土方开挖、场内运输、堆土（不需压实）	m³	9.70	13.10	12.77

定额组价 云南2013版新定额
1. 根据现场情况，A、B地块土方场内倒运堆放至其他暂未施工地块，距离1km内
2. 组价全费用综合单价为12.77元/m³

表2.1-17 中标单价合理性分析3 （单位：元）

序号	项目名称	计量单位	报价		合理价
			最低标	次低标	
3	土方开挖、场内倒运堆放、取土回填、压实及场地平整并不得含有粒径大于20cm的碎石	m³	14.30	16.10	24.99

一、定额组价 云南2013版新定额
1. 根据现场情况，A、B地块土方场内倒运堆放至其他暂未施工地块，距离在1km内
2. 按照铲运机场内倒运土方至指定位置
3. 组价全费用综合单价为24.99元/m³
二、拟中标单位价格分析
1. 拟中标单位报价低于组价格
2. 根据现场情况及投标单位现场踏勘投标结果分析，本项目发生的工程量不大，投标单位采取低价投标策略

表2.1-18 中标单价合理性分析4 （单位：元）

序号	项目名称	计量单位	报价		合理价
			最低标	次低标	
4	石方破碎、开挖、外运	m³	89.20	115.60	129.71

(续)

序号	项目名称	计量单位	报价 最低标	报价 次低标	合理价
	一、清单/定额组价（招标部核价）2013版清单/云南2013版新定额 破碎、开挖外运28km，组价全费用综合单价为129.71元/m³ 二、拟中标单位价格分析 拟中标单位报价低于组价价格				

表 2.1-19　中标单价合理性分析 5　　　　　　　　（单位：元）

序号	项目名称	计量单位	报价 最低标	报价 次低标	合理价
5	淤泥土开挖、外运	m³	88.20	90.50	143.50
	一、清单/定额组价（招标部核价）2013版清单/云南2013版新定额 开挖外运28km，组价全费用综合单价为143.50元/m³ 二、拟中标单位价格分析 拟中标单位报价低于组价价格				

表 2.1-20　中标单价合理性分析 6　　　　　　　　（单位：元）

序号	项目名称	计量单位	报价 最低标	报价 次低标	合理价
6	基坑内支撑下挖方增加费 1. 本清单项目只包含因在基坑内支撑下挖方而另外增加的单方费用，不包含其他工程项目清单中的工作内容 2. 本清单项目不单独计价，"基坑内支撑下挖方"发生时本清单项目与其他对应挖方清单项目配合计价	m³	15.10	15.10	28.65
	定额组价　云南2013版新定额 组价全费用综合单价为28.65元/m³				

表 2.1-21　中标单价合理性分析 7　　　　　　　　（单位：元）

序号	项目名称	计量单位	报价 最低标	报价 次低标	合理价
7	桩顶预留保护土挖方增加费	m³	6.03	8.04	8.72
	定额组价　云南2013版新定额 组价全费用综合单价为8.72元/m³				

4）选定拟中标单位。根据投标报价结果，C单位为拟中标单位，E单位为备选拟中标

单位。综合考虑本招标工程体量、开发进度要求、土石方市场客观情况，选定 C 单位为 A 地块拟中标单位、E 单位为 B 地块拟中标单位。具体理由如下：

①本次招标的 A、B 地块均包含开盘楼盘，项目现场须同步施工。不同的土石方单位运输车辆、弃土场等不同，可在一家单位出土出问题时由另一家单位作为备用承接队伍，以便以最快速度完成临时性的"救火"工作。

②根据工程计划，需要每个地块在重要节点工期内平均每天出土量不少于 $5000m^3$，若一家单位负责两个地块，最少出土量不低于 $8000m^3$。根据测算，一家单位较难承担每晚 $8000m^3$ 的出土量（根据每辆车承载量、每晚每辆车拉运趟数测算）。

③两个地块合同总金额较大，且土石方工程需及时付款，弃土费、渣土车司机运输费、渣土证办理费、前期协调费都属于施工单位现金垫付费用，发包人付款有一定周期，仅一家单位承接工程资金压力较大。如果一家单位资金出现问题而现场无另一家单位"替补"，那么重新引进单位进场的难度较大。

④对比报价总价及两个地块单独报价，E 单位较 C 单位报价偏高的金额不多，基于以上提及的潜在风险，此偏高金额属于合理可接受范围。

5）清单工程量调整的情况说明。开标完成后，评标及定标过程中，设计部提供优化后场地竖向方案及地下室方案均为过程稿。优化后，A、B 地块挖方工程量由约 78.20 万 m^3 减少为 57 万 m^3。经与两家拟中标单位沟通，两家单位均表示工程量减少后，最终投标单价不变。由此，按照优化后的挖方工程量，两家单位重新确认报价清单。

3. 招标总结

（1）招标计划复盘

本项目招标总体时间从启动到中标单位进场，计划 35 天，实际 35 天；其中，从发标到中标单位进场，计划 23 天，实际 22 天。其中供方寻源和编制评标报告时间过长，见表 2.1-22。

在供方寻源阶段，进行拟入围单位摸排、考察、前期沟通，总共耗时 13 天，相对过长。主要原因是单位考察未制定专项计划；前期单位寻源方向不清晰，过程中调整为聚焦项目周边区域两年内有土方工程施工的单位；考察过程中面谈、踏勘现场、考察企业和考察土场，工作内容较多，节奏略慢。

表 2.1-22 招标计划与实际对比

序号	工作清单	日历天数		完成时间	
		计划	实际	计划	实际
1	招标策划会	1	1	2015-3-27	2015-3-27
2	供方寻源	4	13	2015-3-30	2015-4-8
3	投标单位审批	10	14	2015-4-5	2015-4-9
4	招标文件审批	10	14	2015-4-5	2015-4-9
5	发标	13	14	2015-4-8	2015-4-9
6	开标	18	19	2015-4-13	2015-4-14

(续)

序号	工作清单	日历天数		完成时间	
		计划	实际	计划	实际
7	价格商谈	20	19	2015-4-15	2015-4-14
8	编制评标报告	25	27	2015-4-20	2015-4-22
9	中标单位审批	27	32	2015-4-22	2015-4-27
10	发出《中标通知书》	30	33	2015-4-25	2015-4-28
11	中标单位进场	35	35	2015-4-30	2015-4-30

（2）数据分析与总结

1）工程量指标分析，见表2.1-23。

表2.1-23 工程量指标分析

地块	用地面积/m²	地下面积/m²	工程量系数/(m³/m²)		内倒占比
			按用地面积	按地下面积	
A	47 900	60 700	5.6	4.4	19%
B	30 400	49 200	9.9	6.1	13%
合计	78 300	109 900	7.3	5.2	16%

2）成本指标分析，见表2.1-24。

表2.1-24 成本指标分析

地块	造价/元	成本指标/(元/m²)		
		按地下面积	按地上面积	合计
A	25 260 000	416	141	105
B	22 300 000	453	166	121
合计	47 560 000	433	152	112

3）典型清单项目的综合单价，见表2.1-25。

表2.1-25 土石方工程综合单价

序号	清单项目	综合单价/(元/m³)		
		A地块	B地块	评标价
1	土方开挖、外运	77.40	77.90	78.11
2	土方开挖、场内运输、堆土（不需压实）	9.70	13.10	12.77
3	土方开挖、场内倒运堆放、取土回填、压实及场地平整	14.30	16.10	24.99
4	石方破碎、开挖、外运	89.20	115.60	129.71
5	淤泥土开挖、外运	88.20	90.50	143.50

(续)

序号	清单项目	综合单价/(元/m³)		
		A地块	B地块	评标价
6	基坑内支撑下挖方增加费	15.10	15.10	28.65
7	桩顶预留保护土挖方增加费	6.00	8.00	8.72

4) 综合单价分析，见表2.1-26~表2.1-29。

表2.1-26 土方开挖外运综合单价分析（市场组价） （单位：元/m³）

序号	费用明细	细项分析	单价
1	机械费（挖土+装车）	1. 80元/车（虚方，泥炭质土）50~60元/车（虚方，一般土质/山土） 2. 机械费=80元/车÷13.09m³/车=6.11元/m³	6.11
2	运费	1. 650元/车（虚方，泥炭质土）600元/车（虚方，一般土质/山土） 运距28~30km 2. 运费=650元/车÷13.09m³/车=49.66元/m³	49.66
3	弃土费	1. 130~150元/车（虚方） 2. 弃土费=140元/车÷13.09m³/车=10.70元/m³	10.7
4	安全文明施工费	要求：工程施工范围及进出场通道的临时道路修建及维护（含临时道路修建、临时道路修整/加固/加宽/维护、施工过程中必需的砖渣垫路等所有为保证施工顺利进行采取的措施内容）、施工工地进出口5m内道路硬化处理、三池一设备（车辆进水池、沉淀池、过滤池及车辆清洗设备）的修建及维护、场内洒水降尘、场内及工地进出口附近的卫生清洁等安全文明施工措施	0.3
5	砖渣证办理及外围协调费	1. 渣土证办理：1元/m³（协调渣管办办理土方运输手续） 2. 外围关系协调：1元/m³	2
6	砖渣垫路措施费	1. 砖渣进场及铺垫：600元/车（虚方） 2. 挖出铺路砖渣及外运：800~1000元/车（虚方） 3. 砖渣使用量：约为土方工程量的5% 4. 砖渣垫路措施费：(600+900)÷13.09×0.05元/m³=5.73元/m³	5.73
7	管理费	0.5元/m³	0.5
8	利润	2元/m³	2
9	税金	1. 建安税+其他税费=5% 2. 税费=（6.11+49.66+10.7+0.3+2+5.73+0.5+2）×0.05元/m³ =3.85元/m³	3.85
	合计		80.85
说明	1. 土质：泥炭质土，含水量多，有机质含量高，黏性较强 2. 土方运输车辆 规格：5.4m×2.3m×1.35m=16.77m³ 按17m³红岩金刚载重车（工程部现场实际测量数据） 虚方：自然密实方=1：0.77 17×0.77m³/车=13.09m³/车（密实方）		

表 2.1-27　大型机械进退场单价

序号	机械设备（含品牌名称）	规格型号	进退场费/（元/台次）
1	神钢挖机	SK350	1200
2	神钢挖机	SK260	1200
3	徐工装载机	ZL50	600
4	小松挖机	PC120	600
5	徐工压路机	YZ16	1200
6	山推	160	1200
备注	1. 以上单价为含税、管理费、规费、利润等一切费用的综合单价包干 2. 1 台次＝进场 1 次+退场 1 次		

表 2.1-28　土石方机械台班单价

序号	机械设备（含品牌名称）	规格型号	单价/（元/台班）
1	神钢挖机	SK350	3000
2	神钢挖机	SK260	2500
3	徐工装载机	ZL50	1600
4	小松挖机	PC120	1600
5	徐工压路机	YZ16	1200
6	神钢挖机带破碎	SK260	3300
7	红岩双桥车	ABS/ASR-24V	1500
8	洒水车	东风 140	1000
9	污水泵	综合	300
10	145 柴油发电机	综合	2300
11	推土机	山推 160	1500
备注	1. 每台机械每施工 8 小时为一台班，按实际工作时间计算 2. 零星机械台班必须使用上述的机械设备进行施工，如使用上述所列以外的机械设备进行施工，必须先将机械报发包方并获得认可后方可使用，机械台班费按以下原则执行：同等功率或同等型号的机械台班直接按照上述的机械设备价格执行，非同等功率或同等型号机械设备台班费报甲方核价后执行 3. 机械台班单价包含但不限于机械租赁费用、进退场费、柴油费、税金、司机工资及吃住费用、乙方施工管理人员的一切费用、机械维护保养费、违章罚款及政府管理费、包相关手续办理及协调、包验收等全部费用		

表 2.1-29　机械台班单价分析表　　　　　　　　（单位：元/台班）

序号	机械名称	型号	台班单价	燃油	税金	合计	备注	
1	挖掘机	350	1500	1800	132	3432	斗容约 1.6m³	油耗费用＝机械费用×1.2
2		260	1000	1200	88	2288	斗容约 1.0m³	
3		120	800	960	70	1830	斗容约 0.5m³	
4	装载机	50	600	480	43	1123	/	油耗费用＝机械费用×0.8
5	挖机带破碎头	价格与对应型号的挖掘机价格相同					/	/
6	推土机	山推160	700	560	50	1310	/	油耗费用＝机械费用×0.8
说明	1. 台班单价含机械租赁费及操作司机费用 2. 燃油费另计 3. 税率按 4% 计入							

【案例2.2】

高层住宅强夯工程

1. 基本信息

（1）工程概况（表2.2-1）

表2.2-1 工程概况一览

工程地点	山东省某市
建设时间	2020—2022年
主要业态	15栋高层住宅（31个单元，838户）及车库
交付标准	毛坯
建筑面积	见表2.2-3
层数	地上住宅（11层/13层/18层）、储藏室（地下1/2层）、车库（地下1层）
结构形式	剪力墙结构

（2）标段概况（表2.2-2）

表2.2-2 标段概况一览

特征工程量	见表2.2-3
目标成本	5 312 528元
工期要求	26天
定标时间	2020年8月
招标方式	邀请招标
招标范围	招标图范围内的地基强夯工程
合同形式	固定单价
标段划分	分两个标段，详见表2.2-3

该项目一期位于整个项目的南侧并贯穿整个项目的东西两端，因工期紧，项目公司决定由两家施工单位同时进行施工，投标单位兼投不兼中。东侧为Ⅰ标段，西侧为Ⅱ标段，详见表2.2-3。

表2.2-3 标段划分方案

对比项	Ⅰ标段	Ⅱ标段	合计
施工范围	8栋13层以下住宅+车库	4栋13层以下住宅+3栋18层住宅+车库	12栋13层以下住宅+3栋18层住宅+车库
地上建筑面积/m²	55 245	51 006	106 251
地下建筑面积/m²	31 412	21 216	52 628

(续)

对比项	Ⅰ标段	Ⅱ标段	合计
基底面积/m²	19 440	16 851	36 291
强夯面积/m²	20 744	14 324	35 068

2. 招标过程

(1) 编制招标计划

本标段从招标启动会到发出中标通知书，计划25天，中标单位需要在2020年8月30日前进场。具体计划见表2.2-4。

表 2.2-4　招标计划

序	工作清单	计划完成时间	参加部门
1	图纸会审、技术标准、界面划分	2020-8-5	成本部、工程部、设计部
2	招标启动会	2020-8-5	成本部、工程部、设计部
3	投标单位审批	2020-8-6	成本部
4	专家论证设计方案	2020-8-7	工程部、设计部
5	招标文件审批	2020-8-8	成本部
6	发标	2020-8-10	成本部
7	现场答疑、标前辅导	2020-8-13	成本部、工程部、设计部
8	答疑回复	2020-8-14	成本部
9	第一轮回标、开标	2020-8-19	成本部、财务部
10	淘汰、确定第二轮回标和议标单位	2020-8-19	成本部
11	定标前约谈	2020-8-24	成本部
12	编制评标报告	2020-8-26	成本部
13	定标	2020-8-28	成本部
14	中标单位审批	2020-8-29	成本部
15	发出《中标通知书》	2020-8-29	成本部

(2) 确定投标单位

经审批确认，共邀请6家单位参与投标，见表2.2-5。

表 2.2-5　投标单位情况

序号	投标单位	公司内业绩	企业资质等级	单位来源
1	A	山东省A项目（桩基、支护）	地基基础工程专业承包壹级	供应商库
2	B	山东省B项目（强夯）	地基基础工程专业承包壹级	供应商库
3	C	山东省C项目（桩基、支护）	地基基础工程专业承包壹级	供应商库
4	D	山东省D项目（支护）	地基基础工程专业承包贰级	供应商库
5	E	山东省E项目（支护）	地基基础工程专业承包壹级	供应商库

(续)

序号	投标单位	公司内业绩	企业资质等级	单位来源
6	F	新考察入围单位	地基基础工程专业承包贰级	项目部推荐

虽然6家投标单位都具备地基基础工程专业承包贰级及以上资质，满足招标工程需求，5家投标单位在公司内有业绩，但是只有一家为强夯工程业绩，其他四家都是桩基、支护业绩，因此对于强夯的新工艺及特殊工艺没有太多的技术优势。在招标中需要注意竞争性水平可能不高而导致价格偏高。

（3）确定招标范围及界面

因强夯工程的特殊性，为了减少对后期开发建筑物的震动影响，特将二期、三期三栋距离一期较近的三栋楼纳入该期强夯招标范围内。

该项目一期地基强夯工程施工、竣工、保修，具体包括但不限于以下工作内容：

1）强夯机械进场、测量场地高程、布置夯点、起重机械就位、夯锤置于夯点位置、测量夯前锤顶高程、夯锤起吊至预定高度、夯锤自由下落、按设计要求重复夯击、推平场地、填料整平、由低能量满夯地表层松土、测量夯后场地高程、强夯机等机械设备退场的全部费用。

2）静载及动力触探检测等强夯检测费用。

3）技术处理费、技术措施费（包括雨期及异常气候施工措施费等）。

（4）编制工程量清单

1）在工程量清单编制中，需要注意清单说明的编制，主要包括：

①按设计技术及工程规范的要求，明确强夯加固深度及夯后承载力特征值。

②强夯工程量计算标准是按实际强夯面积计算。

③强夯后承载力必须满足设计要求，强夯方案在施工前必须经甲方设计认可。

④所有单价均需包括本工程所需之人力、材料、损耗、废料、机械、运输和临时设备及物料、其他费用及税金等一切费用。强夯及强夯置换施工期间的夯填料包括在报价中。

⑤报价需含第三方检测费用（施工单位需提供三家检测投标单位，由甲方选择其中一家进行检测），检测费用按实际检测报告数量进行结算。

⑥由于强夯施工工艺对周边环境有影响，而项目附近有学校，施工期正直开学季，为了减少对邻近建筑物的震动，在约谈后车库部分增加了液压夯备选方案。

2）本工程为固定单价合同，清单报价如表2.2-6所示。

表2.2-6 工程量清单主要报价项

序号	清单项名称/特征	单位	工程量
1	地基强夯： （1）地下车库加固深度不小于3m，夯后承载力特征值≥180kPa （2）消除基底下附加应力范围内黄土状粉质黏土湿陷性 （3）部位：车库 （4）含分层夯实填料整平等 （5）计算规则：以实际强夯面积计算	m^2	17 197

(续)

序号	清单项名称/特征	单位	工程量
2	地基强夯： （1）10或11层主楼加固深度不小于7m，夯后承载力特征值≥180kPa （2）消除基底下附加应力范围内黄土状粉质黏土湿陷性 （3）部位：10或11层 （4）置换500mm的级配碎石 （5）含分层夯实填料整平等 （6）计算规则：以实际强夯面积计算	m^2	6 084
3	地基强夯： （1）13层主楼加固深度不小于7m，夯后承载力特征值≥200kPa （2）消除基底下附加应力范围内黄土状粉质黏土湿陷性 （3）部位：13层 （4）置换500mm的级配碎石 （5）含分层夯实填料整平等 （6）计算规则：以实际强夯面积计算	m^2	8 633
4	孔内深层强夯： （1）18层（含18层）加固深度不小于7m，夯后承载力特征值≥300kPa （2）消除基底下附加应力范围内黄土状粉质黏土湿陷性 （3）部位：18层（含18层） （4）褥垫层500mm的砂石 （5）含分层夯实填料整平等 （6）计算规则：以实际强夯面积计算	m^2	3 154
5	湿陷性黄土试验： 含试验过程中发生的所有费用，含起重机租赁，抽检数量满足设计及规范要求 计算规则：按实际检测报告数量进行结算	m	354
6	动力触探试验： 含试验过程中发生的所有费用，含起重机租赁，抽检数量满足设计及规范要求 计算规则：按实际检测报告数量进行结算	m	376
7	平板静载荷试验： 含试验过程中发生的所有费用，含起重机租赁，抽检数量满足设计及规范要求 计算规则：按实际检测报告数量进行结算	点	123
8	C20混凝土垫层 （备注：此项为临时性道路，若不施工，结算时将扣除）	m^3	400

3）工程地质条件。在勘察深度范围内（50m），场地第四系地层自上至下为山前冲洪积

成因的黄土状土、黏性土及卵砾石、砂土等，晚更新系地层基本为黏性土及黏性土填充的碎石层，下覆新近系第三系泥岩、古生代奥陶系石灰岩，大致分为11层，局部有夹层，具体见表2.2-7。

本工程重点是消除黄土的湿陷性。

表2.2-7 土层情况

层号	岩土名称	承载力特征值 f_{ak}/kPa	厚度	定性
①	杂填土（Q4ml）	140	0.30~7.90m，平均2.54m	属欠固结高压缩性土
①-1	素填土（Q4ml）	150	0.30~7.20m，平均1.83m	属欠固结高压缩性土
②	黄土状粉质黏土（Q4al+pl）	160	0.10~9.60m，平均3.93m	属中高压缩性土
③	黄土状粉质黏土（Q4al+pl）	165	2.30~8.50m，平均5.06m	属中高压缩性土
④	粉质黏土（Q4al+pl）	165	1.60~9.30m，平均5.43m	属中高压缩性土
④-1	粉土（Q4al+pl）	180	0.70~6.50m，平均1.92m	属中高压缩性土
④-2	中砂（Q4al+pl）	190	0.50~7.20m，平均1.92m	属中低压缩性土
⑤	粉质黏土（Q4al+pl）	300	0.80~9.40m，平均3.94m	属中压缩性土
⑥	细砂（Q4al+pl）	200	0.50~10.10m，平均2.76m	属中低压缩性土
⑦	卵石（Q4al+pl）	350	0.70~9.20m，平均4.33m	属低压缩性土
⑦-1	中砂（Q4al+pl）	200	0.70~7.60m，平均2.94m	属中低压缩性土
⑧	卵石（Q4al+pl）	250	0.80~11.70m，平均4.41m	属低压缩性土
⑧-1	粉质黏土（Q4al+pl）	220	1.20~8.80m，平均3.23m	属中压缩性土
⑧-2	粗砂（Q4al+pl）	260	0.70~8.00m，平均3.12m	属低压缩性土
⑨	粉质黏土（Q3al+pl）	230	1.30~3.40m，平均2.30m	属中压缩性土
⑨-1	中砂（Q3al+pl）	270	1.00~4.30m，平均2.23m	属低压缩性土

(续)

层号	岩土名称	承载力特征值 f_{ak}/kPa	厚度	定性
⑨-2	卵石（Q3al+pl）	140	3.20~3.20m，平均3.20m	属低压缩性土
⑩	粉质黏土（Q3al+pl）	150	3.20~3.20m，平均3.20m	属中压缩性土
⑪	强风化泥岩（Eg）	160	最大揭露厚度：9.10m，最大揭露深度52.00m	具低压缩性

（5）技术标分析（表2.2-8）

表2.2-8 技术标评标结果

投标单位	技术标名次	结论	结论
B	1	合格	①标书详细 ②类似工程经验丰富 ③技术实力雄厚
F	2	合格	①标书较详细 ②有类似工程经验 ③技术实力强
C	3	合格	①标书较详细 ②有类似工程经验 ③技术实力强
D	4	合格	①标书较详细 ②有类似工程经验 ③技术实力较强
E	5	合格	①标书较详细 ②有类似工程经验 ③技术实力较强
A	6	不合格	无孔内深层强夯类似工程经验，不建议进入第二轮报价

（6）第一轮商务回标

1）回标总价分析见表2.2-9。

表2.2-9 总价分析

排名	投标单位	报价/元	比最低标	
			高出金额/元	高出比例
1	F	3 144 408	—	
2	D	4 871 976	1 727 568	54.94%

(续)

排名	投标单位	报价/元	比最低标	
			高出金额/元	高出比例
3	C	4 935 473	1 791 065	56.96%
4	B	4 969 244	1 824 835	58.03%
5	A	5 103 453	1 959 045	62.30%
6	E	5 709 714	2 565 306	81.58%

说明：F报价偏差较大，涉及置换500mm的级配碎石清单项目（清单2、3、4项）与其他单位报价偏差较大，约谈时需重点关注。

以下是分标段总价对比分析，见表2.2-10、表2.2-11。

表2.2-10 （Ⅰ标段）总价分析

排名	投标单位	报价/元	比最低标	
			高出金额/元	高出比例
1	F	1 445 726	—	—
2	B	1 827 184	381 458	26.39%
3	E	1 878 914	433 188	29.96%
4	A	2 302 590	856 864	59.27%
5	D	2 360 746	915 020	63.29%
6	C	2 485 374	1 039 648	71.91%

说明：F报价偏差较大，涉及置换500mm的级配碎石清单项目（清单2、3、4项）与其他单位报价偏差较大，约谈时需重点关注。

表2.2-11 （Ⅱ标段）总价分析

排名	投标单位	报价/元	比最低标	
			高出金额/元	高出比例
1	F	1 698 882	—	—
2	C	2 450 099	751 217	44.22%
3	D	2 511 329	812 447	47.82%
4	A	2 800 863	1 101 981	64.87%
5	B	3 142 060	1 443 178	84.95%
6	E	3 830 800	2 131 918	125.49%

说明：F报价偏差较大，涉及置换500mm的级配碎石清单项目（清单2、3、4项）与其他单位报价偏差较大，约谈时需重点关注。
清单第4项孔内深层强夯项目各投标单位报价差异较大，约谈时需重点关注。

2) 工程量分析。六家单位投标书中的工程量均与招标清单提供的参考量保持一致，无工程量偏差。

3) 综合单价对比分析，见表2.2-12。

表 2.2-12 综合单价对比分析

序	主要清单项	单位	综合单价					
			F	C	D	B	A	E
1	普通地基强夯—车库区域	元/m²	25	12	48	13	20	15
2	地基强夯—10 或 11 层主楼区域（置换 500mm 的级配碎石）	元/m²	73	190	139	120	151	128
3	地基强夯—13 层主楼（置换 500mm 的级配碎石）	元/m²	73	190	139	130	151	128
4	孔内深层强夯—18 层主楼区域（褥垫层 500mm 的砂石）	元/m²	253	330	356	650	451	862
5	湿陷性黄土试验	元/m	120	195	200	80	233	72
6	动力触探试验	元/m	90	100	96	80	111	120
7	平板静载荷试验	元/点	4700	4500	4000	4500	5228	4000
8	C20 混凝土垫层（临时性道路）	元/m³	470	580	698	600	868	720

4）第一轮回标小结。该项目采用的孔内深层强夯工艺在整个公司集团所覆盖的项目没有类似项目，而且各家报价差异较大，经过讨论项目考虑六家单位约谈议标后进行第二轮回标。

5）第一次议标会。项目部于 2020 年 8 月 22 日组织投标单位、项目工程部、设计部进行了第一轮议标会并于 2020 年 8 月 23 日发出议标问卷（详见附件）。

本次议标会议主要对以下内容进行了讨论及澄清：

①向各投标单位阐述招标范围、界面、方案，清单列项，对疑问予以澄清及明确。

②明确和强调本工程所需工期及一次验收通过等技术要求，对不完善的技术标要求予以澄清并补充。

③各投标单位、细部含量、综合单价的缺漏、偏高及偏低进行澄清。

议标会议后向相关投标单位发议标问卷，以下为议标问卷的主要内容。

一、技术部分

1. 我公司不提供临时设施及临设搭设场地，请贵公司确认，已对现场仔细勘察并完全了解现场的情况且相关费用已含在投标报价中（包括但不限于临时设施的搭设、生活、办公、调试用水电接驳点的位置及接驳措施费用等）。

2. 受场地限制，材料无法集中堆放，中标人应合理安排进料计划，搬运材料时产生的二次倒运、采管费等任何费用均由中标人自行承担。因政府要求停工的，投标人自行承担因停工所产生的一切费用，包括但不限于人员、机械等的窝工费，所产生的任何费用均须自行承担。

3. 对图纸及甲方提供的技术要求所涵盖的范围（含标书及图纸要求）已全部报价，单价已包含运费、检测费，如有漏报视为投标方对本次投标的优惠。

4. 满足甲方招标文件中关于强夯施工技术及工期要求。

5. 请贵公司在技术标中需要完全回应技术要求及全部技术要求附件。

二、商务部分

1. 请贵公司确认，贵公司上报的单价不会随着市场的价格浮动而调整。报价已综合考虑各种因素，不因任何条件变化而调整总价。

> 2. 请贵公司确认，投标总价已满足图纸及规范要求，清单中未列明的费用在经贵公司复核后，若无补充项目，则视为已包含于投标报价中。
> 3. 请贵公司确认开增值税专用发票的相关费用已考虑于投标报价中，本次增值税税率按9%计入。
> 4. 清单增加新冠肺炎疫情费，在防控期间的疫情防控费按项包干报价（必须报价），计入报价汇总表，该项报价为固定价格，后期不再因为任何原因而加以调整。
> 5. 清单2、3项目褥垫层为500mm的级配砂石，请各投标单位一定要注意置换材料为级配砂石，而非垃圾土。
> 6. 该项目邻近处有正在使用的学校，施工期正直开学季，为了减少对邻近建筑物的震动，在约谈后车库部分增加了液压夯的备选方案，请各投标单位按最终清单进行报价。

说明：在约谈时，投标单位F解释说明本次清单报价2、3、4中的碎石报价是按垃圾土考虑的，我方明确必须严格按招标清单进行报价。F表示在二次报价中会进行调整。

清单第4项孔内深层强夯各家投标报价差异较大，我方再次明确孔内深层强夯工艺，请各投标单位在二次报价中进行调整。

（7）第二轮回标

本次回标六家单位单价在议标约谈后均有一定幅度下浮及报价修正，其中最低报价单位B的下调幅度最大，因调整清单造价约增加18.5万元。

1）回标总价分析，见表2.2-13~表2.2-15。

表2.2-13 总价分析

排名	投标单位	报价/元	比最低标	
			高出金额/元	高出比例
1	B	4 556 605	—	—
2	F	4 890 038	333 433	7.32%
3	D	5 012 391	455 786	10.00%
4	C	5 352 445	795 840	17.47%
5	E	5 618 427	1 061 822	23.30%
6	A	—	—	—

注：投标单位A在8月28日来函说明因无孔内深层强夯施工经验而弃标。

表2.2-14 （Ⅰ标段）总价分析

排名	投标单位	报价/元	比最低标	
			高出金额/元	高出比例
1	B	1 666 847	—	—
2	F	1 858 696	191 850	11.51%
3	E	1 921 701	254 854	15.29%
4	D	1 924 885	258 038	15.48%
5	C	2 102 331	435 484	26.13%

第2章 土石方及地基基础工程

表 2.2-15 （Ⅱ标段）总价分析

排名	投标单位	报价/元	比最低标 高出金额/元	比最低标 高出比例
1	B	2 889 758	—	—
2	F	3 031 342	141 584	4.90%
3	D	3 087 506	197 748	6.84%
4	C	3 250 115	360 356	12.47%
5	E	3 696 726	806 968	27.93%

①计算错误检查：无
②税率错误检查：无，各单位均为一般纳税人，税率为9%。

本轮回标各家排名发生了变化，六家投标单位的投标价均低于目标成本，价格均低于市场价，合理。

2）工程量分析。各家工程量均无差异，与参考工程量保持一致。

3）单价分析见表2.2-16、表2.2-17。

表 2.2-16 综合单价对比分析

序号	主要清单项	单位	综合单价 B	F	D	C	E
1	地基强夯—车库	元/m²	11	19	20	12	14
2	液压夯—车库	元/m²	48	48	60	65	50
3	地基强夯—10或11层主楼	元/m²	105	120	115	135	125
4	地基强夯—13层主楼	元/m²	110	120	115	140	125
5	强夯置换-18层（含18层）	元/m²	592	610	600	620	800
6	湿陷性黄土试验	元/m	80	60	200	195	70
7	动力触探试验	元/m	80	80	96	100	118
8	平板静载荷试验	元/点	4000	4000	4000	4500	3854
9	C20混凝土垫层	元/m³	430	450	698	550	720
10	疫情防护费	元/项	200	300	104	5000	2000

表 2.2-17 建筑单方指标对比

序号	单位工程/费用项	报价对应的单方指标/(元/m²) B	F	D	C	E
1	车库强夯	2.36	2.97	3.42	2.97	2.65
2	13层以下住宅强夯	10.00	11.12	10.65	12.78	11.54
3	18层强夯（孔内强夯）	11.75	12.11	11.91	12.31	15.88
4	试验费	3.49	3.45	3.80	4.19	3.46
5	混凝土垫层	1.08	1.13	1.76	1.38	1.81

(续)

序号	单位工程/费用项	报价对应的单方指标/(元/m²)				
		B	F	D	C	E
6	疫情防护费	0.00	0.00	0.00	0.03	0.01
	总报价	28.68	30.78	31.55	33.66	35.35

回标单价的清标情况，见表2.2-18。

表 2.2-18 报价分析结果说明

投标单位	与上一轮报价对比	主要调整项
B	下调8.3%	①因清单调整增加液压夯清单项费用，调增18.5万元 ②其他单价均下调，下调约12%
F	上调55.5%	①因清单调整增加液压夯清单项费用，调增14.5万元 ②清单3、4、5项涉及级配砂石，砂石项目清单报价修正上调约50.9%
D	上调2.9%	①因清单调整增加液压夯清单项费用，调增20万元 ②修正孔内强夯单价上调，其他单价均下调，合计下调约1.2%
C	上调8.5%	①因清单调整增加液压夯清单项费用，调增46.5万元 ②修正孔内强夯单价上调，其他单价均下调，合计下调约1.1%
E	下调1.63%	①因清单调整增加液压夯清单项费用，调增18万元 ②修正孔内强夯单价上调，其他单价均下调，合计下调约4.8%

（8）议标、定标

1）确定定标方案。本次回标的六家单位单价在议标约谈后均有一定幅度下调。经过分析比较，属于合理市场价格。该工程根据招标文件要求，各投标单位兼投不兼中。因此B单位以 2 889 758 元中标，将次低价单位F的Ⅰ标段报价议标至 1 666 847 元。经与F商谈，F同意以 1 666 847 元价格承担Ⅰ标段工程施工，拟中标价格合计 4 556 605 元。

2）拟定标金额的合理性分析。按拟中标价计算，本标段强夯的全费用单价为130元/m²，控制在目标成本范围内（表2.2-19），但高于历史项目（见表2.2-20）。单价差异原因主要有：历史项目为普通强夯，产品为11层小高层，地质为杂填土；历史项目无置换500mm的级配碎石；历史及集团项目均无孔内深层强夯、液压夯工艺，孔内强夯及液压夯工艺为首次使用的新工艺；对于18层的小高层通常采用桩基，经过专家论证可以通过采用孔内深层强夯方式满足地基要求，通过经济比对，该方案较使用管桩方案经济。

表 2.2-19 拟定标价与目标成本对比

成本科目	地上建筑面积/m²	目标成本		拟定标价	
		总价/元	指标/(元/m²)	总价/元	指标/(元/m²)
强夯工程	106 251	5 312 528	50	4 556 605	43

(续)

成本科目	地上建筑面积/m²	目标成本		拟定标价	
		总价/元	指标/(元/m²)	总价/元	指标/(元/m²)
Ⅰ标段	55 245	2 762 257	50	1 666 847	30
Ⅱ标段	51 005	2 550 271	50	2 889 758	57

表 2.2-20　单方指标与历史项目对比

对比口径	最低标/(元/m²)	历史中标价/(元/m²)	集团同类项目价格/(元/m²)	与历史中标价比较的差额比例	与集团内同类项目价格比较的差额比例
建筑面积成本指标	28.68	30	32	-4%	-10%
强夯面积成本指标	130	84	110	55%	18%

3. 招标总结

（1）招标计划复盘

本项目招标总体时间从启动到发出中标通知书，计划25天，实际25天；其中，专家论证设计方案延误2天，在招标文件环节追回，具体见表2.2-21。

表 2.2-21　招标计划与实际完成对比

序号	工作清单	日历天数		完成时间	
		计划	实际	计划	实际
1	图纸会审、技术标准、界面划分	1	1	2020-8-5	2020-8-5
2	招标启动会	1	1	2020-8-5	2020-8-5
3	投标单位审批	2	2	2020-8-6	2020-8-6
4	专家论证设计方案	3	5	2020-8-7	2020-8-9
5	招标文件审批	4	6	2020-8-8	2020-8-10
6	发标	6	7	2020-8-10	2020-8-11
7	现场答疑、标前辅导	9	9	2020-8-13	2020-8-13
8	答疑回复	10	10	2020-8-14	2020-8-14
9	第一轮回标、开标	15	15	2020-8-19	2020-8-19
10	淘汰、确定第二轮回标和议标单位	15	15	2020-8-19	2020-8-19
11	定标前约谈	20	20	2020-8-24	2020-8-24
12	编制评标报告	22	22	2020-8-26	2020-8-26
13	定标	24	24	2020-8-28	2020-8-28
14	中标单位审批	25	25	2020-8-29	2020-8-29
15	发出《中标通知书》	25	25	2020-8-29	2020-8-29

（2）数据分析与总结

1）工程量指标分析，见表 2.2-22。

表 2.2-22　工程量指标分析

序号	清单项	面积/m²			含量指标/(m²/m²)	
		强夯面积	基底面积	地下建筑面积	按基底面积	按地下面积
	强夯工程	35 068	35 291	52 628	0.99	0.67
1	Ⅰ标段（普通强夯）	20 744	19 440	31 412	1.07	0.66
2	Ⅱ标段	14 324	15 851	21 216	0.90	0.68
2.1	普通强夯	11 170	14 442	18 658	0.77	0.60
2.2	孔内深层强夯	3 154	1 409	2 558	2.24	1.23

工程量指标测算说明：

①住宅强夯面积为基础筏板底外扩 3m，但因存在住宅与车库相连接部分，车库在与住宅相连接的部位与主楼强夯面积重合，故车库与住宅相连接的部位强夯面积减少（住宅+车库）。

②孔内深层强夯的工程量指标为 3 栋 18 层住宅楼的工程量指标（住宅）。

③在参考此工程量指标时需要看实际工程为住宅产品还是住宅+车库两种产品同时存在，两种情况下的工程量指标存在差异。

2）成本指标分析，见表 2.2-23～表 2.2-25。

表 2.2-23　成本指标分析

序号	清单项	单方成本指标/(元/m²)			
		按强夯面积	按基底面积	按地上建筑面积	按总建筑面积
	强夯工程	129.94	129.12	42.89	28.68
1	Ⅰ标段（普通强夯）	80.35	85.74	30.17	19.23
2	Ⅱ标段	201.74	182.31	56.66	40.01
2.1	普通强夯	89.32	69.08	36.78	21.79
2.2	孔内深层强夯	599.91	1342.46	79.22	71.56

表 2.2-24　总建筑面积成本指标的组成

序号	单位工程	总报价/元	总建筑面积成本指标/(元/m²)
1	车库强夯	374 167	2.36
2	13 层以下住宅强夯	1 588 429	10.00
3	18 层强夯（孔内强夯）	1 867 109	11.75
4	试验费	554 880	3.49
5	混凝土垫层（预估临时道路）	172 000	1.08
6	疫情防护费	20	0.00
	合计	4 556 605	28.68

关于两个标段差异大的原因说明：Ⅱ标段存在三栋18层的住宅楼，为达到设计承载力要求，根据设计要求，该三栋楼采用孔内深层强夯工艺，代替原管桩设计，因此造价指标高于Ⅰ标段普通强夯工程，但相对于整个项目，该方案成本是节约的。

表2.2-25 强夯工程承载力成本指标分析

序号	区域	原承载力特征值/kPa	强夯后承载力特征值/kPa	强夯增加的承载力特征值/kPa	成本/承载力特征值增加值/(元/吨)
1	车库（普通强夯）	160	≥180	≥20	5.39
2	车库（液压夯）	160	≥180	≥20	23.52
3	13层以下住宅	165	≥200	≥35	30.80
4	18层住宅	165	≥300	≥135	42.97

备注：以上费用未含检测费及其他费用。

3）综合单价，见表2.2-26。

表2.2-26 综合单价

序号	项目名称/项目特征	全费用单价/(元/m²)
1	地基强夯—车库：加固深度不小于3m，夯后承载力特征值≥180kPa	11
2	液压夯—车库：加固深度不小于3m，夯后承载力特征值≥180kPa	48
3	地基强夯—10或11层主楼：加固深度不小于7m，夯后承载力特征值≥180kPa 置换500mm的级配碎石	105
4	地基强夯—13层主楼：加固深度不小于7m，夯后承载力特征值≥200kPa 置换500mm的级配碎石	110
5	孔内深层强夯—18层（含18层）：加固深度不小于7m，夯后承载力特征值≥300kPa 褥垫层500mm的砂石	592

4）综合单价分析，见表2.2-27。

表2.2-27 综合单价分析

序	名称	综合单价组成/(元/m²)							
		人工	材料	机械	其他	管理费	利润	税金	单价
1	地基强夯—车库	2.75	1.00	3.95	2.00	0.10	0.29	0.91	11
2	液压夯—车库	16.50	2.93	18.00	4.90	0.42	1.28	3.96	48
3	地基强夯—10或11层主楼	11	64	12	5	0.93	2.81	9	105
4	地基强夯—13层主楼	13	65	13	6	0.97	2.94	9	110
5	强夯置换—18层（含18层）	165	288	61	8	5	16	49	592

【案例2.3】

小高层住宅项目桩基工程（管桩和方桩）

1. 基本信息

（1）工程概况（表2.3-1）

表2.3-1 工程概况

工程地点	江苏省某市
建设时间	2018年11月
主要业态	小高层住宅（4栋）
交付标准	毛坯
建筑面积	见表2.3-2
层数/层高	18~20层/2.9m；地下1层
结构形式	剪力墙

表2.3-2 建筑面积统计

业态	栋数	建筑面积/m²		
		地上	地下	合计
高层住宅	4	30 799	1 211	32 010
地下车库	—	0	9 692	9 692
总计	4	30 799	10 904	41 703

（2）标段概况（表2.3-3、表2.3-4）

表2.3-3 标段概况

特征工程量	总桩长25142m，高层桩型为管桩，地库桩型为预制钢筋混凝土方桩
目标成本	见表2.3-4
工期要求	总工期为15个日历天（含进出场，不含桩基检测）
定标时间	2018年10月
招标方式	邀请招标
定价方式	暂定工程量、固定单价、开办费包干
招标范围	PHC预应力管桩、预制钢筋混凝土方桩，但塔式起重机桩、围护桩不在招标范围内；无甲供材
标段划分	不分标段

表2.3-4 目标成本明细

序号	业态	成本科目	目标成本/元	单方指标/(元/m²)
1	高层住宅	主楼桩基础	3 695 846	115

(续)

序号	业态	成本科目	目标成本/元	单方指标/(元/m²)
2	地下车库	地下室桩基础	1 043 802	108
	合计		4 739 648	114

2. 招标过程

(1) 确定招标计划

本工程开工时间临近，需要尽快定标，要求在30天内完成招标定标工作，具体计划见表2.3-5。

表2.3-5 招标计划

序号	招标工作内容	计划完成时间	参与部门
1	启动会	2018-9-20	招标部、成本部、工程部
2	招标文件审批	2018-9-22	招标部
3	投标单位审批	2018-9-24	招标部
4	发标	2018-9-26	招标部
5	回标、开标、评标	2018-9-29	招标部、成本部、财务部
6	议标	2018-9-30	招标部、工程部
7	评标报告	2018-10-10	招标部
8	定标审批	2018-10-12	招标部
9	中标通知书	2018-10-15	招标部

(2) 确定招标范围和界面

本次招标范围包括：

1) 高层桩型为管桩PHC-500（125）B-C80；地库桩型为预制钢筋混凝土方桩JZHX-2-40-15/14C-C40、ZHX-3-40-12/12/11C-C40、JZHX-2-40-15/14C-C50；配套用房不打桩，管桩和方桩均采用静压管、无桩尖。

2) 试桩工程。

3) 自备柴油发电机，单独填报柴油发电机与正常施工用电的单价差。

桩基工程与其他工程的合约界面见表2.3-6。

表2.3-6 桩基工程合约界面

关联单位	桩基单位工作内容	关联单位工作内容
总包单位	一、场地处理及土方 ①进场复测场地标高，达到桩基施工条件后与场地平整单位办理书面交接单 ②自行负责桩基施工需要的操作路面，包括土方局部开挖、回填、处理及外运等工作 ③桩基施工过程中遇到的障碍物处理及外运（包括地下及地上的障碍物）	

(续)

关联单位	桩基单位工作内容	关联单位工作内容
总包单位	④按当地政府部门对文明施工要求进行一切所需的临时道路修建、场地硬化（满足桩基及检测设备进场通行要求）及拆除外运 ⑤桩基施工完成后，桩单位需要将场地平整至规定高程，误差在±100mm以内，并书面移交总包（并对桩基施工的临时道路进行破除外运；施工范围内的垃圾外运） ⑥以书面形式与总包交接	接收桩基施工完毕后的现场条件（现有场地）
	二、桩基进场与验收 ①桩机进出场、架设、组装、拆除等 ②桩的供应及施工 ③管桩供应及打/静压桩（包括过程中接桩、送桩、空桩回填、空孔上方覆盖等） ④桩身检测（接桩时可能存在的接头焊缝无损探伤） ⑤桩的抗弯性能检测 ⑥桩内为基础预留钢筋（包括保护措施） ⑦如发生桩顶标高低于设计标高（超出国家规范允许的误差范围），承担上述接桩及相关费用。（如未在发现误差48h内处理完成的，转由总包单位负责处理，涉及费用直接在桩基当期工程款支付中予以扣除） ⑧如发生桩顶标高高于设计标高（超出国家规范允许的误差范围），承担上述截桩及相关费用。（如未在发现误差48h内处理完成的，转由总包单位负责处理，涉及费用直接在桩基当期工程款支付中予以扣除） ⑨因桩基施工质量造成的补桩、纠偏、复打等工作及费用	二、管桩（含空心方桩）施工 管桩截桩到准确标高并将管桩接入承台，包括桩头处理、桩芯内掏土及桩间渣土清理及外运、桩芯清淤、桩芯灌细石混凝土、放钢筋笼、桩头防水处理
	三、桩基施工 ①勘察并了解施工现场水电接驳点位置、容量、现场交通运输条件、周围地面和地下各种管线情况、现场排水设施及市政已建成的排水管井情况，对此类设施进行改造以满足桩基施工需要 ②对周边环境（包含道路、管线、建/构筑物、树木、公共设施等）的保护工作 ③场地监测，包括水位、地表沉降、建筑物沉降、倾斜及管道沉降等 ④施工过程中采取相应的降水措施，以降低在桩基深度范围内可能遇到的地下水位	

(续)

关联单位	桩基单位工作内容	关联单位工作内容
总包单位	⑤架设现场办公、生活、施工所需的水电管线，建设场地内排水管沟系统，并维护使其排水通畅 ⑥按现场实际条件配备集装箱及其他设施以满足施工要求 ⑦承担书面移交总包前的所有桩基施工及生活区使用的水、电费用 ⑧在总包进场挖土前，进行现场桩基施工完成情况的技术交底；在总包挖土过程中，派专人进行现场看护	①与桩基单位核对交接时现场用水、用电总量，并移交临水、临电设施和管线保护责任 ②塔式起重机桩施工由总包自行完成
桩基检测单位	四、桩基检测 ①配合桩基检测单位进行检测（提供道路、水电、配合人员） ②桩基单位检测费只包含桩基的焊接探伤及桩身破坏试验费	方桩抗拔、管桩静载，检测报告与桩基单位交接

(3) 编制招标文件

在招标文件编制中，需要注意说明以下风险的处理办法，并合理分摊甲乙双方的风险：

1）关于施工场地条件的风险。在招标文件中需要注明并强调，投标人须踏勘现场，了解施工场地情况。综合考虑现场场地条件对桩机的影响，在报价中考虑可能要发生的费用，中标后不会再签发任何关于场地回填的签证。在中标后需要接收场地，并对施工场地进行必要处理以满足桩基施工需要。

2）关于地下障碍物的风险。招标时提供的勘察报告仅供投标参考，中标后不得因勘察报告中未明确或不对的事项提出索赔。投标人须自费进行调查或勘察，了解地下障碍物的情况，并制订相应措施完成本工程。处理地下障碍物的责任和费用包含在本次报价中，地下障碍物包括但不限于散石、块石、建筑垃圾、现有混凝土基础、树根、埋在地下的管线和任何地下人造构筑物（包括混凝土或其他材料结构、地下防空洞和碉堡等）。清理地下障碍物的费用包括但不限于提供施工方案、施工工序及拟选用的清障单位供工程师审批，进行并完成所需的机械、人工、材料，把剩余的泥土及地下障碍物等运离现场至工程所在地有关部门所准许的卸土场地或其他场地，同时核准其他有关费用。

3）关于地质勘察报告的风险。招标时提供的勘察报告所述地质情况是整个场地的大概情况，不代表与每一个桩位的地质情况完全相同。投标人所报的桩基施工单价，无论何种土层土质（含岩石层），均需考虑在报价中，不因实际打桩的变化而调整。

4）关于对市政管道的保护。投标人须在勘察中关注现场是否有市政管道，在桩基施工时遇到各类市政管道时，承包人必须提供临时支撑、保护及分路措施，须在投标报价中综合考虑。

5）关于施工质量偏差问题。若由于桩基单位自身原因发生诸如桩基偏位、加固，引起基础承台扩大等情况，则甲方有权协调，扣除桩基单位该部分责任金额，对相应的承包商进行增补。

6）关于现场施工用水电的问题。对于桩基单位自用办公及生活设施所产生的水电费，以及现场加工和工程施工中所使用的水电费，投标人须综合考虑在桩基施工综合单价中。水电费由发包人垫付并在当期工程款中扣回。因施工现场的临时箱变工程尚未完成，投标单位应自行考虑柴油发电机以满足桩机施工的需要。实物工程量的施工价中已包含桩基现场加工和工程施工所使用的常规电费，自备柴油发电机与桩基常规施工电费差价在招标清单中的临电差价中单独报价。

7）关于环境保护和文明施工的风险。投标人在报价中须考虑包括满足政府要求所需的出入口车辆清洗、防尘、垃圾清运、环境保护、交通限制及治安管理等费用。中标单位须对施工区域和周边的环境，包括水面进行环境保护并制定专项环保措施，承诺接受任何污染环境的处罚。

8）关于暂停施工的风险。若施工过程中出现因为地质或设计等甲方原因而暂停施工时，在累计30天（含）的停滞期内，所发生的一切停滞费用乙方自行消化，超出30天的停滞期按超出部分每天的停滞费包干价计取；若停滞时间过长，甲方要求桩基施工单位将桩机先退场，待能正常施工后再进场，乙方应无条件执行，甲方根据进退场桩机合计次数，给予桩基施工单位机械进退场费用补助。

9）关于工期保障和风险。本项目施工工期仅15天，投标人须保证现场静压桩机不少于5台，并根据工期需要增加。无论实际用于本工程的机械设备是否增加或变动，费用均不予调整。

10）关于桩基检测的配合。投标人在开办费中的报价须包括为桩基检测机械进场提供通道、配合桩基检测单位进行诸如静载抗压、静载抗拔、低应变、高应变、探伤、破桩所进行的开挖、吊运设备、桩头清理、确定桩位、水电费等费用。

11）关于完工后的移交。投标人在报价中需要包括完工后清理现场（桩基施工完成后场地平整至+3.500m后移交总包；多余土方外运；桩基施工的临时道路的破除外运；施工范围内的垃圾外运）的时间和费用。

（4）编制招标清单

在编制招标工程量清单中，需要注意以下事项：

1）界定好供应价和施工价的范围。供应价包括所有材料的成品价格、材料管理费、材料利润、材料税金、专利费、包装、材料仓储、材料运至工地的运输及运输损耗、卸货等一切与材料有关的费用。施工价包括打桩施工的人工费、机械费、管理费、利润、税金等一切与施工有关的费用。如承包人认为本工程桩基施工需要使用桩尖，则相应费用包含在施工价中。

2）界定好工程量计算的规则。招标清单中的桩长工程量是设计图纸桩身长度，即设计桩顶标高与桩底标高之间的长度，如有桩尖，则不含桩尖长度，实际打桩长度超出部分包含在综合单价中。报价前须综合考虑涉及的材料规格、实际打桩的深度、质量及施工程序等方面的要求与标准，并将以上及打桩全部完成所涉及的桩头清理、接桩、送桩等所有其他费用包含在内。

3）根据施工现场特殊情况增补报价清单。投标人须自备柴油发电机，在报价清单的对应清单中填报与桩基常规施工电费差价，含设备进出场、维护、保养及柴油等一切费用。柴油发电机租赁费在15天（含15天）以内。

4)试桩工程统一按暂定工程费用 250 000 元填报。暂定工程费由甲方按实际发生情况结算。

(5)确定投标单位

本次招标共邀请 5 家单位入围本标段,符合公司招标制度对投标单位数量的要求。入围的投标单位名单见表 2.3-7。

表 2.3-7 投标单位名单

序号	投标单位	公司内同类工程业绩	来源
1	A	一期一标段	供方库
2	B	苏州1期、南通项目住宅、上海办公楼项目	供方库
3	C	常熟项目、无锡项目、徐州项目、上海项目	供方库
4	D	昆山项目一期、二期	供方库
5	E	江西项目	供方库

(6)第一次回标分析

1)总价分析,见表 2.3-8。

表 2.3-8 总价分析

排名	投标单位	投标总价/元	相对最低标		相对目标成本	
			价差/元	差额比例	价差/元	差额比例
1	A	8 578 407	0	0%	3 838 759	81%
2	B	8 957 555	379 148	4%	4 217 907	89%
3	C	10 533 673	1 955 267	23%	5 794 025	122%
4	D	11 330 191	2 751 784	32%	6 590 543	139%
5	E	12 430 999	3 852 592	45%	7 691 351	162%

注:所有单位无算术误差及理解偏差。最高标和次高标高出最低标和目标成本较多,按公司招标文件中的规则进行淘汰,以下分析省略。

2)工程量对比分析。本轮回标各家单位工程量均为清单参考量,主要对比见表 2.3-9。

表 2.3-9 工程量对比分析

序号	桩型	参考量	单位	回标工程量		
				A	B	C
1	PHC-500(125)B-C80	16 084	m	16 084	16 084	16 084
2	JZHX-240-15/14C-C50	10 186	m	10 186	10 186	10 186
3	JZHX-240-12/12/11C-C50	216		216	216	216
	合计	26 486	m	26 486	26 486	26 486

第一轮发标后,因回标金额超目标成本较多,招标部与设计部通过沟通协调,决定由设计单位根据地质勘察报告对桩基设计进行精细化复核。

经分析超支原因主要为本项目地质条件复杂,地块两面临河,地块内部分范围为河道填埋,地勘报告持力层在③-3层粉砂层,单桩长较长,单桩抗压承载力为1600KN(根据模型计算书反馈,桩反力基本已用足),按此承载力布桩桩数较多,较难布置,故采用满堂桩,桩基布置较一般情况更密。

经我公司一再要求后,设计单位对桩量进行了少量优化,桩量减少约1305m(占比5%),以最低标A单价进行测算,桩量减少金额约34万元,优化效果并不明显。最终决定由设计优化公司介入桩基优化工作,但因现场工期较紧原因,先进行第二轮回标,优化工作同步进行。

3)开办费报价对比分析,见表2.3-10。

表2.3-10 开办费对比分析

序号	项目名称	开办费/元				
		A	B	C	D	E
1	施工现场接收	0	50 000	20 000	50 000	150 000
2	现场管理	0	15 000	30 000	20 000	40 000
3	临时道路、临时设施建造及租赁费	120 000	50 000	200 000	120 000	180 000
4	安全文明施工	50 000	43 700	50 000	30 000	50 000
5	打桩机进出场、运输及安拆费	150 000	400 000	100 000	200 000	500 000
6	材料设备检测试验	0	30 000	20 000	50 000	35 000
7	桩基检测施工配合费	20 000	20 000	40 000	50 000	68 900
8	施工许可规费和配合费	20 000	10 000	20 000	50 000	100 000
9	工程保险	30 000	40 000	10 000	15 000	15 000
10	桩基础工程侧面安全巩固措施费	44 400	5 000	0	20 000	20 000
11	进场及完工后清理现场	0	5 000	50 000	60 000	60 000
12	桩基检测	60 000	50 000	0	80 000	80 000
	开办费合计	494 400	718 700	540 000	745 000	1 298 900
	开办费占比	5.8%	8.0%	5.1%	6.6%	10.4%

注:本轮报价开办费差异较大,在议标问卷统一要求调整报价,且本工程工期较短,开办费占比较高。

4)主要单价对比分析,见表2.3-11。

表2.3-11 综合单价对比分析

桩型	清单项		工程量/m	投标价/(元/m)			参考价/(元/m)
				A	B	C	2018.1
管桩	PHC-500(125)B-C80	供应	16 084	250	255	305	231
		施工		18	25	42	20

(续)

桩型	清单项		工程量/m	投标价/(元/m)			参考价/(元/m)
				A	B	C	2018.1
方桩	JZHX-240-15/14C-C50	供应	10 186	320	300	340	289
		施工		18	25	45	21
	JZHX-240-12/12/11C-C50	供应	216	320	300	340	289
		施工		18	25	45	21
合计		供应	26 486	277	273	319	254
		施工		18	25	43	20

由于现场临电不足，且工期较短，柴油发电打桩费用由投标单位在投标时作为竞争性报价考虑在综合单价中，但第一轮回标时投标单位并未理解，仍按照临电打桩进行报价，第二轮报价需要澄清并细分，调整报价方式。

5）品牌对比分析。本轮回标各家品牌情况见表2.3-12。

表2.3-12 品牌对比分析

投标单位	材料名称	招标文件要求的品牌范围	投标单位填报的品牌
A	管桩	三和、建华、国鼎、海华	无
	方桩	东华、嘉博、双强、西环	无
B	管桩	三和、建华、国鼎、海华	三和、建华
	方桩	东华、嘉博、双强、西环	东华、嘉博
C	管桩	三和、建华、国鼎、海华	无
	方桩	东华、嘉博、双强、西环	无

注：A未按要求填报品牌，已于议标问卷中要求修正。

6）议标。在设计优化单位优化桩基选型后，组织了第一轮议标，主要议标内容如下：

①电费差价单独填报。第一轮回标清单中柴油发电考虑在综合单价内，但多数投标单位并未理解或响应，在第二轮回标中拆分为临电打桩+柴油发电差价，并计入总价。

②工程量清单修改：开办费列项根据项目特征情况调整；桩基工程量调减，由26486m调减为25142m，调减了1344m。

③方桩工期调整：1/2/3#楼及地库范围内管桩、方桩施工必须在给定工期内完成。如因方桩供应及制作时间问题，5#楼及地库部分的方桩可延后，但不得晚于要求完工时间5天内。如方桩供应仍存在问题，投标单位在技术标中具体说明。

④现场场地条件：施工现场的场地为原状填土，场地基本平整，具备桩基施工条件，不需要额外的场地平整，具体土质和土层情况见招标文件、地勘报告。

（7）第二次回标分析

1）总价分析，见表2.3-13。

表 2.3-13 总价分析

排名	投标单位	投标总价/元		相对第一轮		相对最低标	
		第二轮	第一轮	降价金额/元	降价幅度	价差/元	差额比例
1	A	8 510 705	8 578 407	67 702	0.8%	0	0.0%
2	B	8 540 214	8 957 555	417 341	4.7%	29 510	0.3%
3	C	9 807 687	10 533 673	725 986	6.9%	1 296 982	15.2%

①算术偏差检查。各投标单位均无算数误差。

②报价调增情况说明。第二轮回标实体清单打桩综合单价仅包含桩基常规施工电费，柴油发电机与桩基常规施工电费差价单独列项计取，并计入总价，以最低标 A 为例，此项导致总费用增加约 29 万元。

③三家单位的降幅分析，见表 2.3-14。

表 2.3-14 第二轮报价降幅分析

排名	投标单位	降低金额/元	降低幅度	主要调整项
1	A	65 000	0.8%	开办费下调 1.5 万，柴油发电单独列项导致金额上调 29.3 万，桩量调整导致金额下调 34.3 万
2	B	405 000	4.7%	开办费下调 6.6 万，柴油发电单独列项致金额上调 19.5 万，实体单价下调金额 17.9 万，桩量调整导致金额下调 35.5 万
3	C	705 000	6.9%	开办费下调 11.5 万，柴油发电单独列项导致金额上调 19.5 万，实体单价下调金额 35.5 万，桩量调整导致金额下调 43 万

2) 开办费分析，见表 2.3-15。

表 2.3-15 开办费两轮报价对比分析

序号	项目名称	A	B	C
第一轮	开办费合计	494 400	718 700	540 000
	开办费占比	5.8%	8.0%	5.1%
第二轮	开办费合计	448 000	651 000	453 000
	开办费占比	5.3%	7.6%	4.6%
降幅	降价金额	46 400	67 700	87 000
	降价幅度	9.4%	9.4%	16.1%

开办费清标情况如下：

A：基本响应议标问卷内容，对"施工场地接收""现场管理""材料设备检测试验"进行补充报价，但"恶劣天气及夜间施工及赶工""材料二次搬运""降水""周边设施保护"等仍未报价；本轮开办费共调减 4.6 万元，调整后开办费占比 5.3%，开办费占比略偏低。

B：基本响应议标问卷内容，调减"打桩机械进出场、运输安拆费"，但仍偏高；本轮开办费共调减 6.7 万元，调整后开办费占比 7.6%，开办费占比略偏高。

C：基本响应议标问卷内容，对"恶劣天气及夜间施工赶工""桩基工程侧面安全巩固措施费""桩尖费分包人自理"等进行补充报价；调减"打桩机械进出场、运输安拆费"至 8 万元，报价偏低；本轮开办费共调减 8.7 万元，调整后开办费占比 4.6%，开办费占比略偏低。

3) 主要单价分析，见表 2.3-16。

表 2.3-16　综合单价对比分析

序号	项目名称		工程量/m	投标价/(元/m)		
				A	B	C
管桩	PHC-500（125）B-C80	供应	14 651	250	250	290
		施工		18	25	42
	柴油发电机电费差价	补差		12	8	8
方桩	JZHX-2-40-15/14C-C40	供应	7 527	320	290	328
		施工		18	25	45
	JZHX-3-40-12/12/11C-C40	供应	216	320	290	328
		施工		18	25	45
	JZHX-2-40-15/14C-C50	供应	2 748	320	290	328
		施工		18	25	45
	柴油发电机电费差价	补差	10 492	12	8	8
合计		供应	25 142	279	267	306
		施工		18	25	43
		补差		12	8	8

注：上述柴油发电机电费差价报价是基于 15 天内。

单价清标情况如下：

A：未响应议标问卷对报价进行调整，整体报价仍略偏高。

B：基本响应议标问卷，地库方桩材料价由 300 元/m 下调至 290 元/m；整体报价略偏高。

C：基本响应议标问卷，但单价下浮十分有限；500B 型管桩材料价下浮 15 元/m；临电打桩单价未调整，地库方桩材料价下浮 12 元/m；整体报价仍偏高。

4) 材料品牌对比分析。第二轮回标中，各投标单位的回标品牌均符合招标文件要求。

(8) 定标建议

1) 候选中标单位确定。根据公司招标管理制度的规定，对于拟定标金额小于 1 000 万元，满足差价在 5% 以内且不超过 30 万元，可作为候选中标单位，故最低标"A"和次低标"B"均在候选中标单位范围内。

经征询项目公司对中标单位的意见，结合拟中标单位技术标评审情况、项目经理面试情况及桩机快速进场能力的综合判断，公司决定对次低标单位"B"进行定向议标压价。

2) 定向压价后的报价分析。经定向约谈，B 同意在第二轮回标价基础上下浮 5 万元，并进行不平衡报价的调整,调整后与往期项目历史价格对比见表 2.3-17。

表 2.3-17 与往期项目对比分析

序号	工作内容			工程量/m	B 报价/元		
					第二轮	议价后	议价后总报价
1	开办费				占比 7.60%	占比 7.30%	619 030
2	工程桩			25 142			
	管桩	PHC-500(125)B-C80	供应	14 651	250	255	3 735 934
			施工	14 651	25	25	366 268
		柴油发电机电费差价	补差	14 651	8	8	117 206
	方桩	JZHX-2-40-15/14C-C40	供应	7 527	290	290	2 182 900
			施工	7 527	25	25	188 181
		JZHX-3-40-12/12/11C-C40	供应	216	290	290	62 727
			施工	216	25	25	5 408
		JZHX-2-40-15/14C-C50	供应	2 748	290	290	796 932
			施工	2 748	25	25	68 701
		柴油发电机电费差价	补差	10 492	8	8	83 933
3	试桩			1	250 000	250 000	250 000
	修正不平衡后报价			25 142	—	—	8 477 218

经本次不平衡报价修正后,管桩、方桩的价格与类似项目接近。

由于本项目工期较紧,短期内打桩机的投入较大,且需重点考虑夜间施工及赶工费用,故开办费比例 7.3%,较一般项目高。

3)超目标成本分析及解决建议。与目标成本相比,本次拟中标金额超目标成本约 374 万元(超 79%),见表 2.3-18。

表 2.3-18 拟中标单位与目标成本对比分析

序号	业态	目标成本			定标价		
		单价/(元/m)	含量/(m/m²)	金额/元	单价/(元/m)	含量/(m/m²)	金额/元
1	高层住宅	300	0.38	3 695 846	311	0.46	4 562 241
2	地下车库	300	0.36	1 043 802	349	1.08	3 664 977
3	试桩	—					250 000
	合计(平均)	300	0.38	4 739 648	337.17	0.60	8 477 218

①原因分析:因含量超标导致的超目标成本金额为 307 万元(占比 91%),因单价超标导致的超目标成本金额为 43 万元(占比 9%);桩基含量偏高主要原因是持力层较靠下,单桩桩长较长,且项目多为 18 层的小高层住宅。

②解决方案:首先,由设计院根据试桩检测报告进行设计优化;其次,由结构优化单位

对上述结果进行复核,目前桩基工程量优化可以降低约 50 万元,但因建设规划方案未通过,桩基施工图非最终版,设计优化工作仍在进行中;第三,待最终图纸确定后进行总价包干,尽早将总价锁定。

3. 招标总结

(1) 招标计划复盘

本项目招标总体时间从启动到发出中标通知书,计划 26 天,实际 28 天;其中,从发标到发出中标通知书,计划 20 天,实际 22 天。无异常情况,具体见表 2.3-19。

表 2.3-19 招标计划与实际完成对比

序号	工作清单	日历天数/天		完成时间	
		计划	实际	计划	实际
1	启动会	1	1	2018-9-20	2018-9-20
2	招标文件审批	3	6	2018-9-22	2018-9-25
3	投标单位审批	5	6	2018-9-24	2018-9-25
4	发标	7	7	2018-9-26	2018-9-26
5	回标、开标、评标	10	10	2018-9-29	2018-9-29
6	议标	11	11	2018-9-30	2018-9-30
7	评标报告	21	26	2018-10-10	2018-10-15
8	定标审批	23	28	2018-10-12	2018-10-17
9	发出中标通知书	26	28	2018-10-15	2018-10-17

(2) 数据分析与总结

1)工程量指标分析,见表 2.3-20。

表 2.3-20 工程量指标

序号	业态	桩型	设计参数			工程桩含量	
			桩长/m	根数/根	平均桩长/m	按延长米/(m/m²)	按根数/(根/m²)
1	高层住宅	管桩	14 651	606	24	0.4577	0.0189
2	地下车库	方桩	10 492	353	30	1.0825	0.0364
	合计(平均)		25 143	959	26	0.6029	0.0230

注:表中数据含 6 根试桩。

2)成本指标分析,见表 2.3-21。

表 2.3-21 成本指标分析

序号	业态	桩型	成本指标/(元/m²)		
			试桩	工程桩	合计
1	高层住宅	管桩	4	143	147

（续）

序号	业态	桩型	成本指标/(元/m²)		
			试桩	工程桩	合计
2	地下车库	方桩	11	378	389
合计平均			6	197	203

3）综合单价分析，见表2.3-22。

表2.3-22 综合单价分析

序号	业态	桩型	全费用综合单价/(元/m)				
			开办费	发电费	供应价	打桩价	合计
1	高层住宅	管桩	23	8	255	25	311
2	地下车库	方桩	26	8	290	25	349
合计平均			25	8	270	25	327

注：全费用综合单价不含试桩分摊。

第3章
主体土建工程

本章提要

本章主要介绍主体土建工程相关标段的招标过程并总结了相关数据。这些标段包括住宅、商业综合体、写字楼、酒店等业态的总承包工程、装配式预制构件甲供等。

【案例3.1】为住宅项目总承包工程标段,列举的是江苏省某大型高层住宅项目案例。该案例的特点是采用总价包干的方式,在发标前对招标范围、合同界面、交付标准的描述较为完整和严谨,在定标阶段对拟定标价的合理性分析较为系统,在定标后对定标数据的分析较为详细。

【案例3.2】为装配式住宅项目预制混凝土(PC)构件供应标段,列举的是河南省某大型高层住宅项目案例。该案例的特点是在进行模拟含量暂定总价招标的同时确定了后期转固工作的规则,在定标后同时总结了定标时和转固后的工程量、成本数据,并对两者的差异进行了原因分析,同时提供了预防对策,以期能为越来越多的装配式建筑项目的全过程成本控制提供较为系统的案例借鉴。

【案例3.1】

高层住宅项目总承包工程

1. 基本信息

(1) 工程概况（表3.1-1）

表3.1-1 工程概况

工程地点	江苏省某市
建设时间	2017年8月—2019年12月
主要业态	高层住宅，5栋、10个单元、1124户 包括5栋高层、2栋配套商业建筑、3个变电站、地下车库
交付标准	毛坯
建筑面积	见表3.1-2
层数/层高	28层、33层/2.9m
结构形式	剪力墙

表3.1-2 各建筑单体的工程概况汇总

业态	楼号	户数	结构形式	高度/m	层数		建筑面积/m²		
					地上	地下	地上	地下	合计
高层住宅	1#楼	264	剪力墙	95.9	33	1	29 320	969	30 289
	2#楼	264	剪力墙	95.9	33	2	29 320	2 085	31 405
	3#楼	168	剪力墙	81.4	28	2	21 992	2 038	24 030
	4#楼	264	剪力墙	95.9	33	1	28 837	1 017	29 854
	5#楼	264	剪力墙	95.9	33	2	28 837	2 379	31 216
	合计	1 224	—	—	—	—	138 306	8 488	146 794
商业	6#楼	—	框架	12.0	3	0	3 486	0	3 486
	7#楼	—	框架	11.6	3	0	7 527	0	7 527
	合计	—	—	—	—	—	11 012	0	11 012
配套	门卫、变电站	—	框架	5.0	1	0	601	0	601
地库	一层车库	—	框剪	4.0	0	1	0	5 663	5 663
	二层车库	—	框剪	8.0	0	2	0	19 247	19 247
合计		1 224	—	—	—	—	149 919	33 398	183 317

(2) 标段概况（表 3.1-3）

表 3.1-3　标段概况

特征工程量	见表 3.1-2
目标成本	见表 3.1-4
工期要求	总工期 791 日历天
定标时间	2017 年 8 月
招标方式	邀请招标
招标范围	土建总承包，不包括风火水电等指定分包工程。无甲供材
定价方式	基于技术要求及施工图范围内总价包干
标段划分	在定标阶段，划分为 2 个标段

(3) 目标成本（表 3.1-4）

表 3.1-4　目标成本明细

业态	科目	金额
高层地下室	建安费用-地下室-基坑土方工程	1 650 000
	建安费用-地下室-基坑支护工程	2 360 000
	建安费用-地下室-建筑工程	21 300 000
	建安费用-地下室-防水工程	670 000
	小计	25 980 000
高层主楼	建安费用-主楼-建筑工程	128 000 000
	建安费用-主楼-防水工程	2 860 000
	小计	130 860 000
地下车库	建安费用-地下室-基坑土方工程	4 850 000
	建安费用-地下室-基坑支护工程	7 010 000
	建安费用-地下室-建筑工程	36 730 000
	建安费用-地下室-防水工程	3 360 000
	建安费用-地下室-人防门工程	610 000
	小计	52 560 000
商业建筑	建安费用-主楼-建筑工程	14 400 000
	建安费用-主楼-防水工程	350 000
	小计	14 750 000
公建配套	建安费用-公建配套-基础工程	70 000
	建安费用-公建配套-建筑工程	610 000
	小计	680 000
前期	建安费用-前期工程-临时围墙	380 000
	建安费用-前期工程-临时道路	280 000
	建安费用-前期工程-场地土方工程	1 500 000
	小计	2 160 000
	目标成本合计	226 990 000

2. 招标过程

(1) 编制招标计划

本标段从招标启动会到发出中标通知书,计划46天,中标单位需要在2017年8月30日前进场。具体计划见表3.1-5。

表 3.1-5 招标计划

序号		工作内容	时间节点	输出工作成果	责任部门
1	招标启动	招标预备会	2017-6-12	预备会会议纪要,招标计划及分工	设计/工程/成本
2		交楼标准	2017-6-15	工作界面表、建筑做法表	设计/工程/成本
3		技术规范	2017-6-22	技术规范文件、合约界面表	工程部
4		招标图纸	2017-6-30	招标图纸、地勘报告、周边管线图	设计部
5		招标启动会	2017-6-22	会议纪要	设计/工程/成本
6		招标答辩会	2017-6-25	答辩会资料	成本部
7		投标单位审批	2017-6-30	投标单位名单表	成本部
8		招标文件审批	2017-6-25	招标文件	成本部
9		编制工程量清单	2017-6-20	工程量清单	成本部
10	技术标	技术发标	2017-6-25	发标记录	成本/工程
11		第一轮技术回标	2017-7-1	技术标	成本/工程
12		述标及议标问卷	2017-7-6	议标问卷	成本/工程
13	商务标	商务发标	2017-6-27	发标记录	成本部
14		投标疑问	2017-7-1	投标疑问汇总表	成本部
15		答疑及标前辅导	2017-7-2	投标疑问答复表	工程/成本
16		回标\开标	2017-7-9	商务标、技术标问卷回复	成本
17		开标、评标	2017-7-9	技术标评标意见、商务标回标分析	成本/工程
18		一次约谈	2017-7-14	约谈记录、工程量清单修正版	成本/工程
19		二次回标、开标	2017-7-20	开标记录	成本
20		第二次评标	2017-7-20	技术标评标意见、商务标回标分析	成本/工程
21	定标	定标	2017-7-30	中标审批表	成本
22		发出中标通知书	2017-8-6	中标通知书	成本
23		签订合同	2017-8-22	合同签章	成本

(2) 确定招标范围及界面

1) 本标段的招标范围包括：

①土方工程、基坑降水、排水工程（含设计深化、专家论证）。

②人防工程。

③地下及±0.00m以上部分的土建主体结构工程，砌体工程，室内粗装修工程，外墙粗装修工程（含外墙、自行车库、汽车坡道等结构粉刷），屋面工程，防水工程。

④消防楼梯、扶手、护窗栏杆及汽车坡道栏杆、自行车坡道栏杆、地库出入口栏杆。各种设施设备的基础工程。

⑤杂项工程，包括截桩、接桩、桩头处理、桩芯清淤、桩芯灌细石混凝土、钢筋笼、基坑周边围护栏杆、基坑施工遗留明浜、暗浜、已完工的临时道路清除、散水（含伸缩缝处理）、斜坡、排水沟（含伸缩缝处理）、空调室外机基础、烟道及排烟止回阀、风帽、管道周边穿越楼板（含屋面板）处水泥砂浆保护装饰圈、汽车坡道，地下室外墙套管的封堵（含临时、正式封堵）等。

2) 以下工程是将由指定分包商或独立承包商进行施工，不包含在本招标范围内，但发包方有权根据项目发展需要，调整由总承包工程承包方施工并增加相应合同价款。包括桩基工程；基坑围护及基坑监测；白蚁防治；铝合金门窗（铝合金含百叶、装饰格栅、天窗等）加工及安装工程；外墙石材饰面工程；外墙涂料饰面工程；外墙保温工程；入户门（含五金、锁具）的供应及安装；防火门（含五金、锁具）的供应及安装；大堂及标准层电梯厅公区精装修工程；机电工程（包括电气、给水排水、通风空调工程）；消防工程（包括防排烟、防火卷帘门工程）；电梯供应及安装工程；弱电智能化工程；变配电工程；有线电视、电信网络工程等弱电工程；燃气工程；室外小市政（含小区道路及雨污水管线等）工程；园林景观工程；泛光照明工程；交通标识、画线；信报箱供应及安装工程；标牌系统供应及安装工程；栏杆、钢结构供应及安装工程。

3) 合约界面。以项目总体合约规划为纲领编制总承包工程与其他专业工程的合约界面划分表，同时作为各专业工程的招标范围和合约界面编制的依据。表3.1-6为总承包工程合同界面表摘要。

表 3.1-6　总承包合同界面划分摘要

序	专业	总承包工作内容	关联单位工作内容
1	措施	脚手架： 提供分包施工所用的室外脚手架（限定总承包工期内现有室外脚手架），完成外墙粉刷后需至少保留4个月脚手架供外墙保温、涂料及门窗幕墙单位施工使用。外脚手架需经业主审批后方可拆除	涉及分包：门窗、栏杆、幕墙、保温涂料、综合机电类及泛光照明等
		垂直运输项目： ①总承包负责提供分包施工所用的现有垂直运输机械及施工临时客梯，并提供分包施工所用材料堆放场地 ②电梯作为临时施工使用时，电梯运行由总承包统一安排使用，总承包负责运行电梯的操作，并保证电梯	可预见的情况下，工地上无现成装置及机械可用于卸货、水平及垂直运输，由分包单位自行承担上述工作内容

(续)

序	专业	总承包工作内容	关联单位工作内容
1	措施	操作人员具备相应的电梯操作证。所需开梯人工费、电费及电梯照管、保护（含轿厢内保护）由总承包负责，总承包承担电梯运行使用期间的电梯维修保养及移交甲方前的检修费用。室内电梯临时施工使用时需签订三方电梯临时使用协议 水电费： ①所有分包单位施工用水电费均由总承包承担计入总承包协调服务费 ②业主及监理单位办公区及生活区水电费由总承包承担，其他分包单位办公区及生活区水电费由其他分包单位与总承包单位自行结算 ③如涉及总承包及其他分包在小区通水通电后施工使用正式水、正式电，费用由总承包承担，在移交物业前与物业确认	①景观施工用水电费由景观单位自行承担或与总承包自行结算 ②桩基施工用水电费自行承担
2	桩基	截桩及接桩头到设计标高（含钢筋处理），包括桩头处理、桩芯内掏土及桩间渣土清理及外运、桩芯清淤、桩芯灌细石混凝土、放钢筋笼、桩头防水处理、截桩清理及外运	①方桩、灌注桩桩内为基础预留钢筋（包括保护措施） ②如发生桩顶标高低于设计标高，承担上述接桩或其他措施产生的费用 ③无条件接受现场场地及周边道路情况，并配合总承包完成桩基验收、桩基竣工资料收集与移交
3	进户门	门框塞缝（含进户门上口）、砂浆收口，超规范门洞整改由总承包负责，灌浆由进户门单位负责	进户门及门套、门锁及限位地挡供应、安装（含门框灌浆），相应检测费用及资料
4	防火门及卷帘、挡烟垂壁	①防火门框、防火卷帘门的塞缝、砂浆收口，超规范门洞整改 ②电梯机房钢制防火门供应安装 ③防火卷帘门、挡烟垂壁供应及安装	①地上及地下室防火门（含钢制及木质） ②防火卷帘门控制箱（含控制箱）至防火卷帘门的配电及控制系统 ③钢制防火门门框灌浆由防火门单位负责 ④防火门上部门头板及门楣
5	门窗	①负责按照洞口标准尺寸移交门窗单位 ②外墙门窗室内抹灰收口、门窗洞口外侧防水砂浆收口、找平（含单元门及室内门窗） ③总承包提供门窗淋水试验的水源、电源接点至各单元首层门口供门窗单位使用。外墙及门窗的淋水试验（3次及3次以内）由总承包单位负责，渗漏由门窗质量问题引起的3次以上超出部分的淋水费用由门窗单位承担） ④门窗四周JS防水、墙体及副框之间的塞缝，由总承包负责。门窗防水的责任界定以副框外侧为界，副框以外的渗漏由总承包负责	①外墙门窗（含玻璃幕墙）供应及安装 ②室外门窗、玻璃幕墙龙骨副框和塑钢窗框/门框之间发泡剂、密封胶施工。（含单元门及室内门窗） ③副框以内的渗漏由门窗单位负责

(续)

序	专业	总承包工作内容	关联单位工作内容
6	栏杆	含专业分包（户内阳台、露台、空调板、屋面栏杆、公共区域连廊栏杆）的所有栏杆涉及的墙地面收头粉刷工作由总承包负责	①户内阳台、露台栏杆、空调隔板栏杆、公共区域连廊栏杆（需明确墙面开孔要求） ②室外栏杆自身防雷接地与总防雷接地系统的连接
7	外墙外保温	①滴水线条 ②阳台（包括设备平台）地面、露台地面、屋面保温、塔楼地下室顶板保温由总承包单位负责施工。室内分户楼板及分户墙保温砂浆及隔声垫由总承包施工 ③住户外墙或阳台露台、设备平台通风口防虫防雨网罩、空调洞、强排洞等所有外墙洞外侧装饰罩施工由总承包单位负责 ④无外保温要求的修补收头工作	①外墙保温系统供应及安装。含洞口、飘板侧边保温收口 ②外墙门窗室外保温板收口 ③栏杆单位施工的所有栏杆（户内阳台、露台、公共区域连廊栏杆）涉及到的墙面保温及涂料修补收头由保温涂料单位负责 ④泛光照明工程如涉及外墙面后开槽及泛光照明连接后的墙面修补、防水等
8	电梯	①电梯井道内土建结构及预埋件施工、预留洞、电梯基坑缓冲区、基坑爬梯及电梯机房结构基础施工。如遇电梯深化设计导致的预埋及结构变更需由总承包负责 ②电梯机房土建施工（包括且不限于钢制防火门、架机梁及其孔洞打凿、浇筑。楼板预留洞四周反坎5cm） ③电梯按钮及层显孔洞预留及修补 ④提供电梯单位所用的脚手架材料，电梯单位自行搭设。电梯单位自行提供其他爬升设施 ⑤电梯验收前门框与结构墙体临时封堵，运行电梯的轿厢临时保护由总承包单位负责设计，经电梯分包单位审核同意后由总承包单位负责安装，并在完工后拆除该保护设施，确保电梯作为临时施工用梯 ⑥提供电源至电梯机房以保证电梯正常安装、调试、验收并作为施工用梯使用，保留相应的分支箱至所有客梯验收并作为施工用梯使用完成（相关临时电缆、配电箱的采购、安装、拆除及回收处置均由总承包负责） ⑦施工期间总承包基坑增加临时排水泵 ⑧厅门临时防水坎：电梯安装开始后，电梯厅地坪浇筑前，厅门洞外需设置临时防水坎。防水坎需设置缓坡方便运输。防水坎首层、地下室防水坎高度应≥200mm，其他层防水坎高度应≥100mm，为了方便拆除，建议使用实心砖抹灰加防水。防水坎由总承包单位施工，应在井道移交时同时移交给电梯单位	①电梯专业预埋件的提供及安装指导 ②电梯、电梯钢梁、导轨、钢牛腿、分隔梁、承重垫板、钢平台及用于支撑电梯机房内的装置和其他电梯配套材料设备的供应及安装 ③电梯系统防火封堵 ④自身施工所用室外脚手架的搭设及拆除（室外脚手架材料由总承包单位负责提供） ⑤电梯施工期间的井道内临时照明 ⑥电梯井道内永久照明由电梯单位负责供应及安装 ⑦按总承包单位的进度安排及时完成电梯的安装调试、初步验收，在总承包单位需要时，将调试好并经初步验收通过的电梯移交给总承包单位用做工程垂直运输设备 ⑧电梯分包单位负责在电梯移交使用前一个月内，完成对总承包单位电梯操作人员的操作培训，确保电梯在有序操作下运行 ⑨电梯基坑缓冲爬梯的供货及安装 ⑩电梯机房内电源箱出线至电梯控制箱之间的线缆供应及安装 ⑪电梯单位自行搭设脚手架并提供爬升设施 ⑫电梯验收前门框与电梯预留洞口之间的封堵

(续)

序	专业	总承包工作内容	关联单位工作内容
9	机电	①与所有机电工程有关的土建工作，包括机电设备土建基础、消防水池等的施工。设备基础的施工包含配合专业单位的深化设计及调整 ②有套管：总承包负责机电工程设备安装后预留孔洞套管外的混凝土、防水封堵（含洞口吊模）、修补、塞缝处理。套管内柔性封堵、防火封堵均由相关机电专业单位负责施工。 ③无套管：总承包负责机电工程设备安装后预留孔洞的混凝土、防水封堵（含洞口吊模）、修补、塞缝处理（包括户内给水PPR管、太阳能穿墙管穿墙、穿梁封堵）。配合配电箱的预留洞。配合消火栓的预留洞口及套管 ④因现场、施工图要求等正常施工工序发生的开洞、开孔、开槽后的抹灰处理由总承包负责并承担费用 ⑤因工程变更签证造成的开洞、开孔、开槽、设备移位后的混凝土封堵（含洞口吊模）、修补、塞缝处理由总承包修复，相应责任单位承担费用 ⑥如综合机电单位未进场前，总承包须无条件根据甲方指定范围，负责所有机电工程（包括图纸审查）需要置于混凝土和砖结构内的各种管道（含引线）、预埋构件、防雷接地系统（含等电位箱）、排水系统的预埋以及机电工程相关的各种孔洞预留，同时负责管路疏通及移交手续。（相关费用由双方协商） ⑦管道井预留洞及安装管线后的结构吊洞施工 ⑧燃气管道穿建筑外墙机械开孔。如燃气公司负责穿楼板及墙的燃气管线后开洞，燃气公司开洞穿管后，总承包封堵套管外，综合机电单位负责封堵套管内 ⑨穿正负零以下外墙防水钢套管施工过程中套管内部临时封堵及拆除 ⑩地下车库停车场管理系统设备土建基础、构件预埋及二次灌浆 ⑪消火栓箱、电梯召唤面板等涉及箱体安装的孔洞预留及背部处理 ⑫住宅套内、配套用房（详列名称）内的空调系统、厨卫间排气扇、燃气热水器（详列设备名称）穿外墙套管及内装饰圈 ⑬总承包负责空调、排气扇、热水器排烟穿建筑外墙的预留洞、预留套管或机械开孔 ⑭圆孔孔径300mm及以上、方孔单边边长300mm及以上，由总承包预留洞（总承包承担预留洞范围详见附件）	①进场后对总承包及综合机电单位完成的涉及本专业分包合同内的预留预埋工作的检查、修改、接收工作 ②进场后对各专业分包合同所负责的机电工程所需预留预埋点位的准确性负责 ③因现场、施工图设计要求及工程变更签证造成的开洞、开孔、开槽及设备移位作业
10	人防	①人防门、人防门封堵、人防设备预埋及基础、钢板止水带等土建工程（完成人防部门的人防竣工验收及资料归档） ②人防门及人防设施设备检测	①人防设备供应及安装 ②进场后对总承包及综合机电单位完成的涉及人防工程的预留预埋及安装工作的检查、修改、接收工作

（续）

序	专业	总承包工作内容	关联单位工作内容
11	精装	①所有总承包移交精装单位界面做法详见《建筑做法表》，精装修范围内的大堂、电梯厅、公共走道、户内空间的地面、顶面、墙面按建筑做法施工完毕后移交到精装修单位，其他部位（非精装修区域的墙面、地面、顶面）由总承包按建筑做法完成后移交物业。其中，有防水要求的地面（厨卫及阳台露台等部位）总承包负责完成闭水试验并向精装单位交接，需总承包、精装、监理、项目工程四方确认并形成书面交接记录 ②提供现场内的施工道路和走道给其他承包人共同使用 ③提供现场内现有的人货电梯供精装单位使用（拆除前） ④在建筑物内提供其他承包人合理施工所需的水电管线接驳点，并负责维修使其处于良好的使用状态。接驳点在楼层内的设置间隔至多不超过三层 ⑤施工用水用电费用以及电表水表的供应及安装 ⑥提供楼栋外现有的临时厕所、其他卫生设施给其他承包人共同使用 ⑦在自然地面上提供指定垃圾集中堆放点和泥浆沉淀池 ⑧书面提供标高、定位的基准点和基准线给其他承包人进行施工	①负责与总承包交接验收 ②负责电梯门框与电梯预留洞口之间的封堵 ③负责护窗栏杆验收后的拆除及相应饰面修补 ④负责楼栋内每1~3层设置一个小便收集点并外运至场地外，每层设置一个垃圾箱，同时提供4个移动厕所，位置由甲方项目工程部指定 ⑤负责办公、生活用水用电费用。精装修负责使用电梯期间的所有电梯使用电费。正式电接通到交付物业楼栋内电费 ⑥因工程变更签证造成的开洞、开孔、开槽、设备移位后的混凝土封堵、修补、塞缝处理，如在住宅室内则由精装修单位负责，其余涉及外墙的封堵由总承包单位负责，按变更签证计算费用 ⑦根据发包人要求，与发包人及总承包一同签署指定分包工程的三方合同
12	室外总体	①室外整体回填土及土方基本成形（下沉后达到指定标高），回填要求及标高详见技术要求（黄海标高4.3m） ②建筑单体、地下车库、自行车库等地下入口处截水沟和暗散水及盖板	①室外雨污水管网土方开挖、回填、外运 ②建筑单体地下入口处截水沟和建筑单体排水明沟接驳至室外第一个排水井 ③排水井的预留口、收口、封堵、防水处理等 ④沥青道路与建筑单体地下入口处截水沟搭接 ⑤沥青道路的土方开挖、回填及外运
13	太阳能	①太阳能设备基础浇筑 ②机电预留接地点位	①太阳能单位负责设备供应及安装 ②水电管线连接 ③设备接地与接地点位连接
14	政府部门	①配合业主并提供墙改基金、散装水泥、农民工保证金的退费所需要的证明材料 ②政府验收所需要的热工检测、环境检测、节能检测费用由总承包负责	无

(3) 确定建筑做法

在编制招标文件和报价清单前,需要确定建筑做法,即总承包合同的完工标准。需要注意完工交付标准的建筑做法常常与招标图的差异较大,需以招标文件附件《总承包工程建筑做法表》(表3.1-7为其中的高层住宅部分)所载明的建筑做法为准。

在明确《总承包工程建筑做法表》是完工交付标准的同时,还必须对可能出现的与现行或将来的规范、地方规定有偏差的风险。在招标文件中说明,发包方提供的建筑做法表仅作为总价包干及现场工程验收的标准,总承包单位需无条件确保现场施工内容满足国家规范及项目当地质检站验收要求,总承包单位不得因建筑做法问题提出任何与验收相关的索赔事项。若总承包单位认为建筑做法表中的部分做法确实无法满足国家规范及项目当地质检站验收要求,则需在总承包工程招标过程中提出,否则视为认可该建筑做法表。

本标段工程的建筑做法与本项目往期项目基本一致,投标单位可以现场踏勘了解。但因政府验收要求,本工程在保温、卫生间防水等方面略有差异,主要差异包括分户墙保温做法、除卫生间外都需要做楼面保温(含厨房地面)、卫生间墙面/顶面防水、卫生间楼面同层排水。

表 3.1-7　总承包工程建筑做法表(高层住宅)

序号	功能区	部位	构造做法
1	客厅餐厅卧室(及未注明房间)	顶面	③钢筋混凝土结构楼板
			②混凝土表面处理,模板接缝处磨平,清除垃圾浮浆
			①腻子批嵌,压光,1.2mm厚,分2次批
		墙面(分户墙)	⑤刮腻子
			④5mm 1:1:4 混合砂浆面层
			③10mm 无机保温砂浆
			②机械喷浆(不同材料基体交界处,包括墙面开槽处,设玻纤网抗裂砂浆刮平,玻纤网与各基体的搭接宽度各不小于150mm)
			①基层墙体(填充墙或混凝土墙)
		墙面(非分户墙)	⑤腻子批嵌,压光,1.2mm厚,分2次批嵌
			④8mm 厚 1:1:4 混合砂浆面层
			③12mm 厚 1:6 水泥砂浆打底(两遍成活)
			②机械喷浆(不同材料基体交界处,包括墙面开槽处,设玻纤网抗裂砂浆刮平,玻纤网与各基体的搭接宽度各不小于150mm)
			①基层墙体(填充墙或混凝土墙)
		楼面	④50mm 厚 C25 细石混凝土(内配双向φ4@100)
			③10mm 厚电子交联聚乙烯减振保温复合垫板(含周边墙角处复合胶条)
			②清除楼面垃圾,混凝土表面拉毛处理
			①钢筋混凝土结构楼板

(续)

序号	功能区	部位	构造做法
2	卫生间	顶面	④钢筋混凝土结构楼板
			③混凝土表面处理,模板接缝处磨平,清除垃圾浮浆
			②刷20mm水泥砂浆一道,下挂50mm
			①刷0.8mmJS-Ⅱ防水涂料
		墙面	④1.2mm厚JS-Ⅱ防水涂料1500mm高(从地面完成面之上300mm算起,与从地面上翻的防水涂料搭接,门洞墙面两侧及上部涂刷至半墙厚)
			③12mm厚1:2.5水泥砂浆,分两次刮糙,表面做细拉毛
			②机械喷浆(不同材料基体交界处设玻纤网抗裂砂浆刮平,玻纤网与各基体的搭接宽度各不小于150mm)
			①基层墙体(填充墙或混凝土墙)
		楼面	⑥1.2mm厚JS-Ⅱ防水涂料,四周沿墙面及垂直管道处上翻300mm,门口向外刷出500mm,门口两侧延伸200mm宽
			⑤30mm厚C20细石混凝土,1%坡向地漏
			④现浇轻质泡沫混凝土(容重500kg/m³,抗压强度1.0MPa)回填土厚平均300mm
			③20mm厚1:2.5水泥砂浆保护层
			②1.2mm厚JS-Ⅱ防水涂料,四周沿墙面及垂直管道处上翻H+300mm(H为相应楼层标高),门口向外刷出500mm,门口两侧延伸200mm宽
			①钢筋混凝土楼板,表面清理干净
3	厨房	顶面	③钢筋混凝土结构楼板
			②混凝土表面处理,模板接缝处磨平,清除垃圾浮浆
			①刷10mm防水水泥砂浆一道,下挂50mm
		墙面	③12mm厚1:2.5水泥砂浆,分两次刮糙,表面做细拉毛
			②机械喷浆(不同材料基体交界处设玻纤网抗裂砂浆刮平,玻纤网与各基体的搭接宽度各不小于150mm)
			①基层墙体(填充墙或混凝土墙)
		楼面	⑤20mm厚1:2.5水泥砂浆保护层
			④1.2mm厚JS-Ⅱ防水涂料,四周沿墙面及垂直管道(含烟道)根部处上翻H+300mm(H为相应楼层标高),门口向外刷出500mm,门口两侧延伸200mm宽,烟道根部、管道根部做素混凝土勒脚包边
			③50mm厚细石混凝土(内配双向Φ4@100),表面撒一道1:1水泥砂浆干粉压实抹光
			②10mm厚电子交联聚乙烯减振保温复合垫板。(含周边墙角处复合胶条)
			①钢筋混凝土结构楼板

(续)

序号	功能区	部位	构造做法
4	阳台、设备平台（非封闭）	顶面	保温、涂料专业承包范围
		墙面	③20mm 厚 1:2.5 水泥砂浆（内掺5.0%防水剂）找平
			②机械喷浆（不同材料基体交界处设玻纤网抗裂砂浆刮平，玻纤网与各基体的搭接宽度各不小于150mm）
			①基层墙体（填充墙或混凝土墙）
		楼面	④1.2mm 厚 JS-Ⅱ防水涂料，在梁侧面上翻至梁顶，在门坎侧面上翻至坎顶，在其余部位上翻300mm
			③最薄处 30mm 厚细石混凝土（内配单层双向φ4@100）找平随捣随抹光。阴角做 $R20$ 圆弧，朝地漏坡度为 1%~1.5%
			②20mm 厚保温砂浆 L 型（A 级）
			①钢筋混凝土结构楼板（需完成管道封堵、自防水检查后才开始下道工序）
5	楼梯间、设备间（井）	顶面	④钢筋混凝土结构楼板
			③混凝土表面处理，模板接缝处磨平，清除垃圾浮浆
			②分 2 次腻子批嵌，压光，1.2mm 厚（吊顶部位取消此做法）
			①内墙涂料一底二面（吊顶部位取消此做法）
		墙面	⑦踢脚120mm 高，12mm 厚 1:3 水泥砂浆。（踢脚部位不做腻子，直接在抹灰面施工）（强电井间、弱电井间、管道井间取消不做）
			⑥内墙涂料一底二面（强电井间、弱电井间、管道井间取消不做）
			⑤分 2 次腻子批嵌，压光，1.2mm 厚
			④5mm 厚 1:1:4 混合砂浆面层
			③10mm 厚 1:1:6 混合砂浆打底（两遍成活）
			②机械喷浆（不同材料基体交界处设玻纤网抗裂砂浆刮平，玻纤网与各基体的搭接宽度各不小于150mm）
			①基层墙体（填充墙或混凝土墙），电梯井道仅留结构面不做饰面层处理
		楼面	②20mm 厚 1:3 水泥砂浆找平压实收光（楼梯梯段增加防滑条），强电井间、弱电井间、管道井间取消
			①钢筋混凝土结构楼板
6	公共走道、电梯厅、物业管理用房	顶面	②钢筋混凝土结构楼板
			①混凝土表面处理，模板接缝处磨平，清除垃圾浮浆
		墙面	④饰面层按内装饰要求实施
			③15mm 厚 1:3 水泥砂浆分两遍抹平
			②机械喷浆
			①基层墙体（填充墙或混凝土墙）
		地面	②楼板面清除垃圾、浮浆，混凝土表面拉毛处理等
			①钢筋混凝土结构楼板

(续)

序号	功能区	部位	构造做法
7	种植散水	首层外墙四周	⑤300mm 厚回填土
			④50mm 厚 C20 细石混凝土面层
			③撒 1:1 水泥沙子压实赶光
			②150mm 厚卵石灌 M2.5 混合砂浆碎石垫层
			①素土夯实,向外坡 4.0%
8	踏步、台阶		⑥10mm 厚防滑地砖铺实拍平,干水泥擦缝
			⑤8mm 厚 1:1 水泥细砂浆结合层(用于出入口台阶、用于自行车坡道的踏步仅做至第 4 项)
			④20mm 厚 1:2.5 水泥砂浆抹面
			③70mm 厚 C15 混凝土(厚度不包括踏步三角部分)台阶面向外坡 1.0%
			②200mm 厚碎石灌 1:2.5 水泥砂浆
			①素土夯实,(夯实系数 95%)向外坡 4.0%
9	坡道	自行车坡道	④25mm 厚 1:2 水泥砂浆抹出 60 宽成深锯齿形表面
			③100mm 厚 C15 混凝土,内配单层双向φ4@200 钢筋网片,表面刷素水泥浆一道
			②200mm 厚碎石,灌 1:5 水泥砂浆
			①素土夯实(夯实系数 95%,坡度按单体设计)
10	油漆做法	金属构件	③刮原子灰、磨光,调和漆二遍
			②涂防锈漆一遍
			①清理金属面除锈
11	屋面工程	平屋面Ⅰ级两道防水	⑧50mm 厚 C30 细石混凝土,内配φ4@150 双向钢筋,平面四周(沿墙和水沟边)设伸缩缝,缝宽 20mm,缝内嵌改性沥青密封膏。平面内间距每隔不大于 3000mm 设缩缝,盖缝卷材加贴≥300mm,加设不锈钢排气管(交接处隔一个设φ48 镀锌管排气孔)
			⑦纤维网格布隔离层
			⑥挤塑聚苯板保温层,燃烧性能等级为 B1 级,厚度(50mm+15mm)。倒置式屋面保温厚度增加 25%
			⑤4mm 厚 SDS 改性沥青防水卷材,刷冷底子油一道
			④2mm 厚高聚物改性沥青防水涂膜,加强地漏管道周围上翻 500mm,高出完成面
			③20mm 厚 1:3 水泥砂浆找平层,平面内间距宜每隔不大于 3000mm 设伸缩缝
			②最薄处 30mm 厚现浇轻质混凝土 3% 找坡(容重 500kg/m³,抗压强度 1.0MPa),随打随抹平
			①钢筋混凝土现浇屋面板(结构自防水渗漏检查处理),3mm 厚水泥浆扫浆处理

(续)

序号	功能区	部位	构造做法
12	外墙工程	干挂石材部分	③20mm 厚 1:2.5 水泥砂浆（内掺 5.0%防水剂）抹平
			②机械喷浆（不同材料基体交接处设玻纤网抗裂砂浆刮平，玻纤网与各基体的搭接宽度各不小于 150mm）。含墙面孔洞封堵
			①基层墙体（填充墙或混凝土墙）
		涂料饰面部分	③20mm 厚 1:2.5 水泥砂浆（内掺 5.0%防水剂）找平
			②机械喷浆（不同材料基体交接处设玻纤网抗裂砂浆刮平，玻纤网与各基体的搭接宽度各不小于 150mm）
			①基层墙体（填充墙或混凝土墙）
13	地下工程（储藏室、非机动车库）	顶面	⑤最薄 30mm 厚 C20 混凝土找坡找平层（坡度见顶板图，最厚 120mm），原浆压光
			④无纺布隔离层一道（300g/m²）
			③50mm 厚 C20 细石混凝土（内配φ4@200 双向），分仓缝间距不大于 3m
			②80mm 厚砾石滤水层（直径 20~30mm）
			①土工布过滤层（300g/m²）（四边卷起）
			④钢筋混凝土结构楼板
			③混凝土表面处理，模板接缝处磨平，清除垃圾浮浆
			②防水腻子批嵌，压光，厚度≥1.2mm，分 2 次批。（主楼地下套内储藏室）。白水泥外墙腻子批嵌，压光，厚度≥1.2mm，分 2 次批（非机动车库）
			①防霉涂料，一底二面
		墙面	⑤结构自防水钢筋混凝土外墙（抗渗等级 P6）
			④墙面基层处理（达到平整度要求）
			③4mm 厚 SBS 改性沥青防水卷材，刷冷底子油一道
			②30mm 厚 XPS 板保护层
			①素黏土回填分层夯实（夯实系数 95%）
			⑤踢脚，墙面 120mm 高刷深灰色涂料一道，地面处 50mm 翻边
			④防霉涂料，一底二面
			③防水腻子批嵌，压光，厚≥1.2mm，分 2 次批
			②12mm 厚 1:3 水泥砂浆找平层（两遍成活）
			①基层墙体，机械喷浆（不同材料基体交界处砂浆填实刮平设玻纤网，玻纤网与各基体的搭接宽度不小于 150mm）
		楼地面	②30mm 厚 C20 细石混凝土随捣随压光，表面洒成品耐磨粉
			①钢筋混凝土结构楼板
14	地下工程（机动车库）	顶面	同非机动车库
		墙面	同非机动车库
		楼地面	③金刚砂地坪（5kg/m²）
			②100mm 厚 C25 细石混凝土找坡，混凝土随打随抹（φ4@200 双向），浅明沟最浅处不少于 30mm 厚（1%坡向半圆明沟，沟内找坡 0.1%）。地面分仓缝 20mm 宽用泡沫填充，油膏嵌缝
			①钢筋混凝土结构楼板

(4) 编制招标文件

在总承包工程的招标文件中需要清晰约定或载明以下关键内容：

1) 关于工法展示和交付样板。根据甲方要求划定工法展示区、安全文明样板展示区，每项工序施工前需完成工法展示、工序样板及交付样板。发包方将按照主力户型设置 10~15 套交付样板间，承包方必须根据此项工作的要求加快样板区域的土建和配合施工，并提供通道搭设、安全防护、临时水电，通道搭设要求需满足发包方展示要求。样板间上部三层楼面需施工整层防水（做法同阳台地面防水做法）和三层所有预留洞的临时封堵，确保样板间展示期间无渗漏。如后期未设置交付样板间，该项费用将从开办费中扣除。

2) 关于总承包范围内的保洁责任。总承包单位负责工程保洁的相关责任和与精保洁的界面，主要包括：

①楼层及场内的垃圾集中清理、运输。

②安全文明及消防设施，提供现场集中垃圾堆放场地并负责交付前拆除及垃圾外运。

③小区开荒保洁，包括所有建筑室内空间及小区室外开荒保洁及外墙清洗，不包括外墙门窗清洗保洁。

④交付前小区室内及室外精保洁，包括外墙清洗，不包括外墙门窗清洗保洁。

⑤场地平整、场地内原有混凝土路面、障碍物混凝土破除及外运、临时围墙施工或临时围挡搭设及拆除（含基础，如现场存在原有或其他分包搭设的临时围墙或围挡，由总承包一并拆除）。

3) 确定价格调整办法。本工程仅钢筋、混凝土的材料价格允许调差，其他材料及人工费不论任何情况，价格均不予调整。钢筋、混凝土的材料价格调差规则为：

①现行价较基础价涨跌±3%以内的，由承包商承担，不予调整。超出±3%以外的部分进行调差。差价=现行价−基础价，现行价、基础价均为含税价。

②调差基础价：混凝土基础价以 2017 年 6 月工程所在城市当地政府主管部门发布的混凝土市场供应价（即信息价）为混凝土调差基础价。

钢筋基础价以 2017 年 6 月西本钢筋（西本新干线钢材交易指导价）全月每日报价平均值为钢筋调差基础价。

③调整金额：考虑营改增后，钢筋、混凝土的进项税额及销项税额的差异，调差金额约定如下：

钢筋的调整金额 = "调整数量" × "差价" × （1−6%）（6% 为钢筋进项税额 17%−开票税额 11%）

混凝土的调整金额 = "调整数量" × "差价" × （1+8%）（8% 为开票税额 11%−进项税额 3%）

4) 确定总承包工程的工期要求。本工程合同总工期 790 日历天。总承包单位需要确保满足工程重要里程碑时间节点，特别是时间较紧张的第一批预售时间节点。总承包单位需结合自身情况考虑材料的场外加工、轮式起重机运输以及各类临时设施等措施，并考虑在报价中。重要的节点时间见表 3.1-8。

表 3.1-8 工程重要节点时间表（示例）

序号	重大节点	商业	12#、13#
1	出结构正负零	—	2017-9-10

(续)

序号	重大节点	商业	12#、13#
2	交付样板完工	—	2017-12-31
3	地库顶板覆土	—	2018-1-31
4	结构封顶	2018-4-20	2018-5-30
5	预售	同上	2017-10-10
6	脚手架落架	2018-11-30	2018-11-30
7	外立面亮相		2018-12-30
8	提交竣工资料	2019-7-15	2019-7-15
9	分户验收		2019-7-30
10	竣工验收	2019-8-5	2019-8-5
11	竣工备案	2019-8-30	2019-8-30
12	集中交付	2019-12-30	2019-12-30

5）确定付款方式。总承包工程的付款方式如下：

①本工程无预付款，按月度以进度款方式支付。

② 本工程施工合同预留质量保证金为合同总价的2%且不超过300万元，在前三次支付进度款时，分三次在支付承建商工程进度款时暂扣。

③ 月度以进度款方式支付工程款，每月18日提交付款申请，经监理审核后提交承包人，承包人按核定工程量的70%（含承包人审批确认的变更金额）在56天内支付审批后的工程款，月进度款<合同额的2%且不超过20万元的，并入下期支付，2月、4月、6月、8月、10月、12月工程款并入下月支付。

④承包人将在结构封顶后当月的进度款支付中扣除合同总金额的1%作为临设拆除保证金；按照承包人约定时间要求拆除后的下一个支付周期进行支付。

⑤承包人将在竣工验收前，扣合同总金额的1%作为墙改、散装水泥及农民工工资的保证金，承包商在配合承包人向政府相关部门完成以上保证金的退还后，承包人在下一个支付周期进行支付。

⑥项目竣工验收合格后付至（合同总价-300万）的90%（含承包人审批确认的变更金额）；若未完成⑤、⑥项支付条件的要求，则支付至合同金额的86%。

⑦施工合同预留质量保证金将根据分包商在第三方飞行检查、竣工前五方查验等检查中的得分确定实际支付金额，在项目正式交付后，由区域工程管理中心及区域工程管理部审核后支付。

⑧发包方及承包方签章确认"最终结算确认书"后，6个月内付至结算总价的95%，此时承包商需向承包人提供全额发票；若未完成⑤、⑥项支付条件的要求，则墙改押金退款和散装水泥押金退款将直接从结算款中扣除。

⑨开办费及协调服务费付款方式。实体工程类价款支付方式与实体工程量清单付款方式相同，按已完工程量的70%付款；与工期相关类价款支付按相关报价×已完产值比例×70%付款。

⑩工程结算总价的5%作为保修金，在五年保修期内分4次支付。

(5) 确定投标单位

本次招标项目共邀请了在集团内有总承包工程业绩的 8 家投标单位,均没有不良履约记录。本次没有引进新单位,具体名单见表 3.1-9。

表 3.1-9　投标单位名单

序号	投标单位	集团内同类工程业绩	单位来源
1	A	常熟项目	供方库
2	B	常熟项目、武汉项目	供方库
3	C	徐州项目、昆山项目	供方库
4	D	昆山项目	供方库
5	E	上海项目、昆山项目	供方库
6	F	南通项目投标单位	供方库
7	G	上海项目投标单位	供方库
8	H	南通二期、江阴项目	供方库

(6) 标前辅导

发标后,结合投标单位提出的疑问进行了标前辅导和书面答疑。主要内容包括:

1) 技术及图纸部分

①基坑降排水工程:由总承包单位负责深化设计并通过专家论证后再进行施工,基坑降排水工程为固定总价包干,该部分报价为风险包干。基坑降排水工程在施工过程中的安全责任风险由总承包单位承担,且总承包单位应保证施工期间持续降水至地下室顶板覆土回填完成为止。

②本项目基坑支护设计方案已通过专家认证,总承包单位仍需负责在施工阶段组织基坑支护施工方案专家论证,由此产生的专家费、论证费等均包含在总价中。

③土方开挖的单价不区分土质、淤泥及流沙的情况。如遇到地下障碍物,单个体积不大于 $10m^3$ 时自行处理,单个体积大于 $10m^3$ 时现场签证、按实结算。

④一期与二期的分界线以地库底板的后浇带为准,后浇带以内的属于一期范围内,后浇带以外的部分不在本次招标范围。

⑤土方的挖运及场地内土方平衡:一期所有开挖的土方均外运。现场二期遗留土方标高图详见附件,二期场地内遗留的土方由 A1 总承包单位运走 45 000m^3 土后,其余的土方可用于一期地下室的土方回填。回填土不允许外购,总承包单位首先利用场内二期的土方进行一期地下室外墙及地库顶板的土方回填,如回填土方量仍不够,则可由 A4 地块进行取土回填,并负责取土处的场地平整。

⑥塔式起重机基础由总承包单位施工,塔式起重机基础形式及方案须符合承载力要求。总承包单位的塔式起重机平面布置方案中,需考虑到其回转半径,不得出现盲区。塔式起重机布置方案中,须规避后期固定泵浇注混凝土时,布料机无塔式起重机配合无法正常开展及山墙大模板无法上翻等问题,并尽可能减少对场地管网施工的影响。塔式起重机桩基的供应、施工及基础的施工均由总承包单位负责,并考虑在报价中。

⑦在工程施工过程中,总承包单位如利用已施工的地库顶板作为临时施工场地进行材料堆场,总承包单位需采取措施对地库顶板进行加固,此费用包含在报价中。如果因总承包加

固措施不到位而导致的地库顶板开裂、渗漏甚至塌陷，责任由总承包单位承担，且甲方有权对总承包单位提出经济、工期的补偿。

⑧关于临时围墙：按总平面图施工 2.2m 高砖砌临时围墙，并抹灰和批白。

⑨现场临设的搭建及拆除：甲方提供现场临设的搭设场地，但现场临设必须按照甲方要求的时间进行拆除，甲方将在结构封顶后当月的进度款支付中扣除合同总金额的 1% 作为保证金。若总承包单位未按照甲方要求进行拆除，甲方有权利启用该保证金并进行强制拆除，由此产生的一切后果由总承包承担。临设拆除费用、生活区二次搭建（或者租赁）费用考虑在开办费清单中。

2）商务报价部分

①场地标高测绘，甲方已委托其他单位完成，费用共计 15 000 元，计入开办费中，由总承包单位支付给甲方指定的测绘单位。

②设备基础（包括但不限于水泵房、弱电机房、配电房、消控中心、空调室外机等其他设备功能房间），屋顶太阳能设备基础的工程量（包括钢筋、混凝土、模板等）总价包干。

③地下室外墙抗裂钢筋网片、外墙止水螺杆含在钢筋综合单价中，请投标单位综合考虑。

④本工程地下车库地坪采用金刚砂地坪，甲方有权根据项目需要将此做法进行替换或将此工作范围单独发包，原报价金额全数扣除，总承包单位不得提出经济补偿或索赔。

⑤本项目东面 5m 处有高压线，总承包单位在施工过程中应该做好防护措施，相关费用考虑在开办费中。

⑥针对水电费分类及报价说明如下：

a. 开办费项目用水/用电：此指开办费项目中未形成永久性工程的各种设施运行和现场管理行为用水/用电的费用，包括办公、生活、机械设备运转、仓储、安全施工、文明施工以及工程清理移交等所使用的水电费，不包括现场加工和建筑物内施工所使用的水/电费。

b. 总承包单位施工用水电费：承包方承担的实体工程施工用水电费需包含在实物量清单各综合单价中。

c. 各分包单位施工用水电费：所有分包单位施工用水电费（景观和桩基单位除外）均由总承包承担，此费用需分别计入协调服务费清单中的相应专业分包报价子目中。

d. 各分包单位办公区及生活区水电费：各分包单位办公区及生活区水电费由各分包单位自行承担，由各分包单位与总承包单位自行结算。

(7) 第一轮回标

1）总价分析，见表 3.1-10~表 3.1-12。

表 3.1-10 总价对比

排名	投标单位	投标金额/元	与最低标对比		与目标成本对比	
			差额/元	差额比例	差额/元	差额比例
1	E	230 591 285	0	0%	3 601 285	2%
2	B	238 051 369	7 460 084	3%	11 061 369	5%
3	A	241 098 608	10 507 322	5%	14 108 608	6%
4	C	247 106 325	16 515 039	7%	20 116 325	9%

(续)

排名	投标单位	投标金额/元	与最低标对比		与目标成本对比	
			差额/元	差额比例	差额/元	差额比例
5	D	249 561 005	18 969 720	8%	22 571 005	10%
6	G	250 881 901	20 290 616	9%	23 891 901	11%
7	H	251 933 858	21 342 573	9%	24 943 858	11%
8	F	264 505 495	33 914 210	15%	37 515 495	17%

表 3.1-11 总价分项组成报价对比

序号	分项清单	投标报价/元		
		E	B	A
1	开办费	29 834 603	20 886 977	25 229 111
2	基坑降排水和土方	7 875 032	8 568 089	8 156 358
3	地下车库（双层区）	18 709 812	19 683 350	20 766 151
4	地下车库（单层区）	7 960 470	8 399 380	8 944 569
5	1#楼	31 643 751	34 363 128	33 832 750
6	2#楼	33 357 453	35 982 906	35 602 258
7	3#楼	24 634 215	26 880 125	26 445 268
8	4#楼	30 814 432	33 335 345	32 814 648
9	5#楼	32 844 248	35 394 470	34 944 430
10	6#楼	3 626 979	3 908 942	3 914 347
11	7#楼	6 733 664	7 218 020	7 325 102
12	变电间	914 303	1 001 758	915 474
13	人防工程	376 835	425 891	355 618
14	机电预留	514 769	454 933	169 524
15	协调服务费	750 720	1 548 054	1 683 000
	总计	230 591 285	238 051 369	241 098 608

注：因篇幅所限，仅列举报价前三名单位。

表 3.1-12 单方指标对比

序号	分项清单	投标报价/(元/m²)						
		E	B	A	C	D	G	H
1	开办费	163	114	138	132	129	133	156
2	基坑降排水和土方	236	257	244	309	227	340	228
3	地下车库（双层区）	972	1023	1079	1105	1099	1139	1141
4	地下车库（单层区）	1406	1483	1580	1611	1617	1699	1660
5	1#楼	1045	1134	1117	1142	1175	1143	1147
6	2#楼	1062	1146	1134	1161	1191	1157	1160

(续)

序号	分项清单	投标报价/(元/m²)						
		E	B	A	C	D	G	H
7	3#楼	1025	1119	1101	1126	1163	1131	1112
8	4#楼	1032	1117	1099	1125	1157	1129	1131
9	5#楼	1052	1134	1119	1147	1193	1149	1149
10	6#楼	1040	1121	1123	1127	1241	1154	1139
11	7#楼	895	959	973	994	1059	1015	957
12	变电间	1522	1667	1524	1597	1620	1599	1672
13	人防工程	111	126	105	117	127	138	539
14	机电预留	3	2	1	2	2	6	5
15	协调服务费	4	8	9	8	6	9	10
	总计	1258	1299	1315	1348	1361	1369	1374

①修正算数误差：其中有 5 家投标单位的报价中存在算数误差，此类误差均属于加减乘除类错误或汇总错误，不属于可修正报价范围，不进行报价修正。模拟修正后不影响报价排名。

②与目标成本对比情况：本次回标，所有单位的报价均超目标成本，最低标超目标成本 3 601 285 元，超支比例为 2%。

超目标成本简要分析：主要原因是钢筋、混凝土两项主材价格上涨，本工程含量指标较目标成本差异不大，而主材综合单价较目标成本高出较多，两项主材单价上涨导致较目标成本增加金额约为 1650 万元，见表 3.1-13。

表 3.1-13 主材材料价格上涨对总报价的影响估算

序号	材料名称	工程量		材料价格/元				差异金额/元
				目标成本	最低标	差价	差价比例	
1	钢筋	9 413 333	kg	4.00	4.75	0.75	19%	7 060 000
2	混凝土	92 549	m³	355.0	457.0	102.0	29%	9 440 000
	合计	—		—	—		23%	16 500 000

③小结：最高三标"G""F"与"H"三家单位报价均超目标成本 10%以上。导致这三家单位偏高的主要原因是单价偏高，见表 3.1-14。

表 3.1-14 拟淘汰单位的过高报价对比

序号	投标单位	混凝土/(元/m³)	Ⅲ级钢/(元/kg)	模板/(元/m²)	加气砌块/(元/m³)	内墙抹灰/(元/m²)
	最低标	440.00	4.70	60	680	29
1	G	477.00	5.25	—	740	32
2	H	545.10	5.35	—	—	—
3	F	465.28	5.95	69.50	980	30

即使剔除钢筋、混凝土价格上涨的因素，这三家单位报价仍远远高出往期定标单价。按制度规定，建议淘汰，后续不再对其进行商务分析。

2）工程量对比分析。除了"C"增补了部分工程量（合计金额 1 403 826，见表 3.1-15），其余投标单位均按工程量清单中的参考工程量进行报价。C 增补的工程量主要是土方量、钢板止水带、防水卷材工程量。此部分增补量将在议标时重点澄清。其中房心回填土工程量，属于我公司招标清单中的遗漏，在第二轮回标中进行增补。

表 3.1-15　增补工程量及金额明细

序号	清单项	工程量		综合单价/元	合价/元
2 号清单　基坑土方					
1	商铺及变电站挖土并外运	7 599	m³	33.70	256 094
2	商铺、主楼室内回填土	8 666	m³	95.00	823 251
3 号清单　双层地库					
3	钢板止水带（镀锌钢板）	11 938	kg	8.77	104 698
4	1#回填车道做法	63	m²	310.23	19 477
5	3#回填车道做法	17	m²	310.23	5 264
4 号清单　单层地库					
6	钢板止水带（镀锌钢板）	684	kg	8.77	5 994
7	2#回填车道做法	8	m²	310.23	2 551
6 号清单　2#楼					
8	4mm 厚 SBS 改性沥青防水卷材	1 609	m²	53.75	86 459
9 号清单　5#楼					
9	4mm 厚 SBS 改性沥青防水卷材	1 861	m²	53.75	100 037
合计					1 403 826

3）开办费及协调服务费对比分析，见表 3.1-16、表 3.1-17。

表 3.1-16　开办费对比分析表

序号	项目名称	投标报价/元			
		B	A	C	D
1	出入口与围墙	117 708	290 700	387 600	414 216
2	临时建筑	1 868 334	2 070 600	2 060 400	1 663 804
3	临时设施	873 528	963 900	581 400	1 079 219
4	垂直运输	5 373 207	5 360 100	4 278 900	5 995 492
5	脚手架	6 892 697	9 929 111	8 971 896	8 493 854
6	安全施工	1 202 519	1 106 700	765 000	1 281 119
7	文明施工	425 560	678 300	571 200	659 037
8	现场管理	658 410	510 000	326 400	975 621
9	材料设备检测	549 952	1 020 000	1 020 000	665 196

(续)

序号	项目名称	投标报价/元			
		B	A	C	D
10	开办费-用水	183 317	510 000	612 000	332 599
11	开办费-用电	733 270	612 000	1 326 000	776 062
12	保函与保险	282 693	275 400	102 000	61 593
13	其他开办费	1 725 782	1 902 300	3 125 280	1 275 626
开办费报价合计		20 886 978	25 229 111	24 128 076	23 673 437
占总价比例（%）		8.8%	10.5%	9.8%	9.5%
相对总建面单方指标（元/m²）		114	138	132	129

注：因篇幅原因，表中只显示其中 4 家单位的价格情况。（下同）

表 3.1-17　协调服务费对比分析

对比项	投标报价/元			
	B	A	C	D
协调服务费总计/元	1 610 595	1 750 993	1 602 424	1 204 715
占总价比例（%）	0.7%	0.7%	0.6%	0.5%
相对总建面单方指标/（元/m²）	9	10	9	7

B：开办费总价略微偏低。协调配合费总价偏高。出入口与围墙报价偏低。竣工及移交报价偏高。其余开办费项目报价基本合理。

A：开办费总价偏高。协调配合费总价偏高。脚手架及材料设备检测试验报价偏高。

C：开办费总价偏高。协调配合费总价偏高。脚手架、材料设备检测试验、成品保护、竣工及移交报价偏高。

D：开办费总价略偏高。协调配合费总价较为合理。现场管理、材料设备检测试验报价偏高，保函与保险报价偏低。

4）主要施工机械对比分析，见表 3.1-18。

表 3.1-18　第一轮回标主要施工机械对比分析

对比项目		投标报价/元				
		E	B	A	C	D
塔式起重机	总价	2 603 549	2 198 610	2 203 200	2 692 800	2 430 539
	指标	14	12	12	15	13
施工电梯	总价	3 804 950	2 834 483	2 754 000	1 341 300	2 604 547
	指标	21	15	15	7	14
脚手架	总价	8 964 760	6 892 697	9 929 111	8 971 896	8 493 854
	指标	48	37	53	48	45
合计	总价	15 373 259	11 925 790	14 886 311	13 005 996	13 528 940
	指标	84	65	81	71	74

注：表中指标是按总建筑面积计算的，单位为元/m²。

①塔式起重机报价对比分析，见表3.1-19。

表3.1-19 塔式起重机报价对比分析

对比项目	投标单位的回标情况				
	E	B	A	C	D
架设、拆除/元	358 019	229 500	408 000	408 000	388 031
型号	TC5015/TC6015	TC6015	QTZ63A	QTZ63	QTZ80
台数/台	5	3	5	5	5
使用时间/月	17	16.5	11	14	11.37/12.53
月运行费用/(元/月)	25 300/26 300	39 780	32 640	32 640	33 876
总价/元	2 603 549	2 198 610	2 203 200	2 692 800	2 430 539
单方指标/(元/m²)	14	12	12	15	13

5栋高层住宅，共计使用5台塔式起重机，按进场后1个月内搭设，结构封顶后半年内拆除，使用时间为16~17个月，月运行费用2.6万元/台·月。考虑搭设、拆除费用，塔式起重机共计250万较为合理，单方指标约为12~15元/m²。

需要注意的是，"B"仅用3台，不满足要求，且月运行费用严重偏高。"A"、"C"及"D"使用时间均不满足要求，单价偏高。

②施工电梯对比分析，见表3.1-20。

表3.1-20 施工电梯报价对比

对比项目	投标单位的回标情况				
	E	B	A	C	D
架设、拆除/元	2 452 430	178 500	153 000	178 500	357 235
型号	SC200/200+SS100/100	SC200/200	SCD200/200	SC200/200	SC200/200
台数/台	5	5	10	5	10
轿厢数量/个	10	5	20	10	20
使用时间/月	15/16	14.55	17	12	9.7/10.87
月运行费用/(元/月)	17 340	37 230	15 300	19 380	21 557
总价/元	3 804 950	2 834 483	2 754 000	1 341 300	2 604 547
单方指标/(元/m²)	21	15	15	7	14

5栋高层，至少5台施工电梯，双笼。主体施工至6层左右安装（2017年12月），室内地坪完成后拆除（2019年2月），使用时间约为14~15个月，月运行费用2万元/(台·月)。施工电梯共计200万左右较为合理，单方指标11~15元/m²。

需要注意的是，"E"架设和拆除费用严重偏高。"B"月运行费用严重偏高。"C"及"D"使用时间均不满足要求，单价偏高。"A"及"D"按10台配置。在议标时提示各单位在满足施工要求及工期排布的基础上，要求投标单位完善并优化施工电梯使用方案。

③脚手架对比分析，见表3.1-21。

表3.1-21 脚手架报价对比表

对比项目	投标单位的回标情况				
	E	B	A	C	D
形式	满搭+悬挑	悬挑+落地	悬挑+落地	满搭+悬挑	悬挑+落地
时间/月	4/8/9/13	6/15	1/10/16	4/12	5/6/12
外围面积/m²	130 418	144 461	179 723	194 210	156 291
单价/[元/(m²·月)]	5.18/7.49/8.42/16.85	3.30	4.00	3.8/8.4	2/10.2/11.7
总价/元	8 964 760	6 892 697	9 929 111	8 971 896	8 493 854
单方指标/(元/m²)	49	38	54	49	46

本项目的外围面积约14万m²，租赁费及施工费约为3.5元/(m²·月)，脚手架为进场后1个月搭设，结构封顶半年后落架，主楼预计使用15个月，商业、地库预计使用5个月。总费用约为700万元较为合理，单方指标为40~45元/m²。

需要注意的是，"E""A""C"及"D"脚手架租赁单价偏高。"C"的施工时间不满足要求。

5) 单价对比分析，见表3.1-22。

表3.1-22 主要单价对比分析

序号	类别	主要清单项	工程量		投标报价/元		
					E	B	A
1	基坑	细混凝土喷锚	8 192	m²	65	90	90
2		花管土钉	2 636	m³	36	45	60
3		管井降水	67	口	6621	8690	5500
4		降排水	1	项	100000	236000	50000
5		土方开挖	146 649	m³	8	9	9
6		外运及弃置	146 649	m³	22	22	22
7		土方回填	51 815	m	15	15	15
8	钢筋、混凝土、模板	桩头处理	978	根	30	120	160
9		C15 垫层	2 471	m³	401	446	486
10		C35 抗渗混凝土（P6）	20 273	m³	450	466	484
11		C40 微膨胀混凝土（P6）	680	m³	460	504	521
12		C40 微膨胀混凝土	98	m³	460	504	509
13		C30 混凝土（地上）	44 108	m³	442	448	461
14		C35 混凝土（地下）	4 284	m³	442	466	472

（续）

序号	类别	主要清单项	工程量		投标报价/元		
					E	B	A
15	钢筋、混凝土、模板	C35 混凝土（地上）	13 137	m³	457	466	472
16		C40 混凝土（地上）	6 793	m³	472	484	484
17		C40 抗渗混凝土（P6）	24	m³	460	484	496
18		Ⅰ级钢筋—地库	8 715	kg	5	5	5
19		Ⅲ级钢筋—地库	3 100 544	kg	5	5	5
20		Ⅰ级钢筋—主楼	22 944	kg	5	5	6
21		Ⅲ级钢筋—主楼	6 497 333	kg	5	5	6
22		模板：平、立面（地库）	81 938	m²	60	66	60
23		模板：平、立面（主楼）	576 910	m²	60	66	60
24	二结构	淤泥烧结多孔砖	14 523	m³	690	862	760
25		砂加气混凝土砌块	8 493	m³	683	764	750
26	防水	4mm 厚 SBS 防水卷材一道	49 515	m²	35	40	43
27		0.8mm 厚 JS-Ⅱ防水涂料	8 402	m²	25	18	20
28		1.2mm 厚 JS-Ⅱ型防水涂膜	98 757	m²	25	20	24
29	金属工程	护窗栏杆高 900mm	3 628	m	135	198	110
30		楼梯栏杆	3 835	m	160	198	200
31		成品烟道	3 307	m	66	98	105
32		钢板止水带	6 733	kg	11	9	7
33	地面	30mm 厚 C20 细石混凝土随捣随压光	6 733	m²	31	36	28
34		50mm 厚 C20 细石混凝土保护层	18 002	m²	33	36	35
35		100mm 厚 C20 细混凝土随打随抹	652	m²	43	44	55
36		100mm 厚 C25 细混凝土随打随抹（配筋）	23 492	m²	61	61	67
37		金刚砂地坪	23 409	m²	16	24	20
38		10mm 厚电子交联减振保温复合垫板	80 459	m²	26	18	16
39		50mm 厚 C25 细石混凝土（配筋）	73 302	m²	41	59	47

(续)

序号	类别	主要清单项	工程量		投标报价/元		
					E	B	A
40	地面	20mm厚1:2.5水泥砂浆保护层	15 089	m²	22	26	25
41		回填现浇轻质泡沫混凝土平均300mm厚	7 932	m²	132	87	100
42		30mm厚C20细石混凝土,1%坡向地漏	7 932	m²	26	26	28
43		20mm厚保温砂浆 L型	14 100	m²	28	36	45
44	外墙面	外墙抹灰	199 130	m²	40	39	38
45	内墙面	内墙抹灰	162 532	m²	29	30	29
46		腻子批嵌	162 532	m²	10	12	13
47		内墙涂料	26 084	m²	10	11	25
48		分户墙保温	30 751	m²	41	51	64
49	天花	涂料	28 775	m²	9	11	14
50		表面处理+腻子	106 824	m²	14	12	13

①参考项目单价调整。A1地块三期定标于2016年10月,因钢筋、混凝土价格较对比项目有较大程度的上浮,因此需对钢筋、混凝土价格按信息价进行修正。修正情况如下:

钢筋报价较A1三期报价的波动与信息价的波动一致,上浮1.11元/kg左右。

混凝土报价较A1三期报价的波动与信息价的波动不一致,混凝土信息价上浮48元/m³,而投标单位报价上浮120~140元/m³。经咨询当地的商品混凝土站,C30混凝土约340元/m³(不含泵送),考虑泵送费(15元/m³),现场施工费(30~35元/m³)及合理的管理利润税金(17%左右)后价格约为440~460元/m³。

②清标小结:详列每家单位的单价过高、过低项,并测算对报价的影响金额,作为议标的基础资料。

6)点工报价分析,见表3.1-23。

表3.1-23 点工报价对比分析

序号	项目名称/工程内容	单位	投标报价/元				
			E	B	A	C	D
1	混凝土工	工日	304	263	253	253	222
2	木工	工日	336	263	283	278	242
3	钢筋工	工日	323	263	253	268	222
4	金属工	工日	323	263	253	268	222
5	抹灰工	工日	336	263	253	278	222
6	油漆工	工日	340	263	263	281	242
7	架子工	工日	340	263	263	281	222

(续)

序号	项目名称/工程内容	单位	投标报价/元				
			E	B	A	C	D
8	机械装配工	工日	291	242	253	242	242
9	焊工	工日	332	242	303	275	242
10	电器技工	工日	304	242	253	253	222
11	起重工（塔式起重机、人货电梯）	工日	291	242	253	242	242
12	风动钻机手	工日	323	212	253	268	222
13	机械设备操作工（挖掘机、推土机等）	工日	317	242	253	263	222
14	车辆司机	工日	349	242	303	288	242
15	杂工	工日	213	222	222	182	152
16	混凝土工	工日	381	394	303	348	333
17	木工	工日	414	394	323	374	364
18	钢筋工	工日	401	394	303	364	333
19	金属工	工日	401	394	303	364	333
20	抹灰工	工日	414	394	303	374	333
21	油漆工	工日	418	394	313	377	364
22	架子工	工日	418	394	313	377	333
23	机械装配工	工日	368	364	303	338	364
24	焊工	工日	410	364	354	371	364
25	电器技工	工日	381	364	303	348	333
26	起重工（塔式起重机、人货电梯）	工日	368	364	303	338	364
27	风动钻机手	工日	401	318	303	364	333
28	车辆司机	工日	427	364	354	384	364
29	杂工	工日	291	333	253	278	227
30	两吨以下货车	工日	595	388	556	480	657
31	两吨以上五吨以下货车	工日	1034	582	808	823	758
32	五吨以上货车	工日	2844	776	2020	2237	808
33	自行式起重机（起重量两吨以下）	工日	866	1212	1818	692	808
34	自行式起重机（起重量两吨以上）	工日	1745	1566	2222	1379	970
35	自卸车	工日	1875	582	657	1480	657
36	混凝土搅拌机	工日	582	606	455	470	303
37	砂浆搅拌机	工日	633	424	404	510	202

(续)

序号	项目名称/工程内容	单位	投标报价/元				
			E	B	A	C	D
38	75mm 水泵,包括软管	工日	356	671	1010	293	283
39	挖掘机	工日	2586	2182	2020	2035	2020
40	钢筋混凝土拆除	m³	711	1 061	859	586	909
41	砌体拆除	m³	646	384	485	535	404
42	硬化道路拆除	m³	556	424	434	465	657

注:表中 1~15 项为正常工作时间人工单价;15~30 项为正常工作时间以外的人工单价。

7) 议标主要内容。根据回标分析的结果,本次议标内容主要包括以下 4 部分:
①图纸变化:增加太阳能设备基础图纸。人防地下室根据外审意见进行部分修改。
②阳台结构空腔、房心回填导致的工程量清单的变化。
③钢筋调差方式、基础价的约定。
④商务报价中的报价问题。

分别向各投标单位发出议标问卷,以其中一家为例,议标问卷主要内容如下:

议标问卷的主要内容

1. 图纸、技术要求及其他说明:
1) 地下室应持续降水至地库顶板覆土回填完成及主楼施工至结构 5 层。
2) 楼梯间和人流通道墙面应满铺钢丝网,墙面粉刷综合单价包括满铺钢丝网,素水泥浆结合层一道。
3) 若贵公司在进度款请款中,出现虚报工程量及产值,超请超付的情况,将会被处罚合同金额的 1%。
4) 贵公司需在 8 月 20 日之前办理好进入工程所在地城市施工的所有手续,并能保证在通知贵公司中标后一周内办理好施工许可证。
5) 阳台的结构空腔,内部需要抹灰粉刷,清单已增加此部分工作量。
6) 2#、5#楼地下室顶板降板回填土形成的房心回填,需要做防水涂料,清单已增加此部分工作量。
7) 若本项目分标段定标,现约定标段的拆分原则如下:
①主楼及主楼地下室按实体工程量清单拆分。
②土方、基坑支护工程、人防门及机电预留洞按所在标段实际工程量拆分。
③开办费中的塔式起重机、脚手架及施工电梯按清单综合单价明细表中的实际使用情况计取。架设、拆除及退场费按实际使用台数占总台数的比例计取。
④其余开办费、降排水工程、协调配合费按所在标段地上建筑面积占总地上建筑面积比例拆分。

2. 本次提供补充文件供贵公司第二次回标使用,主要包括 20170717 版本的以下文件:
附件 1 变更招标图纸(含人防回复整理图纸、地库增加集水坑图纸及太阳能基座图纸)
附件 2 建筑做法表

附件3 工程量清单调整版

附件4 乙供材料品牌表

3. 对工程量清单填报的补充说明如下，主要包括：

1)"附件3 工程量清单调整版20170717"提供的工程量做出了部分调整，清单中工程量为参考工程量，请自行根据招标文件、招标图纸等招标资料，核算工程量。

2) 增加2#、5#楼房心回填的工程量及建筑做法。

3) 修改分户墙保温的建筑做法。

4) 土方工程量计算时，不计放坡及工作面。

5) 二号清单增加商业承台土方开挖工程量。

6) 用户变压器的电缆沟做法为暂定列项，最终按实结算。

7) 增加钢筋、混凝土、砌体等主材单价的综合单价分析表。

4. 关于钢筋、混凝土调差基础价的约定：

1) 混凝土基础价以2017年6月工程所在城市当地政府主管部门发布的混凝土市场供应价（即信息价）（不含税，不含泵送费）为混凝土调差基础价，现约定C30混凝土的基础价为367元/m^3（除税价，不含泵送费）（含税价为378元/m^3）。

2) 钢筋基础价以2017年6月西本钢筋（西本新干线钢材交易指导价）全月每日报价平均值为钢筋调差基础价（不含税）。

a. 一级钢筋以"高线HPB300ϕ8、高线HPB300ϕ10"，两种钢筋的算术平均价格为依据。现约定一级钢筋调差的基础价为3377元/t（除税价），含税价为3951元/t。现约定C35混凝土的基础价为380元/m^3（除税价，不含泵送费）（含税价为391元/m^3）。现约定C40混凝土的基础价为394元/m^3（除税价，不含泵送费）（含税价为406元/m^3）。

b. 三级钢筋以"钢筋混凝土用钢筋HRB400（Ⅲ级）10mm、12mm、14mm、16mm、18mm、20mm、22mm、25mm、28mm、32mm"，10种钢筋的算术平均价格为依据。现约定三级钢筋调差的基础价为3299元/t（除税价），含税价为3860元/t。

5. 报价计算错误提示

本次报价有以下算数误差，请注意检查并更正。（略）

6. 开办费价格分析：

贵公司开办费总价严重偏高，请贵公司综合调整。

1) 未填报的项目，请复核并考虑填报，无论最终填报费用的高低有无，均视为已经充分考虑相关费用，总价包干。接收场地、周边设施保护、恶劣天气及夜间施工、材料二次搬运及甲供材卸货、材料设备检测试验、成品保护、施工规费，均未报价，请贵公司复核并调整，若第二轮回标仍未报价，则视作已含在总价中。

2) 报价偏高的项目，请复核并调整。临时设施报价中5.1水电及排水设施报价严重偏高，塔式起重机、施工电梯、脚手架报价偏高（其中，施工电梯架设、拆除费用严重偏高，脚手架租赁单价严重偏高），现场管理报价严重偏高（其中工作人员管理报价严重偏高，此项是指贵公司为现场工作人员办理合法的居住、工作许可，并向当地流动人口管理部门交纳规费、取得相应证照，并保证我公司免于因现场人员管理而受到政府管理部门处罚产生的费用），用水和用电报价严重偏高。开办费中项目用水、用电，是指开办费项目中未形成永久性工程的各种设施运行和现场管理行为的用水、用电费用，包括办公、生活、机械设备运转、仓储、安全施工、文明施工以及工程清理移交等所使用的水费、电费,不包括现场加工和建筑物内施工所使用的水费、电费。现场加工和建筑物内施工所使用的水费、电费含在实物工程量综合单价内,请复核并调整。

3) 报价偏高的项目,请复核并调整。安全施工报价严重偏低(其中临边洞口防护措施、安全防护、危险作业防护等均未报价),竣工及移交报价、其他费用报价严重偏低。

7. 协调服务费价格分析:

协调服务费中未填报的项目,请复核并考虑填报,无论最终填报费用的高低有无,均视为已经充分考虑相关费用,总价包干。包括防火门供应安装工程、燃气管道工程、电信及网络工程、园林景观工程等均未报价。

8. 基坑降排水与土方价格分析:C20细石混凝土喷锚报价 65 元/m^2,报价偏低,请复核。

9. 主体工程价格分析:报价中偏高偏低报价列明如下,请贵公司复核后重新报价。(同上述单价分析,此处省略)

10. 点工单价表及乙供主要材料、设备明细表的价格分析:

1) 点工单价表中,正常工作时间人工单价报价整体偏高,请复核并调整。

2) 点工单价表中,正常工作时间以外的人工单价报价整体偏高,请复核并调整。

3) 点工单价表中,机械设备台班单价报价整体偏高,请复核并调整。

4) 乙供主要材料中,钢筋、防水材料的品牌与我公司要求品牌不一致,请复核并调整。

(8) 第二轮回标分析

1) 总价对比分析,见表3.1-24。

表3.1-24 总价对比分析

排名	投标单位	第二轮回标金额/元	与第一轮对比		与最低标对比	
			差额/元	差额比例	差额/元	差额比例
1	E	225 245 257	-5 346 029	-2.3%	0	0.0%
2	B	234 562 008	-3 489 361	-1.5%	9 316 751	4.1%
3	A	241 622 667	524 060	0.2%	16 377 411	7.3%
4	C	244 605 601	-2 500 724	-1.0%	19 360 344	8.6%
5	D	250 808 593	1 247 587	0.5%	25 563 336	11.3%
6	G	第一轮淘汰	—	0.0%	—	0.0%
7	H	第一轮淘汰	—	0.0%	—	0.0%
8	F	第一轮淘汰	—	0.0%	—	0.0%

算数误差:经复核,各投标单位均无算数误差。

与目标成本对比情况:除最低标是低于目标成本约174万元(0.8%)以外,其余各单位均超目标成本。超支原因同第一次回标分析。

2) 工程量对比分析

各投标单位均按议标问卷修改后的参考工程量回标,未增减工程量。

3) 开办费及协调服务费对比分析,见表 3.1-25、表 3.1-26。

表 3.1-25 开办费对比分析

序	对比项	投标报价/元			
		E	B	A	C
1	出入口与围墙	323 340	217 566	290 700	387 600
2	临时建筑	1 927 800	2 215 134	2 070 600	2 060 400
3	临时设施	1 417 800	985 728	963 900	581 400
4	垂直运输	5 518 676	6 134 207	5 360 100	4 278 900
5	脚手架	6 865 340	6 892 697	9 432 656	8 740 302
6	安全施工	1 224 000	1 386 119	1 106 700	765 000
7	文明施工	831 300	425 560	678 300	571 200
8	现场管理	1 171 062	842 010	510 000	326 400
9	材料设备检测	275 400	549 952	1 009 800	1 020 000
10	开办费项目用水	306 000	183 317	510 000	612 000
11	开办费项目用电	612 000	733 270	612 000	1 326 000
12	保函与保险	166 260	282 693	275 400	102 000
13	其他开办费	1 251 540	1 580 057	2 157 300	3 125 280
	开办费报价/元	21 890 518	22 428 310	24 977 456	23 896 482
	占总价比例(%)	10%	10%	10%	10%
	相对总建面单方/(元/m²)	119	122	136	130

表 3.1-26 协调服务费对比分析

对比项	投标报价/元			
	E	B	A	C
协调服务费总计/元	1 221 960	1 540 914	1 662 600	1 565 700
占总价比例	0.5%	0.7%	0.7%	0.6%
相对总建筑面积单方/(元/m²)	7	8	9	9

除 E、B 两家的开办费总价较为合理以外,其他单位的开办费总价偏高。

4) 主要施工机械费用对比分析,见表 3.1-27。

表 3.1-27 主要施工机械费用对比分析

对比项目		投标报价		
		E	B	A
塔式起重机	架设、拆除/元	358 020	336 600	408 000
	台数/台	5	5	5
	使用时间/月	16.7	16.5	11.0
	月运行费用/元	25 300/26 300	31 250/42 250	32 000
	总价/元	2 568 326	3 135 421	2 203 200
	单方指标/(元/m²)	14	17	12

(续)

对比项目		投标报价		
		E	B	A
施工电梯	台数/台	5	5	5
	使用时间/月	15/16	14.03/14.90	17
	月运行费用/元	17 000	34 200	15 000
	总价/元	2 926 482	2 711 792	2 616 300
	单方指标/(元/m²)	16	15	14
脚手架	使用时间/月	4/8/9/13	6/15	1/10/16
	外围面积/m²	130 418	144 461	179 723
	单价/[元/(m²·月)]	3.5	3/3.3	3.8
	总价/元	6 865 340	6 892 697	9 432 656
	单方指标/(元/m²)	37	38	51

①塔式起重机：5栋高层，共计使用5台塔式起重机，按进场后1个月内搭设，结构封顶后半年内拆除，使用时间为16~17个月，月运行费用2.5万元/台。考虑搭设、拆除费用，塔式起重机费用共计250万较为合理，单方指标约为12~15元/m²。"B"已将塔式起重机改为5台，但单价偏高，导致总价略微偏高。其余单位较为合理。

②施工电梯：5栋高层，共计5台施工电梯，双笼。主体施工至6层左右安装（2017年10月），室内地坪完成后拆除（2018年12月），使用时间约为14~15个月，月运行费用2万元/台。施工电梯共计200万左右较为合理，单方指标11~15元/m²。"C"使用时间仍不满足要求，总价偏低。其余单位均较为合理。

③脚手架：外围面积约为14万m²，租赁费约为3.5元/(m²·月)，脚手架为进场后1个月搭设，结构封顶半年后落架，主楼预计使用15个月，商业、地库预计使用5个月。总费用约为700万元较为合理，单方指标40~45元/m²。"A""C"及"D"脚手架租赁单价仍偏高。"B"和"E"较为合理。

5）单价对比分析，见表3.1-28。

表3.1-28 主要单价对比分析

序号	类别	清单项	单位	投标报价/元			参考项目
				E	B	A	
1	基坑降排水及土方	C20细石混凝土喷锚	m²	98	86	89	
2		花管土钉	m³	36	42	58	
3		管井降水（深20m）	口	10 012	8 560	5 500	5 200
4		降排水	项	100 000	252 000	45 000	
5		土方开挖	m³	10	12	10	30
6		外运及弃置	m³	27	28	22	
7		土方回填	m³	15	15	15	15

(续)

序号	类别	清单项	单位	投标报价/元			参考项目
				E	B	A	
8	钢筋、混凝土、模板	桩头处理（方桩）	根	40	110	160	
9		C15 垫层	m³	422	449	486	
10		C35 抗渗混凝土（P6）	m³	475	452	494	345
11		C40 微膨胀混凝土（P6）	m³	491	493	535	358
12		C40 微膨胀混凝土	m³	491	493	523	358
13		C30 混凝土（地上）	m³	466	438	467	322
14		C35 混凝土（地下）	m³	464	452	482	345
15		C35 混凝土（地上）	m³	479	452	482	333
16		C40 混凝土（地上）	m³	495	468	498	
17		C40 抗渗混凝土（P6）	m³	491	468	510	358
18		Ⅰ级钢筋（HPB235）地库	kg	5	5	5	4
19		Ⅲ级钢筋（HRB400）地库	kg	5	5	5	4
20		Ⅰ级钢筋（HPB235）主楼	kg	5	5	6	4
21		Ⅲ级钢筋（HRB400）主楼	kg	5	5	6	4
22		模板：平面、立面（地库）	m²	61	65	60	55
23		模板：平面、立面（主楼）	m²	54	65	58	55
24	二结构	淤泥烧结多孔砖	m³	696	771	760	685
25		砂加气混凝土砌块	m³	665	711	750	660
26	防水	4mm 厚 SBS	m²	34	50	43	41
27		0.8mm 厚 JS-Ⅱ	m²	24	20	20	20
28		1.2mm 厚 JS-Ⅱ	m²	25	22	24	24
29	金属工程	护窗栏杆	m	135	180	110	108
30		楼梯栏杆	m	160	200	200	160
31		成品烟道	m	66	98	105	105
32		钢板止水带	kg	11	10	7	
33	地面	30mm 厚 C20 细石混凝土随捣随压光	m²	29	33	28	24
34		50mm 厚 C20 细石混凝土保护层	m²	35	33	35	35
35		100mm 厚 C20 细石混凝土随打随抹	m²	44	44	55	43
36		100mm 厚 C25 细石混凝土随打随抹（配钢筋）	m²	57	58	67	44

(续)

序号	类别	清单项	单位	投标报价/元			参考项目
				E	B	A	
37	地面	金刚砂地坪	m²	22	24	20	
38		10mm 厚电子交联减振保温复合垫板	m²	36	26	17	
39		50mm 厚 C25 细石混凝土（配钢筋）	m²	33	40	47	
40		20mm 厚 1∶2.5 水泥砂浆保护层	m²	23	24	25	24
41		现浇轻质泡沫混凝土回填平均 300mm 厚	m²	99	90	100	90
42		30mm 厚 C20 细石混凝土，1%坡向地漏	m²	27	26	28	29
43		30mm 厚 1∶3 砂浆找平找坡层，1%坡向地漏，阴角做 R20 圆角	m²	31	27	30	
44		20mm 厚保温砂浆 L 型	m²	28	34	45	27
45	外墙面	外墙抹灰	m²	38	34	38	35
46	内墙面	内墙抹灰	m²	27	26	29	23
47		腻子批嵌	m²	10	12	13	11
48		内墙涂料	m²	10	12	13	12
49		分户墙保温	m²	38	50	71	45
50	天花板	涂料	m²	9	12	14	14
51		表面处理+腻子	m²	14	12	13	11

①参考项目价格调整说明。定标于 2016 年 10 月，因钢筋、混凝土价格较对比项目有较大程度的上浮，因此需对钢筋、混凝土价格按信息价进行修正。

本工程钢筋报价与参考项目报价的波动和信息价波动一致，上浮 1.11 元/kg 左右。而混凝土不一致，混凝土信息价上浮 48 元/m³，而投标单位报价上浮 120~140 元/m³。经咨询当地商混站，现在 C30 混凝土约为 340 元/m³（不含泵送），考虑泵送费（15 元/m³），现场施工费（30~35 元/m³）及合理的管理利润税金（17%左右）后价格约为 450~460 元/m³。

②各单位的单价分析。主要列举最低标和次低标单位的价格情况，另外三家单位均未完全响应议标问卷，单价调整不大，第二轮的报价仍有明显偏高项目。

最低标单位 E：响应议标问卷，修正偏高偏低单价。

其中：C30 混凝土由 442 元/m³ 上调为 466 元/m³。主楼Ⅲ级钢由 4.75 元/kg 上调为 4.83 元/kg。主楼模板由 60 元/m² 下调为 54 元/m²。砂加气混凝土砌块由 683 元/m³ 下调为 665 元/m³。金刚砂地坪由 16 元/m² 上调为 22 元/m²。100mm 厚 C25 细石混凝土随打随抹（配钢筋）由 61 元/m² 下浮为 57 元/m²。10 厚电子交联减振保温复合垫板由 26 元/m² 上调为 36 元/m²。外墙抹灰由 40 元/m² 下浮为 38 元/m²。内墙抹灰由 29 元/m² 下调为 27 元/m²。其余单价均有调整。但仍有部分单价不合理，如 C30 混凝土报价为 466 元/m³ 偏高，地库模板 61 元/m² 偏高，4mm 厚 SBS 防水卷材报价为 34 元/m² 偏低。

次低标单位 B：响应议标问卷，修正偏高偏低单价。

其中：C30 混凝土由 448 元/m³ 下调为 438 元/m³。主楼Ⅲ级钢由 5.05 元/kg 下调为 4.96 元/kg。模板由 66 元/m² 下调为 65 元/m²。砂加气混凝土砌块由 764 元/m³ 下调为 711 元/m³。淤泥烧结多孔砖由 862 元/m³ 下调为 771 元/m³。4mm 厚 SBS 防水卷材由 40 元/m² 上调为 50 元/m²。1.2mm 厚防水涂料由 18 元/m² 上调为 20 元/m²。10mm 厚电子交联减振保温复合垫板由 18 元/m² 上调为 26 元/m²。外墙抹灰由 39 元/m² 下调为 34 元/m²。内墙抹灰由 30 元/m² 下调为 26 元/m²。其余单价均有调整。但仍有部分单价不合理，如模板 65 元/m² 偏高。4mm 厚 SBS 防水卷材报价为 50 元/m² 偏高。C30 混凝土 438 元/m³ 偏低。砂加气砌块 711 元/m³ 偏高。淤泥多孔砖 771 元/m³ 偏高。

（9）最低标合理性分析和定标建议

1）标段划分方案。考虑到本工程开发体量较大，且预售节点工期较为紧张，为便于现场管理及满足预售工期要求，项目公司建议按东西划分为两个标段。

1 标段：1#、4#、6#及对应的单层地库。

2 标段：2#、3#、5#、7#及对应的双层地库。

拆分后，两个标段的具体面积数据见表 3.1-29。

表 3.1-29　两标段建筑面积统计　　　　　　　（单位：m²）

序号	业态	1 标段	2 标段	合计
1	高层主楼	58 157	80 149	138 306
2	高层地下室	1 987	6 502	8 489
3	商业建筑	3 486	7 527	11 012
4	地下车库	5 663	19 247	24 910
5	配套	209	392	601
	合计	69 501	113 817	183 317

2）报价按标段进行拆分。经技术标评审及两轮商务回标，"E"及"B"技术标评审合格，商务报价分别为最低标、次低标，建议为本工程两个标段的拟中标单位。第二轮回标"E"及"B"对应两个标段的报价金额拆分后见表 3.1-30。

表 3.1-30　拟中标单位的报价按标段拆分　　　　　（单位：元）

对比项	1 标段	2 标段	合计
最低标 E	86 685 282	138 559 975	225 245 257
次低标 B	90 210 635	144 351 373	234 562 008
最低组合	86 685 282	138 559 975	225 245 257

经定标委员会定标决策，由最低标"E"承接 1 标段，次低标"B"承接 2 标段，但"B"需将 2 标段的总价降至最低标价格，需要下浮 5 791 398 元（4.01%），两个单位拟中

标组合金额为第二轮回标的最低标金额。

经与"B"定向谈判,"B"愿意下浮第二轮报价中仍偏高的项目至合理价,如模板、4mm 厚 SBS 防水卷材、砂加气砌块、淤泥多孔砖等,使标段Ⅱ的报价下浮至最低标报价金额。同时,"E"报价中部分不合理报价项,亦愿意在总金额不变的情况下,将单价调整至平衡合理状态。

3) 拟定标方案的价格合理性分析

①工程量及算数复核。经标段拆分后,两家单位的工程量与我公司参考工程量一致,调整报价后清单无算数误差。

②开办费及协调配合费对比分析。在进行标段拆分时,为了更合理地拆分开办费及协调配合费清单,总体拆分原则为:施工机械按照第二轮报价明细中各楼栋的实际使用情况及费用拆分。其余项目基本按高层主楼地上面积占比进行拆分(部分特殊项目除外)。拟定标方案的开办费及协调配合费占比较为合理,见表 3.1-31、表 3.1-32。

表 3.1-31　拟中标单位开办费对比

标段	拟中标金额/元	开办费总金额/元	总建筑面积指标/(元/m²)	地上建筑面积指标/(元/m²)	占总价百分比
1	86 685 282	9 092 779	131	142	10.5%
2	138 559 975	13 257 626	116	140	9.6%
合计	225 245 257	22 350 405	122	141	9.9%

表 3.1-32　拟中标单位协调配合费对比

标段	拟中标金额/元	协调配合费总金额/元	总建筑面积指标/(元/m²)	地上建筑面积指标/(元/m²)	占总价百分比
1	86 685 282	513 827	7	8	0.6%
2	138 559 975	892 969	8	9	0.6%
合计	225 245 257	1 406 796	8	9	0.6%

③与往期项目对比分析。以下分别进行含量(表 3.1-33)、单方指标(表 3.1-34)、综合单价(表 3.1-36)的对比分析。对比项目选取二期(2016 年 6 月定标)和三期(2016 年 10 月定标),这两个项目业态均为高层与底商,地库为二层或局部一层,与本项目业态基本一致,可对比性较高。

表 3.1-33　拟中标单位与往期项目含量指标对比分析

单位工程	混凝土/(m³/m²)			模板/(m²/m²)			钢筋/(kg/m²)			砌体/(m³/m²)		
	本期	三期	二期	本期	三期	二期	本期	三期	二期	本期	三期	二期
地下车库	0.61	0.68	0.91	1.7	1.8	1.8	69	78	82	0.01	0.02	0.02
高层地下	1.66	1.78	2.53	4.6	4.8	4.6	153	152	205	0.12	0.07	0.08
高层地上	0.43	0.40	0.40	3.9	3.8	3.8	43	43	43	0.14	0.17	0.17
商业建筑	0.32	0.42	0.71	2.4	2.5	4.8	40	37	41	0.21	0.38	0.17

本项目地库钢筋、混凝土、模板、砌体含量均较以往项目低，原因主要是：本地块一期与之后开发的二期地库联通，少做了地下一层南面的地库外墙。地库的外墙基本被主楼地下室外墙代替，故含量较低。如本项目钢筋含量为70kg/m²，地库外墙钢筋含量指标影响约为4kg/m²。

本项目高层主楼混凝土偏高及砌体含量偏低的原因主要是：本项目4栋33层，1栋28层。而对比项目中有2栋主楼为18层，故本项目混凝土含量较三期偏高，而砌体含量偏低。

表3.1-34　拟中标单价与往期项目单方指标对比分析

业态	科目	指标/(元/m²)				
		拟中标价	三期（2016.10）	三期修正后	二期（2016.6）	二期修正后
高层地下	建筑工程	2 422	2 046	2 429	2 663	3 179
	防水工程	23.4	23.2		19.0	
高层地上	建筑工程	1 029	932	1 028	920	1 014
	防水工程	19.91	20.29		18.00	
地下车库	建筑工程	1 123	1 009	1 178	1 145	1 340
	防水工程	86.3	67.1		110.0	

拟中标金额较以往对比项目偏高的原因是钢筋、混凝土的材料价格上浮，见表3.1-35。

表3.1-35　拟中标单价与往期项目的主要材料单价对比

定标项目	定标时间	Ⅲ级钢筋/(元/kg)		C30泵送商品混凝土/(元/m³)	
		信息价	中标价	信息价	中标价
三期	2016年10月	2.75	3.83	330	322
二期	2016年6月	2.7	3.59	334	333
本期	2017年6月	3.86	4.85	378	445

表3.1-35中混凝土价格上浮比例异常，混凝土信息价上浮48元/m³，而投标单位报价上浮120~140元/m³。经咨询当地商混站，现在C30混凝土约为330~340元/m³（不含泵送），考虑泵送费（15元/m³），现场施工费（30元/m³）及合理的管理利润税金（17%左右）后价格约为440~450元/m³，初步判断信息价略有滞后。

以三期为例，说明单方指标修正的方法如下：

高层地下室建筑工程：本期单方较三期高375元/m²。三期高层地下室钢筋含量152kg/m²×1.11元/kg=169元/m²。混凝土含量为1.78m³/m²×120元/m³=214元/m²。仅钢筋混凝土价格上浮导致单方成本增加383元/m²。三期高层地下室建筑工程单方修正为2429元/m²。剔除主材价格因素，本项目高层地下室建筑工程较以往项目略有节余。

高层主楼建筑工程：本期单方较三期高97元/m²。三期高层主楼钢筋含量43kg/m²×1.11元/kg=48元/m²。混凝土含量为0.40m³/m²×120元/m³=48元/m²。仅钢筋混凝土价格上浮导致单方成本就增加96元/m²。A1三期高层主楼建筑工程单方修正为1028元/m²。剔除主材价格因素，本项目高层主楼建筑工程与以往持平。

地库建筑工程：本期单方较三期高114元/m²。三期地库钢筋含量78kg/m²×1.11元/kg=87元/m²。混凝土含量为0.68m³/m²×120元/m³=82元/m²。仅钢筋混凝土价格上浮就导致单方成本增加169元/m²。三期地库建筑工程单方修正为1178元/m²。剔除主材价格因素，本项目地库建筑工程较以往项目略有节余，节余比例为4.7%（本项目地库含量偏低）。

表3.1-36　拟中标综合单价对比分析

序	项目名称	工程量	单位	拟中标单价/元		参考项目单价/元	
				1标	2标	三期	二期
1	土方回填	51 815	m³	15	15	15	15
2	C35抗渗混凝土（P6）	20 274	m³	465	462	345	361
3	C30混凝土	44 108	m³	446	443	450	450
4	C35混凝土	13 137	m³	459	457	465	465
5	Ⅲ级钢筋（地库）	3 100 544	kg	4.74	4.73	4.94	4.75
6	Ⅲ级钢筋（主楼）	6 497 333	kg	4.85	4.86	4.94	4.75
7	模板（主楼）	576 910	m²	54	54	55	54
8	淤泥烧结多孔砖	14 524	m³	696	686	685	690
9	砂加气混凝土砌块	8 494	m³	665	661	660	675
10	4mm厚SBS防水卷材	49 515	m²	42	41	41	38
11	1.2mm厚防水涂料	98 757	m²	23	22	24	22
12	50mm厚C20细石混凝土	18 002	kg	35	33	35	30
13	20mm厚1:2.5水泥砂浆	15 089	m²	23	24	24	23
14	外墙抹灰	199 131	m²	35	34	35	30
15	内墙抹灰	162 532	m²	27	26	23	26
16	腻子批嵌	162 532	m²	13	12	11	11
17	内墙涂料	26 083	m²	12	12	12	12
18	天花板腻子	106 824	m²	13	12	11	15

除钢筋、混凝土、砌体等受主材价格上浮影响的项目，本工程定标单价均较以往项目持平或略低。

④与目标成本对比分析。从主材单价、含量、单方指标三个方面进行对比分析，见表3.1-37~表3.1-39。

表3.1-37　定标结果与目标成本的含量对比分析

序号	业态	混凝土指标/(m³/m²)		模板指标/(m²/m²)		钢筋指标/(kg/m²)		砌体指标/(m³/m²)	
		定标结果	目标成本	定标结果	目标成本	定标结果	目标成本	定标结果	目标成本
1	地下车库	0.61	1.00	1.7	2.0	69	110	0.01	—
2	高层—地下	1.66	2.15	4.6	5.4	153	195	0.12	—

(续)

序号	业态	混凝土指标 /(m³/m²)		模板指标 /(m²/m²)		钢筋指标 /(kg/m²)		砌体指标 /(m³/m²)	
		定标结果	目标成本	定标结果	目标成本	定标结果	目标成本	定标结果	目标成本
3	高层—地上	0.43	0.40	3.9	3.8	43	44	0.14	—
4	商业建筑	0.32	0.40	2.4	2.2	40	50	0.21	—

表 3.1-38 定标结果与目标成本的主要单价对比分析

序号	主要清单项	单位	拟中标单价	目标成本
1	Ⅲ级钢筋	元/kg	4.86/4.85	4.00
2	C30 混凝土	元/m³	445/443	355
3	模板	元/m²	54	55

高层主楼含量指标均超目标成本。其余业态均较目标成本有所结余。
但钢筋、混凝土因市场价上浮导致综合单价均超目标成本。

表 3.1-39 与目标成本金额及单方指标对比分析

业态	科目	目标成本		定标价		定标价—目标成本	
		金额/元	单方/(元/m²)	金额/元	单方/(元/m²)	金额/元	单方/(元/m²)
高层地下室	基坑土方	1 650 000	194	1 795 156	211	145 156	17
	基坑支护	2 360 000	278	629 803	74	-1 730 197	-204
	建筑工程	21 300 000	2 509	20 729 404	2 442	-570 596	-67
	防水工程	670 000	79	149 588	18	-520 412	-61
	小计	25 980 000	3 061	23 303 951	2 745	-2 676 049	-315
高层主楼	建筑工程	128 000 000	925	143 013 546	1 034	15 013 546	109
	防水工程	2 860 000	21	2 852 750	21	-7 250	-0
	保温工程	0	0	5 001 981	36	5 001 981	36
	电气工程	0		556 193	4	556 193	4
	小计	130 860 000	946	151 424 470	1 095	20 564 470	149
地下车库	基坑土方	4 850 000	195	5 267 838	211	417 838	17
	基坑支护	7 010 000	281	1 848 140	74	-5 161 860	-207
	建筑工程	36 730 000	1 475	28 039 605	1 126	-8 690 395	-349
	防水工程	3 360 000	135	1 859 807	75	-1 500 193	-60
	人防门	610 000	24	419 923	17	-190 077	-8
	地坪处理	0	0	586 402	24	586 402	24
	小计	52 560 000	2 110	38 021 716	1 526	-14 538 284	-584

（续）

业态	科目	目标成本		定标价		定标价—目标成本	
		金额/元	单方/(元/m²)	金额/元	单方/(元/m²)	金额/元	单方/(元/m²)
商业建筑	建筑工程	14 400 000	1 308	11 143 759	1 012	-3 256 241	-296
	防水工程	350 000	32	324 894	30	-25 106	-2
	小计	14 750 000	1 339	11 468 652	1 041	-3 281 348	-298
公建配套	基础工程	70 000	116	0	0	-70 000	-116
	建筑工程	610 000	1 015	1 026 467	1 708	416 467	693
	小计	680 000	1 132	1 026 467	1 708	346 467	577
前期	临时围墙	380 000	2	0	0	-380 000	-2
	临时道路	280 000	2	0	0	-280 000	-2
	场地土方	1 500 000	8	0	0	-1 500 000	-8
	小计	2 160 000	12	0	0	-2 160 000	-12
总计		226 990 000	1 238	225 245 257	1 229	-1 744 743	-10

除高层主楼外，其余业态较目标成本均有节余。

高层主楼严重超目标成本的主要原因有三点：

1）钢筋混凝土的定标价格较目标成本预估单价偏高。目标成本中钢筋单价预估为 4.00 元/kg，因钢筋材料价格上浮，定标价为 4.85 元/kg，差异金额为 502 万元，单方差异为 37 元/m²。目标成本混凝土按 355 元/m³ 预估，含量为 0.4。定标价为 445 元/m³，含量为 0.44，差异金额为 537 万，单方差异为 40 元/m²。主材单价上浮导致较目标成本增加金额约为 1 039 万元。

2）本项目钢筋及模板含量较三期偏高，而目标成本按照三期含量编制，目标成本模板含量为 3.82，本工程为 3.96，导致较目标成本高约 120 万元。

3）建筑做法差异，目标成本中未考虑卫生间同层排水导致增加一道防水保护层。

地库及高层地下室因钢筋含量偏低，较目标成本有节余。

本工程定标总金额较目标成本节余 174 万元，节余比例为 0.8%，需要在后续外立面、门窗、景观等招标中严格控制，避免动态成本超支。

3. 招标总结

（1）招标计划复盘

本项目招标总体时间从启动到发出中标通知书，实际 64 天，比计划延后 18 天；其中，从发标到发出中标通知书，实际 56 天，比计划延后 13 天。发标后时间节奏较慢，主要原因是前期准备不充分，导致在发标后对招标范围和工程内容修改次数较多，重新修订相关条款和工程量清单耗用过多时间，具体见表 3.1-40。

表 3.1-40 招标计划与实际完成对比

序号	工作清单	日历天数		完成时间	
		计划	实际	计划	实际
1	招标启动会	1	1	2017-6-22	2017-6-18
2	投标单位审批	9	5	2017-6-30	2017-6-22
3	招标文件审批	4	6	2017-6-25	2017-6-23
4	工程量清单定稿	6	10	2017-6-27	2017-6-27
5	技术发标	4	9	2017-6-25	2017-6-26
6	第一轮技术回标	10	14	2017-7-1	2017-7-1
7	技术标述标及议标问卷	15	19	2017-7-6	2017-7-6
8	商务发标	6	15	2017-6-27	2017-7-2
9	投标疑问	10	17	2017-7-1	2017-7-4
10	答疑及标前辅导	11	21	2017-7-2	2017-7-8
11	回标、开标	18	26	2017-7-9	2017-7-13
12	评标	18	28	2017-7-9	2017-7-15
13	一次约谈	23	29	2017-7-14	2017-7-16
14	二次回标、开标	29	35	2017-7-20	2017-7-22
15	第二次评标	29	38	2017-7-20	2017-7-25
16	定标	39	59	2017-7-30	2017-8-15
17	发出中标通知书	46	64	2017-8-6	2017-8-20

（2）数据分析与总结

1）工程量指标分析，按各业态对应的建筑面积计算，见表 3.1-41。

表 3.1-41 工程量指标分析

项目		地库		主楼地下		高层地上		商业	合计/平均
主要工程量		地下1层	地下2层	地下1层	地下2层	28层	33层	3层	
混凝土	m³/m²	0.84	0.56	2.50	1.45	0.39	0.45	0.33	0.51
模板	m²/m²	1.53	1.76	5.55	4.37	3.69	4.01	2.41	3.59
钢筋	kg/m²	93.0	63.6	192.6	149.6	43.1	43.8	41.2	52.6
砌体	m³/m²	0.01	0.02	0.19	0.10	0.19	0.13	0.22	0.13
楼地面	m²/m²	1.01	0.98	0.97	0.86	0.85	0.82	0.96	0.86
内粉	m²/m²	0.63	0.55	3.88	2.92	2.35	2.34	2.06	2.12
外粉	m²/m²	0.07	0.08	0.64	0.39	1.46	1.44	0.85	1.17
天棚	m²/m²	1.20	1.20	0.88	0.79	0.79	0.75	1.02	0.83
防水	m²/m²	2.36	1.21	0.64	0.39	0.58	0.59	0.44	0.69

注：上述指标分析不含公共配套建筑。地下车库建筑面积中含人防 3 385m²，占比 10%。抗震设防烈度为 6 度。

2）成本指标分析，按各业态对应的建筑面积计算，成本指标见表 3.1-42~表 3.1-50。

表 3.1-42 成本指标分析

序号	物业类型	工程特征	建筑面积/m²	单方造价/(元/m²)		
				开办费	实体工程	合计
1	高层地下室	地下1层	1 987	393	3 155	3 548
		地下2层	6 502	254	2 234	2 488
2	高层主楼	地上28层	21 992	111	975	1 086
		地上33层	116 314	116	976	1 093
3	地下车库	地下1层	5 776	214	1 717	1 931
		地下2层	19 134	145	1 279	1 424
4	商铺	地上3层	11 013	102	893	995
5	公共配套	地上1层	601	181	1 540	1 721
	合计（平均）		183 317	130	1 099	1 229

表 3.1-43 地下车库（地下1层）成本指标明细

序号	成本科目	分项清单	单方造价/(元/m²)			分项占比
			开办费	实体工程	合计	
1	基坑土方	基坑土方	25.1	201.4	227	11.7%
2	基坑支护	基坑支护	9.6	77.3	87	4.5%
3	建筑工程	混凝土	124.1	995.9	1 120	58.0%
		砖石	0.9	7.4	8	0.4%
		金属	1.4	11.0	12	0.6%
		饰面	33.9	272.1	306	15.9%
		其他	0.8	6.5	7	0.4%
4	防水工程	防水	15.5	124.2	140	7.2%
5	地坪处理工程	地坪处理	2.6	20.9	24	1.2%
	合计		214	1 717	1 931	100%

表 3.1-44 地下车库（地下2层）成本指标明细

序号	成本科目	分项清单	单方造价/(元/m²)			分项占比
			开办费	实体工程	合计	
1	基坑土方	基坑土方	21.4	188.1	209	14.7%
2	基坑支护	基坑支护	7.6	66.8	74	5.2%
3	建筑工程	混凝土	78.9	693.3	772	54.2%
		砖石	1.2	10.6	12	0.8%
		金属	1.3	11.4	13	0.9%
		饰面	22.4	197.0	219	15.4%
		其他	0.7	6.2	7	0.5%

（续）

序号	成本科目	分项清单	单方造价/(元/m²)			分项占比
			开办费	实体工程	合计	
4	防水	防水	7.2	62.9	70	4.9%
5	地坪处理	地坪处理	2.6	22.6	25	1.8%
6	人防门	人防门	2.2	19.6	22	1.5%
	合计		145	1 279	1 424	100%

表 3.1-45 主楼地下（地下 2 层）成本指标明细

序	成本科目	分项清单	单方造价/(元/m²)			分项占比
			开办费	实体工程	合计	
1	基坑土方	基坑土方	21.4	188.6	210	8.4%
2	基坑支护	基坑支护	7.6	67.0	75	3.0%
3	建筑工程	混凝土	187.6	1 649.0	1 837	73.8%
		砖石	7.7	67.5	75	3.0%
		金属	1.2	10.1	11	0.5%
		饰面	26.6	233.8	260	10.5%
4	防水工程	防水	2.0	17.5	20	0.8%
	合计		254	2 234	2 488	100%

表 3.1-46 主楼地上成本指标明细

序	成本科目	分项清单	单方造价/(元/m²)			分项占比
			开办费	实体工程	合计	
1	建筑工程	混凝土	70.4	619.1	690	63.5%
		砖石	11.3	99.3	111	10.2%
		金属	1.0	8.8	10	0.9%
		饰面	21.0	184.9	206	19.0%
		其他	0.6	5.7	6	0.6%
2	防水工程	防水	2.1	18.2	20	1.9%
3	保温工程	保温	4.0	35.3	39	3.6%
4	电气工程	电气	0.3	3.1	3	0.3%
	合计		111	975	1 086	100%

表 3.1-47 地上商铺成本指标明细

序	成本科目	分项清单	单方造价/(元/m²)			分项占比
			开办费	实体工程	合计	
1	建筑工程	混凝土	51.7	454.7	506	50.9%

(续)

序	成本科目	分项清单	单方造价/(元/m²)			分项占比
			开办费	实体工程	合计	
1	建筑工程	砖石	16.3	143.0	159	16.0%
		金属	1.0	9.2	10	1.0%
		饰面	26.2	230.0	256	25.7%
		其他	2.6	22.7	25	2.5%
2	防水工程	防水	3.8	33.8	38	3.8%
	合计		102	893	995	100%

表 3.1-48 基坑与土方工程指标明细

序号	成本项	计量规则	单位	工程量	工程造价/元		地下面积指标	
					单价	总价	含量	成本
1	土方开挖	挖方量	m³	145 211	44	6 321 532	4.35	189
2	支护工程	喷锚面积	m²	10 551	98	1 033 832	0.3159	31
3	降排水	井数量	口	103	12 193	1 256 146	0.0031	38
	合计			—	—	—	—	258

表 3.1-49 地下建筑做法指标明细

对象	建筑做法	部位	概算单价/(元/m²)	主要做法	地库面积指标	
					含量/(m²/m²)	成本/(元/m²)
单层地库	防水	顶板	65	4mm厚SBS+1.2mm厚JS-Ⅱ	1.020	65.8
		外墙	42	4mm厚SBS	0.072	3.0
		底板	42	4mm厚SBS	1.315	55.2
	抹灰	内墙	52	表 3.1-7	0.638	33.2
		地面	129	表 3.1-7		
		顶板底	25	表 3.1-7	1.221	30.4
		顶板顶	103	表 3.1-7	1.020	104.9
双层地库	防水	顶板	63	同单层地库	0.570	35.9
		外墙	41	同单层地库	0.080	3.3
		底板	41	同单层地库	0.548	22.5
	抹灰	内墙	49	同单层地库	0.566	27.6
		地面	101	同单层地库		
		顶板底	24	同单层地库	1.155	27.7
		顶板顶	105	同单层地库	0.570	59.9

表 3.1-50　地上建筑做法指标明细（33层高层住宅）

对象	部位	概算单价（元/m²）	地上面积指标 含量/(m²/m²)	地上面积指标 成本/(元/m²)
地上防水	平屋面	91	0.038	3.5
地上防水	卫生间—墙面	23	0.147	3.3
地上防水	卫生间—地面	45	0.088	4.0
地上防水	卫生间—顶面	20	0.060	1.2
地上防水	厨房—地面	23	0.075	1.7
地上防水	非封闭阳台、设备平台地面	23	0.157	3.5
楼地面抹灰	客、餐、卧、储藏室	74	0.525	38.9
楼地面抹灰	卫生间	149	0.056	8.3
楼地面抹灰	厨房	97	0.053	5.2
楼地面抹灰	阳台、设备平台	99	0.103	10.2
楼地面抹灰	消防楼梯间	31	0.052	1.6
楼地面抹灰	飘窗	20	0.019	0.4
内墙面抹灰	客、餐、卧、储藏室	40	1.177	46.5
内墙面抹灰	卫生间	27	0.284	7.6
内墙面抹灰	厨房	27	0.191	5.1
内墙面抹灰	分户墙	49	0.216	10.7
内墙面抹灰	消防楼梯间	51	0.200	10.1
内墙面抹灰	公区装修区域	27	0.222	6.0
内墙面抹灰	阳台结构空腔内墙三面抹灰	40	0.060	2.4
天棚	天棚	15	0.749	11.1
外墙	外墙面	35	1.437	50.9
屋面	屋面	141	0.034	4.8

3）综合单价见表 3.1-51。

表 3.1-51　主要清单项目的综合单价

序号	项目名称	单位	综合单价
1	土方开挖	元/m³	10.00
2	土方回填	元/m³	15.16
3	C35抗渗混凝土（P6）	元/m³	463.50
4	C30混凝土	元/m³	444.50
5	C35混凝土	元/m³	458.00
6	Ⅲ级钢筋（地库）	元/kg	4.74
7	Ⅲ级钢筋（主楼）	元/kg	4.86

(续)

序号	项目名称	单位	综合单价
8	模板（主楼）	元/m²	54.17
9	淤泥烧结多孔砖	元/m³	691.00
10	砂加气混凝土砌块	元/m³	663.00
11	4mm厚SBS防水卷材	元/m²	41.50
12	1.2mm厚JS-Ⅱ型防水涂膜	元/m²	22.25
13	2mm厚高聚物改性沥青防水涂膜	元/m²	34.66
14	50mm厚C20细石混凝土	元/m²	33.87
15	20mm厚1∶2.5水泥砂浆	元/m²	23.61
16	金刚砂地坪（5kg/m²）	元/m²	23.24
17	8mm厚粗颗粒环氧砂浆（汽车停车库专用）	元/m²	84.23
18	10mm厚电子交联聚乙烯减振保温复合垫板楼地面（含周边墙角处复合胶条）	元/m²	36.14
19	20mm厚保温砂浆 L型	元/m²	27.97
20	内墙面—机械喷浆。12mm厚1∶6水泥砂浆打底（两遍成活）+8mm厚1∶1∶4混合砂浆面层	元/m²	26.36
21	分户墙—机械喷浆。12mm厚1∶6水泥砂浆打底（两遍成活）+8mm厚1∶1∶4混合砂浆面层	元/m²	37.36
22	外墙面—机械喷浆。20mm厚1∶2.5水泥砂浆（内掺5.0%防水剂）抹平	元/m²	34.79
23	腻子批嵌	元/m²	12.36
24	内墙涂料	元/m²	12.00

4）综合单价分析。本标段上述价格对应的主要清单单价的组成、机械费的组成、脚手架和垂直运输费的组成、主要材料价格见表3.1-52～表3.1-57。

表3.1-52 主要清单项目的综合单价分析

序号	项目	计量单位	综合单价组成/元						
			主材价（除税价）	基础价下浮率	损耗率	施工费	税前价	费利税	合计
1	Ⅰ级钢筋（地库）	kg	3.38	−1%	5%	0.61	4.19	0.70	4.89
2	Ⅰ级钢筋（主楼）	kg	3.38	−1%	5%	0.72	4.30	0.72	5.01
3	三级钢筋（地库）	kg	3.30	−1%	5%	0.61	4.11	0.69	4.79
4	三级钢筋（主楼）	kg	3.30	−1%	5%	0.71	4.21	0.70	4.91
5	C30混凝土（地库）	m³	367	−2%	2%	30.48	409	68	478
6	C30混凝土（主楼）	m³	367	−2%	2%	32.64	412	69	480
7	C35混凝土（地库）	m³	380	−2%	2%	30.12	423	71	493

(续)

序号	项目	计量单位	综合单价组成/元					
			主材价（除税价）	基础价下浮率	损耗率	施工费	税前价	费利税	合计
8	C35混凝土（主楼）	m³	380	−2%	2%	32.29	425	71	496
9	C40混凝土（地库）	m³	394	−2%	2%	30.19	437	73	510
10	C40混凝土（主楼）	m³	394	−2%	2%	32.36	439	73	513
11	模板（地库）	m²	14.76	0%	0%	36.01	51	8	59
12	模板（主楼）	m²	13.65	0%	0%	37.12	51	8	59
13	砂加气混凝土砌块	m³	255	0%	1%	308	565	94	660
14	淤泥烧结多孔砖	m³	340	−8%	1%	286	654	109	763

注：管理费率3%，利润率2%，税率11%。

表3.1-53 脚手架费用组成明细

序号	分类	形式	搭设时间（月）	外围面积/m²	单价/[元/(月·m²)]	总价/元
1	1#楼外脚手架	满搭+悬挑	9.00	22 228	3.50	700 170
2	2#楼外脚手架	外挑架	15.17	26 069	3.30	1 304 729
3	3#楼外脚手架	外挑架	14.83	23 341	3.30	1 142 564
4	4#楼外脚手架	满搭+悬挑	9.00	21 633	3.50	681 450
5	5#楼外脚手架	外挑架	15.50	27 383	3.30	1 400 633
6	6#楼外脚手架	满搭+悬挑	13.00	3 679	3.50	167 404
7	7#楼外脚手架	双排落地架	5.77	5 796	3.00	100 275
8	地库外脚手架	双排落地架	4.59	18 968	3.25	107 743
	合计（平均）		11.60	149 098	3.24	5 604 968
9	内脚手架	满堂	—	179 723	16.00	1 209 162

表3.1-54 塔式起重机费用组成明细表

编号	名称	规格/型号	使用时间（月）	单价/[元/(月·台)]	总价/元
1	塔式起重机1（1#）	TC6015	16.70	26 300	440 087
2	塔式起重机2（2#）	TC6015	16.40	42 250	692 900
3	塔式起重机3（3#）	TC5613	16.23	31 250	507 292
4	塔式起重机4（4#）	TC6015	16.70	26 300	440 087
5	塔式起重机5（5#）	TC5613	16.60	31 250	518 750
	合计（平均）		82.70	31 428	2 599 115

表 3.1-55 施工电梯费用组成明细

序号	名称	规格/型号	轿厢数量	使用时间（月）	单价/[元/(月·台)]	总价/元
1	电梯1（1#）	SC200/200	2	16.3	17 000	276 533
2	电梯2（1#）	SC200/200	2	16.3	17 000	276 533
3	电梯3（2#）	SC200/200	1	14.03	34 200	479 940
4	电梯4（3#）	SC200/200	1	14.03	34 200	479 940
5	电梯5（4#）	SC200/200	2	16.3	17 000	276 533
6	电梯6（4#）	SC200/200	2	16.3	17 000	276 533
7	电梯7（5#）	SC200/200	1	14.90	34 200	509 580
	合计（平均）		11	15.74	14 879	2 575 593
						2 575 593

表 3.1-56 物料提升机费用组成明细

序号	名称	规格/型号	轿厢数量	使用时间（月）	单价/[元/(月·台)]	总价/元
1	7#楼	SS 100/100	1	4.93	14 500	71 533
	合计					71 533

表 3.1-57 乙供材料价格

序号	材料名称		单位	单价
1	钢材	Ⅰ级钢（HPB235）	元/t	3 912
		Ⅲ级钢（HRB400）		3 822
2	商品混凝土	C30	元/m³	364
		C35		377
		C35 抗渗（P6）		382
		C35 抗渗（P6）		382
		C40		391
		C40 抗渗（P6）		396
3	商品砂浆		元/m³	352
4	石膏砂浆		元/m³	585
5	模板		元/张	64.00
6	蒸压砂加气混凝土砌块		元/m³	255.00
7	淤泥烧结多孔砖		元/m³	342.87
8	4mm厚SBS改性沥青防水卷材		元/m²	32.00
9	0.8mm厚JS-Ⅱ防水涂料		元/m²	18.50
10	1.2mm厚JS-Ⅱ防水涂料		元/m²	21.00
11	成品烟道		元/m	79.00

【案例3.2】

住宅项目预制混凝土构件（PC）供应

1. 基本信息

（1）工程概况（表3.2-1、表3.2-2）

表3.2-1 工程概况

工程地点	河南省
建设时间	2019年6月—2021年5月
主要业态	见表3.2-2
建筑面积	总建筑面积约173 554m^2，其中地上128 746m^2（表3.2-2），地下44 810m^2
地上层数/层高	27层、23层/2.9m，8层、10层/3.0m
结构形式	剪力墙结构
装配率	50%装配率（执行《装配式建筑评价标准》GB/T 51129—2017）

表3.2-2 住宅设计信息

业态	层数	栋数	单元数	户型数	户数	地上建筑面积/m^2
高层住宅	27	5	14	1	756	67 790
	23	1	3	2	138	11 700
小高层住宅	10	2	6	1	120	14 708
	8	6	14	1	224	34 548
合计（平均）	—	14	37	3	1 238	128 746

（2）标段概况（表3.2-3、表3.2-4）

表3.2-3 标段概况

特征工程量	见表3.2-4
目标成本	9 800万元
工期要求	600个日历天
定标时间	2019年8月
招标方式	邀请招标
定价方式	暂定工程量、预估含量、固定材料单价
招标范围	装配式构件的供应
标段划分	按业态分两个标段，1标段为高层，2标段为小高层

表 3.2-4　招标工程量及分标段明细

序号	构件名称	预制混凝土构件工程量/m³		
		1 标段	2 标段	合计
1	PC[①]围护墙（含保温）	5 543	3 630	9 172
2	PC 围护墙（不含保温）	415	65	480
3	PC 外剪力墙（含保温）	1 762	660	2 422
4	PC 剪力墙	3 531	734	4 265
5	PCF 板	221	21	241
6	PC 装饰柱	989	608	1 597
7	PC 凸窗	1 856	510	2 366
8	PC 空调板	77	44	121
9	PC 楼梯	408	180	588
10	PC 叠合板	2 427	1 435	3 862
	合计	17 229	7 885	25 114

①PC 指预制混凝土，下同。

2. 招标过程

（1）编制招标计划

该标段要求 PC 构件于 9 月底前供货到工程现场，预计招标时间从确定投标单位名单至发出中标通知书约 127 天，见表 3.2-5。

本项目招标时，PC 构件拆分图在方案扩初阶段，还不能提供准确的清单项和工程量，故招标采用"暂定清单含量、填报各项单价"的报价方式，同时对预制构件内的预埋件进行拆分报价。

工程量以设计单位提供的暂定量为基础，待后期正式图纸出具后，再进行转固工作（备注：转固，即模拟清单暂定总价合同转为固定总价合同。）。在编制清单阶段，需协同设计单位确定尽可能准确的 PC 构件种类、典型构件拆分图、每一个构件的预埋件种类、数量。暂定清单项和工程量的准确性将影响到模拟工程量转固的偏差程度。

表 3.2-5　招标计划

序号	工作清单	计划完成时间	责任部门
1	入围单位审批	2019-4-1	招标部/工程部
2	招标文件审批	2019-6-19	招标部
3	招标文件发出	2019-6-24	招标部
4	招标答疑（投标人提出）	2019-6-28	招标部/工程部/设计部
5	招标答疑（发包人回复）	2019-7-2	招标部
6	第一次回标	2019-7-15	成本部/工程部
7	投标澄清（发包人发出）	2019-7-16	成本部/工程部
8	第二次回标	2019-7-19	成本部/工程部

(续)

序号	工作清单	计划完成时间	责任部门
9	定标前约谈	2019-7-20	招标部/工程部
10	编制评标报告	2019-7-23	招标部
11	中标单位审批	2019-7-24	招标部
12	发出《中标通知书》	2019-8-5	招标部

（2）确定投标单位

初次开发装配式建筑的住宅项目，暂无合格供应商库，按照调研、考察的方式确定投标单位。

1）市场调研。本项目为河南省首批装配式的商业住宅项目，装配式构件甲供招标面临供应商资源不足、可参照外部项目少、当地装配式处于起步阶段而价格不透明这三个主要问题。

为解决上述问题和规避合约风险，第一步先将项目所在市区已有的装配式建筑项目、省内的预制构件生产厂家等资源进行盘点，汇总情况见表3.2-6、表3.2-7。

表3.2-6 市区已有装配式项目盘点汇总

序号	项目名称	采用构件	供货厂家
1	中建观湖国际	墙、板、楼梯、阳台	A
2	省人才公寓——金科苑	墙、板、楼梯、阳台	D
3	省人才公寓——晨晖苑	墙、板、楼梯、阳台	D
4	郑大人才公寓	墙、板、楼梯、阳台	A
5	盛世城邦	墙、板、楼梯、阳台	E
6	湖西学府	墙、板、楼梯、阳台	B

表3.2-7 省内装配式生产厂家盘点汇总

序号	厂家名称	位置	产能/万 m^3	运距/km
1	A	新密	设计30，实际15	36.4
2	B	焦作修武	设计30，实际15	40
3	C	新乡原阳	设计30，实际15	44.5
4	D	漯河临颍	设计50，实际20	120
5	E	新郑	设计15，实际8	36.4
6	F	新乡	设计5，实际3	81.2
7	G	汝州	设计30，实际15	101
8	H	新乡原阳	构件类型不匹配	40.7

筛选项目周边150km内的装配式构件生产厂家，与厂家联系确定合作意向，拟对前7家装配式构件生产商进行考察。

2）对投标单位考察。在考察阶段，主要考察构件生产厂家的资质文件、生产产能、生产环境、剩余产能、合作项目、合约情况与合约履行能力。考察情况见表 3.2-8。

表 3.2-8 投标单位基本信息统计　　　　　　（单位：万 m³）

序号	厂家名称	生产产能	剩余产能	项目案例
1	A	15	10	中建观湖国际
2	B	15	10	省人才公寓
3	C	15	10	原阳县迁建工程
4	D	20	10	龙城天悦、天成家园、省人才公寓
5	E	8	5	盛世城邦
6	F	3	2.5	守拙园
7	G	10	4	人才公寓

注：篇幅所限，表中省略了资质、工厂及履约情况的对比。

在这个阶段需要注意以下两项工作，以规避履约风险。

①核实构件厂家实际产能和剩余产能。构件厂的供应能力是保障项目正常推进的前提条件，因此在选择构件厂时务必对构件厂的实际产能与剩余产能有清晰的认知，例如构件厂产能情况很好，但是业务量大，剩余产能可能就不一定能满足项目需要。

②预判构件厂家未来供需量。选择构件厂时，对构件厂已有的业务乃至未来本项目供应周期内的预期业务量也需要有清晰的预判，以避免将来在供应周期内构件厂短时间需求量大于供应量而导致供应进度出现问题。

3）确定投标单位。在考察完构件厂并充分背调各厂履约能力、合作意愿后，拟定投标单位名单 7 家，完善考察报告，录入公司供应库。

（3）编制招标文件

主要编制要点包括以下 8 项内容：

1）确定标段划分方案。本项目共 3 种户型，为提高 PC 构件预制的效率、降低成本，标段按照项目业态进行划分，故高层业态为 1 标段，小高层业态为 2 标段，共计两个标段。

2）确定供货周期要求。工程部根据推盘节奏，拟定每栋楼的 PC 构件供货计划。以其中一栋楼为例，预制构件的供货计划见表 3.2-9。

表 3.2-9 某一栋楼的 PC 构件供应计划

楼层	PC 构件到工地时间		现场结构完成时间	单层施工天数
	竖向构件	水平构件		
1 层	—	2019-9-13	2019-9-19	6
2 层	2019-9-20	2019-9-25	2019-9-30	10
3 层	2019-10-1	2019-10-4	2019-10-7	6
4 层	2019-10-8	2019-10-11	2019-10-14	6
5 层	2019-10-15	2019-10-18	2019-10-21	6
6 层	2019-10-22	2019-10-25	2019-10-28	6
7 层	2019-10-29	2019-11-1	2019-11-4	6
8 层	2019-11-5	2019-11-8	2019-11-11	6

3) 确定可调价材料的价格调整办法。本工程中钢筋、混凝土两种材料为可调价材料，其他材料均为包干价，结算时不作调整。

①本工程钢筋及混凝土单价均为供货单位自报价格，如 p 在±5%幅度以内（含±5%），单价不作调整；p 在±5%幅度以上，5%的部分不调整，5%以外的部分调整。

价格变化幅度的计算方法用公式表示为：

$$p = (C_s - C_t)/C_t \times 100\%$$

式中　　p——价格变化幅度；

　　　　C_s——对于混凝土为：供货周期内工程所在地城市工程造价管理部门定期发布的商品混凝土信息价算术平均值；对于钢筋为：供货周期内"我的钢铁网"（网址：www.mysteel.com）上工程所在地城市每月 5 日、15 日、25 日发布的限定品牌钢筋市场指导价（平均价）的算术平均值；

　　　　C_t——对于混凝土为：中标当月工程所在地城市工程造价管理部门定期发布的同标号商品混凝土信息价格；对于钢筋为：中标当月"我的钢铁网"（网址：www.mysteel.com）上工程所在地城市本月 5 日、15 日、25 日发布的限定品牌钢筋市场指导价（平均价）的算术平均值。

②混凝土调价方法示例：泵送商品混凝土 C30 合同价 400 元/m³。当 p＝6%，结算价按照：400×[1+(6%-5%)]＝405(元/m³)计入；当 p＝-6%，结算价按照：400×[1-(6%-5%)]＝395(元/m³)计入。

③钢筋调价方法示例：钢筋合同价 4.20 元/kg，当 p＝6%，结算价按照：4.20×[1+(6%-5%)]＝4.242(元/kg)计入；当 p＝-6%，结算价按照：4.20×[1-(6%-5%)]＝4.158(元/kg)计入。

4) 确定可调工程量的范围和规则。本工程中构件数量、钢筋单方含量、埋件数量、保温板数量均为暂定工程量，结算时按发包人确认的 PC 构件深化图纸按实结算，其他工程量均为固定量，结算时不因任何原因再予调整。

5) 确定定标原则。在招标文件中说明定标的原则，促进公开、公正、公平地进行竞价。

①投标报价的次数原则上不得超过两轮报价。

②实行第一轮最低报价的保护原则，即第一轮报价最低的单位在第二轮报价的同等条件下可优先中标。

③开标后只选择每标段有效标的前 3 名进行第二轮议标。

6) 确定工程款支付方式。PC 构件供货一般都存在一定比例的预付款，在编制招标文件时，需对当地常用的支付条件进行摸排后再确定支付条件。本项目确定的工程款支付方式是：

①预付款：合同暂定额的 25%。

②进度款：每月供货产值的 80%。

③结算款：结算后，付至 97%。

④质保金：竣工备案后满一年支付至 100%。

7) 限定关键材料的品牌范围。本标段对灌浆套筒和保温连接件两种材料限定了品牌范围，具体如下：

①灌浆套筒：利物宝，思达建茂，现代营造，宝力德。

②保温连接件：哈芬，佩克，宝力德。

8）划分合约界面。在PC构件采用甲供材的模式下，PC构件招标一般会在总承包工程定标之后，PC构件甲供材与总承包工程的界面较传统界面需要尽早梳理清楚，以保证PC构件甲供材招标的界面与总承包合同内中关于PC构件的界面不冲突、不重复。本项目界面见表3.2-10。

表3.2-10 界面划分

序号	工作内容	总承包	构件供应
1	现场每栋楼需提供一层构件堆放场地，对现场场地、临时道路施工，以满足PC构件的现场堆放要求	√	
2	负责编制项目整体进度计划，合同签订时列明各种类型PC构件的供应及安装时间节点	√	
3	负责核对总承包的进度计划，并制定相应的PC构件生产计划及供应计划，并按总承包规定的时间节点，供应PC构件	√	√
4	协助对设计院提供的设计图纸中列明的PC构件及PC构件与现浇构件之间的节点进行深化	√	√
5	协助对深化完成的PC构件图纸进行复核	√	√
6	负责安装门窗框的预埋件（PC构件内）		√
7	负责提供各类水电预埋件	√	
8	负责安装各种穿墙套管（PC构件内）		√
9	负责对已安装完成的各类套管及钢副框等提供成品保护	√ 到现场后	√ 到现场前
10	PC构件专用模具及构件制作（构件运至总承包指定的卸车点）		√
11	PC构件现场验收（含门窗框、各类套管、预埋件），负责对运至现场且验收合格的PC构件进行成品保护	√	
12	PC构件缺陷整改（若甲方原因导致，费用需甲方支付）		√
13	场内PC构件货架提供		√
14	场内PC构件货架保护	√	
15	确保现场施工道路满足运输车辆通行要求。	√	
16	对到场的PC构件原则上在4h内办理验收和卸车手续，并在卸车过程对随车的木方、插销以及运输设施等妥善保护	√	
17	PC构件需要现场临时修补的由总承包方免费提供临时水电	√	
18	指定项目对接人，并于每日11点前提供未来3天发货计划	√	√

（4）编制工程量清单和确定转固工作规则

本标段采用模拟清单招标，首先确定需招标的构件种类，其次预估构件内钢筋含量与保温板含量，采用材料单价包干的方式，后期再进行暂定总价转固总价。

1)确定主要报价清单项目。按设计单位提供的构件类型和预估工程量,制作报价汇总表,见表 3.2-11。

表 3.2-11 报价汇总表(1 标段)

序号	构件名称	单位	暂定工程量	综合单价/元	合价/元
1	PC 围护墙(含保温)	m³	5 543		
2	PC 围护墙(不含保温)	m³	415		
3	PC 外剪力墙(含保温)	m³	1 762		
4	PC 剪力墙	m³	3 531		
5	PCF 板	m³	221		
6	PC 装饰柱	m³	989		
7	PC 凸窗	m³	1 856		
8	PC 空调板	m³	77		
9	PC 楼梯	m³	408		
10	PC 叠合板	m³	2 427		
11	构件中的预埋件	件	372 184		
12	不含税合计	元	—	—	
13	税金	元	—	13%	
	总计	m³	17 229	—	

2)确定各个构件内的钢筋含量。由于深化设计尚未完成,且外部的参考项目较少,为了相对准确地确定各个预制构件的钢筋含量,本项目采用了多条线解决的方式,即参考设计院提供的含量、成熟地区含量、外部单位含量、构件厂家提供含量、典型构件试算含量等五个途径的数据,综合确定本项目的模拟含量值,见表 3.2-12。

表 3.2-12 预制构件钢筋含量对比

序号	构件类型	参考的钢筋用量/(kg/m³)					最终模拟清单的钢筋含量/(kg/m³)
		设计院提供	上海地区参考	对标项目模拟量	构件厂家含量	典型构件试算	
1	PC 围护墙(含保温)	120	126	100	110	125	130
2	PC 围护墙(不含保温)	120	126	120		125	130
3	PC 剪力墙外墙(含保温)	140	169			85	90
4	PC 剪力墙	140	169	120	70	75	75
5	PCF 板	40	45	50	35	33	35
6	PC 装饰柱	100		120		75	80
7	PC 凸窗					70	70
8	PC 空调板			100	100	155	110
9	PC 楼梯	95	125	140	100	120	165
10	PC 叠合楼板	260	186	120	140	155	170

3）确定预埋件类型和工程量。本项目的预埋采用单独报价的方式，PC 预埋件依据设计院提供的预埋件类型，列出报价清单，见表 3.2-13。

表 3.2-13 预埋件报价表（1 标段）

序号	预埋件编号	预埋件规格	暂定数量/件	单价/元	合价/元
1	S32	M20 螺栓套筒 L=150mm	14 247		
2	S15	M20 螺栓套筒 L=200mm	5 362		
3	S34	M14 螺栓套筒 L=80mm	7 867		
4	CB2	M14 螺栓套筒 L=150mm	7 867		
5	BW16	外径 D×长度 H（ϕ50×190）	2 114		
6	U42 组件	M14 螺栓套筒 L=50mm+4mm 厚钢板连接件 L=250mm	5 871		
7	GT16	灌浆套筒	6 693		
8	PCF 连接件	14mm 厚十字钢板 L=200mm	2 740		
9	U19	直径 16	235		
10	S19	M14 螺栓套筒 L=45mm	822		
11	焊铁	PL-110×110×6	313		
12	S23	M20 螺栓套筒 L=200mm	313		
13	S31	M20 螺栓套筒 L=150mm	313		
14	U45	PL-350×80×14	235		
	合计		372 184		

本项目在预埋件转固时发现上述预埋件清单编制还有些问题，主要是在正式图纸出具的时候，发现预埋件的差异比较大（表 3.2-14）。例如规格发生变化、新增预埋件种类、保温连接件需二次深化。这些差异导致转固时需重新询价的预埋件较多。为此，建议在招标时注意以下工作：设计单位需要有类似工程经验，能尽量锁定预埋件种类，至少不缺少种类规格；同时，需要二次深化的预埋件，尽量尽早地确定深化单位，并安排其及时介入方案设计中，以便于为招标工作提供更准确的预埋件信息。

表 3.2-14 预埋件发生变化的种类及需要二次深化的预埋件汇总

序号	项目名称	招标规格	转固图纸规格	备注
1	S32	M20 螺栓套筒 L=150mm	M20 螺栓套筒 L=120mm	规格变化
2	灌浆盲孔	外径 D×长度 H（ϕ50×190）	外径 D×长度 H（ϕ50×260）	规格变化
3	U42 组件	M14 螺栓套筒 L=50mm+4mm 厚钢板连接件 L=250mm	M14 L=50mm 普通套筒	规格变化
4	保温连接件（片状）	14mm 厚十字钢板 L=200mm	片状保温连接件	需二次深化
5	保温连接件（针状）	无	针状保温连接件	需二次深化
6	焊铁 U7	PL-110×110×6	PL-80×80×6	规格变化
7	S23	M20 螺栓套筒 L=200mm	M16×75 套筒	规格变化

(续)

序号	项目名称	招标规格	转固图纸规格	备注
8	2.5t 吊钉（S32）	无	2.5t 吊钉（S32）	新增种类
9	5t 吊钉（S15）	无	5t 吊钉（S15）	新增种类
10	GT14	无	GT14 灌浆套筒	新增种类
11	GT18	无	GT18 灌浆套筒	新增种类
12	J16	无	J16 直螺纹连接套筒	新增种类
13	GT12	无	GT12 灌浆套筒	新增种类
14	波纹软管	无	直径 20mm 的出浆孔	新增种类

4）确定构件转固计算规则。由于经验不足，本项目计算规则仅明确了预制构件内的孔洞扣除规则，在后期转固时发现单构件内会有线槽、侧边凹槽、键槽、滴水线等边缘线条凹槽是否扣除的问题，应在招标前约定好该部分是否扣除。

①构件体积的计算口径：工程量为图示混凝土净体积（以 m^3 为单位），钢筋、预埋件体积不扣除；$0.3m^2$ 以内（含 $0.3m^2$）的孔洞不扣除，大于 $0.3m^2$ 以上孔洞体积予以扣除。PC 夹心保温外墙的体积为混凝土和保温材料体积之和，综合单价分析表中混凝土和保温材料含量之和须等于 1，保温材料和混凝土损耗考虑在综合单价中。

②结算时按验收合格的预制构件体积×相应的综合单价。

③在招标文件及招标清单中约定，承包人应在取得施工图后 7 天内完成图纸会审工作（含图纸会审纪要的形成及确认），在取得完整的首版施工图后 20 天内上报施工图预算，双方应在收到承包人上报的施工图预算后 30 天内完成工程量核对工作，并签订固定总价合同。承包人如不及时提供，发包人有权暂缓或者减少当期付款比例。

5）确定单构件的综合单价报价表。该表（以表 3.2-15 为例）是投标单位进行报价的主要表格，也是日后转固确定构件包干综合单价的主要内容，需要考虑周全，并做精细化处理。

表 3.2-15 PC 围护墙（含保温）综合单价明细

序号	构成项	每 m^3 报价/元				定价原则
		单位	用量	单价	小计	
1	主材					
1.1	一级钢筋（暂定量）	kg	0.00			①入围钢筋生产厂家及品牌，详见合同附件 ②钢筋损耗按固定值2%计取，每 m^3 构件用量数为包含损耗的量 ③钢材价格报价为不含税单价 ④钢筋价格不因规格不同而变化，中标单位根据图纸综合考虑，单价不会因此调整，钢筋单价中含材料、损耗、采购费、运输到指定地点等一切费用 ⑤钢筋含量按实结算，钢筋价格调差原则详见合同专用条款
1.2	二、三级钢筋（暂定量）	kg	130.00			

(续)

序号	构成项	每 m³ 报价/元				定价原则
		单位	用量	单价	小计	
1.3	混凝土（暂定量，暂定 C30）	m³	0.90			①构件混凝土级配等级按图纸要求，混凝土强度等级暂按 C30，后期根据图纸及主材单价表中不同强度等级差调整 ②钢筋、预埋件体积不扣除；0.3m² 以内（含 0.3m²）的孔洞不扣除，大于 0.3m² 以上孔洞体积予以扣除 ③混凝土价格报价为不含税单价，构件用量为净量，单价包含材料、损耗、运输到指定地点等一切费用 ④混凝土价格调差原则详见合同专用条款 ⑤混凝土损耗考虑进材料费中，损耗率：按投标单位填报明细
1.4	保温层：挤塑聚苯乙烯泡沫塑料（XPS）（暂定量）	m³	0.10			①保温材料需按设计图纸要求，满足验收规范及合同内相关技术条款 ②按图纸所示保温层厚度以净体积计算 ③保温材料价格不调差 ④单价包干，包括但不限于材料、损耗、采保费、检测、运输到指定地点等一切费用，结算时不再做调整 ⑤保温材料报价为不含税单价
2	辅材					
2.1	表面缓凝剂等	m³	1.00			①单价包干，含材料、损耗、运输到指定地点等一切费用，结算时不再做调整 ②按构件混凝土净体积计算
3	人工费					
3.1	制作人工费	m³	1.00			①单价包干，结算时不再做调整 ②按构件混凝土净体积计算，不计饰面（如有）所占体积 ③含保温构件，不扣除保温体积
4	其他费用					
4.1	蒸养费	m³	1.00			①单价包干，结算时不再做调整 ②按构件混凝土净体积计算
4.2	包装、运输费	m³	1.00			①投标单位组织最优化运输方案，单价包干，结算时不再做调整 ②按构件混凝土净体积计算
4.3	成品保护费	m³	1.00			①单价包干，结算时不再做调整 ②按构件混凝土净体积计算

(续)

序号	构成项	每 m³ 报价/元				定价原则
		单位	用量	单价	小计	
4.4	模具费	项	1.00			①单价包干,结算时不再做调整 ②按构件混凝土净体积计算 ③单价应包括了模具设计开发、模具的制作、模具的损耗及摊销、采保费等一切有关模具的费用
4.5	其他费用	m³	1.00			所包含的费用明细:损耗材料,包括木方、玻璃胶、发泡胶、焊条、氧气、乙炔及高压空气等
5	管理费	元				(1+2+3+4)×___ %
6	利润	元				(1+2+3+4+5)×___ %
	不含税合计	元				(1+2+3+4+5+6)

(5) 第一轮回标分析

本项目共计两个标段,分两次回标。以下分析均以 1 标段为例。

1) 总价对比分析,见表 3.2-16。

表 3.2-16 总价对比分析

排名	投标单位	投标总价/元	与最低价对比		与标底价对比	
			差额	差额比例	差额	差额比例
1	E	62 296 535	0	0	182 161	0.3%
2	B	62 376 051	79 516	0.1%	261 677	0.4%
3	D	64 217 695	1 921 160	3.1%	2 103 321	3.4%
4	A	65 749 289	3 452 754	5.5%	3 634 915	5.9%
5	C	66 250 309	3 953 773	6.3%	4 135 935	6.7%
6	F	74 043 829	11 747 294	18.9%	11 929 455	19.2%
7	G	75 524 706	13 228 171	21.2%	13 410 332	21.6%

2) 综合单价对比分析,见表 3.2-17。

表 3.2-17 综合单价对比分析

序号	构件名称	综合单价/(元/m³)							
		标底	E	A	B	F	C	D	G
1	围护墙(含保温)	3114	3047	3604	3177	3526	3142	3275	3704
2	围护墙(不含保温)	3099	3186	3448	3044	3508	3082	3255	3684
3	剪力墙外墙(含保温)	2872	2890	3385	2885	3308	2941	3009	3475
4	剪力墙	2857	2890	3229	2889	3225	2859	2989	3388
5	PCF 板	2696	2754	3433	2622	3336	3084	3215	3450

(续)

序号	构件名称	综合单价/(元/m³)							
		标底	E	A	B	F	C	D	G
6	装饰柱	2960	2943	3083	2876	3285	3094	2940	3423
7	凸窗	2916	2890	3404	3097	3258	3025	3001	3709
8	空调板	3092	3083	3339	2987	3444	2956	3340	3618
9	楼梯	3496	3204	3302	2936	3605	3225	3128	3787
10	叠合板	3218	3106	3165	2940	3531	3300	3025	3505
	合计	3024	2988	3377	3012	3399	3069	3101	3570

E：构件综合单价报价基本合理。
A：楼梯、叠合板报价基本合理，其余构件报价偏高。
B：构件综合单价报价基本合理。
F：所有构件报价均偏高。
C：PCF 板、装饰柱、叠合板报价偏高，其余构件报价基本合理。
D：PCF 板、空调板、围护墙报价偏高，其余构件报价基本合理。
G：所有构件报价均偏高（以下分析均省略）。
3）预埋件报价分析，见表 3.2-18。

表 3.2-18 预埋件报价分析

序号	编号	预埋件单价/(元/件)							
		标底	E	A	B	F	C	D	G
1	S32	7.4	9.0	12.0	8.0	8.0	10.0	7.0	10.0
2	S15	9.9	13.2	14.0	10.2	11.6	13.0	8.0	14.0
3	S34	3.4	3.9	5.0	2.9	3.1	4.0	4.0	4.1
4	CB2	6.5	6.9	8.0	2.2	4.4	6.0	6.0	4.5
5	BW16	14.0	5.8	15.0	3.9	190.3	20.0	5.0	150.3
6	U42 组件	6.0	11.5	20.0	5.4	3.4	20.0	18.0	5.0
7	GT16	33.7	36.8	20.5	18.0	22.0	15.0	14.0	25.0
8	PCF 连接件	50.0	4.6	20.0	30.0	75.0	90.0	14.0	80.0
9	U19	3.6	17.3	4.0	17.5	6.0	25.0	12.0	15.0
10	S19	1.9	2.0	3.0	2.7	2.7	3.0	4.0	5.0
11	焊铁	2.3	7.2	26.0	11.0	7.5	30.0	8.0	26.5
12	S23	9.9	13.2	15.0	10.2	11.6	13.0	8.0	15.0
13	S31	7.4	9.0	14.0	8.0	8.0	10.0	7.0	16.0
14	U45	12.6	112.7	20.0	97.5	31.0	90.0	80.0	120.0
	合计/平均	12.3	12.1	13.0	8.9	18.7	15.3	9.1	22.4

4）综合单价组成对比分析，见表 3.2-19。

表 3.2-19　综合单价组成对比分析（1 标段 PC 围护墙，含保温）

序号	报价明细项	计量单位	综合单价明细/元						
			标底	E	A	B	F	C	D
1	主材								
1.1	一级钢筋								
1.2	二、三级钢筋	kg	3.81	3.89	3.89	3.73	4.26	4.00	4.00
1.3	混凝土（暂定 C30）	m³	573	600	732	589	588	583	630
1.4	XPS 保温板	m³	550	580	520	550	550	600	600
2	辅材								
2.1	表面缓凝剂等	m³	100	50	58	80	50	70	30
3	人工费								
3.1	制作人工费	m³	705	620	600	600	800	520	460
4	其他费用								
4.1	蒸养费	m³	65	50	50	60	100	65	30
4.2	包装、运输费	m³	180	200	163	255	300	150	260
4.3	成品保护费	m³	50	50	30	210	50	20	30
4.4	模具费	项	480	320	450	400	300	380	410
4.5	其他费用	m³	50	502	411	100	315	495	400
5	管理费费率		5.0%	5.0%	13.0%	8.0%	10.0%	8.0%	10.0%
6	利润率		10.0%	3.0%	9.0%	6.0%	5.0%	6.0%	10.0%
	综合单价	m³	3114	3047	3604	3177	3526	3142	3275

5）第一轮取费费率对比，见表 3.2-20。

表 3.2-20　取费费率对比

序号	取费	E	A	B	F	C	D	标底
1	管理费费率	5.0%	13.0%	8.0%	10.0%	8.0%	10.0%	5.0%
2	利润率	3.0%	9.0%	6.0%	5.0%	6.0%	10.0%	10.0%
3	税金	13.0%	13.0%	13.0%	13.0%	13.0%	13.0%	13.0%
	合计	21.0%	35.0%	27.0%	28.0%	27.0%	33.0%	28.0%
	与标底差异	−7.0%	7.0%	−1.0%	0.0%	−1.0%	5.0%	—

6）第一轮清标情况（1 标段），见表 3.2-21。

表 3.2-21　第一轮清标情况汇总

排名	投标单位	投标总价/元	主要问题
1	E	62 296 535	①混凝土综合单价报价较高 ②部分预埋件报价偏高 ③混凝土损耗量未进行填报 ④综合单价中其他费用报价偏高

(续)

排名	投标单位	投标总价/元	主要问题
2	B	62 376 051	①空调板、楼梯、PCF板辅材费未计取 ②预埋件部分清单项报价偏高 ③包装运输费、成品保护费报价偏高
3	D	64 217 695	①主材单价表中钢筋混凝土单价未填写 ②预埋件部分清单项报价偏高 ③包装运输费、其他费用偏高且未给出费用明细 ④管理利润综合取费偏高
4	A	65 749 289	①钢筋混凝土主材费偏高 ②预埋件部分清单项报价偏高 ③综合单价中其他费用偏高 ④管理利润综合取费偏高
5	C	66 250 309	①钢筋混凝土主材费偏高 ②预埋件部分清单项报价偏高 ③综合单价中其他费用偏高
6	F	74 043 829	①钢筋报价严重偏高 ②预埋件部分清单项报价偏高 ③综合单价偏高,其中主材费、人工费偏高,其他费用中包装运输费、其他费用偏高

清标结论:根据投标策略,排名前三的单位(E、B、D)进入二次回标,并向其发出清标函。

(6)第二轮回标分析

1)总价对比分析,见表3.2-22。

表3.2-22 总价对比分析 (单位:元)

序号	对比项	E	B	D
1	第一轮报价	62 296 535	62 376 051	64 217 695
	一轮排名	1	2	3
2	第二轮报价	62 047 355	57 691 681	63 104 564
	二轮排名	2	1	3
3	两次报价差额	-249 181	-4 684 370	-1 113 131
4	增(+)降(-)幅	-0.4%	-7.5%	-1.7%

注:因篇幅所限,上表分析只显示了前三家投标单位的数据,以下类似情况均同。

E:与第一轮相比,预埋件未调整,构件人工费部分构件下调20元/m³,包装运输费下调20元/m³,整体调整幅度不大。

B:与第一轮相比,B报价由第2名变动为第1名。预埋件未调整,构件钢筋由3.73元/kg上涨到4.02元/kg,混凝土由589元/m³下降到538元/m³,构件人工费下降100元/m³,包装费、运输费下降113元/m³,其他费用下降40元/m³左右,整体报价下浮7.5%。

D：与第一轮相比，预埋件下降 30 万元，构件钢筋由 4 元/kg 上涨到 4.5 元/kg，混凝土无变化，运输费、模具费及其他费下降 160 元/m³，整体下浮 1.7%，变化不大。

2）综合单价对比分析，见表 3.2-23。

表 3.2-23 综合单价对比表

序号	构件名称	综合单价/(元/m³)									
		标底	E			B			D		
			1轮	2轮	差价	1轮	2轮	差价	1轮	2轮	差价
1	围护墙（有保温）	3114	3047	3054	7	3177	2924	-253	3275	3161	-114
2	围护墙（无保温）	3099	3186	3111	-75	3044	2800	-244	3255	3145	-110
3	外剪力墙外墙（有保温）	2872	2890	2872	-18	2885	2654	-231	3009	2958	-51
4	剪力墙	2857	2890	2868	-22	2889	2658	-231	2989	2937	-52
5	PCF 板	2696	2754	2769	15	2622	2413	-209	3215	3067	-148
6	装饰柱	2960	2943	2921	-21	2876	2644	-232	2940	2928	-12
7	凸窗	2916	2890	2869	-21	3097	2850	-247	3001	3019	18
8	空调板	3092	3083	3061	-22	2987	2748	-239	3340	3358	18
9	楼梯	3496	3204	3182	-22	2936	2701	-235	3128	3089	-39
10	叠合板	3218	3106	3084	-22	2940	2706	-234	3025	3152	127
	合计平均	3024	2988	2975	-13	3012	2772	-240	3101	3062	-39

3）预埋件单价报价对比分析，见表 3.2-24。

表 3.2-24 预埋件单价报价对比分析

序号	编号	埋件综合单价/(元/件)									
		标底	E			B			D		
			1轮	2轮	差价	1轮	2轮	差价	1轮	2轮	差价
1	S32	7	9	9	0	8	8	0	7	6	-1
2	S15	10	13	13	0	10	10	0	8	7	-1
3	S34	3	4	4	0	3	3	0	4	4	0
4	CB2	7	7	7	0	2	2	0	6	5	-1
5	BW16	14	6	6	0	4	4	0	5	5	0
6	U42 组件	6	12	12	0	5	5	0	18	14	-4
7	GT16	34	37	37	0	18	18	0	14	15	1
8	PCF 连接件	50	5	5	0	30	30	0	14	14	0
9	U19	4	17	17	0	18	18	0	12	11	-1

(续)

序号	编号	标底	埋件综合单价/(元/件)								
			E			B			D		
			1轮	2轮	差价	1轮	2轮	差价	1轮	2轮	差价
10	S19	2	2	2	0	3	3	0	4	4	0
11	焊铁	2	7	7	0	11	11	0	8	8	0
12	S23	10	13	13	0	10	10	0	8	7	-1
13	S31	7	9	9	0	8	8	0	7	6	-1
14	U45	13	113	113	0	98	98	0	80	80	0
合计平均		12	12	12	0	9	9	0	9	8	-1

与第一轮相比，D 单位对预埋件报价进行了微调减，其余单位未发生变动。

4）综合单价分析，见表 3.2-25。

表 3.2-25 综合单价分析（1 标段 PC 围护墙，含保温）

序号	构成项	计量单位	综合单价/元						
			标底	E			B		
				1轮	2轮	差价	1轮	2轮	差价
1	主材								
1.1	二、三级钢筋		3.81	3.89	3.89	0.00	3.73	4.02	0.29
1.2	混凝土（暂定C30）	kg	573	600	600	0	589	538	-51
1.3	XPS 保温板	m³	550	580	580	0	550	550	0
2	辅材	m³							
2.1	表面缓凝剂等		100	50	50	0	80	80	0
3	人工费								
3.1	制作人工费	m³	705	620	600	-20	600	500	-100
4	其他费用	m³							
4.1	蒸养费		65	50	50	0	60	60	0
4.2	包装、运输费	m³	180	200	180	-20	255	220	-35
4.3	成品保护费	m³	50	50	30	-20	210	132	-78
4.4	模具费	m³	480	320	320	0	400	400	0
4.5	其他费用	项	50	502	490	-12	100	100	0
5	管理费费率		5.0%	5.0%	5.0%	0.0%	8.0%	8.0%	0.0%
6	利润率		10.0%	3.0%	3.0%	0.0%	6.0%	6.0%	0.0%
7	综合单价	元	3114	3047	3054	7	3177	2924	-253

E：与第一轮相比第二轮报价对人工费、包装运输费、成品保护费及其他费用进行了微调。

B：与第一轮相比第二轮报价对主材费、人工费、包装运输费、成品保护费及其他费用进行了大幅度调整，其中混凝土下降了 51 元/m^3、人工费降低了 100 元/m^3。

D：与第一轮相比钢筋上涨 0.5 元/kg，包装运输费下降 30 元/m^3，模具费下降 30 元/m^3，其他费用下降 100 元/m^3。

5）取费费率报价对比，见表 3.2-26。

表 3.2-26 取费费率报价对比分析

取费项	标底	综合单价								
		E			B			D		
		1轮	2轮	差价	1轮	2轮	差价	1轮	2轮	差价
管理费	5.0%	5.0%	5.0%	0.0%	8.0%	8.0%	0.0%	10.0%	10.0%	0.0%
利润	10.0%	3.0%	3.0%	0.0%	6.0%	6.0%	0.0%	10.0%	10.0%	0.0%
税金	13.0%	13.0%	13.0%	0.0%	13.0%	13.0%	0.0%	13.0%	13.0%	0.0%
合计	28.0%	21.0%	21.0%	0.0%	27.0%	27.0%	0.0%	33.0%	33.0%	0.0%
与标底差异		−7.0%	−7.0%		−1.0%	−1.0%		5.0%	5.0%	

与第一轮相比，三家单位取费费率未发生变化。

6）第二轮回标总结

B：本次报价最低，降幅最大 7.5%；其中预埋件与第一轮相比未发生改变，PC 构件与第一轮回标相比低 412 万元，税金比第一轮低 56 万元，第二轮报价主要根据第一轮回标清标函进行了调整。第二轮报价由第二名变为了第一名。PC 构件整体约降低了 240 元/m^3。

E：本次报价次之，降幅最小 0.4%；其中预埋件与第一轮相比未发生改变，PC 构件与第一轮回标相比低 22 万元，税金比第一轮回标低 3 万元，第二轮报价对混凝土主材价、人工费做了一些针对性调整；第二轮报价由第一名变为了第二名。PC 构件整体约降低了 13 元/m^3。

D：本次报价排名最后，降幅 1.7%；其中预埋件较第一轮降幅 5 万元，PC 构件与第一轮回标相比降低 66 万元，税金比一轮低 13 万元，第二轮报价根据清标函问题进行了调整，第二轮报价排名第三，与第一轮排序号一致。PC 构件整体约降低了 39 元/m^3。

（7）询标和洽谈

由于本项目分为两个标段，理想状态下的最低价组合与组合最低价应一致或接近，为成本最低，但本次两个标段的组合最低价与最低价组合相差金额较大，见表 3.2-27、表 3.2-28。

表 3.2-27 两轮报价汇总

投标单位	第一轮				第二轮			
	1标段		2标段		1标段		2标段	
	报价	排名	报价	排名	报价	排名	报价	排名
E	62 296 535	1	29 179 900	1	62 047 355	2	28 984 200	2
B	62 376 051	2	29 334 400	2	57 691 681	1	27 367 100	1
D	64 217 695	3	30 045 100	3	63 104 564	3	29 447 700	3

表 3.2-28　标段组合中标方案分析

组合方式	1 标段		2 标段		合计
最低价组合	B	57 691 681	B	27 367 100	85 058 781
组合最低价	B	57 691 681	E	28 984 200	86 675 881
价差	—	0	—	1 617 100	1 617 100

洽谈阶段主要约谈次低价单位 E，希望在 2 标段上能让利 1 617 100 元至最低标价格，经约谈后 E 放弃继续降低价格的意愿。

将两个标段同时定标给最低价单位的风险在于两个标段由一家单位供货，供货风险相对较高，需最低价单位提供满足供应能力的保障措施。

根据以上两轮回标情况及约谈情况，本项目最终招标结果为采取最低价组合：由 B 中标两个标段。定标价低于目标成本 9800 万元和标底价 9000 万元，未超目标成本和标底，成本可控。

3. 招标总结

（1）招标计划复盘

本项目招标总体时间从启动到发出中标通知书，实际 137 天，比计划延后 10 天。其中，从发标到发出中标通知书，实际 43 天，与计划相符。从投标单位入围至招标文件审批用时较多，主要原因在于前期策划、实地考察、装配式方案对比，以及招标文件和招标清单的准备时间较长，详见表 3.2-29。

表 3.2-29　招标计划与实际完成时间对比

序号	工作清单	日历天数		完成时间	
		计划	实际	计划	实际
1	入围单位审批	1	1	2019-4-1	2019-3-22
2	招标文件审批	80	90	2019-6-19	2019-6-19
3	发标	85	95	2019-6-24	2019-6-24
4	招标答疑（投标人提出）	89	98	2019-6-28	2019-6-27
5	招标答疑（发包人回复）	93	102	2019-7-2	2019-7-1
6	第一次回标	106	116	2019-7-15	2019-7-15
7	投标澄清（发包人发出）	107	118	2019-7-16	2019-7-17
8	第二次回标	110	120	2019-7-19	2019-7-19
9	定标前约谈	111	126	2019-7-20	2019-7-25
10	编制评标报告	114	129	2019-7-23	2019-7-28
11	中标单位审批	115	133	2019-7-24	2019-8-1
12	发出《中标通知书》	127	137	2019-8-5	2019-8-5

（2）数据分析与总结

本项目的转固指标已分析完成，以下将实际转固的指标情况和模拟清单定标情况一起进行总结、对比。

1）工程量指标分析表，见表 3.2-30~表 3.2-35。

表 3.2-30 装配式 PC 构件工程量统计表（高层住宅）

序号	构件名称	工程量/m³		
		模拟清单	转固	差异
1	围护墙（含保温）	5 543	4 868	-675
2	围护墙（不含保温）	415	356	-59
3	剪力墙外墙（含保温）	1 762	1 709	-53
4	剪力墙	3 531	3 246	-285
5	PCF 板	221	441	220
6	装饰柱	989	858	-131
7	凸窗	1 856	1 675	-182
8	空调板	77	137	60
9	楼梯	408	424	16
10	叠合板	2 427	2 415	-12
	PC 构件总用量合计	17 229	16 129	-1 100
	建筑面积指标（m³/m²）	0.210	0.200	-0.010

表 3.2-31 装配式 PC 构件工程量统计（小高层住宅）

序号	构件名称	工程量/m³		
		模拟清单	转固	差异
1	围护墙（含保温）	3 630	3 207	-423
2	围护墙（不含保温）	65	0	-65
3	剪力墙外墙（含保温）	660	646	-14
4	剪力墙	734	798	64
5	PCF 板	21	110	89
6	装饰柱	608	561	-47
7	凸窗	510	314	-196
8	空调板	44	46	2
9	楼梯	180	176	-4
10	叠合板	1 435	1 279	-156
	合计 PC 构件总用量	7 885	7 139	-746
	建筑面积指标（m³/m²）	0.18	0.16	-0.02

表 3.2-32 装配式 PC 构件主要材料含量指标分析（高层住宅）

序号	构件名称	转固指标			模拟指标		
		混凝土	保温材料	钢筋	混凝土	保温材料	钢筋
		m³/m³	m³/m³	kg/m³	m³/m³	m³/m³	kg/m³
1	围护墙（含保温）	0.79	0.21	100	0.90	0.10	130
2	围护墙（不含保温）	1.00	0.00	80	0.90	0.10	130

(续)

序号	构件名称	转固指标			模拟指标		
		混凝土 m^3/m^3	保温材料 m^3/m^3	钢筋 kg/m^3	混凝土 m^3/m^3	保温材料 m^3/m^3	钢筋 kg/m^3
3	剪力墙外墙（含保温）	0.78	0.22	70	0.90	0.10	90
4	剪力墙	1.00	0.00	91	1.00	0.00	75
5	PCF板	0.52	0.48	38	0.90	0.10	35
6	装饰柱	1.00	0.00	80	1.00	0.00	80
7	凸窗	0.93	0.07	72	1.00	0.00	70
8	空调板	1.00	0.00	148	1.00	0.00	110
9	楼梯	1.00	0.00	120	1.00	0.00	165
10	叠合板	1.00	0.00	159	1.00	0.00	170
	合计平均	0.89	0.11	99	0.95	0.05	110

表3.2-33 装配式PC构件主要材料含量指标分析（小高层住宅）

序号	构件名称	转固指标			模拟指标		
		混凝土 m^3/m^3	保温材料 m^3/m^3	钢筋 kg/m^3	混凝土 m^3/m^3	保温材料 m^3/m^3	钢筋 kg/m^3
1	围护墙（含保温）	0.79	0.21	82	0.90	0.10	100
2	围护墙（不含保温）	—	—	—	0.90	0.10	100
3	剪力墙外墙（含保温）	0.74	0.26	89	0.90	0.10	90
4	剪力墙	1.00	0.00	104	1.00	0.00	90
5	PCF板	0.53	0.47	42	0.90	0.10	45
6	装饰柱	1.00	0.00	66	1.00	0.00	80
7	凸窗	1.00	0.00	82	1.00	0.00	85
8	空调板	1.00	0.00	119	1.00	0.00	110
9	楼梯	1.00	0.00	131	1.00	0.00	150
10	叠合板	1.00	0.00	174	1.00	0.00	190
	合计平均	0.87	0.13	101	0.94	0.06	113

表3.2-34 预埋件指标分析（高层住宅）

序号	埋件编号	模拟清单指标			转固指标		
		数量/件	单价/元	合价/元	数量/件	单价/元	合价/元
1	S32	93 128	8	745 955	89 026	8	703 305
2	S15	36 002	10	365 420			
3	S34	52 146	3	151 745	49 179	3	143 234
4	CB2	52 146	2	116 286	47 687	2	106 104

（续）

序号	埋件编号	模拟清单指标			转固指标		
		数量/件	单价/元	合价/元	数量/件	单价/元	合价/元
5	灌浆盲孔	14 012	4	54 647	13 982	6	76 901
6	U42 组件	39 724	5	213 517	12 590	2	29 964
7	GT16	41 218	18	741 924	23 535	18	423 630
8	PCF 连接件（片状）	18 202	30	546 060	32 380	30	971 400
9	PCF 连接件（针状）				72 680	7	508 760
10	U19	1 728	18	30 240	1 592	18	27 860
11	S19	5 014	3	13 538			
12	焊铁 U7	2 392	11	26 312	2 128	8	17 024
13	S23	2 128	10	21 599	5 056	3	16 685
14	S31	2 172	8	17 403			
15	U45	1 332	98	129 870	1 592	98	155 220
16	2.5t 吊钉（S32）				17 392	5	86 960
17	5t 吊钉（S15）				12 194	10	121 940
18	GT14				3 696	17	61 723
19	GT18				1 308	25	32 700
20	J16				20	5	100
21	GT12				15 336	15	230 040
22	波纹软管				8 014	2	16 028
	合计	361 344	9	3 174 516	409 387	9	3 729 578
	每 m³ 构件指标	21	—	184	25	—	231

注：表中的单价已进行了四舍五入，但合价是根据未经四舍五入的单价计算出来的准确数值，读者须注意，书中其他表格亦如此。

表 3.2-35 预埋件指标分析（小高层住宅）

序号	埋件编号	模拟清单指标			转固指标		
		数量/件	单价/元	合价/元	数量/件	单价/元	合价/元
1	S32	32 344	8	259 156	32 104	6	190 216
2	S15	15 744	10	159 802			
3	S34	26 768	3	77 962	24 364	3	70 960
4	CB2	26 768	2	59 559	23 948	2	53 284
5	灌浆盲孔	5 552	4	21 653	6 424	10	61 028
6	U42 组件	16 904	5	90 859	3 708	3	11 384
7	GT16	5 344	18	96 192	8 212	18	147 816
8	PCF 连接件（片状）	7 344	30	220 320	10 128	30	303 840

(续)

序号	埋件编号	模拟清单指标			转固指标		
		数量/件	单价/元	合价/元	数量/件	单价/元	合价/元
9	PCF连接件（针状）				30 000	7	210 000
10	U19	232	18	4 060	708	18	12 390
11	S19						
12	焊铁U7	784	11	8 624	832	7	6 185
13	S23	1 056	10	10 718	1 848	3	6 276
14	S31	736	8	5 897	72	8	577
15	U45	232	98	22 620	708	98	69 030
16	2.5t吊钉（S32）				3 488	4	12 488
17	5t吊钉（S15）				4 336	8	33 475
18	GT14				256	13	3 223
19	J16				136	2	270
20	GT12				704	11	7 822
21	波纹软管				4 092	2	9 432
	合计	139 808	7	1 037 422	156 068	8	1 209 696
	每 m^3 构件指标	18	—	132	22	—	169

2）地上建筑面积成本指标分析，见表3.2-36。

表3.2-36 地上建筑面积成本指标分析

业态	模拟清单指标		转固指标	
	合价/元	单价/(元/m^2)	合价/元	单价/(元/m^2)
高层住宅	57 691 681	704	53 912 261	667
小高层住宅	27 367 100	619	23 328 974	527
合计	85 058 781	674	77 241 235	618

3）主要清单项的综合单价，见表3.2-37、表3.2-38，表中综合单价包括13%的增值税，但不包括埋件费用。

表3.2-37 装配式PC构件综合单价（高层住宅）

序号	构件名称	综合单价/(元/m^3)		
		模拟清单	转固	差异
1	围护墙（含保温）	3 304	3 153	-151
2	围护墙（不含保温）	3 164	2 901	-263
3	剪力墙外墙（含保温）	2 999	2 979	-20
4	剪力墙	3 004	3 089	85
5	PCF板	2 727	2 748	21

(续)

序号	构件名称	综合单价/(元/m³)		
		模拟清单	转固	差异
6	装饰柱	2 988	2 989	1
7	凸窗	3 221	3 232	11
8	空调板	3 105	3 304	199
9	楼梯	3 052	2 820	-232
10	叠合板	3 058	2 998	-60
	平均单价	3 784	3 778	-6

表 3.2-38 装配式 PC 构件综合单价（小高层住宅）

序号	构件名称	综合单价/(元/m³)		
		模拟清单	转固	差异
1	围护墙（含保温）	3 363	3 054	-309
2	围护墙（不含保温）	3 184	—	—
3	剪力墙外墙（含保温）	3 259	3 074	-185
4	剪力墙	3 262	3 155	-107
5	PCF 板	3 079	2 769	-310
6	装饰柱	3 182	2 918	-264
7	凸窗	3 363	3 284	-79
8	空调板	3 286	3 152	-134
9	楼梯	3 183	2 875	-308
10	叠合板	3 301	3 076	-225
	平均单价	3 922	3 693	-229

小高层住宅的模拟中标综合单价要高于高层住宅，主要原因在于小高层住宅是洋房业态，预制构件模具的整体周转率小于高层住宅，且工程量较小，规模优势差。转固后差异变化是因为小高层住宅各项构件的含量指标大多是小于高层住宅的。

4）综合单价分析，见表 3.2-39～表 3.2-48。

表 3.2-39 PC 围护墙（有保温）单价分析

序号	构成项	模拟定标综合单价				转固综合单价			
		计量单位	每 m³ 用量	单价/元	小计/(元/m³)	计量单位	每 m³ 用量	单价/元	小计/(元/m³)
一	主材				1061.8				944.2
1	一级钢筋	kg	0.00	0	0.0	kg	0.00	0	0.0
2	二、三级钢筋	kg	130.00	4.02	522.6	kg	100.41	4.02	403.7
3	混凝土 C30	m³	0.90	538	484.2	m³	0.79	538	425.0

(续)

序号	构成项	模拟定标综合单价				转固综合单价			
		计量单位	每 m³ 用量	单价/元	小计/(元/m³)	计量单位	每 m³ 用量	单价/元	小计/(元/m³)
4	保温层：挤塑聚苯乙烯泡沫塑料（XPS）	m³	0.10	550	55.0	m³	0.21	550	115.5
二	辅材				80.0				80.0
5	表面缓凝剂等	m³	1.00	80	80.0	m³	1.00	80	80.0
三	人工费				500.0				500.0
6	制作人工费	m³	1.00	500	500.0	m³	1.00	500	500.0
四	其他费用				912.0				912.0
7	蒸养费	m³	1.00	60	60.0	m³	1.00	60	60.0
8	包装、运输费	m³	1.00	220	220.0	m³	1.00	220	220.0
9	成品保护费	m³	1.00	132	132.0	m³	1.00	132	132.0
10	模具费	项	1.00	400	400.0	项	1.00	400	400.0
11	其他费用	m³	1.00	100	100.0	m³	1.00	100	100.0
五	管理费		(8.00%)		204.3		(8.00%)		194.9
六	利润		(6.00%)		165.5		(6.00%)		157.9
	不含税合计	元			2924	元			2789

表 3.2-40　PC 围护墙（无保温）单价分析

序号	构成项	模拟定标综合单价				转固综合单价			
		计量单位	每 m³ 用量	单价/元	小计/(元/m³)	计量单位	每 m³ 用量	单价/元	小计/(元/m³)
一	主材				1060.6				857.6
1	一级钢筋	kg	0.00	0	0.0	kg	0.00	0	0.0
2	二、三级钢筋	kg	130.00	4.02	522.6	kg	79.50	4.02	319.6
3	混凝土 C30	m³	1.00	538	538.0	m³	1.00	538	538.0
二	辅材				80.0				80.0
4	表面缓凝剂等	m³	1.00	80	80.0	m³	1.00	80	80.0
三	人工费				500.0				500.0
5	制作人工费	m³	1.00	500	500.0	m³	1.00	500	500.0
四	其他费用				805.0				805.0
6	蒸养费	m³	1.00	60	60.0	m³	1.00	60	60.0
7	包装、运输费	m³	1.00	220	220.0	m³	1.00	220	220.0
8	成品保护费	m³	1.00	145	145.0	m³	1.00	145	145.0
9	模具费	项	1.00	280	280.0	项	1.00	280	280.0

(续)

序号	构成项	模拟定标综合单价				转固综合单价			
		计量单位	每 m³ 用量	单价/元	小计/(元/m³)	计量单位	每 m³ 用量	单价/元	小计/(元/m³)
10	其他费用	m³	1.00	100	100.0	m³	1.00	100	100.0
五	管理费		(8.00%)		195.6		(8.00%)		179.4
六	利润		(6.00%)		158.5		(6.00%)		145.3
	不含税合计	元			2800	元			2567

表 3.2-41 PC 剪力墙外墙（有保温）单价分析

序号	构成项	模拟定标综合单价				转固综合单价			
		计量单位	每 m³ 用量	单价/元	小计/(元/m³)	计量单位	每 m³ 用量	单价/元	小计/(元/m³)
一	主材				840.7				823.7
1	一级钢筋	kg	0.00	0	0.0	kg	0.00	0	0.0
2	二、三级钢筋	kg	75.00	4.02	301.5	kg	70.43	4.02	283.1
3	混凝土	m³	0.90	538	484.2	m³	0.78	538	421.7
4	保温层：挤塑聚苯乙烯泡沫塑料（XPS）	m³	0.10	550	55.0	m³	0.22	550	118.9
二	辅材				80.0				80.0
5	表面缓凝剂等	m³	1.00	80	80.0	m³	1.00	80	80.0
三	人工费				500.0				500.0
6	制作人工费	m³	1.00	500	500.0	m³	1.00	500	500.0
四	其他费用				898.0				898.0
7	蒸养费	m³	1.00	60	60.0	m³	1.00	60	60.0
8	包装、运输费	m³	1.00	220	220.0	m³	1.00	220	220.0
9	成品保护费	m³	1.00	168	168.0	m³	1.00	168	168.0
10	模具费	项	1.00	350	350.0	项	1.00	350	350.0
11	其他费用	m³	1.00	100	100.0	m³	1.00	100	100.0
五	管理费		(8.00%)		185.5		(8.00%)		184.1
六	利润		(6.00%)		150.3		(6.00%)		149.2
	不含税合计	元			2654	元			2635

表 3.2-42 PC 剪力墙（无保温）单价分析

序号	构成项	模拟定标综合单价				转固综合单价			
		计量单位	每 m³ 用量	单价/元	小计/(元/m³)	计量单位	每 m³ 用量	单价/元	小计/(元/m³)
一	主材				839.5				904.7

(续)

序号	构成项	模拟定标综合单价				转固综合单价			
		计量单位	每m³用量	单价/元	小计/(元/m³)	计量单位	每m³用量	单价/元	小计/(元/m³)
1	一级钢筋	kg	0.00	0	0.0	kg	0.00	0	0.0
2	二、三级钢筋	kg	75.00	4.02	301.5	kg	91.22	4.02	366.7
3	混凝土 C30	m³	1.00	538	538.0	m³	1.00	538	538.0
二	辅材				80.0				80.0
4	表面缓凝剂等	m³	1.00	80	80.0	m³	1.00	80	80.0
三	人工费				500.0				500.0
5	制作人工费	m³	1.00	500	500.0	m³	1.00	500	500.0
四	其他费用				902.0				902.0
6	蒸养费	m³	1.00	60	60.0	m³	1.00	60	60.0
7	包装、运输费	m³	1.00	220	220.0	m³	1.00	220	220.0
8	成品保护费	m³	1.00	172	172.0	m³	1.00	172	172.0
9	模具费	项	1.00	350	350.0	项	1.00	350	350.0
10	其他费用	m³	1.00	100	100.0	m³	1.00	100	100.0
五	管理费		(8.00%)		185.7		(8.00%)		190.9
六	利润		(6.00%)		150.4		(6.00%)		154.7
	不含税合计	元			2658	元			2732

表 3.2-43　PC 装饰柱单价分析

序号	构成项	模拟定标综合单价				转固综合单价			
		计量单位	每m³用量	单价/元	小计/(元/m³)	计量单位	每m³用量	单价/元	小计/(元/m³)
一	主材				859.6				860.4
1	一级钢筋	kg	0.00	0	0.0	kg	0.00	0	0.0
2	二、三级钢筋	kg	80.00	4.02	321.6	kg	80.20	4.02	322.4
3	混凝土（C30）	m³	1.00	538	538.0	m³	1.00	538	538.0
二	辅材				80.0				80.0
4	表面缓凝剂等	m³	1.00	80	80.0	m³	1.00	80	80.0
三	人工费				500.0				500.0
5	制作人工费	m³	1.00	500	500.0	m³	1.00	500	500.0
四	其他费用				870.0				870.0
6	蒸养费	m³	1.00	60	60.0	m³	1.00	60	60.0
7	包装、运输费	m³	1.00	220	220.0	m³	1.00	220	220.0
8	成品保护费	m³	1.00	170	170.0	m³	1.00	170	170.0

(续)

序号	构成项	模拟定标综合单价				转固综合单价			
		计量单位	每m³用量	单价/元	小计/(元/m³)	计量单位	每m³用量	单价/元	小计/(元/m³)
9	模具费	项	1.00	320	320.0	项	1.00	320	320.0
10	其他费用	m³	1.00	100	100.0	m³	1.00	100	100.0
五	管理费		(8.00%)		184.8		(8.00%)		184.8
六	利润		(6.00%)		149.7		(6.00%)		149.7
	不含税合计	元			2644	元			2645

表 3.2-44 PC 凸窗单价分析

序号	构成项	模拟定标综合单价				转固综合单价			
		计量单位	每m³用量	单价/元	小计/(元/m³)	计量单位	每m³用量	单价/元	小计/(元/m³)
一	主材				819.4				828.2
1	一级钢筋	kg	0.00	0	0.0	kg	0.00	0	0.0
2	二、三级钢筋	kg	70.00	4.02	281.4	kg	72.00	4.02	289.4
3	混凝土	m³	1.00	538	538.0	m³	0.93	538	502.6
4	保温层：挤塑聚苯乙烯泡沫塑料（XPS）	m³	0.00	550	0.0	m³	0.07	550	36.2
二	辅材				80.0				80.0
5	表面缓凝剂等	m³	1.00	80	80.0	m³	1.00	80	80.0
三	人工费				500.0				500.0
6	制作人工费	m³	1.00	500	500.0	m³	1.00	500	500.0
四	其他费用				1090.0				1090.0
7	蒸养费	m³	1.00	60	60.0	m³	1.00	60	60.0
8	包装、运输费	m³	1.00	220	220.0	m³	1.00	220	220.0
9	成品保护费	m³	1.00	160	160.0	m³	1.00	160	160.0
10	模具费	项	1.00	550	550.0	项	1.00	550	550.0
11	其他费用	项	1.00	100	100.0	项	1.00	100	100.0
五	管理费		(8.00%)		199.2		(8.00%)		199.9
六	利润		(6.00%)		161.3		(6.00%)		161.9
	不含税合计	元			2850	元			2860

表 3.2-45 PC 叠合楼板单价分析

序号	构成项	模拟定标综合单价				转固综合单价			
		计量单位	每m³用量	单价/元	小计/(元/m³)	计量单位	每m³用量	单价/元	小计/(元/m³)
一	主材				1221.4				1175.6
1	一级钢筋	kg	0.00	0	0.0	kg	0.00	0	0.0

(续)

序号	构成项	模拟定标综合单价				转固综合单价			
		计量单位	每m³用量	单价/元	小计/(元/m³)	计量单位	每m³用量	单价/元	小计/(元/m³)
2	二、三级钢筋	kg	170.00	4.02	683.4	kg	158.60	4.02	637.6
3	混凝土	m³	1.00	538	538.0	m³	1.00	538	538.0
二	辅材				80.0				80.0
4	表面缓凝剂等	m³	1.00	80	80.0	m³	1.00	80	80.0
三	人工费				500.0				500.0
5	制作人工费	m³	1.00	500	500.0	m³	1.00	500	500.0
四	其他费用				562.0				562.0
6	蒸养费	m³	1.00	40	40.0	m³	1.00	40	40.0
7	包装、运输费	m³	1.00	200	200.0	m³	1.00	200	200.0
8	成品保护费	m³	1.00	10	10.0	m³	1.00	10	10.0
9	模具费	项	1.00	250	250.0	项	1.00	250	250.0
10	其他费用	项	1.00	62	62.0	项	1.00	62	62.0
五	管理费		(8.00%)		189.1		(8.00%)		185.4
六	利润		(6.00%)		153.1		(6.00%)		150.2
	不含税合计	元			2706	元			2653

表 3.2-46 PC 空调板单价分析

序号	构成项	模拟定标综合单价				转固综合单价			
		计量单位	每m³用量	单价/元	小计/(元/m³)	计量单位	每m³用量	单价/元	小计/(元/m³)
一	主材				980.2				1134.0
1	一级钢筋	kg	0.00	0	0.0	kg	0.00	0	0.0
2	二、三级钢筋	kg	110.00	4.02	442.2	kg	148.25	4.02	596.0
3	混凝土	m³	1.00	538	538.0	m³	1.00	538	538.0
二	辅材				0.0				0.0
4	表面缓凝剂等	m³	1.00	0	0.0	m³	1.00	0	0.0
三	人工费				550.0				550.0
5	制作人工费	m³	1.00	550	550.0	m³	1.00	550	550.0
四	其他费用				870.0				870.0
6	蒸养费	m³	1.00	60	60.0	m³	1.00	60	60.0
7	包装、运输费	m³	1.00	200	200.0	m³	1.00	200	200.0
8	成品保护费	m³	1.00	30	30.0	m³	1.00	30	30.0
9	模具费	项	1.00	550	550.0	项	1.00	550	550.0

(续)

序号	构成项	模拟定标综合单价				转固综合单价			
		计量单位	每 m³ 用量	单价/元	小计/(元/m³)	计量单位	每 m³ 用量	单价/元	小计/(元/m³)
10	其他费用	项	1.00	30	30.0	项	1.00	30	30.0
五	管理费		(8.00%)		192.0		(8.00%)		204.3
六	利润		(6.00%)		155.5		(6.00%)		165.5
	不含税合计	元			2748	元			2924

表 3.2-47 PC 楼梯单价分析

序号	构成项	模拟定标综合单价				转固综合单价			
		计量单位	每 m³ 用量	单价/元	小计/(元/m³)	计量单位	每 m³ 用量	单价/元	小计/(元/m³)
一	主材				1201.3				1021.9
1	一级钢筋	kg	0.00	0	0.0	kg	0.00	0	0.0
2	二、三级钢筋	kg	165.00	4.02	663.3	kg	120.37	4.02	483.9
3	混凝土	m³	1.00	538	538.0	m³	1.00	538	538.0
二	辅材				0.0				0.0
4	表面缓凝剂等	m³	1.00	0	0.0	m³	1.00	0	0.0
三	人工费				500.0				500.0
5	制作人工费	m³	1.00	500	500.0	m³	1.00	500	500.0
四	其他费用				658.0				658.0
6	蒸养费	m³	1.00	60	60.0	m³	1.00	60	60.0
7	包装、运输费	m³	1.00	200	200.0	m³	1.00	200	200.0
8	成品保护费	m³	1.00	28	28.0	m³	1.00	28	28.0
9	模具费	项	1.00	340	340.0	项	1.00	340	340.0
10	其他费用	项	1.00	30	30.0	项	1.00	30	30.0
五	管理费		(8.00%)		188.7		(8.00%)		174.4
六	利润		(6.00%)		152.9		(6.00%)		141.3
	不含税合计	元			2701	元			2496

表 3.2-48 PCF 板单价分析

序号	构成项	模拟定标综合单价				转固综合单价			
		计量单位	每 m³ 用量	单价/元	小计/(元/m³)	计量单位	每 m³ 用量	单价/元	小计/(元/m³)
一	主材				679.9				696.7
1	一级钢筋	kg	0.00	0	0.0	kg	0.00	0	0.0

(续)

序号	构成项	模拟定标综合单价				转固综合单价			
		计量单位	每 m³ 用量	单价/元	小计/(元/m³)	计量单位	每 m³ 用量	单价/元	小计/(元/m³)
2	二、三级钢筋	kg	35.00	4.02	140.7	kg	38.05	4.02	152.9
3	混凝土	m³	0.90	538	484.2	m³	0.52	538	278.7
4	保温层：挤塑聚苯乙烯泡沫塑料（XPS）	m³	0.10	550	55.0	m³	0.48	550	265.1
二	辅材				0.0				0.0
5	表面缓凝剂等	m³	1.00	0	0.0	m³	1.00	0	0.0
三	人工费				500.0				500.0
6	制作人工费	m³	1.00	500	500.0	m³	1.00	500	500.0
四	其他费用				928.0				928.0
7	蒸养费	m³	1.00	60	60.0	m³	1.00	60	60.0
8	包装、运输费	m³	1.00	220	220.0	m³	1.00	220	220.0
9	成品保护费	m³	1.00	198	198.0	m³	1.00	198	198.0
10	模具费	项	1.00	350	350.0	项	1.00	350	350.0
11	其他费用	m³	1.00	100	100.0	m³	1.00	100	100.0
五	管理费		(8.00%)		168.6		(8.00%)		170.0
六	利润		(6.00%)		136.6		(6.00%)		137.7
	不含税合计	元			2413	元			2432

第4章
机电安装工程

本 章 提 要

本章主要介绍机电安装工程相关标段的招标过程,并对大量相关数据进行汇总分析。这些标段包括风、火、水、电等专业工程标段和发电机组、电梯、空调、电缆等设备材料的甲供标段。本书列举的案例是其中的7个标段。

【案例4.1】为高层住宅综合机电标段,列举的是江苏省某大型高层住宅项目实例。

【案例4.2】为高层住宅消防标段,列举的是江苏省某大型高层住宅项目实例。

【案例4.3】为高层住宅弱电标段,列举的是江苏省某大型高层住宅项目实例。

【案例4.4】为水乐园弱电标段,列举的是浙江省某文旅项目实例。该案例的特点是结合文旅项目的功能性特点来策划招标技术要求和合约界面。

【案例4.5】为燃气壁挂炉标段，列举的是北京地区别墅和花园洋房项目实例。

【案例4.6】为防火门标段，列举的是浙江省某大型综合体项目实例。该案例的特点是在第一次回标后发现投标报价普遍超控制价，因此组织了两次设计对标和配置优化。

【案例4.7】为中水工程标段，列举的是山东省某住宅小区项目实例。

【案例4.1】

高层住宅小区综合机电工程

1. 基本信息

(1) 工程概况（表4.1-1）

表4.1-1　工程概况

工程地点	江苏省某市
建设时间	2017—2019年
主要业态	高层住宅、商业建筑、地下车库
交付标准	毛坯
建筑面积	同【案例3.1】中的表3.1-2
层数/层高	住宅地上28~33层/2.9m
结构形式	剪力墙结构

(2) 标段概况（表4.1-2）

表4.1-2　标段概况

目标成本	见表4.1-4
工期要求	2017年6月1日开工，完工时间按项目总包工期节点要求
定标时间	2017年8月
招标方式	邀请招标
定价方式	除地下车库和变电站等配套建筑因暂无图纸原因为暂定数量外，其他均为基于图纸、工程范围及技术要求的总价包干，无价格调差
招标范围	综合机电，有甲供材，见表4.1-5
标段划分	不分标段

(3) 目标成本明细（表4.1-3）

表4.1-3　目标成本明细

序	成本科目	对应面积/m²	目标成本/元	单方指标/(元/m²)
1	高层地下室		1 080 000	127
1.1	给水排水工程	8 488	250 000	29
1.2	电气工程		830 000	98
2	高层主楼		15 500 000	112
2.1	给水排水工程		3 990 000	29
2.2	电气工程	138 306	10 820 000	78
2.3	通风、空调工程		690 000	5

(续)

序	成本科目	对应面积/m²	目标成本/元	单方指标/(元/m²)
3	商业建筑	11 012	2 050 000	186
3.1	给水排水工程		330 000	30
3.2	电气工程		1 290 000	117
3.3	通风、空调工程		430 000	39
4	公共配套	601	90 000	150
4.1	机电工程		90 000	150
5	地下车库	24 910	7 570 000	304
5.1	给水排水工程		1 290 000	52
5.2	电气工程		3 610 000	145
5.3	暖通工程		2 680 000	108
合计		183 317	26 290 000	143

（说明：上述金额已扣除甲供材 1 000 000 元。）

2. 招标过程

（1）编制招标计划

按项目进度安排，综合机电承包商需要在 5 月底进场施工，预计招标时间 43 天。招标计划见表 4.1-4。

表 4.1-4 招标计划

序号	工作清单	计划完成时间	参与部门
1	招标启动会	2017-4-18	招采部、成本部、工程部
2	投标单位审批	2017-4-20	招采部
3	招标文件审批	2017-4-25	招采部
4	发标	2017-4-28	招采部
5	现场答疑、标前辅导	2017-4-30	招采部、工程部
6	答疑回复	2017-5-2	招采部、工程部
7	第一轮回标、开标	2017-5-5	招采部、成本部、财务部
8	第一轮议标会议	2017-5-9	招采部、工程部
9	定标前约谈	2017-5-20	招采部、工程部
10	编制评标报告	2017-5-22	招采部
11	中标单位审批	2017-5-24	招采部
12	发出《中标通知书》	2017-5-26	招采部

(2) 确定招标范围和界面

1) 招标范围,见表 4.1-5。

表 4.1-5 本标段招标范围一览表

分项工程		工程范围	甲供材	备注
给水排水	表前给水	包括单体建筑内室外阀门井至水表前的给水工程,包含住户水表、表前阀、减压阀的安装	无	无
	表后给水排水	包括单体建筑内水表以后给水排水工程,住户套内所有冷热水管道施工到位,排水接至室外第一个排水井	无	包含太阳能水管、阀门等
电气	表前强电	无	无	无
	表后强电	包括住户电表箱以后的配电、动力、照明、防雷接地等,不包括装修区域灯具开关插座的供应及安装	住户配电箱、多媒体信息箱、开关、插座、普通荧光灯	包含太阳电气预埋
	弱电预埋	弱电工程暗配保护管、接线盒、套管等预留预埋	无	无
	消防预埋	消防工程暗配保护管、接线盒、套管等预留预埋	无	无
暖通	通风防排烟	包括正压送风、防排烟、机房空调等暖通工程全部工作内容	无	无
	采暖	无	无	无

具体包含内容如下:

①强电工程:深化设计、供应及安装全部强电工程,包括各建筑单体内照明、动力、防雷接地工程,太阳能电气施工到位、控制管预埋到位;包括与电力公司联系、协调、配合。

②给水排水工程:深化设计、供应及安装全部给水排水工程,包括各建筑单体内给水、污废水、雨水、冷凝水工程。给水管施工至最远端卫生间和厨房并供应安装洗手盆及坐便器;排水管施工到位;太阳能系统冷热水管施工到位;包括与自来水公司的联系、协调、配合;地库战时水箱施工到位。

③弱电工程预埋:各建筑单体内对讲、门禁、视频监控、有线电视、通信网络等弱电保护管、接线盒、套管预埋;弱电点位配置;多媒体信息箱安装。

④消防工程预埋:各建筑单体内火灾报警系统、防火门监控系统、电气火灾监控系统的保护管、接线盒、套管预埋。

⑤暖通工程:深化设计、供应安装全部暖通工程,包括各建筑单体内正压送风、防排烟、通风工程及各建筑单体电梯机房内的分体空调供应安装。

2) 合约界面,见表 4.1-6。

表 4.1-6　合约界面一览

关联施工内容		综合机电分包单位施工内容	关联单位施工内容
土建工程		①建筑单体内因正常工序和工程变更导致一次结构及二次结构后开孔洞、后开沟槽 ②建筑单体内因施工质量导致一次结构及二次结构后开孔洞、后开沟槽施工结束后的所有土建修复	①建筑单体内因正常工序和工程变更导致一次结构及二次结构后开孔洞、后开沟槽施工结束后的土建修复 ②建筑单体内一次结构预留孔洞施工结束后的二次浇筑 ③穿外墙防水套管施工过程中套管内部临时封堵及拆除 ④空调、排气扇、燃气热水器穿建筑单体外墙套管及内装饰圈 ⑤建筑单体内综合机电分包工程设备土建基础、构件预埋及二次灌浆、电缆沟、建筑单体排水明沟、集水井、排水沟、屋面过水孔、成品烟道及烟道止回阀等
电力配套（公变⊖）	设备电缆（住宅套内）	无	①小区红线外上级电源点至住户电表箱之间的电气设备、电缆 ②住户电表箱供应 ③电表箱内电表供应安装
电力配套（公变⊖）	设备电缆（公共区域）	①公变电缆分支箱（不含分支箱）至住宅公共区域、配套用房（详列名称）公共计量总箱之间的电气设备、电缆 ②住宅公共区域、配套用房（详列名称）公共计量总箱供应安装 ③公变变电所内分体空调、除湿机	①小区红线外上级电源点至公变电缆分支箱之间的电气设备、电缆 ②公变电缆分支箱供应安装 ③住宅公共区域、配套用房公共计量总箱内电表供应安装
电力配套（公变⊖）	电缆通道	①建筑单体内电力配套工程公变系统所需的电缆桥架、电缆线槽、一次结构及二次结构以外的明配电气导管供应安装 ②建筑单体内电力配套工程公变系统所需的一次结构套管预埋、电缆桥架等穿一次结构孔洞预留、一次结构及二次结构电气导管预埋、电气设备暗装时孔洞预留，其中外墙防水套管出墙至室外第一口井 ③建筑单体内电力配套工程公变系统施工结束后的防水防火封堵	①建筑单体外电力配套工程公变系统所需的电缆排管及设备土建基础，电缆排管接驳至建筑单体外墙防水套管 ②建筑单体内电力配套工程公变系统的电缆桥架等穿二次结构后开孔洞
电力配套（专变⊜）	设备电缆	①专变侧低压馈线柜至商业配电总箱之间的电气设备、电缆 ②商业公共配电总箱供应安装	①小区红线外上级电源点至专变侧高压进线柜之间的电气设备、电缆 ②专变变电所内高压进线柜、变压器及变压器柜、联络母线、低压馈线柜及相关的控制屏等供应安装 ③专变变电所内分体空调、除湿机

⊖ 公用变压器的简称，本书余同。
⊜ 专用变压器的简称，本书余同。

(续)

关联施工内容		综合机电分包单位施工内容	关联单位施工内容
电力配套（专变）	电缆通道	①专变侧低压馈线柜至住宅公共区域、配套用房（详列名称）公共配电总箱之间室外电缆排管及室外设备土建基础 ②建筑单体内电力配套工程专变系统所需的电缆桥架、电缆线槽、一次结构及二次结构以外的明配电气导管，专变变电所内除外 ③建筑单体内电力配套工程专变系统所需的一次结构套管预埋、电缆桥架等穿一次结构孔洞预留，一次结构及二次结构电气导管预埋、电气设备暗装时孔洞预留，其中建筑单体外墙防水套管出墙至第一口井 ④建筑单体内电力配套工程专变系统施工结束后的防水防火封堵	①开关站至专变侧高压进线柜之间的室外电缆排管及设备土建基础，电缆排管接驳至建筑单体外墙防水套管 ②专变变电所内电缆桥架、电缆线槽、一次结构及二次结构以外的明配电气导管 ③建筑单体内电力配套工程专变系统所需的电缆桥架等穿二次结构后开孔洞
综合机电	强电系统（住宅套内）	①住户电表箱以后的强电系统 ②其他专业分包工程配电及控制系统综合机电分包单位施工内容见综合机电分包单位与专业分包单位界面划分	无
	强电系统（公共区域）	①住宅公共区域、配套用房公共计量总箱或公共配电总箱以后的强电系统 ②其他专业分包工程配电及控制系统综合机电分包单位施工内容见综合机电分包单位与专业分包单位界面划分	无
	防雷接地	①建筑单体内外部防雷接地系统 ②综合机电分包工程安装的设备材料接地 ③按当地防雷办要求为电力公司供应的电表箱、计量总箱配置浪涌保护器 ④建筑单体内总承包及其他专业分包工程所需的等电位箱、沿墙明敷接地扁钢、专用接地点	①建筑单体内总承包及其他专业分包工程接驳自综合机电分包工程提供的等电位箱、沿墙明敷接地扁钢、专用接地点接驳 ②总承包及其他专业分包工程防雷措施及室外设备材料接地系统
给水配套	市政供水	无	①小区红线外市政总阀门以后的市政供水管道接驳至建筑单体外阀门井（含阀门及井）、配套用房（详列名称）市政生活水表井（含水表及井） ②建筑单体外阀门井以后的市政供水管道接驳至住户生活水表、配套用房（详列名称）生活水表 ③住户生活水表、配套用房（详列名称）生活水表供应安装 ④住户生活水表、配套用房（详列名称）生活水表暗装时水表箱供应

(续)

关联施工内容		综合机电分包单位施工内容	关联单位施工内容
给水配套	二次供水	无	①小区红线外市政总阀门以后的市政供水管道接驳至建筑单体外阀门井(含阀门及井) ②建筑单体外阀门井以后的市政供水管道接驳至生活泵房内二次供水设备 ③生活泵房内二次供水设备供应安装 ④生活泵房内二次供水设备以后的二次供水管道接驳至住户生活水表、屋顶消防水箱水表 ⑤住户生活水表、屋顶消防水箱水表供应安装 ⑥住户生活水表、屋顶消防水箱水表暗装时水表箱供应
	强电电源	提供电源进线并接驳至生活泵房双电源箱(含双电源箱)	①生活泵房二次供水系统电源自生活泵房双电源箱接驳 ②其他二次供水系统电源自综合机电分包工程提供的配电箱或插座接驳
	预留预埋	①建筑单体内给水配套工程所需的一次结构套管预埋,给水立管穿楼板孔洞预留,一次结构及二次结构给水设备暗装时孔洞预留 ②建筑单体内给水配套工程水表远传系统所需的一次结构及二次结构电气导管预埋,其中建筑单体外墙防水套管出墙至室外第一口井 ③建筑单体内给水配套工程施工结束后的防水防火封堵以及按验收要求进行相应的标识、喷识、挂牌	①建筑单体内给水配套工程给水立管穿楼板套管供应安装 ②建筑单体内给水配套工程所需的给水管道等穿二次结构后开孔洞 ③水表远传信号采集系统设备、线缆、一次结构及二次结构以外的明配电气导管供应安装
综合机电	给水系统(住宅套内)	①住户生活水表以后的给水管道接驳至进户,入户后按图纸给卫生洁具根据当地要求安装洗手盆及座便器一只,给水管入户后按图纸给水支管走向引入卫生间和厨房,卫生间、厨房支管预留接口并封堵,每户住宅套内远端卫生间支管接驳洗手盆笼头及座便器达使用功能,其他给水支管不安装,但预留套管 ②排水系统按图纸施工	无
	给水系统(公共区域)	①配套用房(详列名称)市政生活水表以后的给水系统 ②配套用房(详列名称)市政生活水表以后的给水管道接驳至第一个用水点并安装水龙头,其他给水管道及穿墙、穿梁、穿楼板套管取消	无

(续)

关联施工内容		综合机电分包单位施工内容	关联单位施工内容
综合机电	排水系统（住宅套内）	①住宅套内雨水和空调冷凝水系统；雨水立管、空调冷凝水立管接驳至室外排水明沟（不含排水明沟） ②住宅套内污废水和压力排水系统按图施工，污废水立管、压力排水管接驳至室外第一个排水井（不含排水井）	无
	排水系统（公共区域）	①建筑单体雨水和空调冷凝水系统；雨水立管、空调冷凝水立管接驳至室外排水明沟（不含排水明沟） ②建筑单体污废水和压力排水系统，其中配套用房（详列名称）内的马桶、台盆、浴缸、水槽等不安装，仅预留排水支管出地坪；污废水立管、压力排水管接驳至室外第一个排水井（不含排水井）	无
	暖通（住宅套内）	采用太阳能系统，但其预留洞和过梁、过墙套管以及封堵均由综合机电负责	户内空调系统预留洞及燃气强排套管、内外装饰盖
	暖通系统（公共区域）	消防排烟系统、正压送风系统、通风系统包括风机与风阀联动控制系统	无
	暖通（人防区域）	①战时进排风机、风管、阀门、空调、除尘、滤毒等防护通风设备 ②柴油发电机组排烟管安装到发电机组上方，排风导风管安装到机组排风端	无
弱电配套	电缆通道	建筑单体内弱电配套工程所需的一次结构套管预埋，电缆桥架等穿一次结构孔洞预留、一次结构及二次结构电气导管预埋、电气设备暗装时孔洞预留，其中建筑单体外墙防水套管出墙至室外第一口井	建筑单体外弱电配套工程所需的电缆排管及设备土建基础
	强电电源	提供电源进线并接驳至弱电配套工程有线电视系统分线箱（不含分线箱）	①弱电配套工程有线电视系统分线箱供应安装 ②弱电配套工程其他弱电系统电源自综合机电分包工程提供的配电箱或插座接驳
弱电	弱电系统（住宅套内）	住户多媒体信息箱供应安装，信息箱内设备包括光纤盘线架、220V电源模块	住户多媒体箱以后的电话、网络、有线电视线缆供应安装
	弱电系统（公共区域）	配套用房多媒体信息箱供应安装，信息箱内设备包括光纤盘线架、220V电源模块	配套用房（详列名称）多媒体箱以后的电话、网络、有线电视线缆供应安装

(续)

关联施工内容		综合机电分包单位施工内容	关联单位施工内容
弱电	电缆通道	建筑单体内弱电分包工程所需的一次结构套管预埋，电缆桥架等穿一次结构孔洞预留，一次结构及二次结构电气导管预埋、电气设备暗装时孔洞预留，其中建筑单体外墙防水套管室外第一口井，住宅套内仅客厅、主卧预留电话、网络、有线电视点位，其他电话、网络、有线电视点位不安装	①建筑单体内弱电分包工程所需的电缆桥架、电缆线槽、一次结构及二次结构以外的明配电气导管 建筑单体外弱电分包工程所需的电缆排管及设备土建基础 ②弱电分包工程深化设计阶段为满足技防办评审和验收要求增加的暗配电气导管所需的一次结构及二次结构后开沟槽 ③弱电分包工程施工结束后的防水防火封堵
	强电电源	①提供电源进线并接驳至住户多媒体信息箱、配套用房（详列名称）多媒体信息箱 ②提供电源进线并接驳至安保机房双电源箱（含双电源箱）	①安保机房内弱电系统电源自安保机房双电源箱接驳 ②其他弱电系统电源自综合机电分包工程提供的配电箱或插座接驳
消防	电缆通道（消防电气）	建筑单体内消防电气系统所需的一次结构套管预埋，电缆桥架等穿一次结构孔洞预留，一次结构及二次结构电气导管预埋、电气设备暗装时孔洞预留，其中包括建筑单体外墙第一口井	①建筑单体内消防电气系统所需的电缆桥架、电缆线槽、一次结构及二次结构以外的明配电气导管 ②建筑单体外消防电气系统所需的电缆排管及设备土建基础 ③消防电气系统施工结束后的防水防火封堵
	预留预埋（消防水及气体灭火）	建筑单体内消防水及气体灭火系统所需的一次结构套管预埋（除消防立管穿楼板外），消防立管穿楼板孔洞预留，一次结构及二次结构消防设备暗装时孔洞预留	①建筑单体内消防水系统消防立管穿楼板套管供应安装 ②建筑单体外消防水及气体灭火系统所需的电缆排管及设备土建基础 ③屋顶消防水箱水表暗装时水表箱安装 ④消防水及气体灭火系统施工结束后的防水防火封堵
	消防联动	提供消防分包工程所需的消防信号干触点	消防分包工程自综合机电分包工程提供的消防信号干触点接驳
	强电电源	①提供电源进线并接驳至消控中心双电源箱（含双电源箱） ②提供电源进线并接驳至消防泵房双电源箱（含双电源箱）	①消控中心内消防系统电源自消控中心双电源箱接驳 ②消防泵房内消防系统电源自消防泵房双电源箱接驳 ③其他消防系统电源自综合机电分包工程提供的配电箱或插座接驳

(续)

关联施工内容	综合机电分包单位施工内容	关联单位施工内容
燃气配套	①建筑单体内燃气配套工程所需的一次结构套管预埋（除燃气立管穿楼板外），燃气立管穿楼板孔洞预留，一次结构及二次结构燃气设备暗装时孔洞预留 ②建筑单体内燃气配套工程燃气表远传系统所需的一次结构及二次结构电气导管预埋，其中建筑单体外墙防水套管出墙至室外第一口井 ③建筑单体内燃气配套工程所需的防水防火封堵	①燃气配套工程 ②燃气配套工程燃气立管穿楼板所需的套管供应安装 ③燃气表远传信号采集系统设备、线缆、一次结构及二次结构以外的明配电气导管供应安装
电梯	①提供电源进线并接驳至电梯双电源箱或配电箱（含双电源箱或配电箱） ②电梯机房照明、插座配电系统 ③电梯机房分体空调供应、安装 ④安装时间必须在电梯验收前完成材料供应、安装	①电梯双电源箱或配电箱（不含双电源箱或配电箱）以后的配电及控制系统 ②电梯井道照明、插座配电系统
公区装修	①建筑单体内公共区域装修[包括首层单元大堂、标准层公共走道、电梯前室（详列装修区域名称）]照明、插座配电系统预留电源进线接驳至灯具、开关、插座位置（按装修机电点位要求） ②建筑单体内公共区域装修[包括首层单元大堂、标准层公共走道、电梯前室（详列装修区域名称）]的消防疏散指示灯具供应安装	①建筑单体内公共区域装修[包括首层单元大堂、标准层公共走道、电梯前室（详列装修区域名称）]灯具、开关、插座所需的饰面留洞 ②建筑单体内公共区域装修[包括首层单元大堂、标准层公共走道、电梯前室（详列装修区域名称）]除消防疏散指示灯具以外的灯具、开关、插座供应安装
外立面门窗	综合机电分包工程风管与幕墙通风口及百叶窗，包括屋面设备机房外侧铝百叶、铝合金装饰隔栅接驳	幕墙通风口及百叶窗，包括屋面设备机房外侧铝百叶、铝合金装饰隔栅（含防虫网及防雨罩）
幕墙石材	综合机电分包工程管道等穿石材、幕墙墙面时的定位	综合机电分包工程管道等穿石材、幕墙墙面时孔洞预留及综合机电分包工程施工以后的防水处理
保温涂料	外墙雨水立管、冷凝水立管	外墙雨水立管、冷凝水立管着色
园林景观	①为园林景观照明系统提供电源接驳点 ②景观绿化区域电缆井、电缆沟、阀门井、排水井及重力盖板，电缆井、电缆沟、阀门井、排水井施工至指定标高	①园林景观照明系统自建筑单体内电源接驳点接驳 ②景观绿化区域电缆井、电缆沟、阀门井、排水井调整至景观绿化标高 ③景观绿化区域电缆井、电缆沟、阀门井、排水井的种植井盖 ④硬质铺装区域综合机电分包工程设备土建基础

(续)

关联施工内容		综合机电分包单位施工内容	关联单位施工内容
室外总体	室外雨污水管网	建筑单体的污废水立管、压力排水管道接驳至室外第一个排水井	①雨水回收系统电源自建筑单体内电源接驳点接驳 ②室外第一个排水井（含排水井）接驳至室外污废水管网 ③排水井预留口、收口、封堵、防水处理等
	沥青道路	沥青道路区域电缆井、电缆沟、阀门井、排水井及重力盖板，电缆井、电缆沟、阀门井、排水井施工至指定标高	①沥青道路区域电缆井、电缆沟、阀门井、排水井调整至沥青道路标高 ②沥青道路区域电缆井、电缆沟、阀门井、排水井的装饰盖板
太阳能	强电系统	①提供电源进线并接驳至太阳能控制器 ②太阳能控制器以后的配电及控制系统所需的一次结构及二次结构电气导管预埋	①太阳能热水器及住户容积式交换器的供应安装 ②太阳能控制器以后的配电及控制系统所需的线缆供应安装
	给水系统	热水增压泵（附件）、进出承压水箱冷、热水管道、保温、阀门等的供应、安装、接驳	详见太阳能工作界面及示意图
机械停车		提供电源进线并接驳至机械停车双电源箱（含双电源箱）	机械停车双电源箱以后的配电系统及机械停车位供应安装
外遮阳		①提供电源进线并接驳至外遮阳电动窗帘控制面板或电机 ②外遮阳分包工程所需的一次结构及二次结构电气导管预埋（按外遮阳机电点位要求）	外遮阳配电及控制系统所需的电机、控制面板及线缆
防火卷帘挡烟垂壁防火门		提供电源进线并接驳至防火卷帘控制箱（不含控制箱）、挡烟垂壁（不含控制箱）、常开防火门	①防火卷帘控制箱（含控制箱）以后的配电及控制系统 ②挡烟垂壁控制箱（含控制箱）以后的配电及控制系统 ③防火卷帘、挡烟垂壁、常开防火门供应安装

（3）确定投标单位

本标段投标单位直接从集团供方库中筛选有集团内综合机电工程业绩、履约合格的供应商进行投标，共7家。投标单位数量符合集团招标制度要求，具体见表4.1-7。

表 4.1-7 投标单位名单

序号	投标单位	集团内综合机电工程业绩	来源
1	A	昆山一期、上海奉贤项目、无锡住宅、南通一期	供方库
2	B	常州住宅、南通一期总包	供方库

(续)

序号	投标单位	集团内综合机电工程业绩	来源
3	C	南京酒店、徐州住宅	供方库
4	D	扬州一期	供方库
5	E	苏州住宅	供方库
6	F	南通二期、苏州商业	供方库
7	G	南京住宅、昆山商业	供方库

(4) 编制招标文件

在招标文件中，有以下4项内容需要约定清晰：

1）关于甲供材料的范围和结算方式。

①甲供材料的范围：包括住宅楼的住户配电箱（不含配套用房内配电箱）；各楼栋其他不带消防应急功能的吸顶灯、荧光灯及所有的开关、插座。居民电表箱、电磁式远传水表、分支箱、电力部门提供的桥架等。

②甲供材料的结算方式：所有甲供材料的卸货、保管、安装损耗、成品保护等费用计入相应材料的安装单价内。所有甲供材料由综合机电单位统计领取，甲供材料超领部分（按竣工图纸计算）将在超领数量的基础上增加20%后按市场价格（我公司采购价格）在结算时予以扣回。

2）关于深化设计的责任和工作内容。

①机电投标单位应解决招标图纸的错漏碰缺问题，并保证深化图纸以满足建筑、机电、人防、消防、弱电、市政配套和装饰等专业分包的设计、施工和验收的配合要求；对图纸设计未完善部分，应由投标单位按相关规范要求补充完善报发包方、设计单位审批，并包含在合同价格内。

②深化图纸应根据工程工期、设计特点进行针对性深化设计。地下室部分在第一轮回标时同时提供综合管线深化图，具体参照招标文件附件《工程精细化手册做法要求以及管线综合排布指引与避让原则》；其余深化图在中标后15天内完成对本次招标的展开设计深化工作，配合图纸超前于结构施工，以便保证工程进度。

③综合机电单位需负责协调其他所有机电专业的图纸深化设计和施工，包括综合机电管线图绘制（含强电、给水排水、暖通、弱电、消防、各类市政配套等相关专业），并取得我公司及政府部门的有效认可，提供所需施工详图、安装技术说明、样本、竣工图等资料。

④本工程所有机电点位（包括但不限于灯具、开关插座等）在没有增减的情况下，因深化设计移位所产生的费用（包括但不限于开槽、接线盒、线管、线缆等），或现场协调、重新定位后管线走向变化引起的费用变更均包括在报价中，工程结算时不再予以调整，除已按原各方确定的位置施工并经报验合格情况外。

3）关于保修期的期限和责任。本标段承包商需提供36个月的免费保养及维修，从取得竣工备案证书时开始计算。在免费维修期内本承包商须免费提供所需的工作人员和材料，作一般性的定期维修保养，同时提供日夜二十四小时紧急维修服务电话。在收到紧急事故召唤时，分包单位须按正常工作时间及非工作时间分别于三小时及六小时之内到场进行抢修工作。具体按招标文件附件《保修协议》的内容执行。

4）关于对乙供设备、材料品牌的要求。投标单位必须在招标文件规定的范围内选择乙供材料的品牌，具体见表 4.1-8。

表 4.1-8　乙供设备、材料品牌范围

序号	设备及材料	投标单位可选择的品牌范围	产地
1	给水排水系统主要设备		
1.1	生活（消防）水泵、潜水泵	熊猫、连成、凯泉、山东双轮	国内产品
1.2	热镀锌钢管及管件	天津双街、浙江金洲、上海劳动钢管、天津友发、河北华岐	国内产品
1.3	PPR 给水管及管件	联塑、中财、伟星、亚通、金德、日丰、公元	国内产品
1.4	衬塑钢管及管件	上海德士、浙江金洲、上海昊力	国内产品
1.5	硬聚氯乙烯排水管及管件	亚通、中财、联塑、伟星、金德、日丰、公元、金牛	国内产品
1.6	离心浇注铸铁排水管	河北新兴、山西泫氏、山西华王、光大新兴、武汉超前	国内产品
1.7	通用阀门	上海冠龙、上海精工、艾维科、永享、瓦特斯、上海沪工	国内产品
1.8	橡塑保温	河北金威、奥利斯、华美	国内产品
2	暖通空调系统主要设备		
2.1	防排烟风机	浙江上虞、浙江上风、北京现代、浙江明新、浙江亿利达	国内产品
2.2	保温棉	河北金威、上海平板厂、无锡明江、华美、江苏赢胜	国内产品
2.3	橡塑保温（只适用于水管）	河北金威、奥利斯、华美、江苏赢胜、金豹	国内产品
3	强电系统主要设备		
3.1	电线电缆	上海电缆厂、上海南洋电缆厂、无锡远东、苏州 Draka、宝胜、北京电缆厂	国内产品
3.2	电线管	中山华捷、广州一通、志达、上海劳动钢管厂、浙江金洲	国内产品
3.3	金属接线盒及附件	湖南 HN、杭州鸿雁、中山华捷、湖南人允或等同	国内产品
3.4	PVC 管材	浙江中财、联塑、公元、杭州鸿雁或等同	国内产品
3.5	PVC 接线盒及附件	浙江中财、联塑、公元、杭州鸿雁或等同	国内产品
4	弱电系统主要设备		
4.1	电线电缆	上海电缆厂、上海南洋电缆厂、无锡远东、苏州 Draka、宝胜、北京电缆厂	国内产品
4.2	综合布线线缆及接插件	上海天诚、远东、南京普天	国内产品
4.3	安防线缆	上海天诚、远东、宝胜、南京普天、上海立新	国内产品

（续）

序号	设备及材料	投标单位可选择的品牌范围	产地
4.4	电线管	中山华捷、广州一通、志达、上海劳动钢管厂、浙江金洲	国内产品
4.5	金属接线盒及附件	湖南 HN、杭州鸿雁、中山华捷或等同	国内产品
4.6	PVC 管材、接线盒及附件	浙江中财、联塑、公元、杭州鸿雁或等同	国内产品

说明：消防相关材料和设备，还需获得当地消防部门的批准。

（5）标前辅导

在发标后回标前，招采部会同区域及项目工程部、设计院、造价顾问分别与全部投标单位进行标前辅导，就招标界面、技术要求、工程量清单数量等进行澄清，并对部分界面及技术要求进行调整。具体内容如下：

1）界面澄清和调整。例如挡烟垂壁不在招标范围内；地库中"电动车充电收费装置"只将电源送到该装置为止，此装置及回路出线不在招标范围内。图纸中显示为"战时明敷"的内容和 ZPF、ZSH、ZJF 等战时安装设备，相应此箱的进线及出线回路不在招标范围内。消防泵房内 PLP 配电箱、XFP 配电箱的箱体及配电箱到泵的电源回路在招标范围内。

2）重要事项强调。例如本项目抗震支架安装数量及方案由各单位根据图纸要求及技术规范自行深化确认，需满足后期当地主管部门验收要求，相关费用总价包干；承包商需配合和满足我公司及政府相关部门工程管理、检测及验收要求，尤其是"一房一验"、第三方质量检查等，相关费用已包含在本次报价范围中，承包商日后不得以任何因验收要求导致的整改、返工向我公司提出任何索赔；本次提供参考量清单，清单数量仅供参考，请根据招标文件及图纸计算数量（数量可自行修改），可在清单指定处增加所需子目，请检查各公式及链接。

3）招标图纸补充。补充提供人防图纸及变电站图纸；水泵房计量箱及计量箱前级电缆由供电局提供，待供电局表箱位置确定后再作统计。

（6）第一次回标

1）总价对比分析，见表 4.1-9。

表 4.1-9　总价对比分析

排名	投标单位	回标总价/元	与最低标比较		与目标成本比较	
			差额/元	差额比例	差额/元	差额比例
1	D	24 891 385	—	—	-1 374 782	-5%
2	G	24 899 691	8 143	接近0%	-1 366 639	-5%
3	C	25 348 449	448 102	2%	-926 680	-4%
4	A	26 424 182	1 502 742	6%	127 960	0%
5	F	30 019 274	5 027 342	21%	3 652 560	14%
6	E	30 676 401	5 671 584	23%	4 296 802	17%
7	B	38 339 628	13 184 552	54%	11 809 770	46%

①算术错误说明：本轮回标，各回标单位均无算术错误。

②淘汰说明：经过标前辅导，第一次回标各家单位对本次招标范围及图纸理解均较为准确，无明显偏离。其中，商务排名前四家的投标单位报价较为接近；而 B、E、F 三家单位，因报价清单中较多单价明显偏高，分别成为本轮的最高标、次高标、第三高标，总价较最低标分别高出 54%、23%、21%。根据集团议标淘汰原则，经书面申请确认，后续不再对上述三家投标单位安排询标及回标，也不再进行具体的商务分析。

2) 开办费对比分析。除 D 报价略偏低以外，另三家单位报价在合理范围内，见表 4.1-10。

表 4.1-10　开办费对比分析

序号	工程内容	开办费报价/元			
		D	G	C	A
1	临时设施	51 000	93 840	110 670	22 440
2	施工图深化设计	10 200	20 400	26 520	153 000
3	建立工程样板区	10 200	10 200	53 040	6 120
4	施工机具	10 200	20 400	8 160	30 600
5	安全及文明施工	20 400	15 300	10 200	16 320
6	恶劣天气及夜间施工	10 200	25 500	35 700	6 120
7	现场管理	10 200	66 300	32 640	5 100
8	施工水电费用	20 400	2 040	20 400	10 200
9	施工许可规费	5 100	10 200	6 120	1 020
10	设备材料二次搬运	5 100	15 300	18 360	8 160
11	甲供材料卸货	5 100	5 100	26 520	6 120
12	成品保护	5 100	20 400	20 400	7 140
13	履约保函及保险	5 100	10 200	0	2 040
14	设备材料检测试验	5 100	20 400	20 400	2 040
15	交叉作业施工配合	5 100	8 160	8 160	2 040
16	竣工备案及移交	10 200	30 600	10 200	2 040
17	备品备件	5 100	33 660	20 400	1 530
18	工程检测及验收	10 200	51 000	28 560	5 100
	开办费报价	204 000	459 000	456 450	287 130
	总报价	24 891 385	24 899 691	25 348 449	26 424 182
	开办费占总价比例	0.8%	1.8%	1.8%	1.1%

3) 工程量对比分析。除 E 外，其余六家单位的回标均按照清单参考量进行报价。E 工程量则按自行核算量计入，回标后，针对工作量偏差事宜，邀请咨询对清单参考量存在的偏差进行重新计量复核，经复核原参考量清单存有部分漏项，主要在高层通风风阀及风口、电气航空障碍灯、CO 探测器等，涉及总价 60 万元。

以上对于在第一次回标中各家存在的工作量偏差，拟在第一轮议标会中作重点澄清，并同时重新提供参考工程量清单。

4）主要综合单价对比分析。选取最低标高层住宅报价中总计 1705 万元（占回标总价 70%）所对应的清单项，对比各单位报价，以及与项目一期、二期合同综合单价进行对比，详见表 4.1-11。

表 4.1-11 综合单价对比

序	主要清单项	计量单位	综合单价/元				参考价/元	
			D	G	C	A	二期	一期
1	PPR 冷水管 DN25	m	27	23	16	34	16	17
2	PPR 冷水管 DN20	m	19	19	13	27	12	15
3	橡塑保温	m³	1 860	530	1 119	2 350	2 495	1 350
4	保护层（铝箔）	m²	25	6	18	15	6	6
5	潜水排污泵 80XWQ40-15-4.0	台	2 365	1 898	3 861	2 791	3 350	2 248
6	镀锌钢管 DN100	m	95	84	66	85	62	77
7	UPVC 管 DN100	m	50	41	33	52	33	35
8	UPVC 管 DN50	m	24	23	20	24	26	20
9	实壁螺旋消音排水立管 DN100	m	53	44	51	52	—	—
10	PEPT 管 DN20	m	23	17	43	27	—	—
11	地漏 DN50（连廊）	个	21	16	29	21	23	25
12	坐式大便器	组	320	217	323	200	255	277
13	洗脸盆	组	200	105	242	85	146	123
14	住户配电箱 PZ30（甲供）	台	168	127	125	131	104	122
15	屋顶消防风机自切控制箱	台	6 305	6 532	7 820	4 186	6 988	3 443
16	消防电梯电源自切箱 DTE	台	7 605	4 400	8 248	2 586	5 778	7 594
17	非标箱 ALE	台	5 505	2 872	7 783	2 931	—	8 022
18	电表箱（甲供）	台	305	190	152	131	127	140
19	疏散指示灯	个	63	54	55	70	82	41
20	出口指示灯	个	63	54	55	70	82	67
21	白炽灯头座（灯座含灯泡）	个	13	12	8	31	7	—
22	应急照明感应灯（带蓄电池）	个	103	175	157	140	127	
23	单控单极开关（甲供）	个	9	5.9	4.6	9.7	10.5	9.5
24	单相二极、三极组合插座（甲供）	个	12	8.4	6.5	12.7	11.1	9.9
25	开关盒、接线盒	个	7	4.7	4.3	7.9	—	—
26	WDZ-YJY-4×35+1×16	m	95	101	87	99	82	104
27	BTTWY-5×10	m	122	133	80	91	—	—

(续)

序	主要清单项	计量单位	综合单价/元				参考价/元	
			D	G	C	A	二期	一期
28	BTTWY-5×35	m	300	263	184	219	—	—
29	BTTWY-4×35+1×16	m	270	250	171	199	—	—
30	WDZN-YJY22-4×70	m	171	189	157	179	—	162
31	WDZN-YJY22-4×95	m	226	251	211	239	—	—
32	BV-2.5	m	2	2.2	1.9	2.5	1.9	2.1
33	BV-4	m	3	2.6	2.4	3.3	2.4	2.5
34	BV-10	m	6	5.7	5.3	6.5	5.3	5.7
35	BV-16	m	10	8.5	8.2	9.9	7.9	9
36	WDZR-BYJ2.5	m	3	2.5	2.1	2.9	1.9	2.2
37	金属电缆桥架 200×100	m	89	62	85	90	72	76
38	金属电缆桥架 300×150	m	130	92	100	111	99	84
39	焊接钢管 SC20	m	14	11	12	13	10	11
40	电线管 PC20	m	7	6.4	5.6	6.8	5	6.7
41	电线管 PC32	m	11	9.8	9.1	11.4	9.9	9.4
42	引下线利用柱内主钢筋	m	12	14	10	3	9	11
43	窗接地	处	30	27	24	17	20	—
44	40×4 热镀锌扁钢	m	21	18	16	25	12	14
45	LEB 箱	只	26	24	34	40	31	32
46	住户多媒体信息箱	只	285	269	159	100	165	204
47	镀锌钢板风管 1mm	m²	109	88	100	111	—	—
48	过滤吸收器 RFP-1000 型	台	38 676	25 720	32 872	30 370	—	—

以下摘取最低标和次低标单位的报价情况进行分析。

最低标 D：

①橡塑保温综合单价 1 860 元/m³，较市场价偏高。

②不同规格防紫外线 UPVC 管综合单价整体偏高，如 UPVC 管 DN150 综合单价 65 元/个、UPVC 管 DN50 综合单价 20 元/个。

③不同规格开关插座综合单价整体偏高，如单控单极开关综合单价 9 元/个，单相三极带开关插座 12 元/个。

④不同规格电线综合单价整体偏高，BTTWY-3×4 综合单价 63 元/m，BTTWY-5×35 综合单价 300 元/m。

⑤不同规格电线综合单价整体偏高，BV-2.5 综合单价 2 元/m，BV-10 综合单价 6 元/m，WDZR-NH-BV6 综合单价 5 元/m。

⑥PE—RT 管 DN20 综合单价 23 元/m，较市场价明显偏高，请审核并调整。

次低标 G：

①不同种类灯具综合单价整体偏高，如天棚灯综合单价 90 元/台，应急照明感应灯综合单价 175 元/台。

②不同规格电缆综合单价整体偏高，如 BTTWY-3×4 综合单价 68 元/m，BTTWY-5×35 综合单价 263 元/个，YJV22-3×150+1×95 综合单价 346 元/m。

③不同规格风口风阀综合单价整体偏高，如 70℃防火调节阀 1000×400 综合单价 1 633 元/个，70℃防火调节阀 300×300 FV 综合单价 867 元/个，多叶排烟口 GP 350×（1750+250）综合单价 3 240 元/个，单层百叶风口 AH800×400 综合单价 295 元/个。

④PE—RT 管 DN20 综合单价 17 元/m，较市场价偏高。

⑤不同规格配电箱综合单价整体明显偏高，如配电箱 ALGXL-1（改）综合单价均为 17 000 元/台，配电箱 APr1GXL-1（改）综合单价 16 190 元/台。

5）第一次议标小结。第一次议标的主要内容如下：

①明确户内弱电信息箱改为甲供。

②增加部分图纸：阳台雨水管及洗衣机点位变更、户内弱电点位变更、弱电点位深化图。

③再次明确普通荧光灯为甲供。

④工程量清单已做修正，随本次议标问卷提供修正版的工程量清单，供投标单位进行第二轮报价。由于配电站数量增加，补充相关工程量，共涉及总价 20 万元。

根据各投标单位的具体内容发出书面议标问卷，确定第二次回标时间和内容。

（7）第二次回标分析

1）总价分析。第二次回标后，四家单位的回标总价降幅均在 10%以上，且前三标的回标总价均在目标成本范围内，见表 4.1-12～表 4.1-14。本次招标相关技术问题已全部澄清，各子系统的造价指标基本正常，已具备定标条件。

表 4.1-12 总价对比分析

排名	投标单位	回标总价/元	与最低标比较		与目标成本比较	
			差额/元	差额比例	差额/元	差额比例
1	D	20 910 001	—	—	-5 379 999	-20%
2	C	21 436 126	526 125	3%	-4 853 874	-18%
3	A	23 817 000	2 906 999	14%	-2 473 000	-9%
4	G	27 356 747	6 446 746	31%	1 066 747	4%

表 4.1-13 两轮总价对比

序号	投标单位	第 2 轮		第 1 轮		两轮差异	
		回标总价/元	排名	回标总价/元	排名	金额/元	比例
1	D	20 910 001	1	24 891 385	1	-3 981 384	-16%
2	C	21 436 126	2	25 348 449	3	-3 912 323	-15%
3	A	23 817 000	3	26 424 182	4	-2 607 182	-10%
4	G	27 356 747	4	24 899 691	2	2 457 056	10%
5	F	第一轮淘汰	—	30 019 274	5	—	—

（续）

序号	投标单位	第2轮		第1轮		两轮差异	
		回标总价/元	排名	回标总价/元	排名	金额/元	比例
6	E	第一轮淘汰	—	30 676 401	6	—	—
7	B	第一轮淘汰	—	38 339 628	7	—	—

表 4.1-14 总价分析情况汇总

排名	投标单位	第二价总价调整情况	总体情况
1	D	①开办费下调10万元，经反馈该单位主要管理人员均在项目所在地，通过资源整合，可降低开办费支出，故分析其开办费报价基本合理 ②高层给水排水部分，根据议标问卷下调了橡塑保温、水管、阀门的偏高单价，减少金额共计约115万 ③高层电气部分，根据问卷下调了电线电缆、预埋管、桥架的偏高单价，合计下调约187万元 ④高层通风部分，通过单价调整，合计下调7万元 ⑤地库部分，根据议标问卷下调议标问卷中提及的综合单价偏离项，下调金额约90万元 ⑥配套用房部分，工程量调增，导致总价增加20万元	最低标，较第一次回标总价下调398万余元，积极响应议标问卷，降价幅度16%，大部分单价均有所下调
2	C	①开办费下调10万元，调整后开办费占比1.63%，基本合理 ②高层给水排水部分，根据议标问卷下调了UPVC管、地漏的偏高单价，减少金额共计约26万 ③高层电气部分，根据问卷下调了灯具、配电箱、金属桥架的偏高单价，合计下调约220万元 ④高层通风部分，根据问卷下调了风机、风阀风口的偏高单价，合计下调约33万元 ⑤地库部分，根据议标问卷下调议标问卷中提及的综合单价偏离项，下调金额约111万元 ⑥配套用房部分，工程量调增，导致总价增加21万元	次低标，较第一次回标总价下调391万余元，积极响应议标问卷，降价幅度15%，大部分单价均有所下调
3	A	因篇幅原因省略	
4	G	因篇幅原因省略	

2) 开办费分析。本轮回标商务排名前三的施工开办费报价占总价比例为 0.5%~1.6% 左右，基本合理，主要列项报价基本齐全。详见表 4.1-15。

表 4.1-15 开办费对比分析

序号	对比项	开办费报价/元			
		D	C	A	G
1	开办费报价	102 000	349 350	113 979	671 160
2	总报价	20 910 001	21 436 126	23 817 000	27 356 747
3	开办费占总价比例	0.49%	1.63%	0.48%	2.45%

3) 主要工程数量对比分析。本轮回标,各投标单位均按照清单参考量报价;经复核参考量后,主要清单项的工程数量基本正确。

4) 主要综合单价对比。选取最低标单位的高层住宅主要清单项总价合计约1482万元,占回标总价的71%。与项目二期、一期综合单价进行对比,最低标各项报价基本合理(PPR管DN25、镀锌钢管DN100、白炽灯头座综合单价略偏高外),无明显偏离项,详见表4.1-16。

表4.1-16 综合单价对比

序号	主要清单项	计量单位	综合单价/元				参考价/元	
			D	C	A	G	二期	一期
1	PPR 冷水管 DN25	m	22	15	26	24	16	17
2	PPR 冷水管 DN20	m	17	12	18	20	12	15
3	橡塑保温	m³	1400	1416	1900	1830	2495	1350
4	保护层(铝箔)	m²	7	16	10	8	6	6
5	潜水排污泵 80XWQ40-15-4.0	台	1965	2924	2576	2898	3350	2248
6	镀锌钢管 DN100	m	91	60	85	96	62	77
7	UPVC 管 DN100	m	46	37	44	44	33	35
8	UPVC 管 DN50	m	21	19	21	24	26	20
9	实壁螺旋消音排水立管 DN100	m	48	40	44	46	—	—
10	PEPT 管 DN20	m	18	14	19	15	—	—
11	地漏 DN50(连廊)	个	19	17	18	16	23	25
12	坐式大便器	组	170	268	200	217	255	277
13	洗脸盆	组	150	156	85	105	146	123
14	住户配电箱 PZ30(甲供)	组	168	117	131	127	104	122
15	潜水泵控制箱 ACPES	台	4168	2853	1031	4190	4274	1595
16	屋顶消防风机自切控制箱	台	6250	7004	6236	6532	6988	3443
17	消防电梯电源自切箱 DTE	台	7550	6387	6236	4400	5778	7594
18	非标箱 ALE	台	4950	6971	2471	2872	—	8022
19	电表箱(甲供)	台	250	143	131	190	127	140
20	疏散指示灯	个	53	50	66	54	82	41
21	出口指示灯	个	53	50	66	54	82	67
22	白炽灯头座(灯座含灯泡)	个	13	7	21	12	7	—
23	应急照明感应灯(带蓄电池)	个	83	141	136	145	127	—
24	开关(甲供)	个	6	4	9	6	10	10
25	组合插座(甲供)	个	9	6	11	7	11	10

(续)

序号	主要清单项	计量单位	综合单价/元				参考价/元	
			D	C	A	G	二期	一期
26	开关盒、接线盒	个	5	4	8	7	—	—
27	WDZ-YJY-3×4	m	11	13	12	12	—	15
28	WDZ-YJY-4×35+1×16	m	91	78	99	105	82	104
29	BTTWY-5×10	m	73	71	91	112	—	—
30	BTTWY-5×35	m	156	165	219	253	—	—
31	BTTWY-4×35+1×16	m	142	154	199	245	—	—
32	WDZN-YJY22-4X70	m	158	141	179	217	—	162
33	WDZN-YJY22-4X95	m	211	189	239	282	—	—
34	BV-2.5	m	2	2	2	2	2	2
35	BV-4	m	3	2	3	3	2	3
36	BV-10	m	7	5	7	7	5	6
37	BV-16	m	10	7	10	11	8	9
38	WDZR-BYJ2.5	m	3	2	3	3	2	2
39	金属电缆桥架 200×100	m	89	79	90	103	72	76
40	金属电缆桥架 300×150	m	110	92	111	154	99	84
41	金属电缆桥架 600×150	m	225	167	220	267	237	—
42	焊接钢管 SC20	m	13	11	13	14	10	11
43	电线管 PC20	m	7	5	7	7	5	7
44	电线管 PC32	m	10	8	11	10	10	9
45	引下线利用柱内主钢筋	m	5	9	3	14	9	11
46	40×4 热镀锌扁钢	m	21	14	25	18	12	14
47	LEB 箱	只	20	31	40	24	31	32
48	住户多媒体信息箱（甲供）	只	50	56	50	69	50	51
49	镀锌钢板管道 1mm	m²	102	90	136	96	—	—
50	过滤吸收器 RFP-1000 型	台	35676	29424	22870	24470	—	—

（8）最低标合理性分析和定标建议

1）与类似工程对比分析。类似工程选取本项目二期工程，属于同区域项目，且物业类型与本项目相似，定标指标均具有一定的参考性。

二期综合机电分包工程于 2016 年 11 月定标，包括 6 栋高层住宅和地下车库一层，总建筑面积约 15 万 m²。

对标结论是最低标 D 报价的各系统造价指标无异常，具备定标条件。

高层住宅部分：本项目高层指标 104 元/m²，较二期高层指标 94 元/m² 高出 10 元/m²，主要有以下 4 个原因：

①由于户型分布原因（风雨连廊较长），导致每户PPR进水管工程量较二期明显增多（增加20%），影响指标1.3元/m²。

②由于设计原因，各楼栋排水管数量较二期明显增多（增加10%），影响指标1.2元/m²。

③由于设计原因，本项目太阳能系统增加调压阀、PE-RT管（二期为PPR管，二者单价差异50%以上）等内容，统一界面后，上述原因影响指标0.8元/m²。

④由于材料涨价原因，导致电气部分电缆指标偏高4.4元/m²，桥架、钢管指标偏高2.18元/m²。2017年以来大宗材料原价均有大幅上涨，电缆铜芯原料单价由38 755元/吨（二期定标时间）上涨至49 760元/吨（2017.8），钢材单价由2 560元/吨（二期定标时间）上涨至3 660元/吨（2017.8）。

综合上述因素影响，对比项目高层指标修正后，高层指标为103.8元/m²，与本次定标价格基本持平。

地库部分：本项目包含按新规范增加的抗震支架，对应指标4.7元/m²，统一界面后（人防设备全部摊分至地库面积中），二期指标为202.3元/m²，本项目较其低19.1元/m²，约9.5%，详见表4.1-17。

表4.1-17 成本指标对标分析

序号	项目内容	最低标D报价指标/(元/m²)	二期项目成本指标/(元/m²)	
			合同价	修正后
1	高层主楼	103.9	94.0	103.8
1.1	给水排水	28.2	25.0	27.4
1.2	电气	67.7	64.0	70.6
1.3	通风、空调	6.0	4.0	4.0
1.4	太阳能	2.0	1.0	1.8
2	高层地下室	110.0	98.0	94.0
2.1	给水排水工程	31.9	33.0	51.5
2.2	电气工程	78.0	65.0	115.7
3	地库（含人防）	183.2	195.1	202.3
3.1	给水排水	21.3	29.2	32.5
3.2	电气	101.5	90.0	93.3
3.3	通风、空调	60.4	75.9	76.5
4	商业建筑	70.4	103.0	103.0
4.1	给水排水	12.3	28.0	28.0
4.2	电气	54.1	75.0	75.0
4.3	通风、空调	4.0	—	—

注：上表中，人防部分金额全部分摊至地库面积中。

2）最低标与目标成本对比。对应本次招标目标成本为2629万元，本次招标最低标报价2091万元，较目标成本节约538万元，节省20%，招标方式为总价包干，无材料调差，在施工过程中动态监测合同变更和现场签证,预计最终结算金额不会超目标成本。与目标成本的对比分析见表4.1-18。

表4.1-18 成本指标对标分析

序号	成本科目	目标成本		最低标报价		差异	
		金额/元	指标/(元/m²)	金额/元	指标/(元/m²)	金额/元	指标/(元/m²)
1	高层地下室	1 080 000	127	933 396	110	-146 604	-17
1.1	给水排水	250 000	29	271 176	32	21 176	2
1.2	电气	830 000	98	662 220	78	-167 780	-20
2	高层主楼	15 500 000	112	14 369 911	104	-1 130 089	-8
2.1	给水排水	3 990 000	29	3 898 693	28	-91 307	-1
2.2	电气	10 820 000	78	9 635 451	70	-1 184 549	-9
2.3	通风、空调	690 000	5	835 768	6	145 768	1
3	商业建筑	2 050 000	186	774 953	70	-1 275 047	-116
3.1	给水排水	330 000	30	134 979	12	-195 021	-18
3.2	电气	1 290 000	117	595 767	54	-694 233	-63
3.3	通风、空调	430 000	39	44 207	4	-385 793	-35
4	公共配套	90 000	150	268 585	447	178 585	297
4.1	机电	90 000	150	268 585	447	178 585	297
5	地下车库	7 570 000	304	4 563 156	183	-3 006 844	-121
5.1	给水排水	1 290 000	52	529 516	21	-760 484	-31
5.2	电气	3 610 000	145	2 529 199	102	-1 080 801	-43
5.3	暖通	2 680 000	108	1 504 441	60	-1 175 559	-47
	合计	26 290 000	143	20 910 001	114	-5 384 999	-29

3. 招标总结

(1) 招标计划复盘

本项目招标总体时间从启动到发出中标通知书,实际共135天,比计划延后92天;其中,从发标到发出中标通知书,实际32天,比计划缩短1天,属于正常情况。总体时间超期的主要原因是不具备进场条件,原计划开工时间延后60天,导致招标工作在启动会后停滞时间较长,详见表4.1-19。

表4.1-19 招标计划与实际完成对比

序	工作清单	日历天数(天)		完成时间	
		计划	实际	计划	实际
1	招标启动会	1	1	2017-4-18	2017-4-18
2	投标单位审批	3	17	2017-4-20	2017-5-4
3	招标文件审批	8	102	2017-4-25	2017-7-28

(续)

序	工作清单	日历天数（天）		完成时间	
		计划	实际	计划	实际
4	发标	11	104	2017-4-28	2017-7-30
5	现场答疑、标前辅导	13	110	2017-4-30	2017-8-5
6	答疑回复	15	111	2017-5-2	2017-8-6
7	第一轮回标、开标	18	116	2017-5-5	2017-8-11
8	第一轮议标会议	22	118	2017-5-9	2017-8-13
9	定标前约谈	33	130	2017-5-20	2017-8-25
10	编制评标报告	35	130	2017-5-22	2017-8-25
11	中标单位审批	37	132	2017-5-24	2017-8-27
12	发出《中标通知书》	39	133	2017-5-26	2017-8-28
13	中标单位进场	43	135	2017-5-30	2017-8-30

（2）数据分析与总结

1）工程量指标分析，见表4.1-20。

表4.1-20 主要工程量的含量指标一览

设备材料种类		单位	高层	商业	普通地库	人防地库	配套	合计
表后给水排水	给水管	m/m²	0.3241	0.0859	0.0216	0.0490	—	0.2683
	排水管	m/m²	0.4125	0.2433	0.0021	0.0225	—	0.3458
表后强电	开关插座灯具	个/m²	0.5660	0.1031	0.0544	0.1371	0.1002	0.4690
	电线电缆	m/m²	5.5680	1.9730	2.2968	5.7808	12.6517	4.9983
	保护管	m/m²	1.3899	1.0965	0.6133	0.8963	3.5665	1.2796
	电缆桥架	m/m²	0.0377	—	0.1136	0.0804		0.0450
弱电预埋	预埋管	m/m²	0.9823	0.4619	0.9260	1.7084		0.9550
	弱电点位	个/m²	0.0542	—	0.0642	0.0620		0.0521
消防预埋	预埋管	m/m²	0.1447					0.1160
	火灾报警点位	个/m²	0.0658					0.0527
通风防排烟	风机排气扇	台/m²	0.0006	0.0061	0.0020	0.0074		0.0012
	风管	m²/m²	0.0022	0.0115	0.1739	0.2053		0.0266
	风口风阀	个/m²	0.0049	—	0.0170	0.0357		0.0065

注：上述指标口径为各业态的地上地下建筑面积之和。

2）成本指标分析，见表4.1-21、表4.1-22。

表4.1-21 成本指标分析

分项工程		高层	商业	普通地库	人防地库	配套用房	合计
给水排水工程	表前给水	—	—	—	—		—
	表后给水排水	29.3	17.8	12.7	38.8	—	27

(续)

分项工程		高层	商业	普通地库	人防地库	配套用房	合计
电气工程	表前强电	—	—	—	—	—	—
	表后强电	60.4	48.8	95.3	105.2	447.0	66
	弱电预埋	8.4	4.7	7.6	—	—	8
	消防预埋	0.032	—	—	—	—	0.025
暖通工程	通风防排烟	5.7	15.1	44.3	125.0	—	13
	采暖	—	—	—	—	—	—
合计		104	89	160	269	447	114

表 4.1-22 安装费占总造价比例分析

分项工程	高层	商业	普通地库	人防地库	配套用房	合计
给水排水工程	51%	43%	34%	21%	—	49%
电气工程	43%	41%	22%	34%	25%	39%
暖通工程	27%	10%	35%	30%	—	30%
合计	45%	36%	26%	30%	25%	40%

3）主要清单项的综合单价，见表 4.1-23。

表 4.1-23 主要清单项的综合单价

序	主要清单项	计量单位	综合单价/元		
			供应	安装	合计
	给水排水工程				
1	PP-R 冷水管 DN20	m	10.0	10.0	20.0
2	U-PVC 冷凝管 De50	m	5.0	16.0	21.0
3	U-PVC 雨水管 De110	m	16.0	12.0	28.0
4	UPVC 地漏 De50	个	2.5	16.0	18.5
5	铸铁造 87 型雨水斗	个	50.0	50.0	100.0
6	普通钢套管 DN150	个	47.5	22.8	70.3
7	刚性防水套管 DN50	个	50.0	40.0	90.0
8	潜水排污泵 65XWQ25-15-2.2	台	1200.0	365.0	1565.0
	电气工程				
9	屋顶消防风机自切控制箱	台	6000.0	250.0	6250.0
10	住户配电箱 PZ30（甲供）	台	甲供	168.0	168.0
11	屋顶消防风机自切控制箱	台	6000.0	250.0	6250.0
12	消防电梯电源自切箱 DTE	台	7300.0	250.0	7550.0
13	客梯电源自切箱 DT	台	7500.0	250.0	7750.0
14	潜水泵控制箱 ACPS	个	7500.0	250.0	7750.0

(续)

序	主要清单项	计量单位	综合单价/元		
			供应	安装	合计
15	疏散指示灯	个	30.0	23.0	53.0
16	壁灯（应急）水管井	个	50.0	23.0	73.0
17	单联单控开关	个	甲供	6.0	6.0
18	WDZ-YJY-3×4	m	8.1	3.0	11.1
19	WDZ-YJY-4×35+1×16	m	80.8	10.0	90.8
20	BTTWY-3×4	m	35.2	3.0	38.2
21	BTTWY-5×4	m	39.0	3.0	42.0
22	金属电缆桥架-200×150	m	62.0	35.0	97.0
23	焊接钢管 SC20	m	5.0	8.0	13.0
24	焊接钢管 SC25	m	8.0	10.8	18.8
	暖通工程				
25	JY-R-1~4SWF-Ⅰ-7#28805m^3/h，968Pa	台	4500.0	700.0	5200.0
26	镀锌钢板风管 0.75mm	m^2	26.0	73.0	99.0
27	70℃防火调节阀 1000×400	个	800.0	130.0	930.0
28	70℃防火调节阀 ϕ710 FV	个	760.0	130.0	890.0
29	70℃防火调节阀 300×300	个	420.0	35.0	455.0
30	消声器 1200×400	个	1200.0	150.0	1350.0
	太阳能				
31	PEPT 管 DN20（橡塑保温，20mm 厚）	m	6.0	6.0	12.0
32	球阀 DN20	个	18.0	17.0	35.0

【案例4.2】

高层住宅项目消防工程

1. 基本信息

（1）工程概况（表4.2-1、表4.2-2）

表4.2-1 工程概况

工程地点	江苏省某市
建设时间	2017—2019年
主要业态	高层住宅（10栋、20个单元、1600户）、商业裙房、配套用房、地下车库
交付标准	毛坯
建筑面积	见表4.2-2
层数/层高	主楼地上18~34层/2.9m
结构形式	剪力墙

表4.2-2 建筑面积统计

序号	业态	楼栋	单元数	层数		建筑面积/m²		
				地上	地下	地上	地下	合计
1	高层	1#	2	18	1	12 206	824	13 030
2	高层	2#	2	27	1	20 623	1 121	21 743
3	高层	3#	2	34	1	25 935	1 121	27 056
4	高层	4#	2	34	1	24 432	1 123	25 554
5	高层	5#	2	32	1	25 935	1 113	27 049
6	高层	6#	2	32	1	14 251	739	14 990
7	高层	7#	2	32	1	28 684	1 341	30 026
8	高层	8#	2	34	1	28 717	1 341	30 058
9	高层	9#	2	18	1	12 202	824	13 026
10	高层	10#	2	18	1	12 202	824	13 026
	高层住宅小计		20	—	1	205 188	10 370	215 558
11	商业裙房		—	2	0	1 282	0	1 282
12	公共配套		—	2	0	309	0	309
13	地下车库	一区	—	0	2	0	6 694	6 694
14		二区	—	0	2	0	34 732	34 732
	地下车库小计		—	0	2	0	41 426	41 426
	合计		10	20	34	2	206 780	51 796	258 575

（2）标段概况（表4.2-3）

表4.2-3 标段概况

特征工程量	见表4.2-2
目标成本	见表4.2-4
工期要求	分两期，1期2017年6月30日开工，2018年2月30日完成消防验收；2期2017年10月30日开工，2018年5月30日完成消防验收
定标时间	2017年6月
招标方式	邀请招标
定价方式	基于工程范围、技术要求及招标图纸的总价包干合同，无价格调差
招标范围	住宅及地库、附属设施消防工程，两栋商业单体建筑的拆改，无甲供材料
标段划分	不分标段

（3）目标成本明细（表4.2-4）

表4.2-4 目标成本明细

序号	业态	成本项目	特征面积/m²	目标成本	
				总额/元	指标/(元/m²)
1	高层地下室	消防工程	10 370	726 000	70.0
2	高层主楼	消防工程	205 188	5 130 000	25.0
		电气工程	205 188	212 000	1.0
		通风、空调工程	205 188	212 000	1.0
3	地下车库	消防工程	41 426	3 858 000	93.1
4	商业裙房	消防工程	1 282	170 000	132.6
	合计/平均		258 266	10 308 000	39.9

说明：本标段对应目标成本总额为990万元，由于本次招标包含消防审图增加的正压风机系统（一般含在综合机电标段），因此本标段目标成本中增加1元/m²的通风、1元/m²的电气金额（中标价中增加金额120 000元，对应两栋楼总建筑面积57 074m²，折合2.1元/m²，其中通风占90%）。

2. 招标过程

（1）确定招标计划

按项目工期安排，本标段承包商需要在2017年6月30日之前进场施工。招标周期拟定57天，计划两次回标后定标，关键因素是招标图纸的提供时间和深度，详见表4.2-5。

表4.2-5 招标计划

序号	招标工作内容	计划完成时间	简述
1	招标立项审批	2017-4-20	确定目标成本、定标时间、定价方案
2	投标单位审批	2017-4-28	直接从一期投标单位中选择
3	招标文件审批	2017-4-30	技术规范、招标图纸
4	发标	2017-4-30	电子发标

(续)

序号	招标工作内容	计划完成时间	简述
5	标前辅导及投标答疑	2017-5-8	完成答疑汇总、清单调整、回复
6	开标	2017-5-15	完成商务标开标
7	商务标分析	2017-5-18	完成总价、单价、工程量等分析
8	二次洽谈	2017-6-5	洽谈完成
9	定标	2017-6-10	审批完成
10	发出中标通知书	2017-6-15	书面文件用电邮通知、确认

（2）确定招标范围和界面

1）详细说明招标范围。本标段的招标范围概要见表 4.2-6。

表 4.2-6 消防工程招标范围一览

分项工程		招标范围描述	备注
火灾自动报警	火灾自动报警	自消控中心至单体内的火灾自动报警系统	户内设置烟感及温感自动报警器
	消控中心	消控中心与已建地块合用	
消火栓及自动喷淋	室内消火栓	包括自单体内的室内消火栓系统，每个单元设置两套消火栓	
	室外消火栓	各单体及地库的自动喷淋系统	
	自动喷淋	无	
	消防泵房	无	
其他消防	气体灭火	主楼地下室配有气体灭火	
	消防桥架预埋	包括消防工程所需的桥架，不含消防预埋	

本次招标范围包括投标区域内室内、室外及地库消防系统工程、配电房消防所需工程，监控中心并入119市网工程以及分批次验收事宜。具体工作内容包括室内消火栓系统、自动喷淋系统的供应及安装；室内外火灾报警（户内设置烟感及温感）及消防联动控制系统的供应及安装；气体灭火系统；防火门监控系统；电气火灾监控系统；消防电源监控系统；消控室设备电源接线；商业单体的压力真空破坏水路；两栋商业单体的消防系统拆改；一期水泵房修复；消防审图增加的正压送风系统。

消防泵房与已建地库合用，涉及与已建地库管道接头，本次招标范围起始点为招标图示中的三、四区地库连通口、各单体、1#单体涉及与已建地库管道接头、与已建地库连通口管道蝶阀之后的部分以及与地库四区㊸轴分界的接头，喷淋系统同此，含伸缩阀。

消防系统包括供应、安装、调试、与相关政府部门验收工作，自交付之日起三年保修期内整个消防系统的工作内容。本次投标为包干合同，投标数量以所附施工图纸、消防验收要求及技术要求所列范围，由投标单位自行量度。

2）清晰界定合同界面。消防工程与综合机电单位的界面划分是重点，见表 4.2-7。其他是与总包单位、其他分包单位的界面划分，见表 4.2-8。

表 4.2-7　消防工程与综合机电分包单位的工作界面划分

子系统	序号	工作内容	机电	消防	备注
室内消火栓系统	1	楼内消防立管的套管预埋	×	√	机电预留洞，消防负责套管安装及套管与管道的封堵
	2	楼内消防立管的套管防火封堵	×	√	
	3	一、二次结构内消火栓按钮馈线报警信号线管预埋	√	×	
	4	一、二次结构内消火栓按钮监视线管预埋	√	×	
	5	楼内消防立管、支管、消火栓及箱内配件的供应和安装	×	√	
	6	楼内消火栓按钮馈线报警、监视线的供应和安装	×	√	
	7	消防泵至楼宇、车库及其他单体的室外消防管线、水泵接合器、消防喷淋泵及消防控制柜的供应和安装，商业压力真空破坏器管路系统	×	√	与二区接驳
	8	消防电源箱至消防控制柜及消防泵的电气管线供应和安装	×	√	机电单位施工至电源箱，电源箱后由消防单位施工
	9	消火栓箱周边的塞缝及收口	×	√	半嵌入、嵌入式，消防安装固定，总包负责收口
	10	系统的安装、调试、检测和验收	×	√	
喷淋系统、自喷泡沫连用系统	1	喷淋管的套管预埋	√	×	
	2	喷淋管的套管防火封堵	×	√	
	3	喷淋系统的喷淋管、阀门、喷头、水流指示器等附件及配件	×	√	喷淋末端需按要求设置防晃支架，机械车位等按规范要求设置喷淋头及集热罩，由消防单位施工
	4	喷淋泵至车库、商业、高层楼栋及其他单体的喷淋管线的供应和安装	×	√	设备基础由总包负责施工，预埋件由消防单位提供（地库范围内）
	5	系统的安装、调试、检测和验收	×	√	
电气消防系统	1	一、二次结构内系统线管的预埋	√	×	机电单位留引线
	2	室内消防明管敷设和管线修改	×	√	
	3	井道、室内、地库与消防有关的桥架/需加线管	×	√	
	4	报警和控制设备供应、安装	×	√	
	5	报警和控制线缆的供应和安装	×	√	
	6	消防报警、监控主机和CRT设备的供应和安装	×	√	根据点位和系统计算新增主机及设备

（续）

子系统	序号	工作内容	机电	消防	备注
电气消防系统	7	系统的安装、调试、检测和验收	×	√	
	8	防火卷帘、挡烟垂壁供应、安装、信号布线、反馈、联动、调试运行装置的供应及安装	×	√	
	9	防火门监控系统的调试、运行装置的供应及安装	×	√	线管由综合机电单位按设计图纸预埋并穿带引线，若因涉及门磁开关及电磁释放器需增配线管则由消防单位施工
	10	消防设备电源监控	×	√	
	11	消防电气火灾监控	×	√	
防排烟系统	1	防排烟系统风机、阀门的供应和安装	√	×	自联锁由机电单位负责
	2	防排烟系统各类联动控制及调试	×	√	
	3	正压送风的联动线缆	√	×	
	4	消防风机、消防水泵启动	√	×	
气体灭火、泡沫罐装置、灭火器配置	1	一、二次结构内系统线管的预埋	√	×	
	2	气体灭火系统的供应和安装	×	√	
	3	气体灭火系统各类联动控制及调试	×	√	
	4	泡沫罐消防设施的供应和安装	×	√	
	5	灭火器配置	×	√	
配电房消防系统	1	所需烟感个数，门禁、烟感、泄漏指示灯到监控中心的管线	×	√	
	2	集成到主机系统、调试运行	×	√	
室外消火栓	1	室外消火栓	×	×	含保温
	2	室外管道、水泵接合器	×	√	含保温，警示标识护档
并网工程	1	监控中心并入119市网工程	×	√	消防单位包干：119报警外线接入和开通费用否；消防检测、材料的各种报审和检测费用
		分标段交付验收			

表 4.2-8　消防工程与总包和其他专业工程的工作界面划分

施工内容		消防分包单位施工内容	其他专业单位施工内容
总承包	消防联动	消防分包工程自总承包工程防火卷帘门、挡烟垂壁、常开防火门消防信号干触点接驳	提供消防分包工程所需的消防信号干触点 防火卷帘门、挡烟垂壁、常开防火门供应安装

(续)

施工内容		消防分包单位施工内容	其他专业单位施工内容
总承包	预留预埋	①建筑单体内因正常工序和工程变更导致一次结构及二次结构后开孔洞、后开沟槽 ②建筑单体内因施工质量原因导致一次结构及二次结构后开孔洞、后开沟槽施工结束后的所有土建修复	①建筑单体内因正常工序和工程变更导致一次结构及二次结构后开孔洞、后开沟槽施工结束后的土建修复 ②建筑单体内一次结构预留孔洞施工结束后的二次浇注 ③穿外墙防水套管施工过程中套管内部临时封堵及拆除 ④建筑单体内设备土建基础、构件预埋及二次灌浆、土建消防水池 ⑤消火栓箱暗装时孔洞预留及背部处理
给水配套（消防）		市政消防水池水表接驳至消防水池 屋顶消防水箱水表接驳至屋顶消防水箱（含屋顶消防水箱）	①小区红线外市政总阀门以后的市政供水管道接驳至市政消防水池水表（含水表及井） ②生活泵房内二次供水设备以后的二次供水管道接驳至屋顶消防水箱水表（含水表）
弱电		消防分包工程自弱电分包工程提供的消防信号干触点接驳	提供消防分包工程所需的消防信号干触点
电梯		消防分包工程自电梯分包工程提供的消防信号干触点接驳	提供消防分包工程所需的消防信号干触点
公共区域装修		①装修区域，包括首层单元大堂、标准层公共走道、电梯前室（详列装修区域名称）消防设备安装 ②消控中心内照明、插座配电系统；防静电地板、分体空调供应安装	①装修区域，包括首层单元大堂、标准层公共走道、电梯前室（详列装修区域名称）消火栓箱装修饰面及周边收口 ②装修区域，包括首层单元大堂、标准层公共走道、电梯前室（详列装修区域名称）饰面留洞 ③消控中心内墙面、天花
幕墙石材		消防分包工程管道穿石材、幕墙外墙定位	消防分包工程管道穿石材、幕墙时墙面孔洞预留及防水处理
园林景观		景观绿化区域电缆井、阀门井及重力盖板，电缆井、阀门井施工至指定标高	①景观绿化区域电缆井、电缆沟、阀门井、排水井调整至景观绿化标高 ②景观绿化区域电缆井、电缆沟、阀门井、排水井的种植井盖 ③硬质铺装区域消防分包工程设备的土建基础
室外总体		沥青道路区域电缆井、阀门井及重力盖板，电缆井、阀门井施工至指定标高	①沥青道路区域电缆井、阀门井的装饰盖板 ②沥青道路区域电缆井、阀门井调整至沥青道路标高

（3）确定投标单位

本次招标共邀请5家单位参与投标，全部是供方库内已合作供方，均无不良履约记录，详见表4.2-9。

表4.2-9　投标单位名单

序号	投标单位	资质	公司内类似工程业绩	来源
1	A	一级	南通三期、苏州项目、张家港项目	供方库
2	B	一级	昆山项目	供方库
3	C	一级	常熟项目	供方库
4	D	一级	常州项目一期、二期、三期	供方库
5	E	一级	徐州住宅、南通三期商业	供方库

（4）编制招标文件和报价清单

1) 招标文件编制中的重要事项，包括深化设计、营改增事项等。

①关于营改增。工程量清单中各综合单价仍按照营改增前原计税方式计算并填报，在开办费清单中有"营改增税费调整"单独列项，"营改增税费调整"仅包含上述开具增值税专用发票导致的成本增加。中标单位提供的所有发票必须为税率11%的全额增值税专用发票，且甲方在取得符合规定的增值税专用发票后才支付工程款。

②关于付款方式。本标段的付款方式见表4.2-10。

表4.2-10　付款方式一览

序	付款节点	付款方式
1	预付款	本工程无预付款，按月度以进度款方式支付
2	工程进度款	每月25日提交付款申请，发包方按核定工程量的70%（含发包方审批确认的变更金额）在56天内支付审批后的工程款，月进度款小于合同额的2%且不超过10万元的，并入下期支付（其中，施工合同质量保证金应于前三次工程款中暂扣，该项金额为合同价的2%且不超过300万元）
3	施工开办费	按照各单体建筑面积比例分摊施工开办费总额（含地下车库）；各建筑单体按照预埋完成100%、安装工程完成100%、调试工程完成100%、项目整体竣工验收合格四个节点，分别支付各单体相应分摊开办费总额的25%、25%、25%、20%，余款为保修金
4	竣工验收款	项目竣工验收且五方验收合格后付至合同总价的88%（含发包方审批确认的变更金额）
5	竣工结算款	发包方及分包商签章确认"最终结算确认书"后，6个月内付至结算总价的95%
6	保修金	工程结算总价的5%作为保修金，保修期满无质量问题支付

③关于深化设计。中标单位必须在接到中标通知书15个日历日内完成施工图的审核，对施工图内存在缺陷部分提出书面审核意见，并对施工图中不满足施工或验收要求的部位进行深化设计，相应深化产生的费用应视为已经包括在合同范围内。同时，深化图纸不得低

于设计及规范标准,如因施工单位原因擅自提高标准,产生的费用由施工单位承担,如因施工单位擅自降低设计及规范标准,施工单位将承担由此造成的一切返工费用及相应工期。

2)编制报价清单。本次发标同时给投标单位提供有参考工程量的报价清单(表4.2-11~表4.2-14)。招标文件及清单说明中注明的清单数量仅供参考,请根据招标文件及图纸计算数量(数量可自行修改),可在清单指定处增加所需子目。并要求各投标单位自行检查各项计算公式及数据链接,但不能修改已有的列项名称及顺序,也不能随意调整列宽、行距,需要保持格式一致。

表 4.2-11　报价汇总表 1(按是否含税划分)

清单编号	工程内容	报价金额/元			税率
		含税合价	不含税合价	增值税总额	
一号清单	施工开办费				11%
二号清单	高层住宅				11%
三号清单	商业裙房				11%
四号清单	地下地库				11%
五号清单	消防总体				11%
六号清单	改造工程				11%
报价合计					11%

表 4.2-12　报价汇总表 2(按供应价、安装价拆分)

清单编号	工程内容	报价金额/元		
		供应价	安装价	合价
一号清单	施工开办费			
二号清单	高层住宅			
三号清单	地下商业建筑			
四号清单	地库			
五号清单	消防总体			
六号清单	改造工程			
报价合计				

表 4.2-13　清单说明

序	清单说明
1	投标单位在对下述项目进行报价前必须同时满足招标图纸与设计说明中的要求,并将工程单价表计算规则及单价说明中的各项费用包含在内
2	本单价表内的项目说明仅供参考,不构成合同的一部分,投标单位可根据招标图纸、技术规范及工程量计算规则,自行计算数量,并对项目做出修改及增减
3	当单价表项目说明的数量单位中出现"项"字样,则该项的造价由投标单位承担风险,结算时不作调整,若此项目没有报价,即表明造价已包括在单价表的其他单价中

(续)

序	清单说明
4	对于注明为"工程暂定数量"的项目，投标单位不能修改其已作暂定数量，该类项目将按所报的单价和今后工程竣工图纸中的数量来结算费用
	…

表 4.2-14 报价明细（示例）

序号	清单项	工程量	单位	金额/元			
				供应单价	安装单价	综合单价	合价
二号清单							
高层住宅							
第一节	火灾自动报警系统						
2/1.A	手动报警按钮	922.0	套			—	—
	…						
第二节	火灾自动报警系统预埋桥架						
第三节	室内消火栓系统						
第四节	自动喷淋系统						
第五节	电气火灾监控系统						
第七节	消防设备电源监控						
第八节	增加消防风机修改						
第九节	其他消防系统						
报价总计			元	—	—	—	—

（5）标前辅导

通过标前辅导及图纸答疑，主要回答投标单位的疑问和补充招标技术要求。

1）补充技术要求。两栋商业单体的拆改方案图纸有所调整（消防桥架尺寸发生变化），详见附件图纸；拆改涉及消火栓、喷淋、火灾报警接至 A1 地块消防泵房及消控中心，消防主机设备由 A3 地块迁移到 A1 地块，后续施工方案由投标单位自行深化。

2）澄清招标范围。针对投标单位的疑问，澄清以下招标范围的说明：

①不在招标范围内的内容有：挡烟垂壁、消防验收中消控中心并入 119 市网工程。

②在招标范围内的内容有：消控中心的照明、插配、防静电地板、分体空调已施工完毕，其中施工时防静电地板的拆除及恢复在本次招标范围内；消防审图中增加的增压送风系统（风机设备、风口、管道、线缆、控制箱、配电柜）；景观绿化区域电缆井、阀门井及重力盖板门电缆井、阀门井施工至指定标高中，电缆井及盖板包括在本次招标范围内；室外消防电管；综合管线图中的室外水泵接合器；两栋商业单体建筑水施图上标注的轻便消防水龙头；控制柜由电气施工单位采购，柜内电气火灾监控模块和互感器、温度探测器，在本次招标范围内；消防设备的防雷接地。

（6）第一轮回标分析

1）总价分析。本轮回标，前三家单位投标总价较为接近，总价相差比例在6%以内，且"C""D"回标总价均在目标成本范围内；"E"略超目标成本；"A"超出目标成本；"B"远超目标成本。详见表4.2-15。

表4.2-15　总价分析

序号	投标单位	回标总价			与最低标对比		与目标成本对比	
		标书价	算术错误	修正后	差额	差额比例	差额	差额比例
1	C	9 872 322	0	9 872 322	—	—	-435 678	-4%
2	D	10 240 516	22 816	10 263 332	391 010	4%	-44 668	0%
3	E	10 468 173	0	10 468 173	595 851	6%	160 173	2%
4	A	11 639 000	0	11 639 000	1 766 678	18%	1 331 000	13%
5	B	14 907 113	295 923	15 203 036	5 330 714	54%	4 895 036	47%

①修正计算错误。本次回标，"D"和"B"的漏记金额修正总价后，不影响商务排名。

②淘汰报价最高标。经过标前辅导，各家单位对本次招标范围及图纸理解均较为准确，无明显偏离。"B"为商务最高标，较最低标分别高出54%。经复核，B回标工程量没有明显偏差，但综合单价普遍偏高较多，造成总价偏高。根据公司招标议标淘汰规则，后续不再安排B的询标及回标。

2）工程量分析。本次回标，商务排名前三的单位均按照工程量清单报价；报价第四名的A大部分采用清单参考量，部分工程量有所调整，如烟感探测器、温感探测器、镀锌钢管DN25、信号线（2×1.5）等的工程量均有明显调增，无缝钢管DN100、信号总线、热镀锌钢管DN32有所下调。经复核，烟感、温感、镀锌钢管等部分的工程量调整基本合理，详见表4.2-16。

表4.2-16　主要工程量对比分析

业态	序号	工作内容	计量单位	参考量	C	D	A
高层	1	手动报警按钮	套	1106	1106	1106	1140
	2	感烟火灾探测器	套	6212	6212	6212	10007
	3	感温火灾探测器	套	677	677	677	1589
	4	24V外控电源线 WDZR-NH-BYJ（2×2.5）	m	14826	14826	14826	14309
	5	信号线 WDZR-NH-BYJ（2×1.5）	m	49408	49408	49408	84185
	6	耐火金属线槽150×100	m	1656	1656	1656	1350
	7	减压稳压型消火栓700×240×1800	套	468	468	468	468
	8	灭火器箱（含灭火器2具）	套	618	618	618	649
	9	内外热镀锌无缝钢管DN100	m	9797	9797	9797	9035
	10	蝶阀DN100	个	259	259	259	273

(续)

业态	序号	工作内容	计量单位	参考量	C	D	A
高层	11	内外热镀锌钢管 DN25	m	1668	1668	1668	2302
	12	闭式自动洒水头（上喷）DN25	个	1156	1156	1156	1260
	13	电气火灾监控模块	个	91	91	91	79
	14	常闭防火门模块	个	1903	1903	1903	2110
地库	15	烟感探测器 LD3000EN/A	套	1435	1435	1435	1435
	16	手动控制线 WDZR-NH-BYJ（3×1.5）	m	3531	3531	3531	3914
	17	信号总线 WDZR-NH-RVS（2×1.5）	m	11493	11493	11493	8549
	18	耐火金属桥架 150×50	m	827	827	827	839
	19	消防设备电源探测器	套	45	45	45	41
	20	单栓（减压稳压型）单阀组合消火栓箱	套	159	159	159	159
	21	S 型热气溶胶自动灭火装置	套	18	18	18	18
	22	热镀锌无缝钢管 DN150（沟槽连接）	m	3374	3374	3374	3363
	23	热镀锌钢管 DN32（螺纹连接）	m	4848	4848	4848	4448
	24	68℃ 直立型喷头 DN25，$K=80$	个	5168	5168	5168	5002

3) 开办费对比分析。D 的开办费未报价，议标时重点澄清；C 的开办费报价占比基本合理，大部分列项未报价，议标时重点澄清；E 和 A 占比偏高，详见表 4.2-17。

表 4.2-17　开办费报价对比

序号	工程内容	开办费报价/元			
		C	D	E	A
1	临时仓储、办公	22 000	0	55 000	138 431
2	完全文明施工费	5 500	0	27 500	1 100
3	夜间施工、赶工措施费等	5 500	0	22 000	1 100
4	第三方预留、接收等费用	5 500	0	11 000	1 100
5	垃圾清运费	11 000	0	16 500	1 100
6	图纸深化费用	0	0	0	1 100
7	消防材料报验、检测等费用	55 000	0	22 000	5 500
8	分批交付消防材料报验、检测等费用	5 500	0	33 000	5 500
9	维保费	0	0	22 000	5 500
10	业主人员培训费	0	0	5 500	1 100

(续)

序号	工程内容	开办费报价/元			
		C	D	E	A
11	技术资料及产品送审费	0	0	5 500	1 100
12	竣工图编制及审核费用	0	0	5 500	1 100
13	申请验收合格证	0	0	5 500	165 000
14	监管费	22 000	0	5 500	1 100
15	系统调试用水用电费	0	0	5 500	1 100
16	施工配合费	0	0	5 500	1 100
17	消防系统临电验收费	0	0	1 100	550
18	营改增费用	0	0	22 000	0
	开办费	132 000	0	270 600	332 581
	修正后投标总价	9 872 322	10 263 332	10 468 173	11 639 000
	开办费占比	1.3%	0.0%	2.6%	2.9%

4）主要综合单价分析。主要通过与项目其他地块中标价进行对比分析。对应最低标"C"数量，选取总价合计约 670 万元、占总价约 70% 的清单项进行对比，见表 4.2-18。

表 4.2-18 主要原材料综合单价对比分析

序号	工程内容	计量单位	投标单位报价/元				一期中标价/元
			C	D	E	A	
1	手动报警按钮	套	71	65	66	49	—
2	感烟火灾探测器	套	63	62	64	50	63
3	感温火灾探测器	套	60	61	63	47	60
4	WDZR-NH-RVS（2×1.5）	m	4	3	4	5	4
5	WDZR-NH-BYJ（2×2.5）	m	4	4	5	6	5
6	WDZR-NH-BYJ（2×1.5）	m	3	3	4	5	4
7	消防金属耐火线槽 150×100	m	75	84	56	76	75
8	耐火金属桥架 200×70	m	80	105	62	87	—
9	减压稳压型消火栓 700×240×1800	套	720	868	652	820	—
10	减压稳压型消火栓 700×240×1000	套	720	868	494	640	—
11	普通消火栓 700×240×1800	套	720	868	638	805	720
12	灭火器箱（灭火器 2 具）	套	120	81	110	125	132
13	内外热镀锌无缝钢管 DN100	m	92	92	134	120	92
14	橡塑保温 30mm 厚	m³	1099	1150	2099	1400	1099
15	蝶阀 DN100	个	187	297	214	390	187

(续)

序号	工程内容	计量单位	投标单位报价/元				一期中标价/元
			C	D	E	A	
16	内外热镀锌钢管 DN25	m	29	30	25	40	29
17	闭式自动洒水头（上喷）DN25	个	19	19	19	21	19
18	电气火灾监控模块	个	504	445	533	696	504
19	防火门监控分机	个	5725	4350	1706	1025	5725
20	常闭防火门模块（单开）	个	127	175	165	131	127
21	消防设备电源监控	个	494	590	462	1015	494
22	防火卷帘门 EMJ5622	樘	450	4928	5174	6435	—
23	S型热气溶胶自动灭火装置	套	1500	2180	1170	2200	—
24	热镀锌无缝钢管 DN150	m	147	140	185	190	147
25	热镀锌钢管 DN65	m	61	59	76	77	61
26	火灾报警主机	台	30700	21360	29645	36300	—
27	CRT	台	3400	12100	5399	20570	3399
28	强制启动柜	台	1800	17000	4039	5445	—

5）第一次议标。第一次回标后，各家单位针对泵房修复、消防系统迁移、防排烟风机及正压送风系统等内容的报价偏高，回标总价存在超支目标成本的风险，项目及区域针对此部分招标范围进行澄清说明。

招标部会同项目公司各部门进行了第一次议标，议标主要内容如下：

①明确消防审图增加的正压风机的控制箱及进线电缆包含在本次招标范围内，消防投标单位负责从双电源切换柜之后的设备控制箱及控制箱以后的电气及控制系统设备与安装。

②明确泵房修复方案及技术要求，并且明确相关费用总价包干。

③明确按消防新规范增加"流量计"，包括在本次招标范围内。

④结合回标工程量和复核情况，调整招标清单参考工程量。主要增加了高层住宅的烟感、温感、短路隔离器、信号线的数量，预估增加费用20万元。

（7）第二次回标分析

1）总价分析。本次回标各投标单位未出现算术错误，回标金额均未超过目标成本。具体见表4.2-19、表4.2-20。

表4.2-19 总价对比分析

序号	投标单位	第二轮回标总价/元	与最低标对比		与目标成本对比	
			差额/元	差额比例	差额/元	差额比例
1	E	9 462 836	—	—	-845 164	-8%
2	A	9 754 100	291 264	3.08%	-553 900	-5%
3	D	10 093 847	631 011	6.67%	-214 153	-2%
4	C	10 279 400	816 564	8.63%	-28 600	0%

表 4.2-20 总价组成对比分析

工程内容	系统	总价组成/元		
		E	A	D
开办费	—	191 580	96 908	64 890
高层 （27~34层）	火灾报警系统	1 492 977	1 338 833	1 473 944
	消防桥架及预埋	105 957	127 622	131 956
	消火栓	2 596 471	2 834 682	2 852 240
	自动喷淋	215 370	251 775	215 090
	消防监控	443 375	514 608	556 903
	消防风机	200 806	230 692	301 106
	小计	5 054 956	5 298 212	5 531 239
高层 （18层）	火灾报警系统	120 472	140 742	140 587
	消防桥架及预埋	21 410	22 322	24 646
	消火栓	194 029	261 351	242 399
	自动喷淋	45 734	52 322	46 448
	消防监控	43 518	41 539	60 534
	小计	425 163	518 276	514 614
商业裙房	室内消火栓及消防喷淋	13 261	10 158	16 158
地库	火灾报警系统	263 156	233 757	238 331
	消防监控	101 571	111 865	122 665
	消防桥架及预埋	291 645	326 266	300 710
	消火栓	694 537	831 167	747 257
	自动喷淋	1 472 466	1 412 093	1 485 376
	小计	2 823 375	2 915 148	2 894 339
消防总体	火灾报警系统	641 527	583 606	653 838
	消防监控系统	143 699	197 616	157 620
	小计	785 226	781 222	811 458
消防改造	消防改造	169 276	134 177	261 149
合计		9 462 836	9 754 100	10 093 847

2) 主要工程量分析。本轮回标，"A"个别项的工程量有所调整，涉及总价1万元；其他单位完全按照清单参考量报价，工程量基本合理，具体见表4.2-21。

表 4.2-21 工程量对比分析

序号	工程内容	计量单位	投标工程数量			
			E	A	D	C
1	手动报警按钮	套	1 106	975	950	950

(续)

序号	工程内容	计量单位	投标工程数量			
			E	A	D	C
2	感烟火灾探测器	套	9 771	9 445	9 445	9 445
3	感温火灾探测器	套	1 554	1 585	1 554	1 554
4	WDZR-NH-RVS（2×1.5）	m	408	515	408	408
5	WDZR-NH-BYJ（2×2.5）	m	3 255	2 191	3 255	3 255
6	WDZR-NH-BYJ（2×1.5）	m	68 255	70 555	68 255	68 255
7	消防金属耐火线槽 150×100	m	413	378	413	413
8	耐火金属桥架 200×70	m	540	518	540	540
9	减压稳压型消火栓 700×240×1800	套	468	468	468	468
10	减压稳压型消火栓 700×240×1000	套	755	755	755	755
11	普通消火栓 700×240×1800	套	47	47	47	47
12	灭火器箱（灭火器2具）	套	470	470	470	470
13	内外热镀锌无缝钢管 DN100	m	9 289	9 289	9 289	9 289
14	橡塑保温 30mm 厚	m³	33	33	33	33
15	蝶阀 DN100	个	250	250	250	250
16	内外热镀锌钢管 DN25	m	1 901	1 904	1 901	1 901
17	闭式自动洒水头（上喷）DN25	个	1 110	1 110	1 110	1 110
18	电气火灾监控模块	个	71	69	71	71
19	常闭防火门模块（单开）	个	44	39	44	44
20	消防设备电源监控	台	44	39	44	44
21	防火卷帘门 EMJ5622	樘	14	14	14	14
22	S型热气溶胶自动灭火装置	套	18	18	18	18
23	热镀锌无缝钢管 DN150	m	962	902	962	962
24	热镀锌钢管 DN65	m	2	2	2	2
25	火灾报警主机	台	1	1	1	1
26	CRT	台	1	1	1	1
27	强制启动柜	台	1	1	1	1

3）开办费对比分析。二次报价中开办费报价占比都在合理比例之内，其中D调增63000元后仍略偏低，其他单位均调减报价，具体见表4.2-22。

表4.2-22 开办费对比分析

序	对比项	投标情况			
		E	A	D	C
第2轮	开办费/元	204 600	94 085	63 000	120 000
	开办费占比	2.2%	1.0%	0.6%	1.2%

(续)

序	对比项	投标情况			
		E	A	D	C
第1轮	开办费/元	270 600	332 581	0	132 000
	开办费占比	2.6%	2.9%	0.0%	1.3%
调减	金额/元	-66 000	-238 496	63 000	-12 000
	比例	-24.4%	-71.7%	—	-9.1%

4）主要综合单价对比分析。对比一期中标价，最低标单价具有一定优势，见表4.2-23。

表4.2-23 主要综合单价对比分析

序号	工程内容	单位	投标报价/元				一期中标价/元
			E	A	D	C	
1	手动报警按钮	套	66	42	65	66	—
2	感烟火灾探测器	套	60	42	56	59	63
3	感温火灾探测器	套	58	40	55	59	60
4	WDZR-NH-RVS（2×1.5）	m	4	4	3	4	4
5	WDZR-NH-BYJ（2×2.5）	m	4	5	4	4	5
6	WDZR-NH-BYJ（2×1.5）	m	3	4	3	3	4
7	消防金属耐火线槽 150×100	m	56	76	71	75	75
8	耐火金属桥架 200×70	m	62	87	91	80	—
9	减压稳压型消火栓 700×240×1800	套	652	682	800	800	
10	减压稳压型消火栓 700×240×1000	套	494	596	650	720	—
11	普通消火栓 700×240×1800	套	638	659	780	800	720
12	灭火器箱（灭火器2具）	套	110	124	81	120	132
13	内外热镀锌无缝钢管 DN100	m	93	97	92	92	92
14	橡塑保温 30mm 厚	m³	2099	1200	1500	1249	1099
15	蝶阀 DN100	个	204	335	297	250	187
16	内外热镀锌钢管 DN25	m	28	37	30	29	29
17	闭式自动洒水头（上喷）DN25	个	19	21	19	19	19
18	电气火灾监控模块	个	484	370	765	504	504
19	常闭防火门模块（单开）	个	135	130	165	116	127
20	消防设备电源监控	台	462	425	610	494	494
21	防火卷帘门 EMJ5622	樘	5174	5421	4312	5644	—
22	S型热气溶胶自动灭火装置	套	1170	1200	1700	1900	—
23	热镀锌无缝钢管 DN150	m	138	167	141	147	147

(续)

序号	工程内容	单位	投标报价/元				一期中标价/元
			E	A	D	C	
24	热镀锌钢管 DN65	m	63	63	60	61	61
25	火灾报警主机	台	5399	4111	10800	3400	—
26	CRT	台	4039	5009	14000	1800	3399
27	强制启动柜	台	4039	5009	14000	1800	—

5）第二次回标分析小结，见表4.2-24（此处只摘录其中两家单位以进行说明）。

表4.2-24 第二次回标分析汇总

投标单位	清标结论	报价调整内容
E	商务排名第一 较第一次回标总价下调100万元，降幅10% 本次报价积极响应议标问卷	①开办费下调6.6万元 ②清单工程量调整，总价增加约20万元 ③各种规格镀锌钢管综合单价整体下调，如DN100内外热无缝钢管由134元/m下调至93元/m、DN150热镀锌无缝钢管185元/m下调至138元/m，上述调整导致总价总体下降80万元 ④各种规格线缆综合单价整体下调，如WDZR-NH-RVS（2×1.5）由4.12元/m下调至3.50元/m，WDZR-NH-BYJ（2×2.5）5.10元/m下调至5.32元/m，上述调整导致总价下降12万元 ⑤烟感探测器综合单价由64元/套下调至60元/套，温感探测器由63元/套下调至58元/套，导致总价下降5万元 ⑥常闭防火门模块综合单价由165元/套下调至135元/套，导致总价下降总价6万元 ⑦其他零星调整，导致总价下降8万元
D	商务排名第三，较第一次回标总价下调17万元，降幅2%，本次报价部分响应了议标问卷	①开办费增补报价6.3万元 ②清单工程量调整，总价增加约20万元 ③各种规格消火栓综合单价整体下调，如减压稳压型消火栓（700×240×1800）由868元/套下调至800元/套，普通消火栓（700×240×1800）由868元/套下调至780元/套，上述调整导致总价下降31万元 ④烟感探测器综合单价由62元/套下调至56元/套，温感探测器综合单价由61元/套下调至55元/套，导致总价下降5万元 ⑤各种规格桥架线槽综合单价整体下调，如150×100金属耐火线槽由84元/m下调至71元/m、200×70耐火金属桥架由105元/m下调至91元/m，上述调整导致总价下降4万元

（8）综合性评价及定标建议

1）最低标的合理性分析。综上第二轮回标分析情况，各投标单位对招标界面、技术要求已理解无误，各家标书中工程量均在合理范围内，最终报价排名前三的单位投标总价均低于目标成本,且最低标较之于历史价格及近期定标的其他项目价格具有一定优势,本次招标已具备定标条件。

以下从两个方面进行对比,分析最低标的价格合理性。

①与目标成本对比。本次招标对应的目标成本为 10 308 000 元,第二轮最低标报价 9 462 836 元,较目标成本节余 845 164 元,结余比例 8%。按特征面积的成本指标对比见表 4.2-25。

表 4.2-25 最低报价与目标成本对比分析

序	业态	成本子项	目标成本		最低报价	
			总额/元	指标/(元/m²)	总额/元	指标/(元/m²)
1	高层主楼	电气工程	212 000	1.0	17 522	0.1
		消防工程	5 130 000	25.0	5 705 876	27.8
		通风、空调工程	212 000	1.0	183 283	0.9
2	高层地下室	消防工程	726 000	70.0	393 953	38.0
3	地库	消防工程	3 858 000	93.1	3 148 941	76.0
4	商业裙房	消防工程	170 000	132.6	13 261	10.3
		汇总/平均	10 308 000	39.9	9 462 836	36.6

②与类似项目对比。对比项目选择本项目的一期消防工程(2016 年 11 月定标,包含 4 栋高层、商业、地库及配套用房,总建筑面积约 8 万 m²)。按成本科目拆分与历史地块及类似工程对比见表 4.2-26。

表 4.2-26 最低报价与类似项目的成本指标对比分析

序号	业态	成本项目	特征面积/m²	本标段指标/(元/m²)		一期指标/(元/m²)	
				目标成本	最低标	修正前	修正后
1	高层	消防工程	215 558	24.7	28.3	33.6	32.4
1.1	地下室	消防工程	215 558	3.4	1.8	1.6	1.6
1.2	主楼	消防工程	215 558	23.8	26.5	32.0	30.8
1.3		电气工程	215 558	1.0	0.1	—	—
1.4		通风工程	215 558	1.0	0.9	—	—
2	地库	消防工程	41 426	93.1	76.0	99.6	103.7
3	商业裙房	消防工程	1 282	132.6	10.3	41.8	41.8

与一期工程相比,本次招标界面有差异,需要对一期工程的指标进行以下修正:

高层部分:一期项目包含屋顶消防水箱,扣除相应指标 1.2 元/m²,修正后一期高层指标 32.4 元/m²;本次最低标高层指标 28.3 元/m²,较一期结余 4.1 元/m²;结余原因主要在于本次招标主要材料综合单价水平较低(消火栓、镀锌钢管综合单价较低)。

地库部分:本次招标增加往期商业两栋单体的消防系统改造及一期地库水泵房的修复,该部分工程涉及地库指标 4.1 元/m²,修正后一期地库指标为 103.7 元/m²,本项目定标指标为

76.0元/m²，较一期结余27.7元/m²。结余原因主要在于，一期地库面积较小（2459m²），仅为本期地库的6%，导致单方指标相对高。同时本次招标价格水平较低，结余26元/m²。

2）定标建议。通过对各投标单位资质、技术标审核及询标情况的综合比较，四家投标单位技术标均合格。商务标方面，最低标E的投标报价合理且低于目标成本，根据公司招定标制度，招标部推荐最低标单位E为中标单位。

3. 招标总结

（1）招标计划复盘

本项目招标总体时间从启动到发出中标通知书，实际共58天，比计划延后1天；其中，从发标到发出中标通知书，实际45天，比计划提前2天，详见表4.2-27。

表4.2-27 招标计划与实际完成对比

序号	工作清单	日历天数（天）		完成时间	
		计划	实际	计划	实际
1	招标立项审批	1	1	2017-4-20	2017-4-20
2	投标单位审批	9	7	2017-4-28	2017-4-26
3	招标文件审批	11	13	2017-4-30	2017-5-2
4	发标	11	14	2017-4-30	2017-5-3
5	标前辅导及投标答疑	19	21	2017-5-8	2017-5-10
6	开标	26	28	2017-5-15	2017-5-17
7	商务标分析	29	31	2017-5-18	2017-5-20
8	二次洽谈	47	49	2017-6-5	2017-6-7
9	定标	52	57	2017-6-10	2017-6-15
10	发出中标通知书	57	58	2017-6-15	2017-6-16

（2）数据分析与总结

1）工程量指标分析。对高层住宅和地下车库进行主要工程量的建筑面积含量分析，见表4.2-28。

表4.2-28 主要工程量的建筑面积含量指标

统计项	设备材料种类		单位	高层	普通地库	合计
工程量	火灾自动报警	报警末端设备	套	17 261	2 412	19 673
		电线电缆	m	139 609	41 920	181 529
	消火栓及自动喷淋	消火栓	套	2 099	159	2 258
		消火栓管道	m	14 311	4 336	18 647
		喷淋头	个	1 333	5 168	6 500
		喷淋管道	m	4 311	20 136	24 447
		消火栓环网	m			
		室外消火栓	套			

(续)

统计项	设备材料种类		单位	高层	普通地库	合计
含量 （每100m²）	火灾自动报警	报警末端设备	套	8.12	5.82	7.69
		电线电缆	m	65.71	101.19	70.98
	消火栓及 自动喷淋	消火栓	套	0.99	0.38	0.88
		消火栓管道	m	6.74	10.47	4.79
		喷淋头	个	0.63	12.47	2.54
		喷淋管道	m	2.03	48.61	9.56
		消火栓环网	m	—	—	—
		室外消火栓	套	—	—	—

2) 成本指标分析，见表4.2-29、表4.2-30。

表4.2-29 成本指标分析

分项工程		按总建筑面积核算成本指标/(元/m²)			
		高层住宅	普通地库	商业裙房	合计（平均）
火灾自动报警	火灾自动报警	10.20	9.79	—	10.1
	消控中心	3.04	3.02	—	3.0
消火栓及 自动喷淋	室内消火栓	13.39	16.77	10.34	13.9
	自动喷淋	2.80	34.97	—	7.9
	室外消火栓	—	—	—	—
	消防泵房				
其他消防	气体灭火	0.05	—	—	0.04
	消防桥架预埋	0.59	7.04	—	1.6
合计		30.1	71.6	10.3	36.6

表4.2-30 成本指标明细

工程内容	特征面积/m²	消防工程子系统	合价/元	指标 /(元/m²)
开办费	258 266	—	191 580	0.74
高层 (34层)	176 476	火灾报警系统	1 492 977	8.46
	176 476	消防桥架及预埋	105 957	0.60
	176 476	消火栓	2 596 471	14.71
	176 476	自动喷淋	215 370	1.22
	176 476	消防监控	443 375	2.51
	176 476	消防风机	200 806	1.14
		小计	5 054 956	28.64

(续)

工程内容	特征面积/m²	消防工程子系统	合价/元	指标/(元/m²)
高层 （18层）	39 082	火灾报警系统	120 472	3.08
	39 082	消防桥架及预埋	21 410	0.55
	39 082	消火栓	194 029	4.96
	39 082	自动喷淋	45 734	1.17
	39 082	消防监控	43 518	1.11
		小计	425 163	10.87
商业裙房	1 282	室内消火栓及消防喷淋	13 261	10.65
地库	41 426	火灾报警系统	263 156	6.35
	41 426	消防监控	101 571	2.45
	41 426	消防桥架及预埋	291 645	7.04
	41 426	消火栓	694 537	16.77
	41 426	自动喷淋	1 472 466	35.54
		小计	2 823 375	68.15
消防总体	258 266	火灾报警系统	641 527	2.48
	258 266	消防监控系统	143 699	0.56
		小计	785 226	3.04
消防改造	258 266	消防改造	169 276	0.66
		汇总	9 462 836	36.64

3）主要实物工程量综合单价，见表4.2-31。

表 4.2-31 主要实物工程量综合单价

序号	工程内容	单位	供应单价	安装单价	综合单价
火灾自动报警系统					
1	手动报警按钮	元/个	41.2	10.3	51.5
2	感烟探测器	元/个	41.2	10.3	51.5
3	感温探测器	元/个	41.2	10.3	51.5
4	火灾报警系统分线箱	元/个	67.0	21.6	88.6
5	声光报警器	元/个	68.0	21.6	89.6
6	火灾报警扬声器/消防广播	元/个	30.9	15.5	46.4
7	输入模块	元/个	45.3	21.7	67.0
8	消防金属耐火线槽150×100	元/m	44.9	12.4	57.3
9	火灾报警主机	元/台	19 570.0	664.4	20 234.4
10	WDZR-NH-BYJ（2×1.5）	元/m	2.3	1.0	3.3

（续）

序号	工程内容	单位	供应单价	安装单价	综合单价
11	WDZR-NH-RVS（2×1.5）	元/m	2.6	1.0	3.6
12	WDZR-NH-BYJ（2×2.5）	元/m	3.4	1.0	4.4
13	WDZR-RVS（8×1.5）	元/m	8.2	1.5	9.7
室内消火栓系统					
14	减压稳压型消火栓 700×240×1800	元/套	593.3	78.3	671.6
15	室内消火栓箱 700×240×1000	元/套	479.0	78.3	554.7
16	内外热镀锌无缝钢管 DN100	元/m	59.9	35.8	95.7
17	内外热镀锌无缝钢管 DN65	元/m	39.4	25.2	64.6
18	蝶阀 DN150	元/个	249.5	163.9	413.4
19	蝶阀 DN100	元/个	89.9	120.4	210.3
20	闸阀 DN100	元/只	395.5	355.4	750.9
21	橡塑保温 30mm 厚	元/m³	1854.0	308.3	2162.3
22	铝皮保温	元/m²	46.4	15.5	61.8
23	自动排气阀 DN25	元/个	58.1	24.9	83.0
自动喷淋系统					
24	外热镀锌钢管 DN25	元/m	14.1	14.6	28.7
25	内外热镀锌无缝钢管 DN150	元/m	92.0	50.6	142.6
26	水流指示器 DN150	元/只	360.5	32.2	392.7
27	68度直立型喷头 DN25	元/只	10.2	9.5	19.7
防火门监控系统					
28	常闭防火门模块（单开）（含门磁、监控模块）	元/个	111.2	27.8	139.1
增加消防风机					
29	风阀风口 GP 400×（1850+250）	元/个	875.1	37.1	912.2

【案例4.3】

高层住宅项目弱电工程

1. 基本信息

(1) 工程概况（表4.3-1、表4.3-2）

表4.3-1 工程概况

工程地点	江苏省某市
建设时间	2018—2020年
主要业态	高层住宅
交付标准	毛坯
建筑面积	见表4.3-2
层数/层高	28~33层/2.9m
结构形式	剪力墙

表4.3-2 建筑面积统计

序号	业态	栋数	单元数	户数	层数	建筑面积/m²		
						地上	地下	合计
1	高层住宅	12	29	1692	28~33	213 747	8 497	222 243
2	商业建筑	5	0	0	3	30 951	0	30 951
3	地库（含人防）	0	0	0	-2	0	62 198	62 198
4	配套用房	0	0	0	1	906	0	906
	合计	17	29	1 692	33	245 604	70 694	316 298

(2) 标段概况（表4.3-3）

表4.3-3 标段概况

特征工程量	见表4.3-2
目标成本	6 413 629元，见表4.3-4
工期要求	分两期完成，开工日期2018年9月30日，一期竣工交付日期2019年9月30日，二期竣工交付日期2020年9月30日
定标时间	2018年9月
招标方式	邀请招标
定价方式	基于技术要求、界面及施工图范围的总价包干合同，无材料调差、无人工调差
招标范围	住宅小区弱电工程，有甲供材和甲指乙供材
标段划分	不分标段

(3) 目标成本（表4.3-4）

表4.3-4 目标成本

序号	业态	科目名称	目标成本/元	扣甲供材金额/元	招标控制价/元	成本指标/(元/m²)
1	高层主楼	安防	4 659 535	1 476 608	3 182 927	14.3
		网络系统	1 059 876	0	1 059 876	4.8
2	商业主楼	安防	1 040 206	0	1 040 206	33.6
		网络系统	130 025	0	130 025	4.2
3	地下车库	停车场管理系统	617 096	0	617 096	9.9
4	市政配套	小区停车场管理系统	383 499	0	383 499	4.6
	合计	弱电工程	7 890 237	1 476 608	6 413 629	20.3

注：小区停车场管理系统按小区内室外面积 82 500m² 计算成本指标。

2. 招标过程

(1) 确定招标计划

本标段从招标立项到发出中标通知书，计划38天，中标单位需要在2018年9月30日前进场。招标计划见表4.3-5。

表4.3-5 招标计划

序号	工作清单	计划完成时间	参与部门	说明
1	招标立项	2018-8-10	招采部、成本部、项目公司	确定招标范围、目标成本、招标时间节点
2	单位搜集与考察	2018-8-15	招采部、项目公司	新单位不少于1家
3	投标单位审批	2018-8-16	招采部	
4	招标文件审批	2018-8-16	招采部	
5	发标	2018-8-18	招采部	电邮方式
6	招标答疑与回复	2018-8-20	招采部	电邮方式
7	开标	2018-8-30	招采部、成本部、财务部	内部开标
8	商务标分析	2018-9-2	招采部	
9	二次回标	2018-9-10	招采部、项目公司	定标前确认
10	编制评标报告	2018-9-13	招采部	
11	定标	2018-9-15	招采部	
12	发出中标通知书	2018-9-16	招采部	

(2) 确定招标范围和界面

1) 确定招标范围。本标段的招标范围包括以下内容：

①室内工程包括楼宇对讲系统、电子巡更管理系统、视频监控系统、家居报警系统、燃气报警系统、有线电视系统/电话/宽带网络系统、电梯五方通话系统。

②室外工程包括周界报警系统、小区背景音乐系统、"一卡通"管理系统（含住户门禁及车辆管理）、信息发布系统、视频监控系统、电梯五方通话系统。

③包括3个出入口监控外延（高清）与派出所联网手续及工程。

④包括弱电机房的设备供应和安装、吊顶及地面装饰等。

⑤报价范围不包括预埋，但包括桥架。

⑥甲供材有：可视对讲设备、电话网络面板。

⑦甲指乙供材包括：停车管理系统和门禁系统。

2）合同界面划分，见表4.3-6。

表4.3-6 合同界面划分

承包商	工作对象	弱电分包单位施工内容	其他承包商施工内容
弱电配套	电话网络有线电视（公共区域）	①建筑单体内弱电配套工程所需的电缆桥架、电缆线槽 ②弱电配套工程施工结束后的防水防火封堵 ③建筑单体内因施工质量导致一次结构及二次结构后开孔洞、后开沟槽施工结束后的所有土建修复 ④建筑单体住户内弱电箱至电话、电视、网络等末端点位的线缆敷设和弱电相关面板的供应及安装施工	①建筑单体内弱电配套工程所需的一次结构及二次结构以外的明配电气导管 ②建筑单体外弱电配套工程所需的电缆排管及设备土建基础，电缆排管接驳至建筑单体外墙防水套管 ③弱电配套工程所需的设备、线缆 ④建筑单体内因正常工序和工程变更导致一次结构及二次结构后开孔洞、后开沟槽施工结束后的土建修复 ⑤二次结构的电气导管开槽、预埋，电气设备暗装时孔洞预留 ⑥弱电井道至住户多媒体信息箱电话、网络、有线电视线缆供应安装 ⑦弱电井道内弱电配套工程分线箱供应安装
综合机电	弱电系统（住宅套内）	①住户多媒体信息箱供应安装，信息箱内设备包括光纤盘线架及箱体附近的220V电源插座 ②从配电箱接驳至多媒体箱附近的220V电源	仅在配电箱内预留多媒体箱外的220V电源开关接驳点
综合机电	弱电系统（公共区域）	①配套用房（详列名称）多媒体信息箱供应安装，信息箱内设备包括光纤盘线架及箱体附近的220V电源插座 ②从配电箱接驳至多媒体箱的220V电源插座	仅在配电箱内预留多媒体箱外的220V电源开关接驳点
综合机电	电缆通道	①建筑单体内弱电及消防弱电分包工程所需的电缆桥架、电缆线槽。一次结构及二次结构以外的明配电气导管 ②弱电分包工程深化设计阶段为满足技防办评审和验收要求增加的暗配电气导管所需的一次结构及二次结构后开沟槽 ③弱电分包工程施工结束后的防水防火封堵	建筑单体内弱电分包工程所需的一次结构套管预埋，电缆桥架等穿一次结构孔洞预留，一次结构电气导管预埋、电气设备暗装时孔洞预留

(续)

承包商	工作对象	弱电分包单位施工内容	其他承包商施工内容
综合机电	强电电源	①提供电源线并接驳至住户多媒体信息箱、配套用房（详列名称）多媒体信息箱 ②其他弱电系统电源线提供，并接驳至综合机电分包工程提供的配电箱或插座	①安保机房内弱电系统电源自安保机房双电源箱接驳点起 ②其他弱电系统电源自综合机电分包工程提供的配电箱或插座接驳点起
综合机电	防雷接地	①建筑单体内弱电分包工程接地自综合机电分包工程提供的等电位箱、沿墙明敷接地扁钢、专用接地点接驳 ②弱电分包工程防雷措施及室外设备材料接地系统	建筑单体内弱电分包工程所需的等电位箱、沿墙明敷接地扁钢、专用接地点
消防	消防联动	提供消防分包工程所需的消防信号干触点	消防分包工程自弱电分包工程提供的消防信号干触点接驳
电梯		①提供电梯五方通话所需线缆的敷设及电话机的连接，负责电梯控制箱至消控室的配管布线 ②电梯轿厢内的监控设备安装及调试	电梯单位提供电话机
监控中心		①弱电系统本次招标相关的设备及所需的柜体、操作台、电脑等供货及安装、调试 ②机房已建设完成	
外立面门窗		弱电设备安装在门窗、栏杆上时，为相关分包单位提供设备安装孔洞尺寸	弱电设备安装在门窗、栏杆上时，相关分包单位为设备安装预留孔洞
幕墙石材		弱电分包工程设备安装在石材、幕墙上时，为相关分包单位提供设备安装孔洞尺寸	弱电设备安装在石材、幕墙上时，相关分包单位为设备安装预留孔洞
园林景观		景观绿化区域电缆井及重力盖板，电缆井施工至指定标高	①景观绿化区域电缆井调整至景观绿化标高 ②景观绿化区域电缆井的种植井盖 ③硬质铺装区域弱电分包工程设备土建基础
室外总体		沥青道路区域电缆井及重力盖板，电缆井施工至指定标高	①沥青道路区域电缆井调整至沥青道路标高 ②沥青道路区域电缆井的装饰盖板
总承包		①建筑单体内因正常工序和工程变更导致一次结构及二次结构后开孔洞、后开沟槽 ②建筑单体内因施工质量导致一次结构及二次结构后开孔洞、后开沟槽施工结束后的所有土建修复	①建筑单体内因正常工序和工程变更导致一次结构及二次结构后开孔洞、后开沟槽施工结束后的土建修复 ②建筑单体内一次结构预留孔洞施工结束后的二次浇注 ③穿外墙防水套管施工过程中套管内部临时封堵及拆除 ④地下车库停车场管理系统等设备土建基础、构件预埋及二次灌浆

(续)

承包商	工作对象	弱电分包单位施工内容	其他承包商施工内容
可视对讲设备供应商		可视对讲系统设备安装，包括围墙机、单元门口机及预埋盒、室内分机及预埋盒、楼层解码器、视频分配器、对讲系统供电电源及备用电源、管理员机及管理软件、所有可视对讲系统设备的接插件	可视对讲系统设备供应，包括围墙机、单元门口机及预埋盒、室内分机及预埋盒、楼层解码器、视频分配器、对讲系统供电电源及备用电源、管理员机及管理软件、所有可视对讲系统设备的接插件

（3）确定投标单位

本次招标共有以下 6 家单位参与投标，资质等级均满足本工程招标要求，其中 2 家是新入库单位，已经组织入库前考察，符合入库条件，详见表 4.3-7。

表 4.3-7 投标单位名单

序号	投标单位	在公司的类似工程业绩	来源
1	A	上海商业办公项目	库内单位
2	B	苏州住宅、南通住宅	库内单位
3	C	泰州酒店、上海酒店、张家港住宅	库内单位
4	D	常熟住宅、苏州别墅	库内单位
5	E	暂无	新入库单位，区域工程部推荐
6	F	暂无	新入库单位，项目公司推荐

（4）编制招标文件

在编制招标文件时，有以下注意事项：

1) 关于深化设计。本项目深化设计已由甲方指定单位完成，深化设计费用 70 000 元需在开办费报价中填列，并在中标后支付给甲方指定单位。但弱电工程分包人对招标范围内弱电系统的连续性及完整性负责，对于前端及末端均由弱电单位施工的内容，则其间的穿线敷管、管线走向以及最基本的设计缺陷（设计功能不满足）修正均由分包人自行深化并包干，该类系统深化设计带来的工程量调整包含在投标报价中，不会构成合同变更理由。

除非出现点位变更，所有因招标图、施工图、深化设计图或现场协调、重新定位后管线走向变化引起的费用变更均已包括在合同价格内，工程结算时不再予以调整，除已按原各方确定的位置施工并经报验合格情况外。

2) 关于弱电工程的行政协调与验收手续。弱电单位必须全面负责弱电及弱电范畴内相关工程统一协调、办理与当地相关部门的手续及可能遇到的问题，包括办理本工程弱电技防验收的申报、批文跟进、邀请有关部门检验等弱电验收全过程的政府要求之有关手续的工作，包括施工图和设备送审、施工许可证、技防评审验收、材料检测费、测试费等，取得国家、地方、行业强制验收所需要相关费用亦包含在本次招标范围中。对有关政府职能部门（如公安局、技防办、无线电管理委员会、国安局、音像管理处等）提出的超出或与设计和相关规范标准不同的整改要求要做出整改，整改费用包含在合同价格内，工程结算时任何因为政府职能部门验收而造成的整改费用将不再增加。

3）关于标识。桥架、箱柜体、控制屏、进出线、回路所需的标识标牌均需完整、美观，费用包干，深化时提供标识标牌设计样板。

4）关于甲供材料。甲供材料和设备的卸货责任由弱电工程分包人承担。卸货的责任包括用人力将物资搬离运输车辆、转运至仓储场所、堆放整齐或安放牢固。物资到达现场后，分包人应组织足够的人力参加卸货，尽量缩短卸货时间，分包人对其使用的甲供物资负有存储、转运、保管、看管、采取措施以防恶劣天气及自然条件对物资造成损害的义务，因未尽义务造成物资丢失、损坏的，分包人应承担赔偿责任，分包人须会同发包人、监理等对甲供材料的质量及数量进行验收，签收以后须对货物的数量及质量负责并承担相应的责任。

所有甲供材料的卸货、保管、安装损耗、成品保护等费用计入相应材料的安装单价内，最终结算时实际领用数量超过图纸设计数量的部分按照我公司甲供材料单价的120%扣除，分包人需负责提交甲供材料进场计划及负责甲供材料进场卸货、进场验收、进场后保管等工作。

5）关于甲指乙供材料的结算。雇主指定的甲指乙供材料，弱电单位须按照雇主给定的材料/设备价格计入投标报价，其他费用（包括但不限于税金、管理费及其他）需纳入施工综合单价中，不单独计取。

6）关于乙供材料品牌范围，详见表4.3-8。

表4.3-8 乙供材料品牌范围

序号	设备及材料	区域品牌	产地
一	视频监控系统		
1	摄像机	金三立/大华/海康	国内产品
2	自动光圈镜头	和摄像机同品牌	国内产品
3	网络硬盘录像机/磁盘阵列	和摄像机同品牌	国内产品
4	解码器/编码器	和摄像机同品牌	国内产品
5	硬盘	希捷/西部数据	国内产品
6	监视器	SAMSUNG/金三立/大华/海康/创维	国内产品
7	显示器	三星/宏基/联想	国内产品
8	防护罩/支架等	天津亚安/冠林	国内产品
9	电梯楼层数叠加器	INTL 或相当	国内产品
二	可视门禁对讲系统		
1	可视对讲系统设备（含门口机/室内机/管理机/围墙机等）	甲供（狄耐克/冠林）	国内产品
三	一卡通系统（门禁/停车场管理）		
1	门禁系统（含读卡器/控制器/授权发卡设备/电源/锁具/软件等）	甲指乙供，（深圳车安/苏州英泰斯）	国内产品
2	停车场系统（含闸机/车牌识别/出入口控制机/地感/软件等）	甲指乙供，（深圳车安/苏州英泰斯）	国内产品
四	周界及防侵入报警系统		

（续）

序号	设备及材料	区域品牌	产地
1	电子围栏/拉力围栏	广拓/优周/跃天/罗特兰	国内产品
2	红外对射探测器	艾礼富/ABT	国际名牌国内生产/国内产品
五	家庭报警系统		
1	红外幕帘探测器	豪恩/优周/海湾/丛文/精华隆	国内产品
2	门磁开关	豪恩/优周/海湾/丛文/精华隆	国内产品
3	紧急求助按钮	豪恩/优周/海湾/丛文/精华隆	国内产品
六	电子巡更管理系统		
1	信息数据变送器	VIDEX/LANDWELL/披克	国内产品
2	信息数据采集器	VIDEX/LANDWELL/披克	国内产品
3	无线信息钮	VIDEX/LANDWELL/披克	国内产品
七	背景音乐及紧急广播系统		
1	背景音乐及紧急广播系统	T-koko/BMG/ITC	国内产品
八	有线电视/电话/网络系统		
1	多媒体信息箱	天诚/TCL/爱谱华顿/鸿雁	国内产品
2	有线电视/网络/电话面板	鸿雁/松本/朗能	国内产品
九	网络及电脑设备		
1	交换机（包括核心/接入层）	华为/华三/锐捷	国内产品
2	电脑	联想/惠普/戴尔	国内产品/国际名牌国内生产
十	室外LED显示屏		
1	住宅项目室外LED显示屏	信茂/幸马/同济/浦洲/上海三思	国内产品
2	公建项目LED显示屏	上海三思/利亚德/洲明/锐拓/洛普	国内产品
十一	无线对讲系统		
1	中继台/对讲机	摩托罗拉/建伍/海能达	国内产品/国际名牌国内生产
2	放大器/双工器/合路器/耦合器/分配器	国内知名品牌	国内产品
十二	电视系统		

(续)

序号	设备及材料	区域品牌	产地
1	放大器/分配器/耦合器等	九州/杰士美/贝特/PBI	国内产品/国际名牌国内生产
十三	车位引导系统		
1	车位引导系统	科拓/立方/捷顺/城智	国内产品
十四	机房电源及防雷		
1	配电箱	江苏新汇源/江苏长江/江苏大全/上海GE广电/基业	国内产品
2	低压断路器（ACB & MCCB）	长征开关/上海良信/常熟开关/上海上联/正泰	国内产品
3	UPS电源带电池柜	山特/科士达/科华/易事特	国内产品
4	防雷器/防雷插座	雷迅/TOP/雷尔盾/施耐德	国内产品
5	防静电地板	沈飞/华集/汇丽/佳辰	国内产品
6	机房空调	美的/海尔/格力/大金/日立/三菱	国内产品/国际名牌国内生产
7	19″机柜	图腾/普天/天诚/金盾/一舟	国内产品
十五	保护管/桥架及线缆		
1	金属电线槽/桥架	江苏华威/上海精成/上海立新/江苏华鹏/上海鹏正	国内产品
2	热镀锌钢管及管件	天津双街/浙江金洲/上海劳动钢管/天津友发/河北华岐	国内产品
3	金属电线管及管件	中山华捷/广州一通/志达/上海劳动钢管厂/浙江金洲	国内产品
4	金属接线盒	湖南HN/杭州鸿雁/中山华捷/湖南人允或等同	国内产品
5	PVC管材	浙江中财/联塑/公元/杭州鸿雁或等同	国内产品
6	PVC接线盒及附件	浙江中财/联塑/公元/杭州鸿雁或等同	国内产品

(续)

序号	设备及材料	区域品牌	产地
7	PE管材	浙江中财/联塑/公元/杭州鸿雁或等同	国内产品
8	包塑金属软管	浙江金州/中山华捷/江苏京生	国内产品
9	电线电缆	上海电缆厂/上海南洋电缆厂/无锡远东/苏州Draka/宝胜/北京电缆厂	国内产品
10	综合布线线缆及接插件	上海天诚/远东/南京普天	国内产品
11	安防线缆	上海天诚/远东/宝胜/南京普天/上海立新	国内产品

（5）编制工程量清单

该标段委托造价咨询单位编制招标清单，并在清单中给出工程量供投标单位参考，投标单位在报价中可以自行在规定位置增补清单项和调整已有清单项的工程量。

主要清单报价表包括：

1）汇总表。在汇总表中，将增值税总额及税率单列，区分含税总价和不含税总价进行汇总，见表4.3-9。

表4.3-9 价税汇总表

清单编号	项目名称/工程内容	工程数量	计量单位	金额/元			
				含税合价	不含税合价	增值税总额	税率
报价汇总							
一号清单	开办费	1	项				
二号清单	高层住宅	1	项				
三号清单	商业建筑	1	项				
四号清单	地下车库	1	项				
五号清单	弱电总体	1	项				
总报价合计							

2）报价清单表。在每一号报价清单表中，均需要划清该号清单的报价范围，避免工程量计算口径差异。同时划分供应单价、安装单价并进行综合单价填报，见表4.3-10。

表4.3-10 报价清单（示例）

编号	项目名称/工程内容	工程数量	计量单位	金额/元			
				供应单价	安装单价	综合单价	合价
三号清单							
商业							

(续)

编号	项目名称/工程内容	工程数量	计量单位	金额/元			
				供应单价	安装单价	综合单价	合价
	第一节 报警系统 包括工程范围要求计入的该物业类型的可视对讲系统,至弱电机房联网线缆计入本节,相关弱电预埋及桥架计入"弱电预埋及桥架",室外联网保护管及弱电机房内相关设备计入"弱电总体"相应节						
3/1.A	八防区键盘						
3/1.B	红外幕帘探测器						
3/1.C	紧急报警按钮						
	本页小计:						

(6) 答疑

在发标后,收集、汇总各投标单位提出的疑问,并组织设计和工程部进行统一回复,见表 4.3-11。

表 4.3-11 招标答疑问题与回复意见表

序号	投标单位疑问	答复
技术		
1	8#清单—弱电总体 清单编号 8/4.G 室外监控系统供电线缆为 VV3×4,能否改为室外防水型 BVV3×4?	可以
2	8#清单—弱电总体 清单编号 8/7.H 车辆管理系统供电线缆为 VV3×2.5,能否改为室外防水型 BVV3×2.5?	可以
3	清单中(2/4.C、3/4.C)电梯监控中无线网桥设备是否改为 485 转网络传输有线方式?	可以
4	五方通话线缆距离较远是否改为 RVSP4×1.5,清单中为 RVVP4×1?	可以
5	地库及室外监控系统摄像机集中供电距离较远,设备供电能否改为 AC24V10A?	不同意,按图施工
6	门卫处是否需要接入小区主要监控图像,方便管理?	不同意,按照图纸
7	16#商业消控中心是否需要门禁控制?	需要
8	门禁暗敷管不在招标内,是否已完成?请确认!	所有暗敷管道均不在招标范围内。仅商铺户内弱电系统配管需后开槽敷设,相应开槽、配管敷设、补槽费用包含在本次招标范围,清单相应处已增加该部分列项
9	室内弱电点位预埋管是否由预埋单位完成预埋管疏通?	由预埋单位疏通

(续)

序号	投标单位疑问	答复
10	2/2.H/I,3/2.G/H楼层箱尺寸太小,1台交换机也装不下,建议更换成墙柜,600×600×600,方便安装网络设备,请审核!	受限于井道尺寸,箱体可变更为300(宽)×600(高)×250(厚),如还有问题,可增加高度。具体楼层箱尺寸请投标单位根据设备尺寸、并综合井道尺寸选择
11	室外弱电管网仅考虑了弱电,没有考虑电信广电,请审核!	不考虑,室外电信广电管网不在本次招标范围内
12	室外管网主干使用PVC32,管径太小,建议至少50;另外数量也偏少,有没有考虑电梯50根五方通话线,请审核!	电梯五方通道通过地下室桥架,相关配管管径维持原设计不做调整
13	此工程是否需要市技防办验收,请明示。如需要技防办验收,则需要增加如下工程量: (1)此设计方案、图纸有没有经过技防办评审,如没有,评审费用应增加进去 (2)弱电工程需要请第三方检测,检测费用应增加进去 (3)本小区必须连接到技防办,电信链路费用、防火墙等费用需要增加进去 (4)当地有否需要增加的设备、费用请设计单位联系当地技防办 (5)评审后增加设备费用如何计算?	(1)A2地块设计方案、图纸已通过评审,深化设计费用8万元,费用计入施工开办费"1/1.A",计入投标总价中。中标后,将由中标单位支付给设计单位(如涉及额外的管理费、税金等增加,请投标单位自行考虑费用增加计入"1/1.A"中) (2)已列入清单(费用可计入清单"1/3.C"),施工单位自行考虑相应报价 (3)已列入清单(费用可计入清单"1/6.D"),施工单位自行考虑相应报价 (4)方案已经技防办评审通过,技防评审意见详见附件二 (5)请施工单位自行考虑相应风险
14	楼层箱、地库弱电箱按综合布线施工规范,不能把网线压水晶头直接连到交换机,应配置网络配线架、理线架、网络跳线,请审核!	在满足国家规范及地方验收要求的前提下,请投标单位自行考虑
15	一期、二期机房的灯具管线安装穿线,墙面粉刷,空调,等装饰是否由智能化单位做,请明示	确认包含在本次招标范围内
16	一期、二期UPS设计为二套供电,可以选型一台大容量供电,是否优化,请明示	小区UPS设计为二套20kV的UPS,满载功率为40kW,小区实际高峰满载为39kW低峰为32kW。维持原设计不做调整
17	关于监控系统前端19个光纤收发器,是否多余	前端的19个收发器是因为高层每个单元的监控数量不超8个且带宽也不高,使用带光口的交换机成本较高,所以就设计为普通交换机交光纤收发器的配置
18	请明确A2地块一期二期是否涉及两次验收?	本次招标A2地块分为两期进行验收,一期毛坯验收、二期精装验收;请注意分期交付及验收产生相应费用,包含在本次招标范围内

(续)

序号	投标单位疑问	答复
商务		
1	7#清单—地库（二期）清单编号7/2.B摄像机电源无规格？6#清单—地库（一期）清单编号6/2.B摄像机电源规格为12V20A，且两份清单中电源数量不够	电源规格为12V20A，电源数量按照图纸进行计算，如投标单位认为数量不够，可自行复核补充
2	清单8/11.J中55寸液晶屏报价中是否包含拼接屏安装背架（机架式还是机柜式）？	液晶屏报价中需包含拼接屏安装背架，采用机架式
3	本项目是否需要缴纳总包配合费，电梯使用费等费用？	①总包为各分包提供的协调服务项目的具体内容，详见招标文件"总包协调服务费说明"，相应费用已包含进总包合同总价中 ②临时电梯正式使用费用，以及项目精保洁费用，需要各投标单位考虑相应的分摊费用计入本次投标总价中
4	甲指乙供设备是否含在本次报价中，若包括请提供相关价格，请核实！	甲指乙供设备的费用，已填入工程量清单中供应单价中，除设备外的相关安装、二次搬运、照管等费用请综合考虑进安装费用中。因目前甲指乙供设备选型未定，最终选定的设备选型及数量可能会根据实际情况相应调整，在图纸及功能不发生显著变化的情况下，相应安装费用总价包干，不随供应费用调整而调整 另，补充提供甲供及甲指乙供设备配置表，详见附件三，供投标单位报价参考
5	2/5.F应为87只，没有计算门口机出门按钮，同时磁力锁电源也应为87台，请审核	数量已在答疑文件附件工程量清单中调整
6	2/4.K，3/4.K没有计算电梯摄像机也需要光纤交换机、光模块，此部分工程量没有计算在内，请审核	电梯摄像机需要增加光纤交换机、光模块，补充图纸详见附件一
7	7/2.D地库设备箱应为9台，设备箱建议改为墙柜，请审核	确认修改为墙柜
8	8/10.E操作台（2工位）2套太少，建议增加	不做调整
9	8/10.H对讲中心管理机一期需要2台，二期需要1台，建议增加1台，请审核	确认增加，工程量清单数量已调整。调整系统图详见附件一
10	招标范围与所给出的工作量清单不符合，如招标范围内有LED显示屏信息发布系统，但清单中没有该系统相应的设备清单。是否按照工作量清单进行报价	补充提供信息发布图纸，详见附件一。工程量清单已调整增加

(7) 第一次回标分析

1) 回标总价对比分析，见表4.3-12。

表4.3-12 回标总价对比分析

排名	投标单位	第一轮报价/元	与最低标对比		与目标成本对比	
			差额/元	差额比例	差额/元	差额比例
1	C	4 490 495	0	0%	-1 923 134	-30%
2	F	4 751 850	261 355	6%	-1 661 778	-26%
3	B	5 920 228	1 429 733	32%	-493 401	-8%
4	A	5 911 144	1 420 649	32%	-502 484	-8%
5	E	6 020 015	1 529 520	34%	-393 613	-6%
6	D	6 331 481	1 840 986	41%	-82 148	-1%

①检查算术错误：C少计42.08元，A多计11.44元，D多计0.10元，其他单位无算术错误，均已修正。

②与目标成本对比情况：各投标单位报价均不超过目标成本，最低标较目标成本低30%。

③最高标D报价高出最低标41%，该单位对招标范围理解没有偏离，造成总价偏高的主要原因是清单主要项目综合单价明显偏高。其投标报价不具备竞争性，根据集团议标淘汰原则，后续不再安排投标单位D参加议标和回标。

2) 开办费报价对比分析，见表4.3-13。

表4.3-13 开办费报价对比分析 （单位：元）

序号	项目名称	开办费组成				
		C	F	B	A	E
1	深化设计	0	75 550	82 700	82 850	86 900
2	临时设施	3 090	12 000	10 000	15 000	10 000
3	安全文明施工	7 210	0	3 090	15 450	15 300
4	材料检测	2 575	6 180	8 240	36 050	35 700
5	措施费	2 060	2 060	32 960	56 650	56 100
6	竣备移交	4 635	12 360	21 630	10 300	10 200
7	系统调试	3 193	0	7 210	5 150	5 100
	合计	22 763	108 150	165 830	221 450	219 300
	占总价比例	0.5%	2.3%	2.8%	3.8%	3.6%

其中图纸深化费用7万元须中标单位考虑在开办费中，中标后支付给深化设计单位。本工程开办费占总价2%~3%相对比较合理。

3) 工程量对比分析。除一家单位（A）以外，其他各家均按照参考工程量进行报价。A在商业部分增加了报警主机和双防区模块，经与设计工程确认后在第二轮清单中增加；弱电总体部分根据硬盘和录像机的容量进行了重新计算，经工程和设计单位核算，仅需增加硬盘数量,并在第二轮清单中增加。A 增加的四个列项共 107 000 元,占报价总价的 1.8%,不影响其商务排名。

4) 综合单价对比分析。选取累计总价为 60% 的主要清单项目进行综合单价对比分析,详见表 4.3-14 (篇幅所限,仅显示前 4 家单位)。

表 4.3-14 综合单价对比分析

序号	项目名称	计量单位	综合单价/元				对标项目综合单价/元
			C	F	B	A	
1	硬盘 4T	块	936	922	795	1 007	
2	车牌识别防水摄像机配套组件	套	7 257	6 448	6 460	7 573	
3	人孔 500×500×800	只	1 040	597	725	824	597
4	监控系统平台授权	点	103	56.65			
5	可燃气体报警	个	82	69	72	61	63
6	红外幕帘探测器	个	58	36	52	36	
7	楼层箱	个	139	68	97	288	74
8	32 路网络硬盘录像机	台	2 936	2 575	5 253	2 325	2 575
9	独立门禁(狄耐克甲指乙供)	台	414	453	458	490	474
10	户内机	台	31	46	41	82	42
11	高清解码器	台	20 188	8 240	7 468	7 750	
12	55 寸液晶拼接屏	台	6 747	8 292	16 295	12 270	
13	200 万像素红外一体摄像机	台	268	533	625	315	
14	桥架 300W×100H	m	93	113	104	190	89
15	喷塑镀锌桥架 300W×100H	m	93	97	104	190	89
16	CAT 5e	m	2.68	2.56	3.09	2.84	2.33
17	系统电源线 RVV2×1.0	m	2.99	2.56	3.46	2.82	2.43
18	五方通话线 RVVP4×1.5	m	6.08	6.03	7.80	8.66	
19	对讲电源强电线缆 RVV3×2.5	m	6.70	6.90	8.25	6.80	6.95
20	室内摄像机电源线 RVV2×1.5	m	3.61	3.51	4.48	3.55	2.43
21	UTP5	m	2.68	2.56	3.09	2.84	2.33
22	室内网线 UTP5E	m	2.68	2.56	3.09	2.37	2.33
23	紧急按钮线 RVV2×0.5	m	2.16	1.67	2.43	2.79	1.51
24	电源强电线缆 RVV3×2.5	m	6.70	6.90	8.25	6.80	6.95
25	SYWV(Y)-75-5	m	2.37	2.25	3.19	2.22	2.04
26	可燃气体报警线缆 RVV4×0.5	m	3.19	2.68	3.46	2.79	2.43
27	RVV-3×2.5	m	6.49	6.90	8.25	6.80	6.28

本项目与对标项目均为高层住宅业态,从综合单价对比来看,各投标单位的综合单价相对偏高,需要在第二轮报价时合理降价。

5) 第一次议标会。主要内容包括解决各投标单位的报价偏高偏低的问题及其他需要澄清的重要事项等，包括：出入口岗亭不在本次招标范围内；根据狄耐克提供的停车管理、门禁机可视对讲系统的最新配置表，更新了最新版报价清单。并向各投标单位发出书面议标问卷，示例见表4.3-15。

表4.3-15 议标问卷

序号	需要确认的事项	投标单位回复
1	本工程为根据招标图纸及工程规范一次性包干合同，我公司提供给贵公司的工程量仅供贵公司参考，实际工程量仍需贵公司自行计量报价，参考工程量仅提醒报价注意漏项，不作为中标单位今后索赔的依据	
2	本工程中涉及停车管理系统及门禁为甲指乙供，其中甲指乙供设备的费用已填入工程量清单的供应单价中，且供应单价不可以修改，除设备外的相关安装、二次搬运、照管等费用请综合考虑进安装费用中。因目前甲指乙供设备选型未定，最终选定的设备选型及数量可能会根据实际情况相应调整，在图纸及功能不发生显著变化的情况下，相应安装费用总价包干，不随供应费用调整而调整	
3	出入口岗亭不在本次招标范围内	
4	抗震支架不在本次招标范围内	
5	本工程施工图纸已通过技防办评审，在竣工时还需要进行技防办验收，施工方需要结合项目管理要求，保证验收一次性通过	
6	贵公司第一次提交的商务标报价，我公司通过复核发现部分工程量及单价可能有偏离，请贵公司仔细检查	
7	请按照最新版本清单进行报价（详见附件01）	
8	甲指乙供厂家给出的配置表在议标附件中提供（详见附件02），并请核对甲指乙供供应金额后报价	
9	桥架300W×100H 综合单价为110.00元/m，较市场价偏高，请合理报价	
10	UTP5综合单价为2.49元/m，较市场价偏高，请合理报价	
11	200万像素红外半球网络摄像机供应单价为462.00元/台，较市场价偏高，请合理报价	
12	32路网络硬盘录像机供应单价为2 420.00元/台，与市场价偏离，请核对后报价	
13	红外幕帘探测器综合单价为34.75元/个，与市场价偏离，请核对后报价	
14	16口千兆接入工业交换机和24口千兆带光口交换机的供应单价分别为680.00元/台和790.00元/台，与市场价偏离，请核对后报价	
15	视频免取卡收费管理软件（含加密狗）、管理电脑（与对讲系统合用）、中心接收机、LED显示软件、报警软件、弱电总体里的软件、报警主机键盘、中心机电源未报价，请核对后报价	

(续)

序号	需要确认的事项	投标单位回复
16	不同业态报价不统一：4芯单模光纤、信号线RVV4×0.5、KBG25管、16口千兆接入工业交换机、KBG20管、光纤熔接盒、防火封堵和光纤收发器，请统一报价	

（8）第二次回标分析

1）总价分析。第二轮回标总价仍然均低于目标成本，见表4.3-16。

表4.3-16 总价对比分析

排名	投标单位	第二轮报价/元	第一轮报价/元	与第一轮对比		与最低标对比	
				差额/元	降幅	差额/元	差额比例
1	F	4 277 723	4 751 850	−474 128	−10%	0	0%
2	C	4 287 959	4 490 495	−202 536	−5%	10 236	0%
3	A	5 376 888	5 911 144	−534 256	−9%	1 099 166	26%
4	B	5 545 402	5 920 228	−374 826	−6%	1 267 679	30%
5	E	5 972 731	6 020 015	−47 284	−1%	1 695 008	40%
6	D	已淘汰	6 331 481	—	—	—	—

①算术误差：本轮各家无算术误差。

②淘汰最高标：E在第二轮报价中是最高标单位，报价调减幅度仅1%，本轮淘汰。

③各家报价调整情况如下：

F：本轮响应议标问卷共降价46万元，其中开办费降价8万元，管线降价28.8万元，弱电设备降价9.1万元。

C：本轮解决上轮算术误差，增加42.08元。并响应议标问卷共降价19.7万元，其中开办费增加8万元图纸深化费用，且管线降价22万元，弱电设备降价5.7万元。

A：本轮解决上轮算术误差，减少11.44元。本轮响应议标问卷共降价51.9万元，其中开办费降价0.3万元，管线降价39.7万元，弱电设备降价12.5万元。

B：本轮响应议标问卷共降价36.4万元，其中开办费降价2.3万元，管线降价24.9万元，弱电设备降价9.2万元。

2）开办费报价对比分析，见表4.3-17。

表4.3-17 开办费报价对比分析

对比项	开办费报价			
	F	C	A	B
第一轮报价/元	108 150	22 763	221 450	165 830
开办费占比	2.3%	0.5%	3.8%	2.8%
第二轮报价/元	25 750	105 575	224 540	142 140
开办费占比	0.6%	2.5%	4.2%	2.6%
两轮报价差价/元	−82 400	82 812	3 090	−23 690

F 单位的开办费占总价比例 0.60%，偏低；整体降价 8 万元，图纸深化费用偏低。若 F 中标，须由其出具承诺函，8 万元图纸深化费用包含在投标总价中。

3）工程量分析。各投标单位均依据参考工程量进行报价，没有工程量变化。

4）综合单价对比分析。本轮选取与上一轮相同的清单项进行综合单价对比分析，见表 4.3-18。

表 4.3-18 综合单价报价对比

序号	项目名称	计量单位	综合单价/元				对标项目综合单价/元
			F	C	A	B	
1	硬盘 4T	块	922	1 142	845	809	
2	车牌识别防水摄像机配套组件	套	6 709	7 289	7 554	6 776	
3	人孔 500×500×800	只	597	1 040	515	518	597
4	监控系统平台授权	点	46.35	103	20.6	309	
5	可燃气体报警	个	69	72	62	72	63
6	红外幕帘探测器	个	41	47	39	49	
7	楼层箱	个	68	139	237	97	74
8	32 路网络硬盘录像机	台	2 575	1 906	2 551	4 357	2 575
9	独立门禁（狄耐克甲指乙供）	台	139	142	148	178	474
10	户内机	台	46	31	82	41	42
11	高清解码器	台	7 622	8 858	7 725	7 262	
12	55 寸液晶拼接屏	台	7 262	6 747	10 403	11 454	
13	200 万像素红外网络摄像机	台	443	319	361	518	
14	桥架 300W×100H	m	89	52	57	88	89
15	喷塑镀锌桥架 300W×100H	m	78	52	57	88	89
16	CAT 5e	m	2.17	2.37	2.95	2.73	2.33
17	系统电源线 RVV2×1.0	m	2.28	2.99	3.03	3.05	2.43
18	五方通话线 RVVP4×1.5	m	5.41	6.08	10.64	4.74	
19	对讲电源强电线缆 RVV3×2.5	m	6.28	6.70	6.90	4.71	6.95
20	室内摄像机电源线 RVV2×1.5	m	2.88	3.61	4.03	3.98	2.43
21	UTP5	m	2.17	2.37	2.95	2.73	2.33
22	室内网线 UTP5E	m	2.17	2.37	2.95	2.73	2.33
23	紧急按钮线 RVV2×0.5	m	1.51	1.96	2.43	2.10	1.51
24	电源强电线缆 RVV3×2.5	m	6.28	6.70	6.90	4.71	6.95
25	SYWV（Y）-75-5	m	2.03	2.37	3.15	2.84	2.04
26	可燃气体报警线缆 RVV4×0.5	m	2.28	2.99	3.12	3.34	2.43
27	RVV-3×2.5	m	6.28	6.49	6.90	4.71	6.28

从综合单价对比可以看出，本轮排名前两家单位报价有下降调整，大多数清单项目的综

合单价低于历史分期单价。F 单价整体已属合理范围，C 仍有部分单价偏高，A、B 存在较多单价偏高项。

(9) 最低标合理性分析和定标建议

1) 最低标与历史分期的对比分析。通过对比并分析与历史项目的指标差异，修正差异后的指标是合理的。详见表 4.3-19 及对各业态指标差异的分析。

表 4.3-19　最低标与目标成本及历史项目指标对比

业态	科目名称	最低标报价		目标成本指标 /(元/m²)	历史项目指标 /(元/m²)	
		金额/元	指标 /(元/m²)		一期	二期
高层主楼	合计	2 816 411	12.7	19.1	11.9	12.1
	其中：安防	2 570 948	11.6	14.3	10.6	10.5
	网络系统	245 463	1.1	4.8	1.3	1.6
商业主楼	合计	244 134	7.9	37.8		9.2
	其中：安防	244 134	7.9	33.6		9.2
	网络系统	0	0.0	4.2		
地下车库	停车场管理系统	1 010 961	16.3	9.9	19.6	11.6
配套设施	小区停车场管理系统	206 216	2.5	4.6	1.4	
合计		4 277 723	13.5	20.3	13.3	12.3

①高层主楼。指标均高于两个历史项目。原因是本工程有 1692 户，共 29 个楼栋单元，平均每个单元 58 户，而一期工程为 745 户，共 8 个单元，平均每个单元 93 户，即本期工程中为单元楼栋配置的可视对讲、门禁和电梯监控的主机、主机电源、交换机及五方监控的工程量增加、金额增加。若按一期工程的户数比例，修正后本期高层主楼指标应为 12.1 元/m²，属合理范围内。

②地库。指标高于二期指标。由于本工程地下车库的出入口较多，共有 3 套停车管理系统，在拆分指标时，按照两期分摊，指标为 2.0 元/m²；而二期仅有 1 套停车管理系统，指标为 0.14 元/m²。且两个分期停车管理系统均由狄耐克甲指乙供，供应价格为集团战略定价，则本工程地库指标应属合理范围。

③小区停车场。管理系统共 3 套设备，对比分期一期仅有 1 套设备，且本工程室外面积为 82 500m²（1 套设备管理面积为 27 500m²），一期为 56 600m²（1 套设备管理面积为 56 600m²），一期若按 3 套停车管理系统设备来分摊指标，一期指标应为 3.6 元/m²。且两个分期停车管理系统均由狄耐克甲指乙供，供应价格为集团战略定价，因而本期地库成本指标在合理范围内。

综上所述，本标段中的高层主楼指标修正后为 12.1 元/m²，属合理范围内；商业指标比对比历史分期低；地库指标由于出入口较多，多 2 套停车管理系统，导致指标偏高；小区停车管理系统，对比一期多了 2 套停车管理系统，修正后对比分期指标为 3.6 元/m²，较本标段高。

2）最低标与目标成本的对比分析。本标段的目标成本为 640 万元，本次最低标报价约 428 万元，投标总价对比目标成本节余 212 万元，节余比例为 33%。本标段招标方式为总价包干，无材料调差，施工过程中通过动态成本监测，预计最终结算金额不超目标成本。

3）定标建议。结合技术标评价结果，根据技术标合格、最低价中标的定标规则，建议由 F 中标。

3. 招标总结

（1）招标计划复盘

本项目招标总体时间从招标立项到发出中标通知书，实际共 44 天，比计划延后 6 天；其中，从发标到发出中标通知书，实际 32 天，比计划延后 2 天，详见表 4.3-20。

表 4.3-20 招标计划与实施对比

序号	工作清单	日历天数		完成时间	
		计划	实际	计划	实际
1	招标立项	1	1	2018-8-10	2018-8-10
2	单位搜集与考察	6	10	2018-8-15	2018-8-19
3	投标单位审批	7	10	2018-8-16	2018-8-19
4	招标文件审批	7	12	2018-8-16	2018-8-21
5	发标	9	13	2018-8-18	2018-8-22
6	招标答疑与回复	11	16	2018-8-20	2018-8-25
7	开标	21	19	2018-8-30	2018-8-28
8	商务标分析	24	27	2018-9-2	2018-9-5
9	二次回标	32	37	2018-9-10	2018-9-15
10	编制评标报告	35	40	2018-9-13	2018-9-18
11	定标	37	42	2018-9-15	2018-9-20
12	发出中标通知书	38	44	2018-9-16	2018-9-22

（2）数据分析与总结

1）工程量指标分析，见表 4.3-21。

表 4.3-21 主要材料设备工程量指标

设备材料种类		材料/设备	单位	高层	地库	商业	室外	合计
室内	可视对讲	线缆	m	0.555 8	—	—	—	0.392 4
	家居报警	紧急按钮	个	0.016 6	—	0.003 4	—	0.012 0
		红外幕帘探测器	个	0.010 8	—	0.000 0	—	0.007 6
		可燃气体报警器	个	0.008 3	—	—	—	—
		线缆	m	0.268 7	—	0.327 5	—	0.221 5
	视频监控	摄像机	台	0.000 8	0.005 4	—	—	0.001 7
	电话/网络/有线电视	面板	个	0.041 5	—	—	—	0.029 3

(续)

设备材料种类		材料/设备	单位	高层	地库	商业	室外	合计
桥架预埋		室内桥架预埋	m	0.008 9	0.038 2	—	—	0.013 8
		室内预埋管	m	0.002 8	0.142 2	—	—	0.030 0
		室外预埋管	m	—	—	—	0.037 8	0.037 8
室外	视频监控	摄像机	台	—	—	—	0.000 4	0.000 4

2）成本指标分析，见表 4.3-22、表 4.3-23。

表 4.3-22　成本指标分析

序号	业态	金额/元	指标/(元/m²)	核算面积
1	高层主楼	2 816 411	12.67	高层住宅地上建筑面积
2	商业主楼	244 134	7.89	商业地上建筑面积
3	地下车库	1 010 961	16.25	地下车库建筑面积
4	地上车位	206 216	2.50	小区室外面积
	合计	4 277 723	13.52	总建筑面积

表 4.3-23　按子系统划分的成本指标

主要清单项	弱电子系统	金额/元	指标/(元/m²)
合计	住宅小区弱电工程	4 277 723	13.52
高层住宅	小计	1 916 858	8.63
	可视对讲系统	484 133	2.18
	家居报警系统	338 055	1.52
	视频监控系统	289 425	1.30
	感应门禁系统	267 499	1.20
	电话、网络、有线电视系统	246 950	1.11
	电梯五方通话及电梯相关线缆	92 601	0.42
	弱电线管及桥架	198 195	0.89
商业建筑	小计	108 993	3.52
	安防报警系统	108 993	3.52
地库	小计	652 031	10.48
	视频监控系统	380 445	6.12
	弱电桥架及其管件	271 586	4.37
弱电总体	小计	1 599 841	19.39
	安防系统（室外）	838	0.01
	视频监控系统（室外）	244 362	2.96
	背景音乐系统	23 719	0.29
	车辆管理系统	245 323	2.97

(续)

主要清单项	弱电子系统	金额/元	指标/(元/m²)
弱电总体	周界报警系统	103 936	1.26
	电子巡更系统	3 192	0.04
	信息发布系统	21 891	0.27
	弱电机房	682 109	8.27
	弱电机房装饰	48 526	0.59
	弱电预埋及桥架	225 944	2.74

3）实物工程量综合单价，见表 4.3-24。

表 4.3-24 主要材料设备的综合单价

序号	项目名称	工程量	计量单位	综合单价/元		
				供应	安装	合计
1	硬盘 4T	152	块	912	10	922
2	车牌识别防水摄像机配套组件	12	套	6 627	82	6 709
3	人孔 500×500×800	111	只	453	144	597
4	监控系统平台授权	628	点	41	5	46
5	红外幕帘探测器	1 808	个	33	8	41
6	紧急按钮	3 695	个	5.15	3.61	8.76
7	电视终端面板（含模块）	3 584	个	甲供	5.15	5.15
8	楼层箱	589	个	74	20	94
9	可燃气体报警	1 846	个	58	11	69
10	55 寸液晶拼接屏	25	台	7 004	258	7 262
11	高清解码器	6	台	7 416	206	7 622
12	32 路网络硬盘录像机	22	台	2 493	82	2 575
13	独立门禁（狄耐克甲指乙供）	150	台	129	10	139
14	户内机（甲供）	1 846	台	甲供	46	46
15	车辆道闸及配套组件（栅栏杆）	12	台	1 019	82	1 101
16	200 万像素红外网络摄像机	337	台	391	52	443
17	桥架 300W×100H	2 326	m	60	29	89
18	喷塑镀锌桥架 300W×100H	1 980	m	49	29	78
19	CAT 5e	57 558	m	1.66	0.52	2.17
20	系统电源线 RVV2×1.0	38 752	m	1.76	0.52	2.28
21	单芯光纤	36 735	m	0.82	0.52	1.34
22	室外防水网线 FS-UTP5E	31 227	m	1.76	0.52	2.28
23	紧急按钮线 RVV2×0.5	31 869	m	1.00	0.52	1.51

(续)

序号	项目名称	工程量	计量单位	综合单价/元		
				供应	安装	合计
24	室内摄像机电源线 RVV2×1.5	27 705	m	2.37	0.52	2.88
25	室内网线 UTP5E	25 982	m	1.76	0.52	2.28
26	SYWV(Y)-75-5	23 077	m	1.51	0.52	2.03
27	五方通话线 RVVP4×1.5	17 532	m	4.89	0.52	5.41
28	可燃气体报警线缆 RVV4×0.5	16 799	m	1.76	0.52	2.28
29	对讲电源强电线缆 RVV3×2.5	14 008	m	5.77	0.52	6.28
30	信号线 RVV4×0.5	11 967	m	1.76	0.52	2.28
31	电源强电线缆 RVV3×2.5	8 446	m	5.77	0.52	6.28
32	室外摄像机电源线 FS-RVV2×1.0	8 187	m	1.76	0.52	2.28
33	RVV-3×2.5	7 977	m	5.77	0.52	6.28
34	四芯单模光纤	7 745	m	1.66	0.52	2.17
35	不锈钢合金线	3 580	m	1.18	1.92	3.10

注：上述价格中均包含10%增值税和2%开办费。

【案例4.4】

文旅小镇水乐园项目弱电智能化工程

1. 基本信息

(1) 工程概况（表4.4-1）

表4.4-1 工程概况

工程地点	浙江省某市
建设时间	2019年8月1日—2020年5月26日
主要业态	文旅小镇主题乐园，包括水乐园、陆乐园
占地面积	总占地面积44.2万m^2，其中水乐园占地9.6万m^2
建筑面积	总建筑面积12.1万m^2，其中水乐园1.33万m^2
层数/层高	乐园里面大部分单体是一层，个别餐厅是二层。地下室是设备机房
结构形式	框架结构

(2) 标段概况（表4.4-2）

表4.4-2 标段概况

特征工程量	项目分水乐园、陆乐园，本案例是水乐园部分 水乐园占地9.6万m^2，其中水体1.9万m^2、景观7.1万m^2、建筑面积1.33万m^2（含地下室0.37万m^2）
目标成本	弱电工程共917万元，本标段立项金额500万元，另有金额含在其他合同内
工期要求	2019年7月1日进场，共273个日历天
定标时间	2019年6月
招标方式	邀请招标
定价方式	按施工图及招标范围固定总价
招标范围	包括数字视频监控系统、电梯监控及五方对讲系统、入侵报警系统、无线对讲系统、出入口控制系统、电子巡更系统、建筑设备监控系统、能源管理系统、综合布线系统、无线网络、背景音乐系统、客流统计系统
标段划分	不分标段

2. 招标过程

(1) 编制招标计划

招标小组在2019年4月18日召开标前会，确定招标范围、招标时间节点、定标方式、合同付款方式等主要内容，见表4.4-3。

表 4.4-3 招标策划工作清单

序号	准备单项	准备内容及深度	是否提供
1	技术资料和图纸准备	技术资料及图纸应已达到招标深度	是，已经明确 图纸：2019 年 04 月 17 日移交
2	技术要求	执行规范标准：详见《工程规范和技术说明》	是，已经明确
		技术要求：同上	是，已经明确
3	标段划分及工作界面	标段划分方式：一个标段	是，已经明确
		界面划分：详见工作范围说明	是，已经明确
4	工期计划	进场时间：2019 年 07 月 01 日 完成时间：2020 年 03 月 30 日 竣工时间：2020 年 05 月 30 日 具体开工时间以甲方通知为准	是，已经明确
		计划工期：273 个日历天	是，已经明确
5	质量要求	合格	是，已经明确
6	保修要求	保修期：24 个月（通常不短于 24 个月）	是，已经明确
7	资审标准	企业资质要求（如需要）：电子与智能化工程专业承包贰级及以上资质	是，已经明确
		注册资金要求（如需要）：1000 万及以上	是，已经明确
		同类项目经验要求（如需要）：至少 3 年内有 2 个与此次招标内容类似的项目业绩，合同金额在 500 万以上	是，已经明确
8	各类保证金/保函要求	投标担保：无	是，已经明确
		预付款保函：不需要	是，已经明确
		履约担保：3 万元银行保函	是，已经明确
		保修保函：不需要	是，已经明确
9	付款方式	（此处省略）	是，已经明确 □否，提交时间
10	结算方式	固定总价	是，已经明确 □否，提交时间
11	招标方式	☑招标　　　　□比价 □直接委托	□是，已经明确
12	评标办法	☑合理低价法	是，已经明确
		□两阶段合理低价法	
		□非设计咨询类综评分法：	
		其中，技术占比__%，商务占比__%	
		□设计咨询类综评分法：	
		其中，技术占比__%，商务占比__%	

（续）

序号	准备单项	准备内容及深度		是否提供
13	招标计划	（此处省略）		是，已经明确
				□否，提交时间
14	招标小组成员	技术组：		是，已经明确
		商务组：		□否，提交时间
		督察人员：		
	签确			

本标段从招标启动会到发出中标通知书，计划60天，中标单位需要在2019年7月1日前进场，详见表4.4-4。

表4.4-4 招标计划

序号	工作清单	计划时间	参加部门
1	标前会	2019-4-18	工程部、设计部、成本部、财务部
2	资格预审完成	2019-4-24	工程部、设计部、成本部
3	考察完成	2019-4-25	工程部、设计部、成本部
4	入围单位审批完成	2019-5-9	工程部、设计部、成本部、财务部
5	招标文件及清单审批完成	2019-5-9	工程部、设计部、成本部、财务部
6	发标	2019-5-9	成本部
7	质疑截止	2019-5-14	成本部
8	答疑	2019-5-16	工程部、设计部、成本部、财务部
9	回标	2019-5-21	成本部
10	技术标开标	2019-5-21	工程部、设计部
11	商务标开标	2019-5-22	成本部、财务部
12	定标	2019-6-16	工程部、设计部、成本部、财务部
13	发出中标通知书	2019-6-17	成本部

（2）确定招标范围及界面

1）招标范围简述：包括园区内视频监控系统、入侵报警系统、出入口控制系统、电子巡更系统、建筑设备监控系统、电梯集中监控系统及五方对讲系统、综合布线系统、无线对讲系统、背景音乐系统、客流统计系统、能源管理系统、无线网络系统及负责通过相关主管部门的验收等。具体见《工程规范和技术说明》及工程量清单、合同图纸。

2）合约界面。编制清单中需要将本标段与其他专业工程的施工界面划分清楚，尤其是需要与其他分包涉及系统联动的部分，避免后期扯皮现象，详见表4.4-5。

表4.4-5 合约界面划分

序号	系统	本次招标范围	其他分包工程范围
1	数字视频监控系统	包括但不限于管材、线材敷设、线路跳接，摄像机、监控立杆（含基础）、交换机、网络硬盘录像机、矩阵（含系统软件）、电视墙等供货、安装及调试	无

（续）

序号	系统	本次招标范围	其他分包工程范围
2	电梯监控及五方对讲系统	包括但不限于管材、线材敷设、摄像机等设备安装	电梯视频随缆、操控盘由电梯厂家供货安装。
3	入侵报警系统	包括但不限于管材、线材敷设，线路跳接，探测器、紧急报警装置、报警主机、监控显示设备等设备供货、安装及调试	无
4	无线对讲系统	包括但不限于管材、线材敷设，线路跳接，对讲机、放大器、中继台等设备供货、安装及调试	无
5	出入口控制系统	出入口控制系统：包括但不限于管材、线材敷设，线路跳接，磁力锁、门禁主机、开门按钮、门禁控制器、控制软件等设备供货、安装及调试	无
6	电子巡更系统	包括但不限于主机、射频巡检器、巡更点等设备供货、安装及调试	无
7	建筑设备监控系统	包括控制主机、控制软件、DDC、传感器、执行器、通信网关、管材、线材等设备供货、安装及调试	空调机组、新风机组、水泵、送风机、排风机设备由其他分包安装。电动执行机构在水管、风管开洞部分由其他分包安装
8	能源管理系统	包括但不限于管材、线材敷设，数据采集器，系统服务器等设备的供货、安装及调试	智能电力仪表、智能远传水表由总包安装
9	智能化照明控制系统	取消	智能化照明（含夜景照明系统）系统由其他分包施工
10	通信网络系统	包括但不限于管材、线材、光纤、面板、配线架等设备供货、安装及调试	运营商从红线外做至BH502运营商机房，含机房内运营商设备及配线架
11	综合布线系统	包括但不限于管材、线材、光纤、面板、配线架等设备供货、安装及调试	无
12	办公网络	包括但不限于管材、线材、配线架、弱电间内所需机柜及电源等设备供货、安装及调试	含内网接入、汇聚层、核心网络交换机、无线控制器、上网行为管理设备、DHCP服务器、防火墙、专网路由器、网管软件等核心设备、各弱电间内设备之间光跳线的供货、安装、调试由其他分包施工

(续)

序号	系统	本次招标范围	其他分包工程范围
13	无线网络	包括但不限于管材、线材敷设，配线架供货、安装及调试	含AP、天线及接入、汇聚层网络交换机以及超长点位的光电转换器、POE供电模块等设备及配套附件的供货、安装和调试。各弱电间内设备之间光跳线
14	POS收银网络	无	外租商户POS收银的接入、汇聚交换机设备的供货、安装和调试。各弱电间内设备之间光跳线
15	背景音乐系统	包括但不限于管材、线材敷设，线路跳接，音箱广播、功放、广播主机（含系统软件）等设备供货、安装及调试	无
16	信息发布系统（多媒体查询）	管材、线材敷设	显示屏、控制器、主机、软件供货安装、调试
17	有线电视系统	无	无
18	客流统计系统	桥架、管材、线材敷设	前端设备、接入、汇聚交换机、客流服务器等供货安装调试
19	BMS智能化集成系统	无	无
20	数据中心机房	网线引入指定机柜并安装配线架，到光缆终端头	机房装修、UPS、电池、空调系统、机柜，机柜间桥架和机房内光缆及铜缆综合布线，配备接入层与汇聚层之间的光跳线及连接由其他分包施工
21	消防控制中心	包括但不限于管材、线缆敷设，UPS、电池、机柜、配线架等设备安装	机房装修

(3) 确定投标单位

1）确定入围条件。本标段对投标单位的要求主要有以下四点：

①企业资质要求：电子与智能化工程专业承包贰级及以上资质。

② 注册资金要求：1000万元及以上。

③同类项目经验要求：至少3年内有1个文旅项目弱电智能化的业绩，或有大型类似（商业、酒店）弱电智能化业绩且合同金额在1000万元以上。

④拟派项目经理要求：二级建造师（及以上），并有担任大型公建或商业智能化施工面积不少于4万m^2（或者合同造价不少于500万元）的项目经理经验。

本工程是文旅项目弱电智能化工程，在考察阶段需要重点关注投标单位拟派驻项目经理的资历、经验、现场协调及专业能力等综合素质。

2）搜集意向投标单位。通过单位合格供方库及内部推荐，共收集到的有意向投标单位9家，成本部组织相关部门对报名单位进行考察，最终确定了7家单位入围（表4.4-6）。

两家单位不能入围的原因是：E单位在业绩方面及在考察中对拟派的项目经理进行交流，该拟派的项目经理对于现场多专业协调方面较弱，而且对本项目的拟派劳务人员数量及协调多专业配合调试管理经验较弱。考察人员一致认为不建议此单位入围。H单位的业绩方面多为市政及住宅项目的业绩，而且在考察过程中跟拟派的项目经理交流，考察人员一致认为其对现场管控方面比较薄弱，担任项目经理的经验少，不建议此单位入围。

表4.4-6 入围投标单位一览

投标单位	资质	类似工程业绩	文旅业绩	来源	入围结果
A	电子与智能化工程专业承包壹级	①深圳华侨城欢乐海岸都市文化娱乐区北区 ②长白山国际度假区水乐园	有相关文旅业绩	供方库	是
B	电子与智能化工程专业承包壹级	①上海迪士尼综合布线 ②通州万达广场东地块大商业建筑	有相关文旅业绩	供方库	是
C	电子与智能化工程专业承包壹级	①上海市总工会屏风山工人疗养院一、二分院改建工程 ②华为上饶云数据中心机房机电设备信息系统工程项目	无相关文旅项目业绩	供方库	是
D	电子与智能化工程专业承包壹级	①杭州临平银泰城大商业中心 ②安吉JW万豪酒店	无相关文旅项目业绩	供方库	是
E	电子与智能化工程专业承包壹级	①华泰证券广场工程	无相关文旅项目业绩	内部推荐	否
F	电子与智能化工程专业承包壹级	①徐汇日月光中心工程 ②武汉绿地凤凰湾工程	无相关文旅项目业绩	内部推荐	是
G	电子与智能化工程专业承包壹级	①西双版纳国际度假区主题公园 ②龙岩万达广场	有相关文旅业绩	内部推荐	是
H	电子与智能化工程专业承包贰级	①南京浦口区保障房三期 ②溧水区智慧无线（无想山）覆盖项目	无相关文旅项目业绩	内部推荐	否
I	电子与智能化工程专业承包壹级	酷玩小镇游乐园	有相关文旅业绩	内部推荐	是

（4）编制招标文件和报价清单

弱电智能化的子系统多，且繁杂，加上乐园项目比较分散，功能较多，在编制招标文件中须注意以下几点：

1）确定付款方式，见表4.4-7。

表4.4-7 付款方式一览

序号	付款节点	付款方式
1	签约后	本工程无预付款，无预付款保函
2	形象进度产值完成至合同金额的20%	经业主确认产值后30个日历天内，业主向分包商支付至合同金额12%的进度款（第一笔进度款必须在分包商按约定提交3万元履约担保后，业主才开始支付）
3	形象进度产值完成至合同金额的50%后	经业主确认产值后30个日历天内，业主向分包商支付至合同金额30%的进度款
4	进度产值完成至合同金额的80%后	经业主确认产值后30个日历天内，业主向分包商支付至合同金额的48%
5	完工后	全部完工且通过联动调试后30个工作日内，业主向分包商支付至已完工程合同价款75%的进度款
6	验收合格	全部完工并调试后经业主、监理共同验收合格后30个日历天内，业主向分包商支付至已完工程合同价款80%的进度款
7	结算后	整体竣工验收合格，且分包商提交竣工图和其他一切有关资料、业主签订认可的结算并提交包括保修金在内的全额发票后，业主向分包商支付至结算总价97%的进度款，结算总价的3%作为保修金
8	保修期满后	保修期开始计算满两年，保修工作完成并经业主或业主委托的物业服务公司验收确认无任何遗留问题且保修完成证书发出后14个日历天内，业主向分包商一次性无息付清应付的剩余保修金

2）确定品牌范围。弱电智能化系统多、设备多、涉及的品牌繁杂，在招标阶段需要将设备材料品牌范围约定好以方便后期评标，而且需要注意选用产品的兼容性能否达到整个园区的弱电联网及接入。

在招标文件中约定好材料设备的品牌范围，并使同一设备材料的不同品牌之间处于同一个档次。投标时需要提供投标产品的授权书，并且保证投标产品为市场主流的流通产品。并在招标文件及合同中约定如中标后某款投标产品出现停产或即将停产，中标单位应无偿升级此款产品。

本标段约定的品牌见表4.4-8。

表4.4-8 材料设备品牌范围

序号	名称	品牌范围
1	无线对讲系统	摩托罗拉、海能达、好易通
2	电子巡更	兰德华、金万码、格瑞特
3	UPS	施耐德、伊顿、艾默生
4	线缆	大唐、天诚、同方
5	智能化设备网络	中兴、华为、H3C
6	数字视频监控系统	大华、海康、宇视
7	液晶监视器	创维、TCL、优色

(续)

序号	名称	品牌范围
8	出入口控制	捷顺、富士、立方
9	背景音乐	ITC、迪士普、西派
10	入侵报警系统	博世、泰科、豪恩
11	建筑设备监控系统	霍尼维尔 VEBS 或 EBI500C 系统、西门子 APOGEE 系统、江森自控 METASYS

3）编制报价清单。在报价清单编制中，需要注意以下三点：

①报价清单按子系统进行分别报价。

②提供工程量清单和参考工程量，允许增补报价项和调整工程量。

③乐园项目不同于住宅项目，乐园项目对设备的颜色有要求，需要与装饰及包装专业相互协调，所以在编制清单说明及技术要求时，约定报价中应综合考虑为了整体外观效果导致的设备的外观上色或者定制颜色相匹配的设备。

（5）招标答疑

发标后，根据投标人提出的疑问统一进行答疑（表 4.4-9）。同时，根据答疑内容调整了招标清单。

表 4.4-9 招标答疑

序号	投标人问题汇总及澄清	招标人回复
1	水乐园作为整体项目的一部分，弱电系统接入到指挥中心或者总中心机房去，系统图中表示的后勤区中心机房、室外主题乐园数据中心、指挥中心是否已经建成？ 本次弱电系统品牌的选择是否需要参照前期工程的品牌？ 大部分系统清单中都缺中心设备。很多系统如果与中心品牌不统一，可能会影响系统正常工作	按本次招标文件品牌范围表自行考虑
2	设计说明中"整个系统要求既可实现各个广播分区的联动广播，又可以实现各分区和消防区域的单独、灵活的背景音乐播放及公共广播，在火灾等紧急情况发生时还要提供紧急报警信号并进行消防紧急广播。"要实现对各分区的联动广播，但系统图上表示的大部分是独立的，没有网络、没有总线。两者要求对应不上。请明确是否联网？	室外主干道广播接入分控室 IP 功放后接入后勤区指挥中心；游乐设备设置独立系统，紧急情况下可全园区播放音源
3	按项目网络拓扑，主干光纤分别应该是 1 根安防网主干单模光缆；2 根内网主干单模光缆；2 根无线网主干单模光缆，合计 5 根。与水乐园弱电综合系统图上表示的到每个弱电间 4 根主干单模光缆不一致。请明确主干光缆拉线原则	安防网 2 根光缆上联，内网无线网合用 2 根光缆上联
4	平面图上手动报警按钮连接声光报警器，但系统图上没体现声光报警器。请明确	需要考虑声光报警器
5	按招标清单，安防接入层交换机有 62 台，24 光口汇聚交换机 2 台。汇聚交换机只能提供 48 个光口，不够 62 台接入。应增加相应汇聚光口数量，请明确	103 分控室增加一台 24 口光口汇聚交换机

(续)

序号	投标人问题汇总及澄清	招标人回复
6	安防系统图上说明：安防网接入交换机采用百兆接入千兆上传，每个交换机配置两个千兆光模块；汇聚交换机采用千兆接入万兆上传，每个交换机配置两个万兆模块。而清单上技术要求为24口千兆电口，每个交换机配4个千兆光模块；汇聚交换机为24口万兆光口交换机。两者要求不一，请明确安防交换机要求标准	接入交换机百兆接入千兆上传，配置2只光模块（接入侧汇聚侧各一只） 汇聚交换机具备至少24千兆光口，4万兆光模块上联（汇聚侧核心侧各2只）
7	视频监控系统里，清单里面配置3个8路解码器，3个22寸监视器。系统图上采用的是9个单路解码器后面接9个监视器（还没有图例说明解码器后的图例是不是监视器）。请明确建设要求	3个8路解码器是指挥中心电视墙使用；可作为后期对接接入后勤区预留条件 经复核401、402、403、701这4台游乐设备有独立控制室需要配置22寸显示器（含单路解码器）
8	清单里面没有硬盘录像机，是不是指挥中心已经考虑？只需增加硬盘即可？请明确	详见调整后清单
9	平面图、系统图和清单三方面不一致，以哪个为准？若以平面图为准，各机柜内设备如何配置？	末端设备以平面图为准，接入层汇聚层以及中心机房设备以系统图为准
10	能否提供各室外具体管路敷设类型及由我方施工的手孔井，请明确	圆形标注手井的为手井，方形未作标注的为室外通信人井；手井直接与3SC50对接，详见704、707、711、713单体
11	招标文件施工承包范围未包含单体弱电等机房装修，装修由哪个单位实施，103机房机柜编号有误，请明确	103 IDF-SLY-01为水乐园分控室汇聚端设备使用机柜 分控室、弱电井未作机房装修设计
12	平面图中公共广播设备接入办公室多媒体机柜中，系统图接入各安防机柜中，以哪个为准，请明确。系统图和清单中喇叭功率不一致，以哪个为准，系统图中包含音量开关，清单中不含，请明确是否需要。招标文件承包范围中公共广播系统包括广播主机，清单中不含，以哪个为准，请明确	详细参考弱电系统图07背景音乐系统图； 背景音乐系统描述参考"序号7"。详见调整后清单
13	系统图中各摄像机传输线缆为ZR-CAT5e+ZR-RVV2×1.5，清单中为CAT5E和RVV2×1.5，以哪个为准，请明确	室内线缆使用阻燃线缆
14	入侵报警系统承包范围及设计说明中包括报警主机，清单中不含，以哪个为准，请明确	系统总线接入后勤区指挥中心
15	清单中监视器为22寸，系统图游乐设施控制室配置说明为24寸，请明确 游乐设施控制室配置是否需要我方提供操作台等设备？	暂按22寸监视器测算；不需要提供操作台，监视器需含壁装支架

（续）

序号	投标人问题汇总及澄清	招标人回复
16	单体弱电机房UPS，设计说明后备时间1小时，系统图中为2小时，清单中未明确，请明确。是否需要配置相应的电池、电池柜及单体弱电机房UPS配电箱？接入UPS的市电配电箱位置，请明确	水乐园2个分控室分别配置1台30kVA UPS 电池按备电1小时计 分控室内配置UPS配电箱（市电配电箱由电气专业负责），末端机柜及室外防水箱配置小型UPS配电箱
17	系统图中包含8台视频存储服务器，清单中不包含，是否需要，请明确	需要
18	招标文件承包范围包括交换机，指挥中心的安防核心交换机等中心设备是否由我方提供？	暂按不需要提供计算 后勤区指挥中心已配置核心交换机，后期复核万兆光口数量是否有余
19	平面图图纸数量和清单不一致，以哪个为准，请明确门禁控制器安装位置	门禁控制器安装在弱电井，就近机柜内；游乐设备控制室门禁控制器可安装在控制室侧墙
20	能源管理系统的招标品牌没有明确，请明确	天溯、南瑞、爱博及同档次
21	招标文件中的承包范围，即"分包工程范围详见下表"的第20项，"数据中心机房（BH502）"，该数据中心机房（BH502）是否就是系统图纸上对应的"室外主题乐园数据中心"？第21项"消防控制中心（BH508）"是否就是系统图纸上对应的"指挥中心"？第20项承包范围中包含网线引入指定机柜并安装配线架，光缆成端。第21项包括但不限于管材、线缆敷设、UPS、电池、机柜、配线架等设备安装，清单中无体现，请明确	机房对应正确，以清单为准
22	针对"电子巡更系统"，招标清单中数码巡更棒的数量为4根，而施工说明上为20支；招标清单中信息钮的数量为50个，而施工说明上为400个；以上内容请明确	水乐园按4根巡更棒50个巡更钮计算
23	电梯监控及五方通话线系统，请明确线型种类	RVVP4×1.5
24	楼控系统图中屋顶全新风机组和多联机空调机组共用配套网关，清单中两个网关分开配置，以哪个为准？系统图中包括了网络控制器，清单中不含，以哪个为准？请明确	以系统图为准
25	招标文件承包范围无线对讲系统包括对讲机等设备，清单中不含，是否需我方提供，请明确	以清单为准
26	能源计量系统图中不含网络控制器，清单中含有，以哪个为准？	能源计量系统不需要网络控制器
27	系统图综合布线系统设计说明为6类非屏蔽双绞线，图例与设备安装说明表和清单中为CAT5E，以哪个为准？请明确	仅无线WiFi系统采用6类网线，配套配置六类配线架，其他所有系统网线都使用超五类非屏蔽双绞线

(续)

序号	投标人问题汇总及澄清	招标人回复
28	单体弱电机房千兆多模模块是否有误?	统一采用单模光缆,单模光模块;LC-LC耦合,跳线
29	招标文件承包范围中包括信息发布系统,清单中不含,请明确	以清单为准
30	监控系统缺少后端的设备和清单,需要几台录像机或管理平台?需要看几个图像?每个图像显示多少画面?监视器需要多少等	指挥中心已配置电视墙,除重要出入口等位置固定显示以外,其他画面轮循显示;管理平台可尽量与已配置设备合用,存储需单独配置存储服务器
31	背景音乐的音响系统需要功放几台?需要划分几个区域?是否需要定时智能播放等	室外主干道广播接入分控室IP功放后接入后勤指挥中心 游乐设备设置独立系统,紧急情况下可全园区播放音源
32	无线AP需要集中管理否?每个AP需要多少带机量?需要多大规格的路由器等	无线AP设备不在本次招标范围内
33	是否增加五方通话电话线,里面网线是否用于监控?	电梯设置五方通话及电梯运行状态监视线缆
34	BMS系统清单中没有,梯控清单也没有	BMS系统需各子系统含开放对应可提供的接口及协议

(6) 第一轮回标分析

向7家单位发送招标文件,在投标截止时间前收到6家单位投标文件,1家弃标。

1)总价分析,见表4.4-10、表4.4-11。经分析各投标单位的回标总价,有如下问题:

A、B、D、C投标报价中除部分报价与测算价出现偏低、偏高项外,无漏报、无多报项目。设备选用的品牌均在招标品牌范围内。

F投标报价中措施费未报价,无线对讲系统、UPS、液晶监视器未采用招标文件中约定的品牌。

G投标报价中综合单价中未报规费。

表4.4-10 投标总价分析

序号	投标单位	投标总价/元			与最低标相比	
		修正前	修正金额	修正后	差额/元	差额比例
1	A	4 402 030	0	4 402 030	0	100%
2	B	4 718 367	0	4 718 367	316 337	107%
3	D	4 784 458	0	4 784 458	382 428	109%
4	G	5 286 108	0	5 286 108	884 078	120%
5	F	5 611 243	1	5 611 244	1 209 214	127%
6	C	6 301 136	0	6 301 136	1 899 106	143%

表 4.4-11　总价组成明细对比

（篇幅所限，只罗列了前 4 家单位的报价）

序号	系统名称	总价组成/元			
		A	B	D	G
1	视频监控系统	1 028 260	1 023 425	1 006 233	1 091 158
2	入侵报警系统	24 121	28 979	34 583	20 533
3	出入口控制系统	127 854	157 877	152 616	172 983
4	电子巡更系统	3 739	4 421	3 617	5 954
5	建筑设备监控系统	588 849	765 429	606 207	606 551
6	电梯集中监控及五方对讲系统	1 235	2 766	3 252	3 420
7	综合布线系统	131 851	110 927	149 931	173 709
8	无线对讲系统	48 850	29 158	44 034	31 698
9	背景音乐系统	422 042	347 894	445 621	420 103
10	客流统计系统	1 385	1 200	1 525	1 255
11	能源管理系统	273 350	241 860	232 295	296 692
12	无线 WiFi 系统	55 092	46 568	53 412	47 774
13	单体弱电房	952 148	987 314	757 923	1 029 322
14	室外综合管网	710 554	906 507	881 232	1 315 234
15	投标人自行补充	—	—	375 836	4 324
16	措施费	32 700	64 042	36 140	65 400
	合计	4 402 030	4 718 367	4 784 458	5 286 108

各投标报价均未改招标清单中工程量，有三家单位增加了报价项。

投标单位 D 在视频监控系统、入侵报警系统、出入口控制系统、建筑设备监控系统、综合布线系统、背景音乐系统增加了相关线管及弱电线路，单体弱电房系统中增加了电池及电池柜。

投标单位 G 增加了出入口控制软件及发卡器。

投标单位 F 增加了无线对讲系统设备中继器、合路器、分路器、双工器。

2）措施费分析，除 C 以外，其他各家的措施费报价总额占比合理，见表 4.4-12。

表 4.4-12　措施费报价分析

对比项	措施费报价					
	A	B	D	F	G	C
措施费报价/元	30 000	58 754	33 156	已包含	60 000	236 000
投标总价/元	4 402 030	4 718 367	4 784 458	5 611 244	5 286 108	6 301 136
措施费占总价比例	0.7%	1.2%	0.7%	0.0%	1.1%	3.7%

3）设备和材料投标品牌对比分析。在评标阶段协同设计部对投标产品选择的品牌及型号进行复核，筛查工厂已停工的产品型号，避免后期因采购不到需要更换型号进而合约变更增加费用。

A、B、G、C四家单位投标报价选用的品牌均在招标品牌范围内。D、F的无线对讲系统、UPS、液晶监视器未采用招标文件中约定的品牌，见表4.4-13。

表4.4-13 主要设备和材料品牌对比

序号	系统名称	指定品牌范围	投标品牌				
			A	B	D	F	G
1	无线对讲系统	摩托罗拉、海能达、好易通	摩托罗拉	海能达	超诺	畅博	海能达
2	电子巡更	兰德华、金万码、格瑞特	兰德华	兰德华	兰德华	兰德华	兰德华
3	UPS	施耐德、伊顿、艾默生	伊顿	艾默生	艾默生	APC	艾默生
4	线缆	大唐、天诚、同方	天诚	天诚	天诚	天诚	大唐
5	智能化设备网络	中兴、华为、H3C	H3C	H3C	华为	华为	H3C
6	数字视频监控系统	大华、海康、宇视	海康	大华	大华	海康	大华
7	液晶监视器	创维、TCL、优色	创维	TCL	大华	海康	创维
8	出入口控制	捷顺、富士、立方	富士	富士	富士	富士	富士
9	背景音乐	ITC、迪士普、西派	迪士普	迪士普	迪士普	ITC	ITC
10	入侵报警系统	博世、泰科、豪恩	豪恩	博世	博世	博世	豪恩
11	建筑设备监控系统	霍尼维尔VEBS或EBI500C系统、西门子APOGEE系统、江森自控METASYS	霍尼维尔VEBS	霍尼维尔	西门子APOGEE系统	霍尼维尔	霍尼维尔VEBS
12	能源管理系统	天溯、南瑞、爱博及同档次	艾科	天溯	伽壹	奉浩	天溯

4）主要单价对比分析，见表4.4-14。

表4.4-14 主要单价对比

序号	项目名称	计量单位	投标单价/元				
			A	B	D	G	F
1	室外彩转黑低照度1080P枪式摄像机	套	465	496	433	695	853
2	硬盘	块	965	1 298	1 144	963	970
3	存储服务器	台	21 152	8 806	13 521	12 043	22 244
4	网络控制器	只	13 094	2 541	3 057	5 384	1 212

(续)

序号	项目名称	计量单位	投标单价/元				
			A	B	D	G	F
5	DDC 控制器	台	3 473	3 643	10 829	4 725	3 930
6	数据采集器	只	5 523	3 954	4 250	4 250	3 137
7	24 口安防网交换机	台	3 206	3 158	1 235	2 338	3 707
8	UPS 配电箱	个	1 761	3 417	1 061	1 514	7 842
9	UPS 30kVA	个	66 116	84 405	50 862	104 416	103 519
10	4×12 芯单模光纤	m	9	10	16	30	8
11	WDZ-YJV-3×6.0	m	20	22	21	25	23

5）议标问卷。依据清标分析结果，向各投标单位发送清标问卷，要求各投标单位复核偏高的综合单价、明确技术标中未明确的设备型号等内容。

为了更优选择投标单位及澄清第一轮回标中技术标部分的疑问，在议标会议后向相关投标单位发议标问卷（以下为主要内容示例）。

> 1. 请确认凡是由贵公司自行打印的招标文件内容如与我方发出的招标文件（包括补遗）不同，一律以我方发出的招标文件（包括补遗）为准。
> 2. 请贵公司确认已仔细阅读本项目招标文件并完全理解我方的招标范围及报价要求，且有关投标疑问已于本清标问卷回复之前提出并得到完全解决。
> 3. 请贵公司确认我方提供的工程量清单和招标文件中未描述完全，但属于必须工序的项目，已包含在投标总价内。
> 4. 请贵公司确认措施项目清单费用总价包干，在中标后总价固定不变。如果存在没有填写的项目，将被视为已包含在合同总价内，无论贵公司投标的措施费与实际发生的费用有多大差异，无论招标图纸与最终施工图是否发生变化、工程量是否增减，也无论是否发生设计变更及现场签证，措施费一概不调整。
> 5. 请贵公司确认如贵公司中标，贵公司提供的材料必须满足业主的品牌限定要求。
> 6. 请贵公司确认如贵公司中标，贵公司所投报价中如果存在主材价格低于市场，贵公司也不能以此为理由降低施工材料品质，必须保证按照招标要求提供符合施工质量要求的合格材料。
> 7. 请贵公司确认贵公司应具备施工图深化的能力（深化图纸需具有相关资质单位盖章，如果投标单位本身不具备设计出图资质，需要外包其他具有出图资质的公司），深化设计需根据设计蓝图、标准图集、施工规范的要求，根据施工经验，结合施工现场的实际情况，对原设计进行优化、调整、完善。
> 8. 请贵公司确认据项目建设进度，贵公司应积极配合我公司安排合理工期和到货安装时间，不得以任何理由推迟到货安装工作，如影响施工建设进度，我公司将予以清退处理，我公司将不对此进行任何经济赔偿。
> 9. 请确认：定标之后不允许中标人修改合同，否则将视为中标人放弃中标。
> 10. 贵公司技术标中《投标产品选型及技术参数表》中有如下疑问，请调整《投标产品选型及技术参数表》：

1）本次招标 BA 系统共有 135 个 AI 点，135 个 AO 点，738 个 DI 点，206 个 DO 点，DDC 控制器数量为 29 台，投标单位需根据选择的 DDC 控制器型号，包含上述 AI、AO、DI、DO 点位数量，如 DDC 自带 AI、AO、DI、DO 点位无法满足招标要求，可根据数量差别配置 AI、AO、DI、DO 模块。

2）安防网汇聚交换机、安防网接入交换机、24 口安防网交换机不要求 POE 供电，可按非 POE 交换机重新选择型号。

3）枪式摄像机型号官网查询不到，请明确。

4）请补充各系统所投设备型号。

5）背景音乐的音箱设置，除大面积空旷区域设置立杆式音响以外，尽量使用落地仿石式音箱、吊顶用音箱等与设置环境外形协调的音箱设备，以隐藏音箱设备保证园区视觉效果。

6）背景音乐本地音源系统与全园区系统连接，游乐设备、背景音乐广播分区需分回路设置，以实现可在不同区域播放不同的音源。

11. 贵公司的投标报价清单中，下列序号清单项目报价偏高，请复核。

第一部分 视频监控系统 序号 1~3、6、8、9、12

第四部分 电子巡更系统 序号 2~4

第五部分 建筑设备监控系统 序号 5、7、8、10

第八部分 无线对讲系统 序号 2、9

第九部分 背景音乐系统 序号 2、3、7

第十三部分 单体弱电房 序号 3~6、11、14

12. 贵公司的投标报价清单中，下列序号清单项目报价偏低，请复核。

措施费无报价，请明确。

第一部分 视频监控控系统 序号 11、15

第三部分 出入口控制系统 序号 4、5

第五部分 建筑设备监控系统 序号 2、6

第七部分 综合布线系统 序号 12

第八部分 无线对讲系统 序号 5、6

第九部分 背景音乐系统 序号 1、9~15

第十一部分 能源管理系统 序号 2

第十三部分 单体弱电房 序号 18、21

13. 请贵公司提供所选品牌的授权文件。

14. 请贵公司所选品牌按照品牌清单中选择。

（7）第二轮回标分析

A、B、D、C 投标报价中除部分报价与测算价出现偏低，偏高项外无漏报、多报项目。设备选用的品牌均在招标品牌范围内。

G 家投标报价中无线对讲系统中设备品牌未按招标文件中约定的品牌报价。

F 家在第二次回标中只出具承诺与第一次报价等额的报价函，没有报价明细。

1）总价分析，见表 4.4-15~表 4.4-17。

表 4.4-15　投标总价对比

序号	投标单位	投标总价/元			对比最低标报价	
		修正前	修正金额	修正后	差额/元	差额比例
1	A	4 151 012	0.00	4 151 012		100%
2	D	4 435 205	0.00	4 435 205	284 194	107%
3	B	4 438 964	0.00	4 438 964	287 952	107%
4	C	4 506 996	-1.42	4 506 995	355 983	109%
5	G	5 091 166	-0.36	5 091 166	940 154	123%
6	F	5 611 243	0.00	5 611 243	1 460 231	135%

表 4.4-16　两轮报价对比

序号	投标单位	投标总价/元		本次调整	
		第一轮	第二轮	金额/元	比例
1	A	4 402 030	4 151 012	-251 018	-5.70%
2	D	4 784 458	4 435 205	-349 253	-7.30%
3	B	4 718 367	4 438 964	-279 403	-5.92%
4	C	6 301 136	4 506 995	-1 794 141	-28.47%
5	G	5 286 108	5 091 166	-194 942	-3.69%
6	F	5 611 243	5 611 243	0	0.00%

表 4.4-17　总价组成对比分析

（篇幅原因，仅显示前两家）

序号	系统名称	A			D		
		第一次/元	第二次/元	调整比例	第一次/元	第二次/元	调整比例
1	视频监控系统	1 028 260	1 028 260	0%	1 006 233	976 359	-3%
2	入侵报警系统	24 121	24 121	0%	34 583	27 996	-19%
3	出入口控制系统	127 854	127 854	0%	152 616	150 299	-2%
4	电子巡更系统	3 739	3 739	0%	3 617	3 548	-2%

(续)

序号	系统名称	A			D		
		第一次/元	第二次/元	调整比例	第一次/元	第二次/元	调整比例
5	建筑设备监控系统	588 849	524 539	−11%	606 207	505 472	−17%
6	电梯集中监控及五方对讲系统	1 235	1 235	0%	3 252	3 204	−1%
7	综合布线系统	131 851	127 452	−3%	149 931	135 257	−10%
8	无线对讲系统	48 850	35 574	−27%	44 034	31 594	−28%
9	背景音乐系统	422 042	358 549	−15%	445 621	374 340	−16%
10	客流统计系统	1 385	1 385	0%	1 525	1 427	−6%
11	能源管理系统	273 350	273 350	0%	232 295	227 933	−2%
12	无线 WiFi 系统	55 092	55 092	0%	53 412	50 021	−6%
13	单体弱电房	952 148	846 608	−11%	757 923	682 541	−10%
14	室外综合管网	710 554	710 554	0%	881 232	866 912	−2%
15	投标人自行补充	—	—	0%	375 836	362 164	−4%
16	措施费	32 700	32 700	0%	36 140	36 140	0%
	合计	4 402 030	4 151 012	−6%	4 784 458	4 435 205	−7%

两次报价对比分析如下：

A：将清标问卷中第一次报价偏高项进行了调整报价，第一次报价偏低项未进行调整。

D：对整体报价均进行了调整。

B：对整体报价均进行了调整。

3）措施费分析。所有投标单位第二次报价中措施费均未调整。

（8）定标建议

综上所述，按公司招定标制度，在技术标满足项目需求的前提下，商务标报价最低的单位 A 为中标单位。

3. 招标总结

（1）招标计划复盘

本项目招标总体时间从启动到发出中标通知书，实际共 57 天，较计划提前 4 天；其中，从发标到发出中标通知书，实际 35 天，与计划相符。

本标段，在发标前耗费时间达 22 天，本标段在招标前期准备阶段的主要工作是成本部从方案版设计就开始与设计部对接，从摄像机点位数量、各系统的设置、与其他专业的交界面等方面进行协同、联动，做好成本测算、及时沟通反馈，防止出现招标图超目标成本的被动局面。尤其是在收到设计院提供的设备材料参数表后，与设计部同事进行复核并进行优化，从而剔除掉非必要的功能，从而达到合理控制成本的目的，见表 4.4-18。

表 4.4-18 招标计划与实际完成对比

序号	工作清单	日历天数		完成时间	
		计划	实际	计划	实际
1	招标启动会	1	1	2019-4-18	2019-4-18
2	资格预审完成	7	7	2019-4-24	2019-4-24
3	考察完成	8	18	2019-4-25	2019-5-5
4	入围单位审批完成	22	22	2019-5-9	2019-5-9
5	招标文件及清单审批完成	22	22	2019-5-9	2019-5-9
6	发标	22	23	2019-5-9	2019-5-10
7	质疑截止	27	27	2019-5-14	2019-5-14
8	答疑	29	30	2019-5-16	2019-5-17
9	回标	34	34	2019-5-21	2019-5-21
10	技术标开标	34	34	2019-5-21	2019-5-21
11	商务标开标	35	34	2019-5-22	2019-5-21
12	定标	60	56	2019-6-16	2019-6-12
13	发出中标通知书	61	57	2019-6-17	2019-6-13

（2）数据分析与总结

1）主要工程量含量指标分析，见表 4.4-19。

表 4.4-19 主要工程量含量指标分析

序号	主要清单项	计量单位	工程量	占地面积指标（每 100m²）
1	摄像机	台	465	0.484
2	24 口交换机	台	65	0.068
3	配线架	台	157	0.164
4	线缆	m	127 912	133
5	线管、桥架	m	24 685	26

2) 成本指标分析，见表 4.4-20。

表 4.4-20 成本指标分析

序号	名称	含税金额/元	建筑面积指标/(元/m^2)	占地面积指标/(元/m^2)	比重	
1	视频监控系统	1 036 424	77.9	10.8	25%	
2	入侵报警系统	24 313	1.8	0.3	1%	
3	出入口控制系统	128 869	9.7	1.3	3%	
4	电子巡更系统	3 769	0.3	0.0	0%	
5	建筑设备监控系统	528 704	39.8	5.5	13%	
6	电梯集中监控及五方对讲系统	1 245	0.1	0.0	0%	
7	综合布线系统	128 464	9.7	1.3	3%	46%
8	无线对讲系统	35 856	2.7	0.4	1%	
9	背景音乐系统	361 396	27.2	3.8	9%	
10	客流统计系统	1 396	0.1	0.0	0%	
11	能源管理系统	275 520	20.7	2.9	7%	
12	无线 WiFi 系统	55 529	4.2	0.6	1%	
13	单体弱电房	853 331	64.2	8.9	21%	
14	室外综合管网	716 196	53.8	7.5	17%	
	水乐园弱电定标金额	4 151 012	312.1	43.2	100%	
15	客流统计系统	434 000	32.6	4.5	9%	
16	办公网络	4 334 000	326	45	89%	
17	无线网络					54%
18	数据中心机房					
19	POS 收银网络	100 000	7.5	1.0	2%	
	水乐园弱电其他金额	4 868 000	366	51	100%	
	水乐园弱电工程总成本	9 019 012	678	94	—	100%

注：税率为 9%。

3) 主要项目的综合单价，见表 4.4-21。

表 4.4-21 主要项目综合单价

序号	项目名称	计量单位	数量	综合单价/元		
				供应	安装	合计
1	红外彩转黑低照度 1080P 半球摄像机	套	71	362	115	477
2	红外彩转黑低照度 1080P 枪式摄像机	套	130	350	115	465

(续)

序号	项目名称	计量单位	数量	综合单价/元		
				供应	安装	合计
3	室外彩转黑低照度1080P枪式摄像机	套	254	350	115	465
4	硬盘	块	205	948	16	965
5	视频综合平台（包含硬件）	台	1	33 629	247	33 875
6	中心管理服务器	台	2	20 905	247	21 152
7	存储服务器	台	8	20 905	247	21 152
8	二合一避雷器	个	262	81	33	114
9	4m室外监控杆（含基础、支架）	套	22	622	164	786
10	JDG钢管	m	5 709	4	8	12
11	电线	m	3 531	3	2	5
12	电线	m	6 600	3	2	5
13	网线	m	6 600	2	2	3
14	单门门禁控制器	个	32	961	99	1 059
15	读卡器	个	55	407	58	464
16	通信网关	套	16	1 356	99	1 455
17	网络控制器	只	18	9 795	99	9 894
18	楼宇自控系统软件	套	1	36 675	0	36 675
19	模拟量输入点（AI）	点	135	17	0	17
20	模拟量输出点（AO）	点	135	17	0	17
21	数字量输入点（DI）	点	738	52	0	52
22	数字量输出点（DO）	点	206	71	0	71
23	DDC配套控制箱	台	29	993	411	1 404
24	JDG钢管	m	2 651	4	8	12
25	网线	m	6 852	2	2	3
26	水平金属桥架（含配件）	m	503	36	46	82
27	2400W数字功放	套	2	9 040	66	9 106
28	500W功率放大器	台	12	4 351	66	4 416
29	室外音柱	只	152	347	107	454
30	中控管理软件	套	1	45 200	0	45 200
31	JDG钢管	m	2 610	3	8	11
32	网线	m	5 247	2	2	4
33	安防网汇聚交换机	台	3	9 605	99	9 704
34	24口安防网交换机	台	60	2 280	99	2 379

(续)

序号	项目名称	计量单位	数量	综合单价/元		
				供应	安装	合计
35	机柜一	台	57	1 187	99	1 285
36	机柜二	台	2	1 639	99	1 737
37	10 位防雷 PDU	个	57	141	0	141
38	UPS 配电箱	个	57	1 695	66	1 761
39	UPS 30kVA	个	2	65 540	576	66 116
40	200 门语音光端机	个	2	38 985	247	39 232
41	理线器	个	118	45	33	78
42	24 口模块式配线架	个	78	373	99	472
43	48 口光纤配线架	个	57	456	49	506
44	光纤耦合器（含附件）	个	2 736	5	3	8
45	单模光缆（万兆上联）	m	3 686	7	2	9
46	4×12 芯单模光纤	m	16 233	7	2	9
47	WDZ-YJV-3×6.0	m	16 233	19	2	20
48	1×25 对大对数	m	6 887	11	2	13
49	埋管	m	1 071	17	13	30
50	小型手井	座	11	339	822	1 161

注：上述单价均为不含税价格，下同。

4）综合单价分析，见表 4.4-22。

表 4.4-22 综合单价分析

序号	项目名称	单位	人工	主材价	管理费利润规费	安装价	综合单价
1	室外彩转黑低照度 1080P 枪式摄像机	元/台	100.1	350.3	15.0	115.1	581
2	硬盘	元/台	14.3	948.1	2.2	16.5	981
3	存储服务器	元/台	214.5	20905.0	32.2	246.7	21 398
4	网络控制器	元/台	85.8	9795.0	12.9	98.7	9 992
5	DDC 控制器	元/台	85.8	3374.2	12.9	98.7	3 572
6	数据采集器	元/台	85.8	5424.0	12.9	98.7	5 621
7	24 口安防网交换机	元/台	85.8	2280.0	12.9	98.7	2 477
8	UPS 配电箱	元/台	54.7	1695.0	8.6	65.8	1 827
9	4×12 芯单模光纤	元/m	2.2	6.6	0.3	2.5	12
10	WDZ-YJV-3×6.0	元/m	1.4	18.8	0.2	1.6	22

以此表能分析出主材费用占总造价的 83.27%，主材的品牌档次是影响本工程造价的重要元素。本工程主要设备材料品牌范围见表 4.4-23。

表 4.4-23　主要设备材料品牌

序	名称	限定品牌范围	中标单位选用
1	无线对讲系统	摩托罗拉、海能达、好易通	摩托罗拉
2	电子巡更	兰德华、金万码、格瑞特	兰德华
3	UPS	施耐德、伊顿、艾默生	伊顿
4	线缆	大唐、天诚、同方	天诚
5	智能化设备网络	中兴、华为、H3C	H3C
6	数字视频监控系统	大华、海康、宇视	海康
7	液晶监视器	创维、TCL、优色	创维
8	出入口控制	捷顺、富士、立方	富士
9	背景音乐	ITC、迪士普、西派	迪士普
10	入侵报警系统	博世、泰科、豪恩	豪恩
11	建筑设备监控系统	霍尼维尔 VEBS 或 EBI500C 系统、西门子 APOGEE 系统、江森自控 METASYS	霍尼维尔 VEBS

【案例4.5】

住宅项目燃气壁挂炉工程

1. 基本信息

（1）工程概况（表4.5-1、表4.5-2）

表4.5-1　工程总体概况

工程地点	北京市
建设时间	2018—2019年
主要业态	别墅、花园洋房
交付标准	毛坯
建筑面积	地上建筑面积49 800m^2，见表4.5-2
层数/层高	地上4~8层/3.0m
结构形式	砖混结构

表4.5-2　户型面积与设备功率的对应

业态	户型	配置	户数	户型面积/m^2	总建筑面积/m^2	对应功率
花园洋房	甲户型A	3室2厅2卫	156	140	21 840	24kW
	甲户型B	3室2厅3卫	82	165	13 530	24kW
	小计		238	149	35 370	24kW
别墅	乙户型A	4室3厅3卫	21	250	5 250	32kW
	乙户型B	5室3厅4卫	34	270	9 180	32kW
	小计		55	262	14 430	32kW
合计			293	170	49 800	—

（2）标段概况（表4.5-3）

表4.5-3　标段概况

特征工程量	每户1台，共293户
目标成本	2 500 000元
工期要求	120个日历天
定标时间	2018年8月
招标方式	邀请招标
定价方式	总价包干
招标范围	燃气壁挂炉的供应及安装，含壁挂炉下连接软管及阀门的供应安装、隔墙上的固定措施、烟囱
标段划分	不分标段

2. 招标过程

(1) 编制招标计划

按项目总体工期安排，本标段承包商需要在 2018 年 9 月进场施工。招标周期拟定 57 天，详见表 4.5-4。

表 4.5-4 招标计划

序号	工作清单	计划完成时间	参加部门
1	招标启动会	2018-6-20	成本部、工程部、设计部
2	资格预审表会签	2018-6-22	成本部
3	投标单位审批	2018-6-24	成本部
4	招标文件审批	2018-6-29	成本部
5	发出招标公告	2018-7-2	成本部
6	发标	2018-7-5	成本部
7	现场答疑、标前辅导	2018-7-8	成本部、工程部、设计部
8	答疑回复	2018-7-12	成本部
9	第一轮回标、开标	2018-7-19	成本部、工程部、设计部
10	议标疑问卷发出及收回	2018-7-24	成本部
11	第二轮回标、开标	2018-7-30	成本部、工程部、设计部
12	定标前约谈	2018-8-3	成本部、工程部、设计部
13	编制评标报告	2018-8-8	成本部
14	中标单位审批	2018-8-13	成本部、工程部、设计部
15	发出《中标通知书》	2018-8-15	成本部

(2) 编制招标文件

1) 确定工程范围。本工程承包范围包括：按招标文件、招标图纸、工程规范及工程量清单所示要求，完成 293 台壁挂炉的供应及安装，包括壁挂炉下连接软管及阀门的供应安装、隔墙上的固定措施、烟囱，及与此相应的项目开办、配合等相关工作。

2) 确定合约界面，见表 4.5-5。总包单位为本标段承包人提供如下工作界面，以便其能够开展工作。

表 4.5-5 合约界面划分

序号	部位	界面要求
1	墙面	挂载壁挂炉的墙面平整并无安装障碍，该墙面应能挂载重 50kg 的物品
2	出烟口	预留出烟口一个，直径为 120mm
3	电源插座	预留二极带接地电源插座一个，该插座电流规格 10A。电源插座位置距离壁挂炉两侧不得大于 500mm，不得小于 100mm
4	燃气管线	燃气管线接驳点的提供，及预留与外螺纹铝制燃气桩口进行连接的工作界面
5	水暖管件	预留水暖管件至壁挂炉底部 100mm 处，该水暖管件的终端应为外螺纹接口，以便配件中的波纹管与之相接

3)确定付款方式。由甲方按以下方式直接支付给供应商:

①预付款。工程预付款金额为"签约合同价格"(扣除暂列金额)的20%。合同生效及供应商提交甲方认可的预付款保函(保证金金额等于工程预付款金额)后由甲方支付工程预付款。

②工程进度款。货到现场并初步验收合格后,按合同条款支付总金额的65%(不含预付款);安装完成且验收合格后,按合同条款以及已批准的变更款项,支付安装款项总金额的65%(不含预付款),扣除供应商应支付或必须支付甲方的款项。

③结算款。合同结算完毕且小业主验收合格后,支付至结算金额的95%。

④质保金款。质保金为"结算金额"的5%,在本工程缺陷通知期满后并且供应商按合同约定完成全部缺陷修补后(以日期较后者为准),甲方向供应商支付剩余质保金(扣除发生的甲方的索赔款项);质保金纯属信托形式,不计利息。

⑤供应商不得以上一期工程款未收到为由停止供应及安装下一批壁挂炉,否则,供应商应自行承担由于未遵守该规定所造成的时间上延误或费用的损失。

(3)确定投标单位

经审批确认,共邀请供方库中6家有类似业绩的合格供方参与投标,最终入围审批单位共5家,其中第6家单位因准备不足,放弃此次投标。投标单位名单详见表4.5-6。

表4.5-6 投标单位情况表

序号	投标单位	北京地区类似业绩	入围情况
1	A	翡翠城四期	入围
2	B	光大花园	入围
3	C	万科紫台	入围
4	D	颐安家园	入围
5	E	嘉铭园	入围
6	F	悦园	不符合入围标准

(4)编制工程量清单

本项目招标工程量除两项为暂定量以外,其他为确定量,详见表4.5-7。

表4.5-7 工程量清单

序号	项目名称	单位	工程量	说明
1	24kW壁挂炉供应	台	238	参考GB 25034—2010,最终以最新及最严标准为准
2	32kW壁挂炉供应	台	55	
3	温控器供应及安装	个	293	与壁挂炉型号匹配之温控器
4	标准排烟管24kW	个	238	参考JGJ 141—2004,最终以最新及最严标准为准
5	标准排烟管32kW	个	55	
6	90°排烟管弯头	个	238	暂定工程量
7	135°排烟管弯头	个	55	暂定工程量
8	排烟管风帽	个	293	无
9	墙体支架	个	293	无

在本标段工程量清单编制中，需要注意清单说明的编制，主要包括：

1）合同价格的充分性。合同价格包括为履行合同所需要的一切费用，例如本清单项目的综合单价包括：

①人工费用，包括制作加工、由运载工具搬运至现场指定位置、组装、调试等及一切有关费用。

②原材料、组件、配件、附件及组装/安装用辅助材料等一切有关费用。

③机械及工具使用。

④所有包装、装卸、运输费。

⑤风险费、利润及税金。

⑥进口相关税项及费用（如为进口货物）。

⑦安装单价应包括的费用：

a. 与管道的接驳，及提供接头或接驳时的一切费用。

b. 支、吊、托架，包括固定件、锚固件、隔热体和防震装置。

c. 单机试运转、试运行、试装。

d. 削切或开孔洞、榫眼、槽或类似项目的修复。

e. 嵌入或削切支撑托座或类似项目和修复。

f. 试压（如有）。

g. 设备的保温、防腐。

h. 设备开箱检查、搬运及重要部位清洗等。

2）暂定工程量。燃气壁挂炉安装需配合装修工程进行定位，其排烟管长度暂时不能准确计量，故壁挂炉排烟管及附件（包括弯头、风帽等）以暂定数量报价。

3）暂定金额。本工程包含暂定金额 165 000 元。此处"暂定金额"所涵盖的工作是一些在招标时未能完全预见、规定或详细说明的工作，此部分的工作包括于工程范围内，此部分的工作所需时间亦包括于合同工期内，有关款项仅为暂定金额。"暂定金额在合同执行中须按雇主的指示而部分或全部使用，或倘若不需要时从合同价格内扣除。"据此规定对单价细目表已包括暂定金额所完成工作的费用（根据本合同的规定对合同价格调整），并在期中付款证书内反映。

4）增值税税率：11%。

（5）第一轮回标分析

1）总价对比分析及明细，见表 4.5-8、表 4.5-9。

表 4.5-8 总价对比分析

序号	投标单位	代理品牌	投标金额/元	与最低报价对比	
				差额/元	差额比例
1	D	WN	2 209 759	—	—
2	A	XB	2 260 414	50 655	2.3%
3	C	FSM	2 299 967	90 208	4.1%
4	E	IMM	2 408 284	198 525	9.0%
5	B	FLL	2 415 529	205 770	9.3%

成本顾问对本工程的标底金额确定为 2 420 000 元，投标单位的报价均低于标底金额。

表 4.5-9　总价明细对比

序号	清单项	总价组成明细/元				
		D	A	C	E	B
1	开办费	0	0	14 223	137 566	220
2	24kW 壁挂炉供应	1 258 306	1 351 364	1 402 058	1 302 336	1 419 670
3	32kW 壁挂炉供应	422 840	446 655	429 495	413 985	421 025
4	壁挂炉安装	87 314	109 582	51 568	80 575	64 460
5	温控器供应及安装	145 914	102 257	145 914	172 284	152 946
6	辅材供应及安装	130 385	85 556	91 709	136 538	192 208
7	暂列金额	165 000	165 000	165 000	165 000	165 000
	合计	2 209 759	2 260 414	2 299 967	2 408 284	2 415 529

2) 单价对比分析，见表 4.5-10、表 4.5-11。单价分析均不包括开办费、暂列金额。

表 4.5-10　单价对比分析（甲户型 24kW）

序号	项目名称	单位	工程量	综合单价/元				
				D	E	A	C	B
1	24kW 壁挂炉供应	台	238	5287	5472	5678	5891	5965
2	壁挂炉安装	台	238	298	275	374	176	220
3	温控器供应及安装	个	238	498	588	349	498	522
4	壁挂炉辅材供应及安装	台	238	445	466	292	313	656
	合计	户	238	6528	6801	6693	6878	7363

表 4.5-11　单价对比分析（乙户型 32kW）

序号	项目名称	单位	工程量	综合单价/元				
				E	B	D	C	A
1	32kW 壁挂炉供应	台	55	7527	7655	7688	7809	8121
2	壁挂炉安装	台	55	275	220	298	176	374
3	温控器供应及安装	个	55	588	522	498	498	349
4	壁挂炉辅材供应及安装	台	55	466	656	445	313	292
	合计	户	55	8856	9053	8929	8796	9136

3) 议标情况。第一次开标后发出议标问卷，各投标单位对问卷内容均进行了确认。议标问卷的主要内容（以对 A 厂商为例）如下：

> 经评阅标书，兹有下列问题需要贵公司澄清或确认：
> 本答疑澄清供各投标单位回标之用，本答疑澄清若有与招标文件不符之处，以本答疑澄清为准，之后对本文问题所做的新的澄清比本次澄清拥有更优先的解释权。
> 技术部分补充说明如下：

(1) 请出示安装资质。
(2) 请提供壁挂炉温控器样品（随本次议标问卷回复一起送达我公司招采中心）。
(3) 请考虑辅材费。
1) 请提供主要零部件风机、水泵、热交换器、燃烧器、膨胀水箱、燃气比例阀、计算机主控板的产地品牌说明。
2) 请说明燃气比例阀的具体型式。
(4) 请提供相关技术资质证明。
1) 请提供清晰的产品检测报告，该检测报告上应有详细的热效率值。
2) 请确认壁挂炉满负荷运行时噪声值是否确为40dB。
3) 请提供温控器（荷兰honeywell）的型号、样本（含照片）。
4) 请提供循环水泵炉外用压头值。
5) 请提供权威检测机构出具的热效率值。
6) 我公司要求的温控器为七天编程带液晶显示，而贵公司投标文件中说明为手动，不满足要求，请明确，并提供温控器的型号、样本（含照片）。

商务部分补充说明如下：

1. 商务报价说明

请投标单位根据招标文件及图纸进行工程量复核及报价，工程量清单所列的工作项目以及相应工程量仅作为投标报价的参考，投标人应根据工程说明、招标图纸、设计及规范要求进行全面核对，并自行承担遗漏项目或统计错误的损失，如对清单中有项目增减或工程量的增减，需要另行单列工程量清单调整报价表，格式同招标人提供的工程量清单表，招标人提供的清单格式不能更改。

对于招标图纸中含有的内容而投标清单中未有列出，则认为相应工作的价格已经包含在其他项目中，一旦中标，不得另外提出额外增加费用。

请贵公司确认，贵公司上报的单价不会随着市场的价格浮动而调整。

请贵公司确认，投标单价已满足图纸及规范要求，清单中未列明的费用在经贵公司复核后，若无补充项目，则视为已包含于投标总价中。

请贵公司确认开增值税专用发票的相关费用已考虑至投标报价中，本次增值税税率按11%计入。

请贵公司在综合单价分析表中拆分出材料费、人工费、机械费等三类费用汇总明细。

2. 开办费价格说明

请贵公司确认，"开办费项目"费用为包干性质，所有项目在工程竣工时无论实际是否发生，亦无论实体工程数量如何变化，均不予调整。

请贵公司确认，开办费中列明及未列明的项目，无论贵公司是否填报，均已视作在投标总价中考虑，不再以任何形式追加费用。

本议标问卷应作为本项目招标文件的一部分，若与招标文件、补充议标文件有含糊和矛盾的地方，以本议标问卷的解释为准。

3. 临时设施费

请贵公司酌情考虑临时水电费。

4. 成品保护费

请明确投标报价里是否包括移交总包前的成品保护费用，如不包括请报费用。

另有 A 单位提供温控器档次略低，现同意使用甲指温控器产品。各投标单位对人工综合单价进行了调整或确认，具体金额见表 4.5-12。

表 4.5-12 人工综合单价

项目名称	E	B	C	A	D
人工综合单价/(元/人·天)	55	66	78	100	114

说明：表中人工综合单价，用于项目实施过程中可能发生的变更索赔或其他可能发生的工作量计算。

（6）第二轮回标分析

1）特殊事项说明。在第二轮开标后，由于两次报价时间间隔较长，为增强甲方与生产厂商的直接关联和未来可能存在的长期合作，有两家投标单位（均为代理商）申请将签约主体进行变更，具体变化为：

B 单位（代理商）声明，如果中标，则由生产厂家"×××锅炉热能产品设备有限公司"直接签订供货及安装合同，并出具了代理商和生产厂家双方盖章的承诺函件。

D 单位（代理商）声明，如果中标，则由生产厂家"×××供暖设备有限公司"直接签订供货及安装合同，并出具了代理商和生产厂家双方盖章的承诺函件。

2）总价对比分析，见表 4.5-13、表 4.5-14。

表 4.5-13 总价对比分析

序号	投标单位	代理品牌	投标金额/元	与最低报价相比	
				差额/元	差额比例
1	D	WN	2 075 328	—	—
2	A	XB	2 096 228	20 900	1.0%
3	C	FSM	2 155 263	79 935	3.9%
4	E	IMM	2 189 638	114 310	5.5%
5	B	FLL	2 374 600	299 272	14.4%

表 4.5-14 总价组成对比分析

序号	主要清单项	总价组成/元			
		D	A	E	C
1	开办费	0	0	137 566	14 223
2	24kW 壁挂炉供应	1 194 284	1 219 750	1 203 804	1 339 940
3	32kW 壁挂炉供应	425 095	451 880	393 690	370 150
4	壁挂炉安装	29 300	87 021	67 683	48 345
5	温控器供应及安装	120 130	87 021	104 601	161 150
6	辅材供应及安装	141 519	85 556	82 919	90 830
7	暂列金额	165 000	165 000	165 000	165 000
	合计	2 075 328	2 096 228	2 155 263	2 189 638

3）单价对比分析，见表 4.5-15。

表 4.5-15　单价对比分析

序号	主要清单项	数量	单位	综合单价/元				
				D	E	A	C	B
1	24kW 壁挂炉供应	238	台	5 018	5 058	5 125	5 630	5 869
2	32kW 壁挂炉供应	55	台	7 729	7 158	8 216	6 730	7 843
3	壁挂炉安装	293	台	100	231	297	165	321
4	温控器供应及安装	293	个	410	357	297	550	528
5	壁挂炉辅材供应及安装	293	套	483	283	292	310	452
	合计（平均）	293	户	6 520	6 323	6 591	6 861	7 541

4）第二轮报价分析小结：经分析，所有投标单位中，D 厂商报价总价最低，且各项单价处于最低或次低水平，虽然壁挂炉辅材项单价最高，但是该项并非主要清单项，数量小、金额低，对总价影响较小。

5）两轮报价的汇总分析。第二轮报价，所有厂商报价总价均有一定幅度下调，所有厂商单价均有所下调，具体下调比例参见表 4.5-16～表 4.5-20。

同时，E 家单位更换了产品，将 IMM 23kW 改为 IMM 24 3C 型号。

表 4.5-16　两轮报价调整情况汇总

投标单位	总价调整情况	单价调整情况
A	总价下调 4.76%	24kW 壁挂炉单价下调 9.74% 32kW 壁挂炉单价上调 1.17%
B	总价下调 1.69%	24kW 壁挂炉单价下调 1.61% 32kW 壁挂炉单价上调 2.46%
C	总价下调 10.51%	24kW 壁挂炉单价下调 4.43% 32Kw 壁挂炉单价下调 13.82%
D	总价下调 6.08%	24kW 壁挂炉单价下调 5.09% 32kW 壁挂炉单价上调 0.53%
E	总价下调 4.80%	24kW 壁挂炉单价下调 7.57% 32kW 壁挂炉单价下调 4.90%

表 4.5-17　两轮报价总价对比

序号	投标单位	代理品牌	第一轮报价/元	第二轮报价/元	增/减金额/元	增/减百分比
1	D	WN	2 209 759	2 075 328	-134 431	-6.1%
2	A	XB	2 260 414	2 096 228	-164 186	-7.3%
3	E	IMM	2 299 967	2 189 638	-110 329	-4.8%
4	C	FSM	2 408 284	2 155 263	-253 021	-10.5%
5	B	FLL	2 415 529	2 374 600	-40 929	-1.7%

表 4.5-18　两轮报价单价对比（A 单位）

序号	项目名称	单位	第一轮报价/元	第二轮报价/元	增/减金额/元	增/减百分比
1	24kW 壁挂炉供应	台	5 678	5 125	−553	−9.7%
2	32kW 壁挂炉供应	台	8 121	8 216	95	1.2%
3	壁挂炉安装	台	374	297	0	0.0%
4	温控器供应及安装	个	349	297	0	0.0%
5	辅材供应及安装	套	292	292	0	0.0%

表 4.5-19　两轮报价单价对比（B 单位）

序号	项目名称	单位	第一轮报价/元	第二轮报价/元	增/减金额/元	增/减百分比
1	24kW 壁挂炉供应	台	5 965	5 869	−96	−1.6%
2	32kW 壁挂炉供应	台	7 655	7 843	188	2.5%
3	壁挂炉安装	台	220	321	101	45.9%
4	温控器供应及安装	个	522	528	6	1.2%
5	辅材供应及安装	套	656	452	−204	−31.1%

表 4.5-20　两轮报价单价对比（C 单位）

序	项目名称	单位	第一轮报价/元	第二轮报价/元	增/减金额/元	增/减百分比
1	24kW 壁挂炉供应	台	5 891	5 630	−261	−4.4%
2	32kW 壁挂炉供应	台	7 809	6 730	−1 079	−13.8%
3	壁挂炉安装	台	176	165	−11	−6.3%
4	温控器供应及安装	个	498	550	52	10.4%
5	辅材供应及安装	套	313	310	−3	−1.0%

（7）技术标分析

工程部、设计部对技术标的评价意见如下：

1）技术参数、产品型号：德国的 FSM、WN 优于意大利的 XB、FLL、IMM。

2）品牌知名度、使用档次：德国的 FSM、WN 高于意大利的 XB、FLL、IMM。

3）工期及品牌产地比较，见表 4.5-21。

表 4.5-21　各投标单位工期、品牌、产地对比

对比项	工期和品牌对比				
	A	B	E	D	C
工期/天	33	33	33	54	132
品牌	意大利 XB	意大利 FLL	意大利 IMM	德国 WN	德国 FSM

从产品性能和品牌档次来说，德国的 FSM、WN 优于意大利的 XB、FLL、IMM，但各单位产品均能满足我公司要求。

（8）定标建议

由最低价单位 D 厂商中标，其代理产品为德国 WN，产品品质高，中标金额 2 075 328

元，其中含暂定金额 165 000 元。

3. 招标总结

（1）招标计划复盘

本项目招标总体时间从启动到发出中标通知书，实际 60 天，超过计划 3 天；其中，从发标到发出中标通知书，实际 45 天，超过计划 3 天，详见表 4.5-22。

表 4.5-22 招标计划与实际完成时间对比

序号	工作清单	日历天数		完成时间	
		计划	实际	计划	实际
1	招标启动会	1	1	2018-6-20	2018-6-20
2	资格预审表会签	3	3	2018-6-22	2018-6-22
3	投标单位审批	5	5	2018-6-24	2018-6-24
4	招标文件审批	10	10	2018-6-29	2018-6-29
5	发出招标公告	13	13	2018-7-2	2018-7-2
6	发标	16	16	2018-7-5	2018-7-5
7	现场答疑、标前辅导	19	18	2018-7-8	2018-7-7
8	答疑回复	23	21	2018-7-12	2018-7-10
9	第一轮回标、开标	30	27	2018-7-19	2018-7-16
10	议标疑问卷发出及收回	35	33	2018-7-24	2018-7-22
11	第二轮回标、开标	41	43	2018-7-30	2018-8-1
12	定标前约谈	45	50	2018-8-3	2018-8-8
13	编制评标报告	50	54	2018-8-8	2018-8-12
14	中标单位审批	55	57	2018-8-13	2018-8-15
15	发出《中标通知书》	57	60	2018-8-15	2018-8-18

（2）数据分析与总结

1）成本指标分析，见表 4.5-23。

表 4.5-23 壁挂炉工程成本指标分析

主要清单项	总价/元	建筑面积指标/（元/m²）	户数指标/（元/户）		
			合计	供应	安装
24kW 壁挂炉	1 554 184	44	6530	5018	1512
32kW 壁挂炉	521 144	36	9475	7729	1746
合计（平均）	2 075 328	42	7083	5527	1556

2）综合单价分析，见表 4.5-24、表 4.5-25。

表 4.5-24 壁挂炉综合单价分析（24kW）

序号	项目内容	单位	用量	单价/元	综合单价/元
1	材料费				5 108

(续)

序号	项目内容	单位	用量	单价/元	综合单价/元
1.1	壁挂炉主体	台	1.00	4 192.70	4 193
1.2	液晶温控器	个	1.00	376.20	376
1.3	标准排烟管（24kW使用）	个	1.00	201.30	201
1.4	90°排烟管弯头（暂定数量）	个	1.00	201.30	201
1.5	排烟管风帽	个	1.00	14.30	14
1.6	墙体支架	个	1.00	122.10	122
2	人工费				99
2.1	壁挂炉主体安装费	台	1.00	86.96	87
2.2	温控器安装费	个	1.00	6.96	7
2.3	壁挂炉辅材安装费	套	1.00	5.22	5
3	上述费用小计				5 207
4	利润			(3)×4.0%	208
5	税金			(3+4)×11.0%	596
	综合单价（3+4+5）				6 011

表 4.5-25　壁挂炉综合单价分析（32kW）

序号	项目内容	单位	用量	单价/元	综合单价/元
1	材料费				7 456
1.1	壁挂炉主体	台	1.00	6 541.11	6 541
1.2	液晶温控器	个	1.00	376.20	376
1.3	标准排烟管（24kW使用）	个	1.00	201.30	201
1.4	90°排烟管弯头（暂定数量）	个	1.00	201.30	201
1.5	排烟管风帽	个	1.00	14.30	14
1.6	墙体支架	个	1.00	122.10	122
2	人工费				99
2.1	壁挂炉主体安装费	台	1.00	86.96	87
2.2	温控器安装费	个	1.00	6.96	7
2.3	壁挂炉辅材安装费	套	1.00	5.22	5
3	上述费用小计				7 555
4	利润			(3)×4.0%	302
5	税金			(3+4)×11.0%	864
	综合单价（3+4+5）				8 722

【案例4.6】

商业综合体项目防火门工程

1. 基本信息

(1) 工程概况（表4.6-1）

表4.6-1 工程概况

工程地点	浙江省某市
建设时间	2019年
主要业态	商业中心、公寓、商业街
交付标准	全装修
建筑面积	总建筑面积约为16.6万 m^2，其中地上约13万 m^2
层数	地下2层，地上4层（商业中心）
结构形式	框架结构

(2) 标段概况（表4.6-2）

表4.6-2 标段概况

特征工程量	钢制防火门，共1100樘
招标控制价	约280万元
工期要求	工期100天
定标时间	2019年6月
招标方式	邀请招标
定价方式	固定总价包干
招标范围	商业综合体内全部防火门的供应及安装
标段划分	不分标段

2. 招标过程

(1) 编制招标计划

本标段从招标启动会到发出中标通知书，计划31天，中标单位需要在2019年6月1日前确定，具体计划见表4.6-3。

表4.6-3 招标计划

序号	工作清单	计划完成时间	参加部门
1	招标启动会	2019-4-30	招采部、工程部、成本部、设计部

(续)

序号	工作清单	计划完成时间	参加部门
2	投标单位审批	2019-5-4	招采部
3	招标文件审批	2019-5-5	招采部、成本部
4	发标	2019-5-6	招采部
5	现场踏勘	2019-5-9	招采部、工程部、成本部
6	第一轮回标、开标	2019-5-11	招采部、成本部、财务部
7	第一轮询标会	2019-5-14	招采部、工程部、成本部
8	第二轮回标、开标	2019-5-18	招采部、成本部、财务部
9	定标前约谈	2019-5-20	招采部
10	编制评标报告	2019-5-25	招采部
11	中标单位审批	2019-5-27	招采部
12	发出《中标通知书》	2019-5-29	招采部

（2）明确招标界面（表4.6-4）

表4.6-4　工作标准界面划分

序号	工作名称	总包单位	防火门单位	备注
1	垂直运输	√		现场材料运输所需的起重机、升降机等垂直运输设备由总包单位提供
2	施工用水、电	√		总包单位免费提供施工用水、用电（但需自行接驳）
3	堆场	√		总包单位提供相关场地供防火门单位材料存放，并对其进行照管
4	建筑垃圾清运	√		防火门分包单位将产生的建筑垃圾运至总包单位指定堆放点，由总包单位统一处理
5	现场洞口尺寸复核		√	现场防火门洞口尺寸，由防火门单位分包进行现场复核，如发现洞口尺寸与图纸设计不符，由总包单位进行整改，防火门分包单位督促验收，并由甲方组织的相关单位进行书面交接
6	门框制作		√	防火门门框制作，由防火门分包单位在工厂内制作完成，进场验收合格后安装，施工现场不提供制作场地
7	门框安装		√	①总包单位提供"三线"、技术交底书面记录，双方签字确认 ②门框内灌浆、打胶由防火门分包单位完成 ③门框与墙边塞缝、抹灰收口由总包单位完成

(续)

序号	工作名称	总包单位	防火门单位	备注
8	门扇制作		√	防火门门扇制作,由防火门单位在工厂内制作完成,进场验收合格后安装,施工现场不提供制作场地
9	门扇安装		√	①防火门分包单位负责防火门门扇、锁具、五金等安装 ②总包单位提供防火门单位施工用水用电合适的接驳点,并负责维修使其处于良好的使用状态
10	成品保护		√	防火门分包单位在其承包范围内产生的垃圾运到总包单位在现场指定的垃圾堆放点,如由总包单位收集并清运至政府规定的合法弃置场地,由防火门分包单位承担相应费用
11	相关检测工作		√	耐火稳定性、完整性和隔热性等

(3) 确定投标单位

经审批确认,共邀请 3 家有以往合作项目经历的合格单位参与投标。投标单位名单见表 4.6-5。

表 4.6-5 投标单位名单

序号	投标单位	以往合作项目
1	A	一期高层住宅项目
2	B	一期高层住宅项目
3	C	一期联排别墅项目

(4) 编制工程量清单

在本标段工程量清单编制中,需要注意清单说明的编制,主要包括:

①报价范围包括按设计说明、图纸及工程规范要求,供应及安装商业防火门门框、门扇、五金件、辅材、灌浆打胶等一切费用。

②清单工程量按设计预留防火门洞口尺寸计算。

③工程量清单中提供的项目内容、尺寸、参考数量仅供参考之用。投标单位须详阅工程规范和招标图纸并按要求进行计量和报价。投标单位须自行复核,并对其回标内提交的项目、尺寸及数量的准确性负责,合同金额不会因工程量清单内所列的项目、尺寸及数量的错漏而做出调整。

④综合单价所涵盖的工作内容包括设计深化,门框、门扇、五金件、玻璃、盖缝板、防火密封件加工制作、安装、验收,所有产品以乙方投标时经甲方确认的样品为准,包括但不限于从深化设计、材料采购、制作、损耗、运输、仓储、安装、辅材、门框及承包范围内的塞缝打胶、配合总包方及其他分包商施工、材料/成品检测试验、清洁、工程验收、检测等。

⑤综合单价包括所有的钉、胶、螺钉安装、截料、做斜面或圆角、开槽口、钻眼、做端

部错口榫、做搭接榫、割角、做几何形端部、转角、连接、端接、短木条和类似性质的任何其他零星项目。

(5) 第一轮回标分析

1) 总价对比分析，见表4.6-6。

表4.6-6 总价对比分析

对比项目		投标报价			控制价
		A	B	C	
总价/元	开办费	287 000	488 000	308 000	166 000
	直接工程费	3 341 000	3 501 000	3 916 000	2 634 000
	合计	3 628 000	3 989 000	4 224 000	2 800 000
单价/(元/m²)	开办费	70	119	75	41
	直接工程费	816	855	956	643
	合计	886	974	1031	684

2) 单价对比分析，见表4.6-7。

表4.6-7 单价对比分析

序号	清单项目	数量/m²	单价/(元/m²)			控制价
			A	B	C	
1	甲级钢制防火门	2 458	844	883	981	665
2	乙级钢质防火门	1 229	780	820	925	615
3	丙级钢质防火门	410	750	790	900	595
	合计（平均）	4 097	815	855	956	643

3) 回标报价分析小结。本轮回标整体报价偏高，均超控制价，计划进行第二轮回标。结合招标情况、技术要求、图纸规范、现场实际情况，初步判断报价偏高的原因如下。

①结合项目区域、营销需求，较国内商业综合体项目，项目档次为中档。防火门招标前期，技术要求及标前辅导对于项目档次未明确。入围单位属于发包方库内合作单位，其中A、B单位前期合作项目为高端小区项目，C单位前期合作项目为高端别墅项目，三家单位按照过往经验，以高档次标准进行报价，造成整体报价水平偏高。

②因为前期招标较为仓促，招标准备不足，招标文件未限定五金件品牌档次，各投标单位考虑如第一点所述，A单位回标报价五金件品牌为坚朗（国产高档），B单位回标报价五金件品牌为史丹利（进口高档），C单位回标报价五金件品牌为多玛（进口高档），防火门五金件占成本比重较高，导致报价偏高。

③经询标过程中了解，三家投标单位公司及加工厂均位于上海，距离本项目较远，管理成本及运输费用受此影响较大，相关报价受此影响有所上浮。

④成本保护要求较高于市场常规做法（见表4.6-8中字体加粗部分）。

经询标过程了解，虽然开办费对于成品保护有单列项，但因成品保护持续于防火门安装前及安装后全周期，各单位整体报价受此影响有所上浮，详见表4.6-8。

表4.6-8 成品保护方案对比

时间段	本项目成品保护方案	市场常规做法
运输过程中	①钢质防火门成品或半成品要用珍珠棉或不干胶胶纸进行包装保护 ②门扇采用防静电收缩薄膜袋包装,预留五金位置,方便现场安装,同时在四周边用厚纸皮包装,以免碰伤 ③另外为增强对门扇的保护,在门扇两面各铺一层比门扇尺寸略小点的泡沫板	钢质防火门成品或半成品要用珍珠棉或不干胶胶纸进行包装保护,以避免运输、安装过程中造成防火门损伤、变形
门扇安装前	门框和门扇若分开安装,门框在门扇安装前需采用至少1.5m高的木护套(或冷轧板护套)保护,高于1.5m部位采用PE保护膜保护	门框安装完成后,门扇安装之前,应采用5mm胶合板做护框处理,护框高度1.5m,以防止施工过程中手推车等硬物碰撞,导致门框变形
门扇安装后	进行包裹保护,保护高度1.5m,保护方法为保护膜加薄木板,高于1.5m部位采用PE保护膜保护	进行包裹保护,高度1.5m,保护方法为保护膜加硬纸板,高于1.5m部位采用PE保护膜保护
门槛	门扇安装前采用木盒子保护	门扇安装前采用木盒子保护
安装完成后	采用软性材料覆盖门槛,防止踩踏划伤	采用软性材料覆盖门槛,防止踩踏划伤

⑤招标要求中钢制防火门面板厚度超过规范要求。根据招标技术要求,本项目钢制防火门门扇和门框的面板厚度最低值均高于最新国标《防火门》(GB 12955—2015)的规定,详见表4.6-9。估算增加成本约60元/m²。

表4.6-9 钢制防火门面板厚度对比

对比项	本项目招标要求	GB 12955—2015
门扇面板厚度	≥1.0mm	≥0.8mm
门框面板厚度	≥1.5mm	≥1.2mm

4)询标优化。基于第一轮回标报价较高,超招标控制价较多。对比其他项目做法及规范要求,第一轮询标后对本工程提出相关优化意见如下:

①在防火门防火等级不变即满足防火规范要求的情况下,优化除通道及室内外交界处防火门为木制防火门,占比约为原甲级钢制防火门数量的50%。

②根据最新国标《防火门》(GB 12955—2015),对本项目钢制防火门门框及门扇面板厚度进行优化,将钢制防火门门框和门扇的面板厚度最低值调整为与规范相同。

③结合项目定位及防火门档次,建议明确防火门五金件品牌为国产中档。参考品牌包括迪高、大地、神州。

(6)第二轮回标分析

本轮回标前对防火门设计进行了方案优化,同步对招标清单及招标控制价做出了调整(调减36万元后招标控制价金额约244万元,单价约597元/m²)。

1)总价对比分析,见表4.6-10、表4.6-11。

表 4.6-10 总价对比

对比项	投标报价		
	A	B	C
第1次报价/元	3 628 000	3 989 000	4 224 000
第2次报价/元	2 511 000	2 596 000	2 718 000
报价调减/元	-1 117 000	-1 393 000	-1 506 000
报价调减比例	-31%	-35%	-36%

表 4.6-11 总价组成对比

	对比科目	总价/元			
		A	B	C	控制价
总价/元	开办费	158 000	185 000	186 000	142 000
	直接工程费	2 353 000	2 411 000	2 532 000	2 302 000
	合计	2 511 000	2 596 000	2 718 000	2 444 000
单价/(元/m²)	开办费	39	45	45	35
	直接工程费	574	589	618	562
	合计	613	634	663	597

注：本轮回标报价排名较上一轮无变化，最低标及次低标与招标控制价较接近，计划进行第三轮回标。

2）单价对比分析，见表 4.6-12。

表 4.6-12 单价对比

序号	清单项目	数量/m²	单价/(元/m²)			
			A	B	C	控制价
1	甲级钢制防火门	1229	615	630	660	610
2	甲级木制防火门	1229	550	555	580	525
3	乙级钢质防火门	1229	565	590	620	560
4	丙级钢质防火门	410	550	560	600	535
	合计	4 097	574	588	618	562

3）回标报价分析小结。经第一轮询标及回标后进行相关设计优化，第二轮回标报价较上一轮降价明显，但三家单位报价仍高于招标控制价。报价偏高的原因如下：

①开办费较高，主要体现在成品保护单项报价较高。本工程成本保护要求偏高，控制价按照正常成品保护考虑，三家投标单位结合现场情况及招标技术要求，开办费成品保护单项报价较高，经询标过程了解，为保障现场实际成品保护工作，此项费用难以进一步优惠。

②木制防火门门框及门扇供应单价较高。经询标过程了解，第二轮回标设计优化部分将钢制防火门改为木制防火门，但未明确木制防火门表面处理工艺，三家投标单位按照烤漆工艺进行报价，费用较高，招标控制价按照普通塑喷工艺考虑，成本差价约40元/m²。

（7）第三轮回标分析

本轮回标前明确木制防火门表面处理工艺为塑喷。

1) 总价对比分析，见表 4.6-13、表 4.6-14。

表 4.6-13 总价对比

报价	投标报价		
	A	B	C
第 1 次报价/元	3 628 000	3 989 000	4 224 000
第 2 次报价/元	2 511 000	2 596 000	2 718 000
第 3 次报价/元	2 433 000	2 479 000	2 663 000
第 3 次报价调减/元	-78 000	-117 000	-55 000
调减比例	-3%	-5%	-2%

表 4.6-14 总价组成对比

对比科目		投标报价			
		A	B	C	控制价
总价/元	开办费	158 000	165 000	168 000	142 000
	工程费	2 275 000	2 314 000	2 495 000	2 302 000
	合计	2 433 000	2 479 000	2 663 000	2 444 000
单价/(元/m²)	开办费	39	40	41	35
	工程费	555	565	609	562
	合计	594	605	650	597

2) 单价对比分析，见表 4.6-15。

表 4.6-15 单价对比

序号	清单项目	数量/m²	投标单价/(元/m²)			
			A	B	C	控制价
1	甲级钢制防火门	1 229	605	620	660	610
2	甲级木制防火门	1 229	510	505	550	525
3	乙级钢质防火门	1 229	555	575	620	560
4	丙级钢质防火门	410	540	550	600	535
	合计/平均	4 096	555	565	609	562

本轮回标报价单价中 A 最低，B 次低，C 最高，排名较上一轮无变化。A 报价处于合理范围，B 报价略超控制价单价，C 报价偏高，超控制价幅度较多。

3) 回标报价分析。经前两轮回标报价澄清及优化，本轮回标报价 A 单位报价合理，B 单位整体报价合理，部分报价偏高，C 单位报价较高且存在不平衡报价。

（8）评标、定标

投标单位 A 的最后一轮投标报价在市场合理水平范围内，综合考虑实际施工现状及条件后确认为合理报价，成本指标与对标项目接近，投标总价未超招标控制价；投标单位 B 的最后一轮投标报价较为合理，略超招标控制价，较具竞争力，建议于定标前进一步约谈及澄清；投标单位 C 的最后一轮报价超出市场合理水平，且存在不平衡报价现象，不建议考虑。

1）约谈情况。本次回标三家投标单位在约谈后除 C 单位外 A、B 两家均有一定幅度下浮，其中最低报价单位 A 的下调幅度最大。经过与最低报价单位 A 进一步的沟通和议价，A 考虑双方长期合作的愿望，在本工程愿意再次做一定的优惠让利，优惠 83000 元后最终报价为 2 350 000 元。

2）最低标的合理性分析。

①与次低标对比，属于合理价。拟定标单位的全费用单价 574 元/m²，低于次低标单位优惠后报价 600 元/m²，约低 4.3%。

②与对标项目价格对比，属于合理价，见表 4.6-16。

表 4.6-16 对标项目单价对比　　　　　　　　　（单位：元/m²）

序号	清单项目	最低标	对标项目			控制价
			杭州某商业	温州某商业	温州某商业	
1	甲级钢制防火门	590	600	620	580	610
2	甲级木制防火门	480	500	540	510	525
3	乙级钢质防火门	540	550	560	520	560
4	丙级钢质防火门	525	520	550	500	535
	加权平均单价	536	547	571	533	562

③与目标成本对比，见表 4.6-17。

表 4.6-17 拟定标价的成本指标分析

成本科目	目标成本		拟定标价		控制价	
	金额/元	指标/(元/m²)	金额/元	指标/(元/m²)	金额/元	指标/(元/m²)
建安费用—防火门	3 000 000	18.1	2 350 000	14.2	2 440 000	14.7

3. 招标总结

（1）招标计划复盘

本项目招标总体时间从启动到发出中标通知书，实际 43 天，超过计划 12 天；其中，从发标到发出中标通知书，实际 36 天，超过计划 12 天，见表 4.6-18。招标计划延后的主要原因有两点：

1）原计划两轮定标，第二轮回标，因部分技术要求不清晰，各单位报价仍然偏高，结合招标实际情况，项目决定进行第三轮回标。

2）第三轮回标后由于次低标报价较合理且与最低标接近，项目部就最低标及次低标单位分别进行了一轮约谈，由于两家单位中标意愿强烈，约谈后重新给予最终优惠报价。

表 4.6-18 招标计划与实际完成对比

序号	工作清单	日历天数		完成时间	
		计划	实际	计划	实际
1	图纸会审、变更梳理、界面划分	1	1	2019-4-29	2019-4-29
2	招标启动会	2	2	2019-4-30	2019-4-30
3	投标单位审批	6	6	2019-5-4	2019-5-4
4	招标文件审批	7	7	2019-5-5	2019-5-5
5	发标	8	8	2019-5-6	2019-5-6
6	现场答疑、标前辅导	11	11	2019-5-9	2019-5-9
7	答疑回复	11	11	2019-5-9	2019-5-9
8	第一轮回标、开标	13	13	2019-5-11	2019-5-11
9	第一轮询标会	16	16	2019-5-14	2019-5-14
10	第二轮回标、开标	20	20	2019-5-18	2019-5-18
11	定标前约谈	22	31	2019-5-20	2019-5-29
12	编制评标报告	27	37	2019-5-25	2019-6-4
13	中标单位审批	29	40	2019-5-27	2019-6-7
14	发出《中标通知书》	31	43	2019-5-29	2019-6-10

（2）数据分析与总结

1）工程量指标分析，见表 4.6-19。

表 4.6-19 防火门工程量指标

序号	主要清单项	工程量		总建筑面积含量指标	
		樘数/樘	面积/m^2	樘数/(樘/m^2)	面积/(m^2/m^2)
1	甲级钢制防火门	330	1229	0.002	0.0074
2	甲级木制防火门	330	1229	0.002	0.0074
3	乙级钢制防火门	330	1229	0.002	0.0074
4	丙级钢制防火门	110	410	0.0006	0.0025
	合计	1100	4097	0.0066	0.0247

2）成本指标分析，见表 4.6-20。

表 4.6-20 防火门工程成本指标

序号	主要清单项	总价/元	建筑面积指标/(元/m^2)
1	甲级钢制防火门	725 062	4.37
2	甲级木制防火门	589 881	3.55
3	乙级钢制防火门	663 615	4.00
4	丙级钢制防火门	215 061	1.30

(续)

序号	主要清单项	总价/元	建筑面积指标/(元/m²)
5	开办费	156 381	0.94
	合计	2 350 000	14.16

3) 主要清单项的综合单价，见表 4.6-21、表 4.6-22。

表 4.6-21 全费用综合单价

序号	主要清单项	总价/元	综合单价	
			元/樘	元/m²
1	甲级钢制防火门	771 976	2 339	628
2	甲级木制防火门	636 795	1 930	518
3	乙级钢制防火门	710 530	2 153	578
4	丙级钢制防火门	230 699	2 097	563
	合计	2 350 000	2 136	574

注：表中价格含开办费用分摊。

4) 综合单价分析。以相同的规格尺寸 1600×2100 为例，综合单价组成及明细见表 4.6-22~表 4.6-26。以下单价分析表均不含开办措施费；防火门骨架及填充物包含在门扇单价内，钢制防火门辅材单价含门框内灌浆。

表 4.6-22 各类防火门的组成分析单价对比

序号	类别	综合单价/(元/m²)								
		门框	门扇	五金	辅材	运输	制作	安装	费利税	合计
1	甲级钢制	85	200	56	59	12	50	45	84	590
2	甲级木制	80	150	56	29	12	45	41	68	480
3	乙级钢制	76	166	56	59	12	50	45	77	540
4	丙级钢制	73	156	56	59	12	50	45	75	525

表 4.6-23 甲级钢制防火门（双开门）1600×2100

序号	装饰内容及规格	数量	单位	单价/元	合价/元	造价指标/(元/m²)
1	供应门套	3.36	m²	85.00	285.6	85.0
2	供应门扇	3.36	m²	200.00	672.0	200.0
3	铰链	6.00	套	5.40	32.4	9.6
4	闭门器	1.00	套	60.00	60.0	17.9
5	锁具	1.00	套	45.00	45.0	13.4
6	插销	1.00	套	13.50	13.5	4.0
7	顺位器	2.00	套	18.00	36.0	10.7

(续)

序号	装饰内容及规格	数量	单位	单价/元	合价/元	造价指标/(元/m²)
8	供应五金件（3+…+7）				186.9	55.6
9	发泡剂	3.36	m²	3.00	10.1	3.0
10	橡胶条	3.36	m²	5.00	16.8	5.0
11	密封胶	3.36	m²	4.00	13.4	4.0
12	墙、角封缝硅胶	3.36	m²	3.00	10.1	3.0
13	盖缝板	3.36	m²	12.00	40.3	12.0
14	塞缝费用	3.36	m²	30.00	100.8	30.0
15	其他实际发生辅材（若有则据实填写）	3.36	m²	1.50	5.0	1.5
16	供应辅材合计（9+…+15）				196.6	58.5
17	运输费	3.36	m²	12.00	40.3	12.0
18	制作费	3.36	m²	50.00	168.0	50.0
19	安装费	3.36	m²	45.00	151.2	45.0
20	运输、制作、安装（17+18+19）				359.5	107.0
21	管理费（3%）				51.0	15.3
22	利润（4%）				68.0	20.2
23	税金（9%）				163.8	48.7
24	费利税合计				282.8	84.2
	造价合计				1983.4	590.3

表 4.6-24 甲级木制防火门（双开门）1600×2100

序号	内容及规格	数量	单位	单价/元	合价/元	造价指标/(元/m²)
1	供应门套	3.36	m²	80.00	268.8	80.0
2	供应门扇	3.36	m²	150.00	504.0	150.0
3	铰链	6.00	套	5.40	32.4	9.6
4	闭门器	1.00	套	60.00	60.0	17.9
5	锁具	1.00	套	45.00	45.0	13.4
6	插销	1.00	套	13.50	13.5	4.0
7	顺位器	2.00	套	18.00	36.0	10.7
8	供应五金件（3+…+7）				186.9	55.6
9	发泡剂	3.36	m²	3.00	10.1	3.0
10	橡胶条	3.36	m²	5.00	16.8	5.0

(续)

序号	内容及规格	数量	单位	单价/元	合价/元	造价指标/(元/m²)
11	密封胶	3.36	m²	4.00	13.4	4.0
12	墙、角封缝硅胶	3.36	m²	3.00	10.1	3.0
13	盖缝板	3.36	m²	12.00	40.3	12.0
14	塞缝费用	3.36	m²	—	0.0	0.0
15	其他实际发生辅材（若有则据实填写）	3.36	m²	1.50	5.0	1.5
16	供应辅材合计（9+…+15）				95.8	28.5
17	运输费	3.36	m²	12.00	40.3	12.0
18	制作费	3.36	m²	45.00	151.2	45.0
19	安装费	3.36	m²	40.50	136.1	40.5
20	运输、制作、安装（17+18+19）				327.6	97.5
21	管理费（3%）				41.5	12.3
22	利润（4%）				55.3	16.5
23	税金（9%）				133.2	39.6
24	费利税合计				230.0	68.5
	造价合计				1613.1	480.1

表 4.6-25 乙级钢制防火门（双开门）1600×2100

序号	内容及规格	数量	单位	单价/元	合价/元	造价指标/(元/m²)
1	供应门套	3.36	m²	76.00	255.4	76.0
2	供应门扇	3.36	m²	166.00	557.8	166.0
3	铰链	6.00	套	5.40	32.4	9.6
4	闭门器	1.00	套	60.00	60.0	17.9
5	锁具	1.00	套	45.00	45.0	13.4
6	插销	1.00	套	13.50	13.5	4.0
7	顺位器	2.00	套	18.00	36.0	10.7
8	供应五金件（3+…+7）				186.9	55.6
9	发泡剂	3.36	m²	3.00	10.1	3.0
10	橡胶条	3.36	m²	5.00	16.8	5.0
11	密封胶	3.36	m²	4.00	13.4	4.0
12	墙、角封缝硅胶	3.36	m²	3.00	10.1	3.0
13	盖缝板	3.36	m²	12.00	40.3	12.0
14	塞缝费用	3.36	m²	30.00	100.8	30.0

(续)

序号	内容及规格	数量	单位	单价/元	合价/元	造价指标/(元/m²)
15	其他实际发生辅材（若有则据实填写）	3.36	m²	1.50	5.0	1.5
16	供应辅材合计（9+…+15）				196.6	58.5
17	运输费	3.36	m²	12.00	40.3	12.0
18	制作费	3.36	m²	50.00	168.0	50.0
19	安装费	3.36	m²	45.00	151.2	45.0
20	运输、制作、安装（17+18+19）				359.5	107.0
21	管理费（3%）				46.7	13.9
22	利润（4%）				62.2	18.5
23	税金（9%）				149.9	44.6
24	费利税合计				258.8	77.0
	造价合计				1814.9	540.1

表 4.6-26　丙级钢制防火门（双开门）1600×2100

序号	内容及规格	数量	单位	单价/元	合价/元	造价指标/(元/m²)
1	供应门套	3.36	m²	73.00	245.3	73.0
2	供应门扇	3.36	m²	156.00	524.2	156.0
3	铰链	6.00	套	5.40	32.4	9.6
4	闭门器	1.00	套	60.00	60.0	17.9
5	锁具	1.00	套	45.00	45.0	13.4
6	插销	1.00	套	13.50	13.5	4.0
7	顺位器	2.00	套	18.00	36.0	10.7
8	供应五金件（3+…+7）				186.9	55.6
9	发泡剂	3.36	m²	3.00	10.1	3.0
10	橡胶条	3.36	m²	5.00	16.8	5.0
11	密封胶	3.36	m²	4.00	13.4	4.0
12	墙、角封缝硅胶	3.36	m²	3.00	10.1	3.0
13	盖缝板	3.36	m²	12.00	40.3	12.0
14	塞缝费用	3.36	m²	30.00	100.8	30.0
15	其他实际发生辅材（若有则据实填写）	3.36	m²	1.50	5.0	1.5
16	供应辅材合计（9+…+15）				196.6	58.5
17	运输费	3.36	m²	12.00	40.3	12.0
18	制作费	3.36	m²	50.00	168.0	50.0

(续)

序号	内容及规格	数量	单位	单价/元	合价/元	造价指标/(元/m²)
19	安装费	3.36	m²	45.00	151.2	45.0
20	运输、制作、安装（17+18+19）				359.5	107.0
21	管理费（3%）				45.4	13.5
22	利润（4%）				60.5	18.0
23	税金（9%）				145.6	43.3
24	费利税合计				251.5	74.9
	造价合计				1763.9	525.0

（3）经验总结

1）招标前根据项目定位及营销需求确定防火门档次是成本控制的前提。

一是根据定位档次需求筛选入围单位；二是目前国内防火门档次、品牌参差不齐，不同档次价格相差很大。第一轮发标及标前辅导未明确防火门档次，入围单位前期承接合作项目皆为高端住宅项目，定位较高，第一轮回标报价按照过往项目经验以高档防火门报价考虑，影响整体报价，询标过程明确后，下一轮回标报价下调幅度明显。

2）同级别档次防火门表面处理工艺不同对成本有一定影响。第二轮回标优化部分钢制防火门为木制防火门后，技术要求未补充完全，未明确新增木制防火门表面处理工艺，施工单位按照烤漆工艺报价，木制防火门门框及门扇单价较高，询标过程中明确为塑喷工艺，下一轮报价落实询标文件，木制防火门单价下调明显。

3）防火门五金件品牌档次占防火门成本比重较大。一般来说防火门门框、门扇与五金件是分开看待的，第一轮回标报价普遍偏高的原因中重要的一点就在于前期未明确门五金的品牌及档次，投标单位普遍按照国产高档及进口高档品牌考虑，极大地影响了整体报价，询标过程明确了五金件的品牌及档次后，下一轮报价单价下调较大。

4）钢制防火门门框及门扇面板厚度影响防火门成本较大。根据最新《防火门》（GB 12955—2015），钢制防火门门框板厚度≥1.2mm，门扇板厚度≥0.8mm，业内钢制防火门门框板厚度为1.2~1.5mm，门扇板厚度为0.8~1.2mm。本项目防火门发标前原设计技术参数为门框板厚度≥1.5mm，门扇板厚度≥1.0mm，经咨询多方对标了解，建议设计优化钢制防火门厚度，核算节约成本约60元/m²。

5）招标过程中需了解清楚各单位加工厂所在地，因其不仅影响供货周期，还会影响整体报价。

（4）问题分析与对策（表4.6-27）

表4.6-27 招标问题分析与对策

序号	问题	原因分析	预防对策
1	项目档次及定位不清晰导致回标报价偏高	招标前期准备工作不足，交底不清晰	发包方在招标前期准备工作中应做好招标交底工作，明确项目定位及需求

（续）

序号	问题	原因分析	预防对策
2	防火门加工厂所在地离项目所在地较远影响供货周期及运输成本	招标前未充分了解入围单位情况，对其加工厂所在地未进行摸底，回标后相关报价较高，超预期	在挑选入围单位的过程中就充分考虑此情况或相关费用，若前期无法规避则在招标文件或是措施项目清单中单开一项相关费用
3	钢制防火门门框及门扇面板厚度影响整体报价	设计阶段钢制防火门门扇面板厚度超规范要求，但仍属于市场常规做法（门扇面板0.8~1.2mm厚，门框面板1.2~1.5mm厚）	招标图纸出来后，就相关关键性技术参数反查相关国家规范/图集，对于超规格做法提出优化建议，优化成本支出
4	五金件品牌不明确，招标阶段影响防火门单价较大，结算留隐患	防火门五金件占防火门成本比重较大，若招标文件未明确具体品牌，仅对防火门档次进行明确，投标单位常采用不平衡报价策略，五金件按照高档品牌进行报价，其他单价下调，整体综合单价正常	招标阶段直接对防火门五金件品牌进行明确，提供多个同档次品牌供投标单位选择，最好是发包方内部健全防火门招标体系，根据不同档次防火门确认对应的五金件品牌
5	防火门表面处理工艺不明确，影响整体报价	招标前期时间紧张，准备不足，招标技术要求未对所有种类防火门表面处理工艺进行明确，不同的表面处理工艺造价差异较大	发包方内部健全防火门招标体系，不同档次防火门对应不同的表面处理工艺，把表面处理工艺与项目定位挂钩

【案例4.7】

住宅小区中水工程

1. 基本信息

(1) 工程概况（表4.7-1）

表4.7-1 工程概况一览

工程地点	山东省某市
建设时间	2020年
主要业态	高层住宅（330户）、沿街商业、地下车库
交付标准	毛坯
建筑面积	73 975m^2，地上 48 605m^2（其中住宅 46 105 m^2），地下 25 370m^2
层数/层高	住宅地上6层/2.9m、沿街商业2层、储藏室地下2层、车库地下1层
结构形式	剪力墙结构

(2) 标段概况（表4.7-2）

表4.7-2 标段概况一览

特征工程量	日处理规模为120m^3/d，平均流量 5.0 m^3/h 每天24h连续运行
目标成本	360 000元
定标时间	2020年6月
工期要求	60天
招标方式	邀请招标
招标范围	位于地下车库内的小区中水站的设备安装工程，不含土建结构工程
合同形式	固定总价
标段划分	不分标段

2. 招标过程

(1) 编制招标计划

本标段从招标启动会到发出中标通知书，计划32天，中标单位需要在2020年6月30日前进场。具体计划见表4.7-3。

表4.7-3 招标计划

序号	工作清单	完成时间	参加部门
1	图纸会审、技术标准、界面划分	2020-5-15	成本部、工程部、设计部
2	招标启动会	2020-5-15	成本部、工程部、设计部
3	投标单位审批	2020-5-16	成本部

(续)

序号	工作清单	完成时间	参加部门
4	招标文件审批	2020-5-18	成本部
5	发标	2020-5-20	成本部
6	现场答疑、标前辅导	2020-5-22	成本部、工程部、设计部
7	答疑回复	2020-5-22	成本部
8	第一轮回标、开标	2020-5-27	成本部、财务部
9	淘汰、确定第二轮回标和议标单位	2020-5-27	成本部
10	定标前约谈	2020-6-2	成本部
11	编制评标报告	2020-6-4	成本部
12	定标	2020-6-8	成本部
13	中标单位审批	2020-6-10	成本部
14	发出《中标通知书》	2020-6-15	成本部

（2）确定投标单位

经审批确认，共邀请3家单位参与投标，详见表4.7-4。

表4.7-4 投标单位情况

序号	投标单位	在公司内的业绩	企业资质等级	单位来源
1	A	山东省B项目	环保工程专业承包二级	供应商库
2	B	山东省A项目	环保工程专业承包二级 机电安装工程专业承包三级	供应商库
3	C	新考察入围单位	环保工程专业承包二级 市政公用工程二级	项目部推荐

（3）确定技术要求

1）招标范围：本项目中水处理工程，含中水处理成套设备材料的供应、安装、调试验收。甲方从设备制造、设计方案、供货、运输、现场组装、管线安装工程、调试及试运行、管理的方便程度、环境影响、运营费用、备品备件的提供、验收、资信业绩、售后服务、维修服务等方面对投标方进行全方位的综合考核。

2）项目说明及技术要求

①基本情况：本工程处理规模为$120m^3/d$。经处理后达到《城市污水再生利用杂用水水质》（GB/T 18920—2002）要求：BOD/5含量≤15mg/L；NH/3-N含量≤10mg/L；浊度含量≤10NTU；pH值：6~9；总大肠菌群含量≤3个/L。

②处理水质要求：出水水质满足《城市污水再生利用、景观环境用水水质》（GB/T 18921—2002）、《城市污水再利用、城市再用水水质》（GB/T 18920—2002）中冲厕、城市绿化和道路浇洒用水指标要求，同时满足《城镇污水处理厂污染物排放标准》（GB 18918—2002）一级A标准。

③中水用途：绿化、保洁、地下车库地面冲洗、公共卫生间冲厕。

④设备要求：为确保系统运行的稳定性，所有设备特别是泵、阀必须采用国产优质产

品，并视需要配置部分合资产品；不可采用小厂产品；对控制柜的主要元器件品牌采用国产知名品牌，阀门、水管、电线选择国产优质产品，各种设备、阀件、控制柜主要元器件等在投标时需注明相应品牌及产地。

中水处理工艺采用生物接触氧化法，与甲方所提供图纸工艺相同。中水处理站内建筑院图纸中送排风机及风管不在本次招标范围内。中水处理站内配电柜按招标图纸施工。中水处理站电源进线按建筑院图纸型号引入，接入1AA配电柜。

⑤技术培训。乙方须提供操作及维修培训，包括操作人员2名，维修人员2名（1名机械，1名电气控制）。乙方须在投标文件中提供详细的培训计划，包括培训内容、培训时间、培训地点等。技术培训费用应包含在总价中。

⑥售后服务。维修点须提供24小时服务，而且维修人员须在接到维修电话后4小时内赶到现场，提供不间断服务直到结束。维修点需提供足够的备件以适应买方维修需求。

乙方须对合同中的全套设备提供两年半的质量保证期，在此期间，因产品制造质量不良而产生损坏或不能正常工作，乙方应免费维修和正常保养。

在质量保证期内的工作应包括对所有常规检查、调整和润滑。质量保证期内，乙方每两个月对系统进行一次总体检测，每半年对系统进行一次复调，质量保证期后为甲方提供一套完整的运行记录。具体的操作程序和内容须在投标时说明。

在质量保证期满时，乙方工程师和甲方代表对机组进行另一次测试，任何故障须由乙方自费解决并取得甲方的认可。

（4）编制招标文件和报价清单

1）确定招标范围及界面

①本工程为交钥匙工程。乙方需按本技术规格书的要求完成系统的安装、调试并通过政府相关部门的验收。

②本工程量清单依据中水站招标图纸包含图纸范围以内的所有管道、设备及电气管路的采购与施工；中水站土建、照明、中水站电源进线不在本次招标范围内。

③各系统工程量清单计算界线：给水管计算至中水站外墙皮处，包含外墙皮以内范围内所有管道及附件；潜污泵引出压力排水管、HW排水回用管、N管，计算至外墙皮1.5米处（结算时室外部分以实际施工长度计入结算）；超越管计算至图示室外检查井处；本次控制柜电源进线由原中水处理站内电源配电箱引来，中水站内原电源箱之后中水设备设施所有配线及二次配管均在本次招标范围以内。

④本次控制柜电源进线由原中水处理站内电源配电箱引来，中水站内原电源箱之后中水设备设施所有配线及二次配管均在本次招标范围以内。

⑤本次招标范围内还应包括二次检测费、运输费、装卸费、安装调试费、首次投药材料及人工费、保险、成品保护费、工程竣工验收费、总包配合管理费、培训费等费用及政府有关职能部门新增加的货物检测费、备案登记费等。

2）编制报价清单

①一般纳税人增值税税点按最新税务政策执行，增值税税率暂按现行9%计取，待结算时按国家规定的税率分阶段结算。

②总承包服务费按扣除设备费用后的报价×2%进行计算并报价；在结算时由甲方按合同清单计取方式扣除，支付给总承包单位。

③清单编制中新增加报价项——新型肺炎疫情防疫措施及费用，请自行报价，按项包干，结算时不再调整；若正式开工及施工前，当地政府公布已解除疫情或疫情防控专项费用已不适用，所报的疫情防控专项费用将予以扣除，不包含于结算总价内。

3) 确定合同付款方式

①乙方设备分批到场后，设备经甲方现场验收合格没有异议后，二十日内付至该批供货金额的60%。

②设备全部安装完毕后二十日内付至合同总额的80%。

③工程竣工验收完成调试验收合格结算完成后二十日内付至结算总金额的97%；支付至合同结算款的97%时，乙方应提供100%等额、有效的增值税专用发票。

④预留结算总金额的3%作为工程保修款，自商品房工程交付使用之日起二年半为设备及工程质保期。

(5) 第一轮回标分析

1) 总价分析，见表4.7-5、表4.7-6。

表4.7-5 总价对比分析

排名	投标单位	报价/元	相比最低标	
			高出金额/元	高出比例
1	B	476 520	—	—
2	A	526 511	49 991	10.49%
3	C	540 597	64 077	13.45%

表4.7-6 总价明细对比

序号	费用明细	总价组成/元		
		B	A	C
1	设备费	316 440	345 000	310 080
2	安装工程费	146 040	154 320	217 800
3	总承包服务费	2 040	2 191	4 917
4	疫情防护费	12 000	25 000	7 800
	合计	476 520	526 511	540 597

2) 工程量分析。三家单位投标书中的工程量均与招标清单提供的参考量保持一致，无工程量偏差。

3) 综合单价指标分析，见表4.7-7~表4.7-9。

表4.7-7 综合单价指标对比　　　　[单位：元/(m³·d)]

序号	清单项目	投标报价			历史对标项目情况	
		B	A	C	B项目	A项目
1	中水	3971	4388	4505	3090	2750

注：所选取的历史定标项目中水工程及技术标与本标段基本相同，具有一定参考性。各投标单位的单价均明显高于历史项目单价。

表 4.7-8　综合单价指标对比　　　　　　　　　　[单位：元/(m³·d)]

序号	单位工程	单方指标		
		B	A	C
1	安装工程（含排水、电气、接地）	1217	1286	1815
2	设备费	2637	2875	2584
3	总承包服务费	17	18	41
4	疫情防护费	100	209	65
	合计	3971	4388	4505

表 4.7-9　设备单价对比

序号	主要设备名称、规格及性能参数	计量单位	参考数量	设备单价/元		
				B	A	C
1	消毒装置 XD-100；$\phi 800 \times 1$；$N=0.37\mathrm{kW}$	台	1	41 478	44 372	16 350
2	曝气装置 BQ-D260	套	56	482	502	218
3	一级提升泵 50GW10-10-0.75；$Q=10\mathrm{m}^3/\mathrm{h}$；$H=10\mathrm{m}$；$N=0.75\mathrm{kW}$	台	2	1 929	2 412	5 014
4	鼓风机 JH501S；$Q=1.44\mathrm{m}^3/\mathrm{min}$；$H=39.2\mathrm{kPa}$；$N=2.2\mathrm{kW}$	台	2	17 363	19 292	13 734
5	集水坑排污泵 50GW10-10-0.75；$Q=10\mathrm{m}^3/\mathrm{h}$；$H=10\mathrm{m}$；$N=0.75\mathrm{kW}$	台	1	1 929	2 412	5 014
6	加药除磷装置 JY-800，$\phi 800 \times 1$；$N=0.75\mathrm{kW}$	台	1	41 478	44 372	21 800
7	污泥回流泵 50GW10-10-0.75；$Q=10\mathrm{m}^3/\mathrm{h}$；$H=10\mathrm{m}$；$N=0.75\mathrm{kW}$	台	2	1 929	2 412	5 014
8	中水回用泵 TQL40-160；$Q=6.3\mathrm{m}^3/\mathrm{h}$；$H=32\mathrm{m}$；$N=2.2\mathrm{kW}$	台	3	2 026	2 508	6 540
9	反冲泵 TQL60-100；$Q=17.5\mathrm{m}^3/\mathrm{h}$；$H=13.7\mathrm{m}$；$N=1.5\mathrm{kW}$	台	1	2 219	2 701	6 104
10	机械过滤器 D800	台	1	40 513	43 407	67 580
11	过滤进水泵 TQL40-100；$Q=6.3\mathrm{m}^3/\mathrm{h}$；$H=12.5\mathrm{m}$；$N=0.75\mathrm{kW}$	台	2	1 833	2 412	5 450
12	反硝化回流泵 50GW10-10-0.75；$Q=10\mathrm{m}^3/\mathrm{h}$；$H=10\mathrm{m}$；$N=0.75\mathrm{kW}$	台	2	1 929	2 412	5 014
13	控制柜 900×400×1800	台	2	14 469	17 363	32 700
14	弹性填料 TXT-150	m³	52.6	1 225	1 292	364
15	斜板填料 $\phi 80$	m³	6.36	1 571	1 586	1 786
16	水利筛	个	1	4 425	4 000	3 600

4）第一轮回标小结。综上所述：各投标单位投标报价均高于历史项目价格水平，且高于目标成本。材料及设备费用均偏高，项目考虑约谈议标后进行二轮回标。

5）第一次议标会。项目部于 2020 年 6 月 2 日组织投标单位、项目工程部、设计部进行了第一轮议标会并于 2020 年 6 月 3 日发出议标问卷（详见附件）。

本次议标会议主要对以下内容进行了讨论及澄清：

①向各投标单位阐述招标范围、界面、方案、清单列项，对疑问予以澄清及明确。

②明确和强调本工程所需工期及一次验收通过等技术要求，对不完善的技术标要求予以澄清及补充。

③各投标单位、细部含量、综合单价的缺漏、偏高及偏低进行澄清。

议标会议后向相关投标单位发议标问卷，以下是议标问卷的主要内容。

一、技术部分补充说明

1. 我公司不提供临时设施及临设搭设场地，请贵公司确认，已对现场仔细勘察并完全了解现场的情况且相关费用已含在投标报价中（包括但不限于临时设施的搭设、生活、办公、调试用水电接驳点的位置及接驳措施费用等）。

2. 受场地限制，材料无法集中堆放，中标人应合理安排进料计划，搬运材料时产生的二次倒运、采管费等任何费用均由中标人自行承担。因政府要求停工的，投标人自行承担因停工所产生的一切费用，包括但不限于人员、机械等的窝工费，所产生的任何费用均自行承担。

3. 对图纸及甲方提供的技术要求所涵盖的范围（含标书及图纸要求）已全部报价，单价已包含运费、检测费，如有漏报视为投标方对本次投标的优惠。

4. 满足甲方招标文件中关于中水施工技术及工期的要求。

5. 请贵公司在技术标中需要完全回应技术要求及全部技术要求附件。

二、商务报价说明

1. 请贵公司确认，贵公司上报的单价不会随着市场的价格浮动而调整；中水报价已综合考虑各种因素，不因任何条件变化而调整总价。

2. 请贵公司确认，投标总价已满足图纸及规范要求，清单中未列明的费用在经贵公司复核后，若无补充项目，则视为已包含于投标报价中。

3. 请贵公司确认开增值税专用发票的相关费用已考虑至投标报价中，本次增值税税率按 9% 计入。

4. 对投标文件及附件的所有要求都以认真阅读并认可，保证通过政府相关部门验收。

（6）第二轮回标

本次回标三家单位单价在议标约谈后均有一定幅度下浮，其中最低报价单位 B 的下调幅度最大，但仍高于历史项目单价，A 单价高于历史项目单价，C 单价高于历史项目单价。

1）总价分析，见表 4.7-10~表 4.7-11。

表 4.7-10　总价分析

排名	单位名称	报价/元	相比最低标	
			高出金额/元	高出比例
1	B	438 480	—	—
2	A	465 816	27 336	6.23%
3	C	517 454	78 974	18.01%

表 4.7-11 总价明细对比

序号	费用明细	报价组成/元		
		B	C	A
1	设备费	305 280	291 429	344 896
2	安装费	127 440	167 053	154 367
3	总承包服务费	1 920	3 734	2 191
4	疫情防护费	3 840	3 600	16 000
	总报价	438 480	465 816	517 454

①修正计算错误:无。

②税率错误:无,各单位均为一般纳税人,税率为9%。

本轮回标各家排名发生变化,三家投标单位的投标价均高于目标成本,价格均高于市场价,不合理。

2) 工程量分析。各家工程量均无差异,与参考工程量保持一致。

3) 单价及指标分析。见表 4.7-12~表 4.7-15。

表 4.7-12 单价指标对比

清单项目	单价指标/[元/($m^3 \cdot d$)]			对标项目情况	
	B	A	C	B 项目	A 项目
中水工程	3654	4312	3882	3090	2750

表 4.7-13 单价指标明细对比

序号	单位工程	单方指标/[元/($m^3 \cdot d$)]		
		B	A	C
1	安装工程 (含排水、电气、接地)	1062	1286	1392
2	设备费	2544	2875	2429
3	总承包服务费	16	18	31
4	疫情防护费	32	133	30
	合计	3654	4312	3882

表 4.7-14 设备单价对比

序号	主要设备及性能参数	计量单位	参考数量	设备单价/元		
				B	A	C
1	消毒装置 XD-100;$\phi 800 \times 1$;$N=0.37kW$	台	1	41 478	44 372	16 350
2	曝气装置 BQ-D260	套	56	482	502	216
3	一级提升泵 50GW10-10-0.75;$Q=10m^3/h$;$H=10m$;$N=0.75kW$	台	2	1 929	2 412	5 014

(续)

序号	主要设备及性能参数	计量单位	参考数量	设备单价/元		
				B	A	C
4	鼓风机 JH501S；$Q=1.44\text{m}^3/\text{min}$；$H=39.2\text{kPa}$；$N=2.2\text{kW}$	台	2	15 434	19 292	13 734
5	集水坑排污泵 50GW10-10-0.75；$Q=10\text{m}^3/\text{h}$；$H=10\text{m}$；$N=0.75\text{kW}$	台	1	1 929	2 412	5 014
6	加药除磷装置 JY-800；$\phi800\times1$；$N=0.75\text{kW}$	台	1	35 690	44 372	16 350
7	污泥回流泵 50GW10-10-0.75；$Q=10\text{m}^3/\text{h}$；$H=10\text{m}$；$N=0.75\text{kW}$	台	2	1 929	2 412	5 014
8	中水回用泵 TQL40-160；$Q=6.3\text{m}^3/\text{h}$；$H=32\text{m}$；$N=2.2\text{kW}$	台	3	2 026	2 508	6 540
9	反冲泵 TQL60-100；$Q=17.5\text{m}^3/\text{h}$；$H=13.7\text{m}$；$N=1.5\text{kW}$	台	1	2 219	2 701	6 104
10	机械过滤器 D800	台	1	39 006	43 407	54 500
11	过滤进水泵 TQL40-100；$Q=6.3\text{m}^3/\text{h}$；$H=12.5\text{m}$；$N=0.75\text{kW}$	台	2	1 833	2 412	5 450
12	反硝化回流泵 50GW10-10-0.75；$Q=10\text{m}^3/\text{h}$；$H=10\text{m}$；$N=0.75\text{kW}$	台	2	1 929	2 412	5 014
13	控制柜 900×400×1800	台	2	14 469	17 363	32 700
14	弹性填料 TXT-150	m³	52.6	1 225	1 292	364
15	斜板填料 $\phi80$	m³	6.36	1 571	1 570	1 786
16	水利筛	个	1	4 425	4 000	3 600

表 4.7-15　报价分析结果说明

投标单位	与上一轮报价对比	与一期工程单价对比
B	较第一轮回标下调 7.98%、安装工程下调 155 元/(m³·d)，设备费下调 93 元/(m³·d)，总包服务费下调 1 元/(m³·d)，疫情防护费下调 68 元/(m³·d)	高于历史项目单价
A	较第一轮回标下调 1.72%，疫情防护费下调 76 元/(m³·d)	高于历史项目单价
C	较第一轮回标下调 13.84%，安装工程下调 423 元/(m³·d)，设备费下调 155 元/(m³·d)，总包服务费下调 10 元/(m³·d)，疫情防护费下调 35 元/(m³·d)。	高于历史项目单价

（7）议标、定标

1）定向议标情况。本次回标三家单位单价在议标约谈后均有一定幅度下浮，但均高于历史价格。经过分析比较，其中设备费仍高于历史价格及市场价格，决定再次约谈最低报价的 B 单位。经过与最低报价单位 B 进一步的沟通和议价，最终 B 报价为 355 000 元。

2）最低标的合理性分析。按B的最终报价计算，本标段中水的全费用单价为2958元/$(m^3 \cdot d)$。B单位的最终报价控制在目标成本范围内，且各项单价均趋于合理。详见以下分析：

①与次低标对比，属于合理价。拟定标单位的全费用单价2958元/$(m^3 \cdot d)$，低于次低标单位报价4312元/$(m^3 \cdot d)$。

②与历史项目价格对比，属于合理价。经分析，拟定标价格的经济指标仍高于历史项目中标价。单价差异分析详见表4.7-16。

表4.7-16 单价分析说明　　　　[单位：元/$(m^3 \cdot d)$]

项目名称	最低报价	历史中标价	集团同类项目价格	与历史中标价比较	与集团内同类项目价格比较
中水工程指标	2958	2750	3000	-7%	1%

③商务标定标意见。综上所述，投标单位B的最后投标价在市场合理水平范围内，综合考虑实际施工现状及条件，最终报价合理，成本指标略高于历史价格，控制在目标成本之内，具备商务定标条件。拟定标价对应的成本指标详见表4.7-17。

表4.7-17 拟定标价的成本指标分析

序	科目描述	住宅地上建筑面积/m^2	目标成本		拟定标价	
			目标成本	造价指标	定标总价	造价指标
1	中水	46 105	360 000元	7.80元/m^2 3000元/$(m^3 \cdot d)$	355 000元	7.70元/m^2 2958元/$(m^3 \cdot d)$

3. 招标总结

（1）招标计划复盘

本项目招标总体时间从启动到发出中标通知书，实际29天，比计划缩短3天；其中，从发标到发出中标通知书，实际24天，比计划的27天缩短3天，详见表4.7-18。

表4.7-18 招标计划与实际完成对比

序号	工作清单	日历天数		完成时间	
		计划	实际	计划	实际
1	图纸会审、技术标准、界面划分	1	1	2020-5-15	2020-5-15
2	招标启动会	1	1	2020-5-15	2020-5-15
3	投标单位审批	2	2	2020-5-16	2020-5-16
4	招标文件审批	4	4	2020-5-18	2020-5-18
5	发标	6	6	2020-5-20	2020-5-20
6	现场答疑、标前辅导	8	8	2020-5-22	2020-5-22
7	答疑回复	8	8	2020-5-22	2020-5-22

(续)

序号	工作清单	日历天数		完成时间	
		计划	实际	计划	实际
8	第一轮回标、开标	13	13	2020-5-27	2020-5-27
9	淘汰、确定议标单位	13	13	2020-5-27	2020-5-27
10	定标前约谈	19	19	2020-6-2	2020-6-2
11	编制评标报告	21	21	2020-6-4	2020-6-4
12	二次回标、定标	25	26	2020-6-8	2020-6-9
13	中标单位审批	27	26	2020-6-10	2020-6-9
14	发出《中标通知书》	32	29	2020-6-15	2020-6-12

(2) 数据分析与总结

1) 工程量指标分析，见表4.7-19。

表4.7-19 工程量指标分析

住宅地上建筑面积/m^2	户数	小区居住人数/人	人日均用水量/[L/(人·d)]	日处理能力/(m^3/d)	调节池容积/m^3
46 105	330	1056	160	120	50

该中水处理站位于地下车库，建筑面积约计172m^2，土建造价331 400元，含污水池、中间水池、二次池、好氧池、缺氧池、调节池。调节池体积按日处理水量的35%～50%设计，其余体积均结合停留时间和处理量来确定。

2) 成本指标分析，见表4.7-20、表4.7-21。

表4.7-20 成本指标分析

序号	成本项	总价/元	住宅地上建筑面积指标/(元/m^2)	日处理能力指标/[元/(m^3·d)]
1	设备安装工程	355 000	7.70	2958
2	土建工程	331 400	7.19	2762
	合计	686 400	14.89	5720

设备安装工程建筑面积单方略高于其他项目，主要因为该项目规模较小，中水处理站所服务的建筑面积少，其他项目建筑面积指标在4～6元/m^2左右。通常在中水工程招标中，设备及安装往往单独招标，不含土建费用，土建费用一般由总包进行施工。

表4.7-21 单价指标明细表

序号	费用项	总报价/元	单价指标/[元/(m^3·d)]
1	设备费	236 717	1 973
2	安装费	115 645	964
3	总承包服务费	1 745	14

(续)

序号	费用项	总报价/元	单价指标/[元/(m³·d)]
4	疫情防护费	893	7
	合计	355 000	2 958

3）主要设备单价，见表 4.7-22。

表 4.7-22 主要设备单价

序号	主要设备名称、规格及性能参数	单位	参考数量	中标单价/元	合价/元
1	消毒装置 XD-100；$\phi 800\times 1$；$N=0.37$kW	台	1	21 221	19 469
2	曝气装置 BQ-D260	套	56	420.74	21 632
3	一级提升泵 50GW10-10-0.75；$Q=10\text{m}^3/\text{h}$；$H=10$m；$N=0.75$kW	台	2	1 929	3 540
4	鼓风机 JH501S；$Q=1.44\text{m}^3/\text{min}$；$H=39.2$kPa；$N=2.2$kW	台	2	15 433	28 319
5	集水坑排污泵 50GW10-10-0.75；$Q=10\text{m}^3/\text{h}$；$H=10$m；$N=0.75$kW	台	1	1 929	1 770
6	加药除磷装置 JY-800；$\phi 800\times 1$；$N=0.75$kW	台	1	20 257	18 584
7	污泥回流泵 50GW10-10-0.75；$Q=10\text{m}^3/\text{h}$；$H=10$m；$N=0.75$kW	台	2	1 929	3 540
8	中水回用泵 TQL40-160；$Q=6.3\text{m}^3/\text{h}$；$H=32$m；$N=2.2$kW	台	3	2 025	5 575
9	反冲泵 TQL60-100；$Q=17.5\text{m}^3/\text{h}$；$H=13.7$m；$N=1.5$kW	台	1	2 218	2 035
10	机械过滤器 D800	台	1	37 137	34 071
11	过滤进水泵 TQL40-100；$Q=6.3\text{m}^3/\text{h}$；$H=12.5$m；$N=0.75$kW	台	2	1 832	3 363
12	反硝化回流泵 50GW10-10-0.75；$Q=10\text{m}^3/\text{h}$；$H=10$m；$N=0.75$kW	台	2	1 929	3 540
13	控制柜 900×400×1800	台	2	14 469	26 549
14	弹性填料 TXT-150	m³	52.6	1 023	53 801
15	斜板填料 $\phi 80$	m³	6.36	1 023	6 505
16	水利筛	个	1	4 424	4 424
	合计	—	—	—	236 717

第5章
外立面工程

本章提要

本章主要介绍建筑外立面保温、装饰相关标段的招标过程和总结相关数据。这些标段包括外立面门窗和栏杆、保温和涂料、各类材料的幕墙等。本书列举的案例是其中的4个标段。

【案例5.1】为铝合金门窗标段，列举的是山东省某高层住宅项目。

【案例5.2】为住宅幕墙标段，列举的是河南省某大型高层住宅项目。该案例的特点是外立面设计定位较高，包括陶板幕墙、铝单板幕墙、玻璃幕墙等。

【案例5.3】为商业MALL幕墙标段，列举的是山东省某大型商业综合体和商业街项目。该案例的特点是涉及的工作内容较丰富，在招标过程中通过发挥投标单位的经验优势进行了设计优化。

【案例5.4】为住宅外保温和涂料标段，列举的是江苏省某大型高层住宅项目。该案例的特点是涉及岩棉和无机保温砂浆两种保温材料、多彩色漆和弹性涂料两种涂料做法。

【案例 5.1】

高层住宅铝合金门窗工程

1. 基本信息

(1) 工程概况（表 5.1-1）

表 5.1-1　工程概况

工程地点	山东省某三线城市
建设时间	2018—2020 年
主要业态	高层住宅，2 栋、3 单元、170 户
交付标准	毛坯
建筑面积	地上建筑面积为 26 300m²
层数/层高	地上 34 层/2.9m
结构形式	剪力墙结构

(2) 标段概况（表 5.1-2）

表 5.1-2　标段概况

特征工程量	门窗工程量 4861m²
目标成本	目标成本为 345 万元，成本指标为 131 元/m²
工期要求	每栋楼绝对工期 60 个日历天
定标时间	2019 年 5 月
招标方式	邀请招标
定价方式	按施工图及招标范围总价包干
招标范围	图纸范围所示全部铝合金门窗供货及安装（不含入户单元门、连廊门），无甲供材
标段划分	不分标段

2. 招标过程

(1) 编制招标计划

本标段从招标立项到发出中标通知书，计划 66 天，中标单位需要在 2019 年 7 月 5 日前进场。具体计划详见表 5.1-3。

表 5.1-3　招标计划

序号	工作清单	计划完成时间	简述
1	立项	2019-3-20	标段立项审批
2	单位搜集与考察	2019-4-3	供应商库、主动寻源等
3	样品窗制作与评审	2019-4-15	样品窗制作与评审

(续)

序号	工作清单	计划完成时间	简述
4	投标单位审批	2019-4-20	根据考察及样品窗情况确定投标单位
5	招标文件审批	2019-4-25	界面划分、技术标准、品牌要求、清单等内容
6	发标	2019-4-28	
7	招标答疑与回复	2019-5-5	完成答疑汇总、清单调整、回复
8	开标	2019-5-9	
9	商务标分析	2019-5-19	完成总价、单价、含量、主材、品牌分析
10	二次洽谈	2019-5-20	
11	定标	2019-5-23	
12	发放中标通知书	2019-5-24	

(2) 确定招标范围及界面

1) 招标范围：依据招标文件、建筑图纸、工程规范所示，本工程承包范围包括图纸范围内的内开内倒窗、平开窗、耐火窗、上悬窗。工作内容包括但不限于以下内容：

①铝合金门窗（包含隔热断桥铝型材、玻璃、五金件、纱窗、锚固件、缝隙填充、密封胶及胶条）、耐火窗的生产、运输、安装、检测及质保期内维修等。

②对招标图纸进行深化设计。

③对承包范围内的工程质量、进度、安全等方面承担全部责任。

2) 技术要求及限定品牌，见表 5.1-4。

表 5.1-4　技术要求及限定品牌

序号	名称	技术要求	限定品牌
1	型材	①窗采用 65 系列断桥隔热铝合金，门采用 70 系列断桥隔热铝合金 ②窗型材壁厚≥1.4mm，门型材壁厚≥2.0mm ③玻璃压条为棱角压条 ④型材表面内外粉末喷涂（颜色见样板）	华建、南山、山铝
2	玻璃	①5+12A+5+12A+5 厚中空钢化玻璃 ②必须印有"CCC"标志	金晶、蓝星、南玻
3	窗纱	①优质高档阻燃尼龙纱隐形纱窗 ②纱窗型材厚度≥1.0mm ③颜色同铝合金型材颜色	国产优质
4	五金件	①含风撑，明装合页、门两翼合页 ②执手激光喷涂"×××项目"字样	立兴、春光、合和
5	胶条	建筑级三元乙丙	瑞星、沂州、全能
6	耐候胶	建筑级中性硅酮耐候胶	白云、硅宝、中原

(续)

序号	名称	技术要求	限定品牌
7	密封胶	密封胶，108防水	白云、硅宝、中原
8	发泡剂	聚氨酯发泡	桑莱斯、威固、美派
9	其他	①建筑外窗（含阳台门）的气密性能等级不应低于国家标准《建筑外门窗气密、水密、抗风压性能分级及检测方法》（GB/T 7106—2008）规定的7级，其气密性能分级：单位缝长空气渗透量为$q_1 \leq 1.5 m^3/(m \cdot h)$；单位面积空气渗透量为$q_2 \leq 4.5 m^3/(m^2 \cdot h)$；抗风压性能不低于4级；水密性能不低于3级 ②建筑外窗的隔声性能满足国家标准《建筑门窗空气声隔声性能分级及检测方法》GB/T 8485—2008标准中规定的3级：$30dB \leq R_w < 35dB$ ③采光性能满足2级：$0.3 \leq T_r < 0.4$ ④住宅部分传热系数$K \leq 1.9 [W/(m^2 \cdot K)]$	

3）合约界面，见表5.1-5。

表5.1-5 工作标准界面划分

序号	门窗单位工作内容	总包单位工作内容
1	门窗框安装固定、校正、框边打发泡剂与水泥砂浆接触面涂刷防腐剂	为门窗分包提供可安装的结构洞口，提供点位满足现场施工要求，负责洞口的修正
2	门窗框及饰面的密封胶收边	门窗框四周防水层
3	门窗框安装、玻璃安装、五金配件安装	负责门窗四周安装塞口后的收口
4	门窗工程所涉及的各项检测及试验、资料的整理	为门窗分包提供完整的资料编制要求
5	门窗首次清洁、清洗保护	交付前清洗、淋水试验

（3）确定投标单位

本项目共有5家单位报名，经招标小组进行考察和样品窗评审，最终确定5家单位均符合本项目招标要求。入围单位名单及评审情况见表5.1-6。

表5.1-6 投标单位情况及考察情况

序号	投标单位	考察结论	样品窗评价	单位来源
1	A	合格	符合要求	供应商库
2	B	合格	符合要求	供应商库
3	C	合格	符合要求	供应商库
4	D	合格	符合要求	工程推荐
5	E	合格	符合要求	自主报名

（4）编制工程量清单

为避免投标单位对清单计算规则理解有误而在中标后发生合约争议，在清单编制说明及清单工作内容中对计算规则、特别强调的事项进行详实描述，主要包括：

1）承包商须按图纸及工程规范要求，完成铝合金门窗的深化设计、制作、安装、验收等全部工作内容。

2）工程量计算规则：按照图示洞口中心线尺寸长宽各扣减 40mm 以面积计算，收口不单独计算面积。

3）投标总价包括运至合同指定地点的材料费、损耗、包装费、运输费、装卸费、安装费、保险费、配品配件费、管理费、利润、税金、措施费（包括卫生防疫、环保停工、垂直运输机械费），以及为使该工程达到竣工验收、业主安全使用而产生的一切费用。

4）总承包为本工程提供施工用水、用电接驳点以及现有的脚手架及垂直运输设施，但若以上设施不能满足施工需要，分包人须自行解决，总价不得调整。

5）出现以下情况时，合同价格不做调整：

①因铝合金门窗的分割变化或节点优化与深化，造成成本增加。

②因为平面、立面图纸不对应造成的相关数量的增加；玻璃的透光率发生变化。

③型材、玻璃等颜色发生变化；因环保因素导致的停工、窝工、返工、罚款、安全文明施工费增加等风险费用。

④合同履行过程中，原材料、人工价格上浮、机械费上涨产生的增加费用。

⑤使用材料或工艺无法满足甲方要求，导致的拆除及返工等费用。

⑥因招标图纸、招标方案中的技术标准无法满足规范及招标方要求，而导致的相关费用的增加问题。

6）税金：供货部分税率 13%，安装部分税率 9%。供货及安装合同为一个合同文件，但在合同中需分别注明供货、安装的价款及税金。

（5）编制招标文件

招标文件的主要内容包括：招标须知、合同条款、技术要求、施工图纸、相应表单等相应内容，本项目中的招标文件中的部分条款约定见表 5.1-7。

表 5.1-7 招标文件中部分条款约定

序	科目	条款约定
1	承包方式	①本工程采用固定总价合同 ②合同的工程数量、单价及合同总价固定不变，由中标人按照设计封样及深化图纸包工、包料、包范围、包出图 ③除非发生合同范围和工程设计变更，否则应按照合同约定的方式结算
2	付款方式	①本工程无预付款 ②根据单体工程进度付款，窗框安装完成后付至已完合格工程量价款的 40% ③单体全部安装完成（初步验收后）后付至已完合格工程量的 85% ④全部安装完成经甲方验收合格并结算完成后付至结算价款的 95% ⑤余 5% 作为质保金，两年质保期满后如无质量问题则一次性无息付清（其中防水防渗漏质保期五年）
3	评标办法	合理低价法
4	…	

(6) 招标答疑

招标答疑环节除了澄清招标文件中表述不清楚或不一致的地方以外，还要尽可能避免对某个投标单位疑问的回复导致其他投标单位对本项目相应条款、工作内容产生误解。

例如 A 单位提出：型材是否可选用"××"品牌进行报价？如果可以，则能提供更短的生产周期、更优惠的价格，以提高效率、降低成本（表 5.1-8 中第 5 项）。

针对此条内容，经过招标小组的落实，"××"品牌为 A 单位自有品牌，如答疑中明确同意此条内容，会让其他投标单位认为此单位为潜在中标单位的风险。最后经招标小组一致讨论，此条内容只回复 A 单位，对其他单位的回复表中不体现此条内容。本标的招标答疑内容见表 5.1-8。

表 5.1-8　招标答疑

序号	疑问内容	回复内容
1	请确认外窗型材、门联窗、商铺门型材颜色是否都为：室外部分采用粉末喷涂，室内部分采用静电粉末喷涂	是
2	招标文件中技术条款和国家规范规定的安全玻璃的范围不一致，请确认是否按照招标文件技术要求全部采用安全玻璃还是按规范采用安全玻璃？	安全玻璃的设置应满足国家相关规范、技术要求、建筑施工图的要求
3	招标单位是否考虑各投标单位由于各自对窗型优化理解不同从而对门窗立面分割也产生不同，导致不能以统一的计算标准继而同一窗型产生了不同的平方米重以及其他材料的投标误差	请按招标图纸建筑立面及窗型大样图（综合考虑图纸中不符合规范要求的内容）进行计算，投标单位中标后，再对窗型进行优化、深化设计。相关费用在综合单价及总价中综合考虑，因图纸深化及优化产生的增加费用结算时不再调整，因深化及优化减少的费用结算时按时结算
4	请明确外悬窗是否采用用于外悬窗的转换料或者压线外安装	按常规外悬窗做法，但需满足相关规范的相关要求，相关费用在综合单价及总价中综合考虑，结算时不再另行追加相关费用，减少的费用按实际减少费用结算
5	型材是否可选用"××"品牌进行报价？××品牌，能提供更短的生产周期，更优惠的价格，以提高生产效率，降低生产成本	同意调整（此条仅回复 A 公司）
6	请明确现场总包的脚手架方式是否可以为后期门窗安装提供配合？	现场施工时脚手架可能不被利用，由投标单位自行考虑相关脚手架搭设费用，相关费用在措施费及总价中综合考虑，结算时不再另行追加相关费用
7	关于材料品牌问题	材料品牌表中应提供唯一的材料品牌，不允许出现国产优质、同档次品牌或多个品牌情况，否则招标方有权选择更优质的满足招标方要求的材料品牌，且投标总价不予调整

(7) 第一次回标分析

1) 总价分析。本项目投标报价分为供货、安装两部分,开标情况见表5.1-9。

表5.1-9 开标记录

排名	投标单位	总价/元	供应价/元	安装价/元
1	A	2 402 851	2 167 100	235 751
2	B	2 747 775	2 497 763	250 012
3	C	2 908 546	2 564 144	344 402
4	D	3 207 658	2 837 588	370 070
5	E	3 616 340	3 171 209	445 131

①修正计算错误:A原报价中税金计算错误(供货按6%记取,安装按3%记取),经修正后报价为2 559 473元,修正后不影响商务标排名。其余四家单位报价无计算错误。

②增减工程量偏差:5家投标单位工程量均为招标时提供的参考工程量,均无增减工程量。

2) 分部分项分析。通过5家投标单位的分部分项总价的对比,总价偏离较大部分主要在内开内倒窗、耐火窗这2个清单项中,具体分部分项对比见表5.1-10。

表5.1-10 分部分项对比

序号	清单项目	工程量/m²	分部分项总价/元				
			A	B	C	D	E
1	门联窗	1814	1 025 266	994 692	999 301	1 070 217	1 253 652
2	内开内倒窗	2563	1 243 711	1 372 811	1 540 946	1 670 674	1 869 170
3	耐火窗	177	120 379	186 308	156 984	226 109	236 759
4	平开窗	22	10 211	15 000	15 017	14 987	16 313
5	外悬窗	285	159 907	178 964	196 298	225 671	240 448
	合计	4861	2 559 473	2 747 775	2 908 546	3 207 658	3 616 340

3) 综合单价分析,见表5.1-11~表5.1-13。

表5.1-11 全费用综合单价对比

序号	名称	工程量/m²	全费用综合单价/(元/m²)				
			A	B	C	D	E
1	70系列门联窗	1814	565	548	551	590	691
2	65系列内开内倒窗	2563	485	536	601	652	729
3	65耐火窗	177	680	1 053	887	1 277	1 338
4	65平开窗	22	464	682	683	681	741
5	65外悬窗	285	561	628	689	792	844
	合计(平均)	4861	527	565	598	660	744

表 5.1-12 供货单价对比

序号	名称	工程量/m²	供货单价/(元/m²)				
			A	B	C	D	E
1	70系列门联窗	1814	503	492	480	516	605
2	65系列内开内倒窗	2563	441	488	530	573	638
3	65耐火窗	177	618	991	816	1199	1161
4	65平开窗	22	426	634	612	615	663
5	65外悬窗	285	517	580	618	725	765
	合计（平均）	4861	475	514	527	584	652

表 5.1-13 安装单价对比

序号	名称	工程量/m²	安装单价/(元/m²)				
			A	B	C	D	E
1	70系列门联窗	1814	62	56	71	74	86
2	65系列内开内倒窗	2563	44	48	71	79	91
3	65耐火窗	177	62	62	71	79	176
4	65平开窗	22	38	48	71	66	79
5	65外悬窗	285	44	48	71	66	79
	合计（平均）	4861	51	51	71	76	92

4）材料含量对比分析。通过分部分项总价的对比，五家投标单位总价重点偏差在内开内倒窗、耐火窗，对其主要材料的含量做重点分析，见表5.1-14~表5.1-15。

表 5.1-14 内开内倒窗主要材料含量对比

序号	清单项目	单位	主要材料含量				
			A	B	C	D	E
1	铝合金型材	kg/m²	7.92	8.38	7.46	8.61	10.57
2	玻璃	m²/m²	0.95	0.92	0.88	0.90	0.97
3	五金件	套/m²	0.31	0.45	0.50	0.41	0.44
4	密封胶	支/m²	1.30	2.15	0.60	3.20	2.80

表 5.1-15 耐火窗主要材料含量对比

序号	清单项目	单位	主要材料含量				
			A	B	C	D	E
1	铝合金型材	kg/m²	8.00	12.38	11.54	12.67	15.04
2	玻璃	m²/m²	0.95	0.95	0.93	0.90	0.97
3	五金件	套/m²	0.40	0.92	0.85	1.09	1.14
4	耐火密封胶	支/m²	1.30	2.15	0.60	3.20	2.80

通过对5家投标单位的含量对比分析与核算，A公司铝合金型材含量、五金件含量明显偏低。C公司耐火窗玻璃含量明显偏低、内开内倒窗型材含量偏低。E公司型材含量明显偏低。

5）主材单价对比分析。各投标单位中，主材价格略有偏差，除耐火窗五金件各家差异较大外，其他材料偏离较小，对于差异较大的部分澄清时予以书面澄清。

表5.1-16 主材单价对比

序号	主材名称	单位	主材单价				
			A	B	C	D	E
1	粉末喷涂型材	元/kg	18.7	19.6	18.4	18.3	20.5
2	中空钢化玻璃	元/m²	134	150	173	135	135
3	防火玻璃	元/m²	190	224	266	245	220
4	内开内倒五金件	元/套	124	125	110	115	130
5	耐火窗五金件	元/m²	120	159	110	185	140
6	耐候胶	元/支	11.0	10.5	13.5	9.0	10.0

6）材料品牌对比分析。五家投标单位选用的材料品牌，均在招标文件所限定的品牌范围内。

（8）澄清问卷编制

根据清标分析中各投标单位中存在的问题编制澄清问卷，根据招采制度，经请示招标领导小组，对投标报价最低的前3家投标单位发送澄清问卷，见表5.1-17。要求投标单位对澄清问卷限期进行书面回复。

澄清问卷中重点对以下内容进行澄清：

①需要投标单位对承包的范围、技术标准要求、环保导致停工保证措施等技术标内容进行补充、确认。

②对各投标单位投标报价中的含量、单价、品牌、人工等存在不平衡项内容进行澄清、修正。

③要求投标单位确认综合单价中已包含所有措施项，包括但不限于冬雨期施工费、安全文明施工费、垂直运输机械费、现场水电费、检验试验费、门窗清洁费、环保停工费、与其他单位的配合费用等全部措施费用。

表5.1-17 澄清问卷（样表）

序号	需要澄清的内容	投标单位回复
1	本澄清函所提到之调整内容请贵公司复核并调整，除此以外其他项目不许调整，否则不予接受	
2	请确认：投标总价是按照招标范围内的工作内容并结合招标图纸、满足规范要求进行的图纸深化与优化、招标清单总价按包干考虑	
3	请确认：招标范围内的工程量偏差、清单漏项等已在综合单价及总价中综合考虑，不因工程量偏差或漏项而调整报价，且结算时不再因工程量偏差要求追加相关费用	

(续)

序号	需要澄清的内容	投标单位回复
4	请确认：贵公司所有施工工艺及材料完全响应招标文件技术要求、相应规范要求，选用材料满足设计图纸、规范及物料表要求	
5	请确认：综合单价及总价中已综合考虑招标人提供的窗型大样图、相关技术标准不符合规范要求的情况，投标总价中已综合考虑为达到相关规范要求而调整的玻璃厚度或窗型分割调整等情况，相关玻璃价差增加费用、型材含量增加费用等已包含在总价中。为达到规范及招标人要求而增加的费用包含在总价中，减少的费用按实调减	
6	请确认：主要材料价格表中所填报的材料品牌即为满足招标人材料品牌要求而使用的唯一品牌。施工封样、合同签订及施工过程中，将按照此唯一品牌执行	
7	疏散楼梯间顶部平开窗需设置手动开启装置，请确认综合单价中已考虑	
8	内开内倒窗、耐候窗中的型材、五金件含量偏低，请复核并修正	
9	所有清单项中，安装人工费偏低，请确认综合单价中已综合考虑全部安装费用	
10	请确认：综合单价中已包含全部的安全文明施工、冬雨期施工费、垃圾清理费、赶工费等为完成本项目可能所涉及的全部措施费内容，施工过程中将按照招标方要求制定相应的施工措施方案，直至达到招标方要求，且相关费用不再另行追加	
11	请确认：投标总价中已包含可能产生的全部规费，无论实缴金额多少，结算时均不再另行追加与之相关的费用	
12	请确认：样板段施工及拆除费用已包含在总价中且不因样板段的重复施工另行追加相关费用	
13	请确认：投标单位收到中标通知书后，须无条件按照招标方要求在15天内对全部材料进行封样，无论送样数量及送样次数，直至招标方签字认可为止，相关费用包含在投标总价中，结算时亦不再增加与之相关的费用	
14	请确认：图纸深化及优化需满足国家相应的设计规范、验收规范，图纸深化及优化产生的增加费用包含在总价内，结算时不再追加，由图纸深化及优化产生或减少的费用按实调减。因图纸深化及优化无法满足验收标准，招标人有权要求投标单位进行重新深化设计，且不另行追加相关费用	
15	请确认：投标单位中标后，招标人有权对投标单位是否存在挂靠行为进行核实，一经核实，招标人有权要求中标单位无条件退场、没收履约保证金、投标保证金，追回全部付款并要求赔偿所造成的全部损失且投标单位不得主张与之相关的任何权利	
16	请确认：综合单价的调整均与市场价相符合，无不平衡报价，且澄清总价不高于投标总价，相应总价优惠已在综合单价中考虑。对于不平衡报价中高于市场价的情况，施工过程中可能产生的相关索赔将按照市场价或重新协商后进行调整，但不高于投标时的综合单价	
17	因当前环保形势严峻，请补充环保生产、绿色施工的措施方案	
18	因本项目安装时主要在雨期，请提供详细的雨期施工及安全防护方案	

(9) 澄清报价

各投标单位均按澄清问卷进行了回复,并上报了最终澄清报价,详见表5.1-18。因澄清报价的调整幅度不大,故不再进行单价和含量等细节分析。

表 5.1-18 澄清报价汇总 (单位:元)

排名	投标单位	最终澄清报价	第一次投标报价	调整比例
1	A	2 662 635	2 559 473	上调 4.03%
2	B	2 678 214	2 747 775	下调 2.53%
3	C	2 793 577	2 908 546	下调 3.95%

本次澄清三家单位中两家投标单位做了优惠下浮,A公司因含量计算错误导致报价失误,本轮报价略有上浮,按照评标规则,A公司属于"恶意低价"竞争行为,其本轮报价作废标处理。

(10) 最终议标与定标

经招标领导小组同意,与次低报价单位B进一步的沟通和洽商,因本项目后期还有30多栋高层住宅,B公司考虑到后续的长远合作,最终投标报价调整为2 650 000元。

1) 拟定中标价的合理性分析

①与目标成本对比:B单位的最终报价(2 650 000元)<目标成本(3 450 000元),拟定中标价在目标成本范围内,与目标成本对比属于合理价。

②与标底价对比:B单位的最终报价(2 650 000元)<标底价(2 980 000元),拟定中标价在标底价范围内,与标底价对比属于合理价。

③与其他同类项目对比:B单位的综合单价与对标项目对比,综合单价略低于对标项目属于合理价,详见表5.1-19。

表 5.1-19 拟中标价与同类项目对比 (单位:元/m²)

序号	对比清单项	拟定标综合单价	对标项目综合单价		
			项目1	项目2	项目3
1	铝合金门联窗	532	565	/	584
2	内开内倒窗	516	517	526	534
3	耐火窗	991	/	926	976

注:因耐火窗的窗型较小,受五金件及型材含量影响,导致耐火窗综合单价高于对标项目,经核算属于合理价。

2) 定标建议。根据招采制度及本工程评标办法(合理低价法),结合上述合理性分析情况,建议本项目的中标单位为投标单位B,拟定中标金额:2 650 000元。拟定中标价在目标成本范围控制内,拟定中标价符合市场价水平。

3. 招标总结

(1) 招标计划复盘

1) 本项目招标总体时间从启动到发出中标通知书,实际共63天,较计划缩短3天;其中,从发标到发出中标通知书,实际24天,比计划缩短3天,属于正常情况,详见表5.1-20。

表 5.1-20 招标计划与实际对比

序	工作清单	日历天数(天)		完成时间	
		计划	实际	计划	实际
1	项目立项	1	1	2019-3-20	2019-3-20
2	单位搜集与考察	15	13	2019-4-3	2019-4-1
3	样品窗制作与评审	27	27	2019-4-15	2019-4-15
4	投标单位审批	32	30	2019-4-20	2019-4-18
5	招标文件审批	37	37	2019-4-25	2019-4-25
6	发标	40	40	2019-4-28	2019-4-28
7	招标答疑与回复	47	48	2019-5-5	2019-5-6
8	开标	51	51	2019-5-9	2019-5-9
9	商务标分析	61	57	2019-5-19	2019-5-15
10	二次洽谈	62	58	2019-5-20	2019-5-16
11	定标	65	62	2019-5-23	2019-5-20
12	发出中标通知书	66	63	2019-5-24	2019-5-21

2)工程量指标分析,见表5.1-21、表5.1-22。

表 5.1-21 铝合金门窗工程量指标

序号	主要清单项	工程量/m²	地上建筑面积指标/(m²/万 m²)
1	70系列门联窗	1814	689.73
2	65系列内开内倒窗	2563	974.52
3	65耐火窗	177	67.30
4	65平开窗	22	8.37
5	65外悬窗	285	108.37
	合计	4861	1848.29

表 5.1-22 铝合金型材、玻璃含量

序号	主要清单项	型材含量/(kg/m²)	玻璃含量/(m²/m²)
1	70系列门联窗	9.71	0.92
2	65系列内开内倒窗	8.19	0.92
3	65耐火窗	11.80	0.92
4	65平开窗	10.36	0.92
5	65外悬窗	11.50	0.92
	合计平均	9.09	0.92

3) 成本指标分析,见表 5.1-23。

表 5.1-23 铝合金门窗工程成本指标

序号	主要清单项	总价/元	地上建筑面积指标/(元/m²)
1	70 系列门联窗	964 848	36.69
2	65 系列内开内倒窗	1 321 380	50.24
3	65 耐火窗	175 409	6.67
4	65 平开窗	14 769	0.56
5	65 外悬窗	173 595	6.60
	合计	2 650 000	100.76

4) 实物工程量综合单价,见表 5.1-24。

表 5.1-24 铝合金门窗工程综合单价

序号	主要清单项	全费用综合单价/(元/m²)		
		供应	安装	合计
1	70 系列门联窗	475.85	56.05	531.90
2	65 系列内开内倒窗	471.69	47.87	515.56
3	65 系列耐火窗	929.13	61.88	991.01
4	65 系列平开窗	623.45	47.87	671.32
5	65 系列外悬窗	561.23	47.87	609.10
	合计(平均)	495.84	51.43	545.17

5) 综合单价分析,见表 5.1-25~表 5.1-29。

表 5.1-25 门联窗综合单价分析

序号	项目名称	规格型号	单位	含量	单价/元	合价/(元/m²)	占比
			供货部分				
一	材料费					358.1	67.3%
1	铝型材(粉末喷涂)	70 系列隔热	kg	9.71	17.26	167.6	31.5%
2	中空钢化玻璃	5+12A+5+12A+5	m²	0.92	132.74	122.1	23.0%
3	五金件	外平开门	套	0.18	154.87	27.9	5.2%
4	密封胶	300ml	支	1.73	9.29	16.1	3.0%
5	发泡胶	750ml	支	0.42	15.93	6.7	1.3%
6	胶条	三元乙丙	kg	0.45	15.93	7.2	1.4%
7	其他材料费		m²	1.00	6.62	6.6	1.2%
8	检测费用		m²	1.00	4.00	4.0	0.8%

（续）

序号	项目名称	规格型号	单位	含量	单价/元	合价/(元/m²)	占比
二	制作、运输费		m²			35.0	6.6%
1	制作费		m²	1.00	30.00	30.0	5.6%
2	装卸费、运输费		m²	1.00	5.00	5.0	0.9%
三	直接费合计		元			393.1	73.9%
四	管理费（4.0%）					15.7	3.0%
五	利润（3.0%）					12.3	2.3%
六	税金（13.0%）					54.7	10.3%
	供应单价		元			475.8	89.5%
	安装部分						
一	人工费		m²			45.0	8.5%
	现场安装费		m²	1.00	45.00	45.0	8.5%
二	机械、措施费		m²	1.00	3.00	3.0	0.5%
三	直接费合计		元			48.0	9.0%
四	管理费（4.0%）					1.9	0.4%
五	利润（3.0%）					1.5	0.2%
六	税金（9.0%）					4.6	0.9%
	安装单价		元			56.0	10.5%
	全费用综合单价		元/m²			531.9	100.0%

表 5.1-26　内开内倒窗综合单价分析

序号	项目名称	规格型号	单位	含量	单价/元	合价/(元/m²)	占比
	供货部分						
一	材料费		m²			359.4	69.7%
1	铝型材（粉末喷涂）	65系列隔热	kg	8.19	17.26	141.3	27.4%
2	中空钢化玻璃	5+12A+5+12A+5	m²	0.92	132.74	122.1	23.7%
3	五金件	内开内倒	套	0.39	110.62	43.1	8.4%
4	纱窗	固定纱窗	套	0.39	30.97	12.1	2.3%
5	密封胶	300ml	支	1.83	9.29	17.0	3.3%
6	发泡胶	750ml	支	0.42	15.93	6.7	1.3%
7	胶条	三元乙丙	kg	0.45	15.93	7.2	1.4%
8	其他材料费		m²	1.00	5.84	5.8	1.1%
9	检测费用		m²	1.00	4.00	4.0	0.8%
二	制作、运输费		m²			27.0	5.3%

(续)

序号	项目名称	规格型号	单位	含量	单价/元	合价/(元/m²)	占比
1	制作费		m²	1.00	22.00	22.0	4.3%
2	装卸费、运输费		m²	1.00	5.00	5.0	1.0%
三	直接费合计		元			386.4	75.0%
四	管理费（4.0%）					15.5	3.0%
五	利润（3.0%）					12.1	2.3%
六	税金（13.0%）					53.8	10.4%
	供应单价		元			467.8	90.7%
安装部分							
一	人工费		m²			38.0	7.4%
	现场安装费		m²	1.00	38.0	38.0	7.4%
二	机械措施费		m²	1.00	3.0	3.0	0.6%
三	直接费合计		元			41.0	8.0%
四	管理费（4.0%）					1.6	0.3%
五	利润（3.0%）					1.3	0.2%
六	税金（9.0%）					4.0	0.8%
	安装单价		元			47.9	9.3%
	全费用综合单价		元/m²			515.7	100.0%

表 5.1-27 耐火窗综合单价分析

序号	项目名称	规格型号	单位	含量	单价/元	合价/(元/m²)	占比
供货部分							
一	材料费		m²			717.6	72.4%
1	铝型材（粉末喷涂）	65系列隔热	kg	11.80	17.26	203.6	20.5%
2	中空钢化玻璃	5+12A+5+12A+5 耐火1h玻璃	m²	0.92	223.89	206.0	20.8%
3	五金件	内开内倒	套	0.82	159.29	130.6	13.2%
4	纱窗	固定纱窗	套	0.98	30.97	30.4	3.1%
5	防火密封胶	300ml	支	2.15	25.22	54.2	5.5%
6	防火发泡胶	750ml	支	0.42	24.78	10.4	1.1%
7	防火胶条	三元乙丙	kg	0.45	28.32	12.7	1.3%
8	其他材料费		m²	1.00	65.63	65.6	6.6%
9	检测费用		m²	1.00	4.00	4.0	0.4%
二	制作、运输费					50.0	5.0%
1	制作费		m²	1.00	45.00	45.0	4.5%

（续）

序号	项目名称	规格型号	单位	含量	单价/元	合价/(元/m²)	占比
2	装卸费、运输费		m²	1.00	5.00	5.0	0.5%
三	直接费合计		元			767.6	77.5%
四	管理费（4.0%）					30.7	3.1%
五	利润（3.0%）					23.9	2.4%
六	税金（13.0%）					106.9	10.8%
	供应单价		元			929.1	93.8%
安装部分							
一	人工费		m²			50.0	5.0%
	现场安装费		m²	1.00	50.00	50.0	5.0%
二	机械、措施费		m²	1.00	3.00	3.0	0.3%
三	直接费合计		元			53.0	5.3%
四	管理费（4.0%）					2.1	0.2%
五	利润（3.0%）					1.7	0.2%
六	税金（9.0%）					5.1	0.5%
	安装单价		元			61.9	6.2%
	全费用综合单价		元/m²			991.0	100.0%

表 5.1-28　平开窗综合单价分析

序号	项目名称	规格型号	单位	含量	单价/元	合价/(元/m²)	占比
供货部分							
一	材料费		m²			488.1	72.7%
1	铝型材（粉末喷涂）	65系列隔热	kg	10.36	17.26	178.8	26.6%
2	中空钢化玻璃	5+12A+5+12A+5	m²	0.92	132.74	122.1	18.2%
3	五金件	内平开	套	0.80	38.23	30.6	4.6%
4	手动遥杆		套	0.30	385.00	115.5	17.2%
5	密封胶	300ml	支	1.88	9.29	17.5	2.6%
6	发泡胶	750ml	支	0.42	15.93	6.7	1.0%
7	胶条	三元乙丙	kg	0.45	15.93	7.2	1.1%
8	其他材料费		m²	1.00	5.74	5.7	0.9%
9	检验检测费用		m²	1.00	4.00	4.0	0.6%
二	制作、运输费		m²			27.0	4.0%
1	制作费		m²	1.00	22.00	22.0	3.3%
2	装卸费、运输费		m²	1.00	5.00	5.0	0.7%
三	直接费合计		元			515.1	76.7%

(续)

序号	项目名称	规格型号	单位	含量	单价/元	合价/(元/m²)	占比
四		管理费（4.0%）				20.6	3.1%
五		利润（3.0%）				16.1	2.4%
六		税金（13.0%）				71.7	10.7%
	供应单价		元			623.5	92.9%
		安装部分					
一	人工费		m²			38.0	5.7%
	现场安装费		m²	1.00	38.00	38.0	5.7%
二	机械、措施费		m²	1.00	3.00	3.0	0.4%
三	直接费合计		元			41.0	6.1%
四		管理费（4.0%）				1.6	0.2%
五		利润（3.0%）				1.3	0.2%
六		税金（9.0%）				4.0	0.6%
	安装单价		元			47.9	7.1%
	全费用综合单价		元/m²			671.4	100.0%

表 5.1-29　外悬窗综合单价分析

序号	项目名称	规格型号	单位	含量	单价/元	合价/(元/m²)	占比
		供货部分					
一	材料费		m²			436.6	71.7%
1	铝型材（粉末喷涂）	65系列隔热	kg	11.50	17.26	198.5	32.6%
2	中空钢化玻璃	5+12A+5+12A+5	m²	0.92	132.74	122.1	20.0%
3	五金件	外开上悬	套	0.68	60.18	40.9	6.7%
4	纱窗	隐形纱窗	套	0.68	48.67	33.1	5.4%
5	密封胶	300ml	支	1.98	9.29	18.4	3.0%
6	发泡胶	750ml	支	0.42	15.93	6.7	1.1%
7	胶条	三元乙丙	kg	0.45	15.93	7.2	1.2%
8	其他材料费		m²	1.00	5.80	5.8	1.0%
9	检验检测费用		m²	1.00	4.00	4.0	0.7%
二	制作、运输费		m²			27.0	4.4%
1	制作费		m²	1.00	22.00	22.0	3.6%
2	装卸费、运输费		m²	1.00	5.00	5.0	0.8%
三	直接费合计		元			463.6	76.1%
四		管理费（4.0%）				18.5	3.0%
五		利润（3.0%）				14.5	2.4%

(续)

序号	项目名称	规格型号	单位	含量	单价/元	合价/(元/m²)	占比
六	税金（13.0%）					64.6	10.6%
	供应单价		元			561.2	92.1%
安装部分							
一	人工费		m²			38.0	6.2%
	现场安装费		m²	1.00	38.00	38.0	6.2%
二	机械、措施费		m²	1.00	3.00	3.0	0.5%
三	直接费合计		元			41.0	6.7%
四	管理费（4.0%）					1.6	0.3%
五	利润（3.0%）					1.3	0.2%
六	税金（9.0%）					4.0	0.6%
	安装单价		元			47.9	7.9%
	全费用综合单价		元/m²			609.1	100.0%

第5章 外立面工程

【案例5.2】

住宅外幕墙工程

1. 基本信息

(1) 工程概况（表5.2-1、表5.2-2）

表5.2-1 工程概况

工程地点	河南省某市
建设时间	2018—2019年
主要业态	洋房20栋、高层6栋，共26栋、962户
建筑面积	住宅地上建筑面积125 265m^2，见表5.2-2
层数/层高	地上5层/7层/8层/9层/20层/2.9m
结构形式	剪力墙结构

表5.2-2 建筑面积一览

序	业态	总建筑面积/m^2			地上建筑面积/m^2	
		地下	地上	合计	1标段	2标段
1	洋房	9 593	59 882	69 475	37 026	22 856
2	高层	3 468	65 383	68 851	56 656	8 726
3	地库	73 034	0	73 034	0	0
4	公建配套	0	2 073	2 073	1 314	758
合计		86 095	127 337	213 433	94 997	32 341

(2) 标段概况（表5.2-3、表5.2-4）

表5.2-3 标段总体概况

特征工程量	幕墙面积42 326m^2，见表5.2-4
目标成本	目标成本为30 000 000元，成本指标为709元/m^2（按幕墙展开面积）
工期要求	绝对工期180个日历天
定标时间	2019年9月
招标方式	邀请招标
定价方式	按施工图及招标范围实行总价包干
招标范围	外立面区域装饰工程施工图范围内所有内容，包括陶板幕墙、铝单板幕墙、铝单板雨篷（含钢骨架）、玻璃幕墙、可开启门；有甲供材：岩棉
标段划分	对应总包标段，划分为2个标段

表 5.2-4　幕墙工程量

序号	主要材料	单位	按业态划分			按标段划分		
			洋房	高层	合计	1标段	2标段	合计
1	陶土板	m²	8 058	5 521	13 579	8 292	5 287	13 579
2	铝单板	m²	19 332	7 220	26 552	16 142	10 410	26 552
3	玻璃幕墙	m²	1 090	900	1 990	1 332	658	1 990
4	穿孔金属板	m²	79	0	79	79	0	79
5	铝合金外包雨篷	m²	125	0	125	125	0	125
6	铝合金挑檐线条	m	47	0	47	47	0	47
7	100厚A级防火岩棉	m	3 144	2 149	5 293	3 161	2 132	5 293
合计（只计平米数）		m²	28 684	13 642	42 326	25 970	16 355	42 326

2. 招标过程

（1）确定招标计划

本标段从招标启动会到发出中标通知书，计划82天，中标单位需要在2019年9月30日前进场。具体计划见表5.2-5。

表 5.2-5　招标计划

序号	工作清单	计划完成时间	参加部门
1	招标启动会	2019-6-22	工程部、成本部、设计部
2	投标单位审批	2019-7-28	成本部、招采部
3	招标文件审批	2019-7-30	成本部、招采部
4	发标	2019-8-1	招采部
5	现场踏勘、现场答疑、标前辅导	2019-8-2	工程部、成本部、设计部
6	答疑回复	2019-8-10	成本部
7	第一轮回标、开标	2019-8-17	成本部、招采部
8	第一轮编制询标报告	2019-8-20	成本部
9	第二轮回标、开标	2019-8-30	成本部、招采部
10	第二轮编制询标报告	2019-9-6	成本部
11	编制商务标评标报告	2019-9-10	成本部
12	中标单位审批	2019-9-10	招采部
13	发出《中标通知书》	2019-9-11	招采部

（2）确定招标范围及界面

1）确定招标范围，依据招标文件、招标图纸、工程规范所示，本工程承包范围包括以下内容：

①招标文件附录的施工图及招标清单内所有内容（甲分包除外）。

②包括招标文件附录-施工图范围内的陶板幕墙、铝单板幕墙、铝单板雨篷（含钢骨架）、玻璃幕墙、可开启门等材料采购、制作、安装、检测及通过相关政府部门验收（包括但不限于埋件的制作、安装及预埋件的拉拔试验）等全部工作内容。

③包含全部细部防水、防渗漏、防雷接地措施、收边收口措施处理、负责竣工交付前的全面保洁工作等工程（甲分包工程除外）。

2）甲供材：防火岩棉。

3）甲分包工程，包括铝合金门窗，阳台玻璃栏板、栏杆及防火栏板，铝合金格栅，外墙保温、涂料，大堂自动门，采光井。

4）甲指乙供材料。招标文件中明确了甲指已供材的技术参数，以保证材料质量。甲指乙供材料由招标人指定型号（表5.2-6），投标人将合理费用考虑在综合单价中，结算时不再调整。

表5.2-6 甲指乙供材料一览

序号	名称	规格型号	品牌要求
1	深灰色/银灰色铝单板	2.5mm/3mm	①铝板材质（牌号及合金状态）：3003-H24 ②可视面氟碳喷涂；漆品牌：阿克苏；三涂两烤；漆厚度要求：底漆厚度5~10μm，面漆厚度不低于25μm，罩光漆厚度为10~20μm，涂层总厚度≥40μm；聚偏二氟乙烯含量（氟碳含量）≥70% 喷涂时候油漆里添加金属粉（含量以确认样板为准） ③加强筋间距≤600mm ④阳角需要焊接位置采取内侧焊接；以设计封样为准
2	陶土板	25mm	以设计封样为准
3	铝型材	详见图纸	兴发、凤铝
4	玻璃	详见图纸	北玻、南玻、信义、耀皮
5	硅酮结构胶	详见图纸	白云ss521、之江JS-6000、思兰德MF899
6	耐候胶	详见图纸	白云ss602、之江JS-888、思兰德MF889
7	AB胶/石材干挂胶	20升/组	大力士牌（生产厂家武汉科达）
8	锚固件	详见图纸	品牌：美坚利、玄狐
9	化学锚栓	详见图纸	美坚利精工、上海达立、台州旗鱼
10	抹面砂浆	详见图纸	品牌：STO、秦恒、铸晟
11	型钢、钢板、钢管、槽钢、角钢	详见图纸	均为热浸镀锌国标钢材
12	不锈钢挂件	304不锈钢	304标号
13	连接件螺栓	304不锈钢	304标号
14	连接件，膨胀螺栓	详见图纸	均为热镀锌

（3）确定投标单位

经审批确认，共邀请供方库内外共 5 家有公司业绩的合格供方参与投标。投标单位情况见表 5.2-7。

表 5.2-7　投标单位情况

序号	投标单位	相关业绩	单位来源
1	A	新乡、洛阳住宅外幕墙工程	库内单位
2	B	郑州、洛阳住宅外幕墙工程	库内单位
3	C	南阳、洛阳住宅外幕墙工程	库内单位
4	D	开封、登封住宅外幕墙工程	库内单位
5	E	新乡、安阳住宅外幕墙工程	库内单位

（4）编制招标文件

在本标段招标文件编制中，需要注意以下 3 项内容：

1）本项目的工期紧张，存在交付风险，招标定标过程尽量缩短流程时间。

2）评标办法

①技术标评比：技术标必须由设计管理中心、工程管理中心、项目部人员参与评标，评分权重分别为 30%、30%、40%，最终得分为实际评分×权重比；最终得分（百分制）：<65 分为不合格；65~80 分为可选；80~95 分为优秀；>95 分为优先选用。

②商务标分析：在技术标评选合格的基础上再开商务标，商务标评比报告由成本部提供。采用合理低价中标原则。

3）工程款支付方式

①无预付款，按工程进度支付工程款。

②每批次，保温及龙骨完成超过 50% 且经甲方和监理验收合格后，支付合同金额的 10%。

③每批次，保温及龙骨全部完成且经甲方和监理验收合格后，累计支付至合同金额的 30%。

④每批次，外饰面完成 50% 且经甲方和监理验收合格后，累计支付至合同金额的 50%。

⑤全部工程完成且经甲方和监理验收合格后，累计支付至合同金额的 80%。

⑥本项目竣工验收合格且竣工结算确认后 15 个工作日内，累计支付至结算总价的 95%。

⑦预留实际结算金额的 5% 作为质保金，质量保修期满 2 年之日起 30 天内，根据保修情况由项目物业管理公司加具意见后办理结算，若无保修费用，甲方将剩余质保金无息返还乙方。

⑧每次付款前乙方应按甲方要求办理付款审批手续，并提供税率为 10% 的合格增值税专用发票。

⑨本工程进度款以现金（或转账）方式支付，每次付款前乙方提供经财务部审核合格的工人工资表及收款收据后付款。乙方工程款应优先发放农民工工资，若发生拖欠农民工工资事件，乙方则应承担本合同约定的违约责任。

（5）编制工程量清单

在本标段工程量清单编制中，需要注意以下 2 项内容：

第5章 外立面工程

1) 本标段的清单工程量锁死，不予调整。有调整的地方，在"偏离报价"清单项下单独进行报价，详见表 5.2-8、表 5.2-9。

表 5.2-8 工程量清单报价汇总

标段	工程费报价	措施费报价	检测费	偏离报价	合计
1标段					
2标段					
合计					

表 5.2-9 实体工程清单报价

序号	项目	项目特征	单位	总工程量	单价	合价
一	工程费					
1	25mm 厚深灰色陶土板	①面层：25mm 厚陶土板 ②80×60×5 镀锌钢管 ③L50×5 镀锌角钢连接件 ④10#热浸镀锌槽钢连接件 ⑤铝合金挂件，$L=50$mm ⑥M6×20 及 M8×20 不锈钢螺栓挂件 ⑦M12×160 化学锚栓 ⑧4mm 厚立柱钢芯套，$L=400$mm ⑨200×300×10mm 镀锌钢板 ⑩2-M12×100 不锈钢螺栓组件 ⑪30×30×3mm 钢垫片 ⑫后补埋件区域及外围 100mm 范围内做 JS 防水 ⑬其他：具体位置、分格及做法详见施工图	m^2	13 579		
2	2.5mm 厚铝单板（陶板上口压顶）	①2.5mm 厚铝单板（氟碳喷涂） ②L50×5 镀锌角钢 ③铝合金角码，M5 抽芯铆钉 ④耐候密封胶及泡沫棒（同铝板颜色一致） ⑤详细做法见图纸及陶板幕墙节点大样图	m^2	532		
3	2.5mm 厚铝单板（风井百叶窗顶部）	①2.5mm 厚铝单板（氟碳喷涂） ②L50×5 镀锌角钢 ③铝合金角码，M5 抽芯铆钉 ④耐候密封胶及泡沫棒（同铝板颜色一致） ⑤详细做法见图纸及陶板幕墙节点大样图	m^2	220		

（续）

序号	项目	项目特征	单位	总工程量	单价	合价
4	3mm 厚银灰色铝单板（大面线条造型）	①3mm 厚银灰色铝单板（氟碳喷涂） ②90×60×5mm 热浸镀锌钢方管 ③12#槽钢，热浸镀锌；200×300×10 热浸镀锌后补埋件 ④M12×110 不锈钢螺栓组件 ⑤M12×160 化学螺栓 ⑥40×40×4 方垫片 ⑦铝合金角码，40×25×2，$L=40$；M5 抽芯铆钉 ⑧50×50×5 热浸镀锌角钢 ⑨硅酮密封胶及泡沫棒（同铝板颜色一致） ⑩详细做法见图纸及铝单板幕墙节点大样图	m²	6 239		
5	3mm 厚银灰色铝单板（二层及屋面包梁）	①3mm 厚银灰色铝单板（氟碳喷涂） ②90×60×5 热浸镀锌钢方管 ③12#热镀锌槽钢转接件；200×300×10 热浸镀锌后补埋件 ④M12×110 不锈钢螺栓组件 ⑤M12×160 化学螺栓 ⑥40×40×4 方垫片 ⑦铝合金角码，40×25×2，$L=40$；M5 抽芯铆钉 ⑧50×50×5 热浸镀锌角钢 ⑨硅酮密封胶及泡沫棒（同铝板颜色一致） ⑩详细做法见图纸及铝单板幕墙节点大样图	m²	4 088		
6	3mm 厚银灰色铝单板（屋面包柱墙）	①3mm 厚银灰色铝单板（氟碳喷涂） ②90×60×5 热浸镀锌钢方管 ③12#热镀锌槽钢转接件；200×300×10 热浸镀锌后补埋件 ④M12×110 不锈钢螺栓组件 ⑤M12×160 化学螺栓 ⑥40×40×4 方垫片 ⑦铝合金角码，40×25×2，$L=40$；M5 抽芯铆钉 ⑧50×50×5 热浸镀锌角钢 ⑨硅酮密封胶及泡沫棒（同铝板颜色一致） ⑩详细做法见图纸及铝单板幕墙节点大样图	m²	1 401		

(续)

序号	项目	项目特征	单位	总工程量	单价	合价
7	3mm厚银灰色铝单板（屋面花架铝板）	①3mm厚银灰色铝单板（氟碳喷涂） ②60×90×5mm热浸镀锌钢方管 ③12#热镀锌槽钢转接件；200×300×10热浸镀锌后补埋件；6mm厚热镀锌加强钢板 ④M12×110不锈钢螺栓组件 ⑤M12×160化学螺栓 ⑥40×40×4方垫片 ⑦铝合金角码，40×25×2，$L=40$；M5抽芯铆钉 ⑧50×50×5热浸镀锌角钢 ⑨硅酮密封胶及泡沫棒（同铝板颜色一致） ⑩详细做法见图纸及铝单板幕墙节点大样图	m²	7 805		
8	3mm厚铝单板（梯间格栅顶部压顶）	①3mm厚铝单板（氟碳喷涂） ②50×50×5mm热浸镀锌钢方管 ③M12×160化学螺栓 ④铝合金角码，40×25×2，$L=40$；M5抽芯铆钉 ⑤50×50×5热浸镀锌角钢，$L=100$ ⑥硅酮密封胶及泡沫棒 ⑦详细做法见图纸及铝单板幕墙节点大样图	m²	73		
9	3mm厚铝单板门厅屋面及大屋面女儿墙处铝单板	①3mm厚深灰色铝单板（氟碳喷涂） ②90×60×5mm热浸镀锌钢方管 ③12#热镀锌槽钢转接件，$L=115$；200×200×10热浸镀锌后补埋件 ④M8×110不锈钢螺栓组件 ⑤M12×160化学螺栓 ⑥40×40×4方垫片 ⑦铝合金角码，40×25×2，$L=40$；M5抽芯铆钉 ⑧50×50×5热浸镀锌角钢 ⑨硅酮密封胶及泡沫棒（同铝板颜色一致） ⑩详细做法见图纸及铝单板幕墙节点大样图	m²	4 999		

(续)

序号	项目	项目特征	单位	总工程量	单价	合价
10	玻璃幕墙1 （半隐框幕墙）	①6+1.52PVB+6钢化夹胶玻璃 ②50mm厚A级保温棉；2mm厚氟碳铝板 ③铝合金立柱及横梁 ④铝合金副框、压板及扣盖 ⑤M6×90不锈钢螺栓 ⑥硅酮密封胶，EPDM胶条 ⑦具体做法详见施工图纸、设计说明及相关节点	m²	425		
11	玻璃幕墙1a （半隐框幕墙）	①6+12A+6中空钢化玻璃 ②2mm厚氟碳铝板 ③铝合金立柱及横梁 ④铝合金副框、压板及扣盖 ⑤M6×90不锈钢螺栓 ⑥硅酮密封胶，EPDM胶条 ⑦具体做法详见施工图纸、设计说明及相关节点	m²	844		
12	玻璃幕墙2 （无框幕墙）	①6+1.52PVB+6钢化夹胶玻璃 ②硅酮密封胶，EPDM胶条 ③具体做法详见施工图纸、设计说明及相关节点	m²	304		
13	3mm厚深灰色铝单板 （门厅处造型柱）	①3mm厚深灰色铝单板（氟碳喷涂） ②90×50×4热浸镀锌钢方管 ③100×50×4镀锌钢板，@300均布 ④4mm厚镀锌钢U槽，39×22×4，通长 ⑤铝合金角码，40×25×2，$L=40$；M5抽芯铆钉 ⑥50×50×5热浸镀锌角钢 ⑦硅酮密封胶及泡沫棒（同铝板颜色一致） ⑧详细做法见图纸及铝单板幕墙节点大样图	m²	458		
14	3mm厚深灰色铝单板 （门厅处雨篷）	①3mm厚深灰色铝单板（氟碳喷涂） ②50mm厚隔音棉（A级防火、带单层锡箔） ③120×60×4热浸镀锌钢方管 ④4mm厚镀锌钢U形槽 ⑤铝合金角码，40×33×2，$L=40$；M5抽芯铆钉 ⑥50×50×5热浸镀锌角钢 ⑦硅酮密封胶及泡沫棒（同铝板颜色一致） ⑧详细做法见图纸及铝单板幕墙节点大样图	m²	733		

(续)

序号	项目	项目特征	单位	总工程量	单价	合价
15	可开启门 (6LOW-E+12A+6 中空钢化玻璃门)	①6LOW-E+12A+6 中空钢化玻璃 ②铝合金断热地弹门边框料 ③铝合金压线 ④不锈钢拉手 ⑤EPDM 胶条及耐候胶 ⑥具体做法详见施工图纸、设计说明及相关节点	m²	77		
16	明框玻璃幕墙窗	①6LOW-E+12A+6 中空钢化玻璃 ②2mm 厚氟碳铝板 ③铝合金立柱及横梁 ④铝合金副框、压板及扣盖 ⑤M12×110 不锈钢螺栓 ⑥硅酮密封胶，EPDM 胶条 ⑦具体做法详见施工图纸、设计说明及相关节点	m²	339		
17	铝合金外包雨篷 (颜色同窗框)	①3mm 厚氟碳铝板 ②100×50×5mm 热浸镀锌钢方管 ③铝合金角码，40×45×2，$L=40$ ④6mm 厚 Q235B 镀锌钢板 ⑤硅酮密封胶及泡沫棒（同铝板颜色一致） ⑥详细做法见施工图纸及雨篷节点大样图	m²	125		
18	穿孔金属板 (穿孔率40%磨砂 质感铁锈色)	①铁锈色表面处理 ②3mm 穿孔钢板（不锈钢基层） ③100×60×5mm 钢方管 ④60×60×4mm 钢方管 ⑤M10×120 不锈钢螺栓组件 ⑥3mm 厚通长不锈钢板（焊接） ⑦详细做法见图纸及铝单板幕墙节点大样图	m²	79		
19	氟碳铝板压顶 (明框玻璃幕墙系统顶部)	①3mm 厚氟碳铝板 ②硅酮密封胶 ③详细做法见图纸及铝单板幕墙节点大样图	m²	3		
20	3mm 厚铝合金挑檐 (铝合金线条型材)	①铝合金线条型材01 ②铝合金线条型材02 ③铝合金线条型材03 ④2-M5×25mm 不锈钢机制螺钉带螺母@300mm 布置 ⑤M8×80mm 不锈钢螺栓组@300mm 布置 ⑥EPDM 胶条及密封胶 ⑦详细做法见图纸及铝单板幕墙节点大样图	m	47		

(续)

序号	项目	项目特征	单位	总工程量	单价	合价
21	100mm厚A级防火岩棉（陶板层间防火）	①100mm厚A级防火岩棉（甲供） ②1.5mm厚镀锌钢板 ③防火密封胶 ④具体做法详见施工图纸、设计说明及补充节点	m	5 293		
二	措施费					
1	多层洋房及高层措施项目	①包含但不限于：安全文明施工费、扬尘防治费、垃圾清运费、脚手架搭拆费、垂直运输费、大型机械设备进出场费、二次搬运费、夜间及冬雨期施工增加费、保洁费、成品保护费、地上、地下设施、建筑物的临时保护设施等 ②工程量计算：外幕墙饰面层展开面积	m²	40 968		
2	配套用房措施项目	①包含但不限于：安全文明施工费、扬尘防治费、垃圾清运费、脚手架搭拆费、垂直运输费、大型机械设备进出场费、二次搬运费、夜间及冬雨期施工增加费、保洁费、成品保护费、地上、地下设施、建筑物的临时保护设施等 ②工程量计算：外幕墙饰面层展开面积	m²	495		
三	检测费					
	检测费	①专项检测费	栋	28		

2）计算规则，见表5.2-10。

表5.2-10 工程量计算规则和综合单价范围

序号	项目名称	计算规则	综合单价包含内容
1	玻璃幕墙	按照图示尺寸以面积计算扣除门以及与玻璃幕墙玻璃材质不同的窗所占的面积	包含铝型材骨架、埋板、转接件、玻璃、胶、与玻璃幕墙相同材质的开启扇及五金、安装费、材料检测费等所有费用
2	铝板幕墙	按照图示尺寸以见光面展开面积计算	包含钢骨架、埋板、转接件、不锈钢螺栓、铝单板、胶、安装费、材料检测费等所有费用
3	陶板幕墙	按照图示尺寸以见光面展开面积计算	包含钢骨架、埋板、转接件、不锈钢螺栓、陶板、胶、埋板四周150mm的JS防水、安装费、材料检测费等所有费用
4	铝单板挑檐或收口	按照图示尺寸以见光面展开面积计算	包含钢骨架、铝单板、胶、安装费、材料检测费等所有费用

(续)

序号	项目名称	计算规则	综合单价包含内容
5	铝板雨篷	按图示尺寸水平投影面积计算	包含钢骨架、埋板、转接件、不锈钢螺栓、铝单板、胶、安装费、材料检测费等所有费用
6	穿孔金属板	按照图示尺寸以见光面展开面积计算	包含钢骨架、埋板、转接件、不锈钢螺栓、穿孔金属板、胶、安装费、材料检测费等所有费用
7	措施费	外幕墙饰面层展开面积（如有重叠两层的话只计算一层，比如玻璃幕墙外有格栅的情况）	详见措施费综合单价分析表内容
8	幕墙专项检测费	先按做一组计算	包含各类幕墙专项检测，结算时按照实际做的组数据实结算

（6）第一次回标分析

本工程经过一次询标，二次清标分析，得出最终商务标评标报告。

1）总价分析。仅投标单位C的报价超目标成本，且在所有楼栋提出的报价均偏离目标成本。具体见表5.2-11、表5.2-12。

表5.2-11 总价对比分析　　　　　　　　　　　　　　（单位：元）

投标单位	1标段报价	2标段报价	总价	排名	与最低标对比	
					差额/元	差额比例
A	16 251 860	9 914 109	26 165 969	1	259 069	1%
B	19 983 492	12 506 441	32 489 933	2	6 583 033	25%
D	21 165 073	12 161 163	33 326 237	3	7 419 337	29%
E	23 475 432	13 582 633	37 058 064	4	11 151 164	43%
C	23 067 580	15 720 690	38 788 269	5	12 881 369	50%

表5.2-12 总价组成对比　　　　　　　　　　　　　　（单位：元）

投标单位	工程费报价	措施费报价	检测费报价	偏离报价	总报价
A	24 541 336	50 511 365	195 940	0	26 165 969
B	29 634 909	61 466 426	565 600	92 817	32 489 933
D	30 824 609	64 110 445	40 400	0	33 326 237
E	34 512 505	71 449 369	121 200	0	37 058 064
C	33 376 550	67 872 014	424 200	3 868 606	38 788 269

注：偏离报价是指明细分项报价与总报价之和的差额。

2）工程量对比分析。本标段的清单工程量锁死，不予调整。

3）单价对比分析。第一轮回标不做单价对比分析，只根据历史价格，对价格偏高的清单子目进行询价记录并做约谈。约谈后做二次回标,再二次回标时做全面分析。

4) 询标。成本部负责将各家报价,进行分析,针对有异议的部分进行询问及确认,双方进行确认后,要求投标单位在规定的时间内进行二次报价。以某一家单位为例,询标内容详见表5.2-13。

表5.2-13 询标记录

洽谈事项		洽谈结果
一	商务标部分	
1	25mm厚深灰色陶土板综合单价800元/m^2偏高,请核实	
2	2.5mm厚铝单板综合单价599元/m^2最高,偏高较多,请核实	
3	铝单板饰面综合单价偏高较多,请核实	
4	明框玻璃幕墙窗综合单价929元/m^2综合单价次高,偏高较多,请核实	
5	氟碳铝板压顶(明框玻璃幕墙系统顶部)综合单价628元/m^2单价最高,偏高较多,请核实	
6	可开启门综合单价1328元/m^2综合单价最高,严重偏高,请核实	
7	3mm厚铝合金挑檐清单单位修改为m,工程量修改为46.9m,按m报价,综合单价最高,严重偏高,请核实	
8	管理费取7%最高,偏高较多,请核实	
9	针对所有楼栋提出清单偏离项,请按图核算	
声明:以上商谈的____项内容我公司均核对并确认,一旦我方中标,同意此内容有效并作为合同的一部分。		
招标方代表 (签字/日期):		投标方代表 (签字/日期)

(7) 第二次回标分析

第二次回标后做了详细的商务标评标报告,并进行了第二次约谈。

1) 总价分析,见表5.2-14、表5.2-15。

表5.2-14 总价对比分析

排名	投标单位	第2轮报价/元	第1轮报价/元	与最低标对比		与第一轮报价对比	
				差额/元	差额比例	差额/元	差额比例
1	A	26 145 562	26 165 969	0	0%	-20 408	0.08%
2	B	30 535 866	32 489 933	4 390 304	17%	-1 954 068	-6%
3	C	31 136 436	38 788 269	4 990 874	19%	-7 651 834	-20%
4	D	33 314 678	33 326 237	7 169 116	27%	-11 559	-0.03%
5	E	35 138 657	37 058 064	8 993 095	34%	-1 919 407	-5%

表 5.2-15 总价指标分析 （单位：元/m²）

排名	投标单位	地上建筑面积单方指标	幕墙面积单方指标
1	A	205	618
2	B	240	721
3	C	245	736
4	D	262	787
5	E	276	830

2）单价分析，见表 5.2-16~表 5.2-18。

表 5.2-16 单价分析

序号	项目	单位	A 单价	A 与最低价差额	A 与平均价差额	B 单价	C 单价
一	实体工程						
1	25mm 厚深灰色陶土板	元/m²	554	0	−147	608	723
2	2.5mm 厚铝单板（陶板上口压顶）	元/m²	438	0	−78	526	551
3	2.5mm 厚铝单板（风井百叶窗顶部）	元/m²	438	0	−113	583	636
4	3mm 厚银灰色铝单板（大面线条选型）	元/m²	556	0	−88	652	582
5	3mm 厚银灰色铝单板（二层及屋面包梁）	元/m²	541	0	−117	652	586
6	3mm 厚银灰色铝单板（屋面包柱墙）	元/m²	558	0	−104	652	573
7	3mm 厚银灰色铝单板（屋面花架铝板）	元/m²	542	0	−112	652	668
8	3mm 厚铝单板（梯间格栅顶部压顶）	元/m²	482	0	−122	608	770
9	3mm 厚铝单板（门厅屋面及大屋面女儿墙处）	元/m²	525	0	−110	652	697
10	玻璃幕墙 1（半隐框幕墙）	元/m²	718	0	−103	861	849
11	玻璃幕墙 1（半隐框幕墙）	元/m²	692	0	−113	768	1 016
12	玻璃幕墙 2（无框幕墙）	元/m²	370	19	−114	816	429
13	3mm 厚深灰色铝单板（门厅处造型柱）	元/m²	876	250	100	626	840

(续)

序号	项目	单位	A 单价	A 与最低价差额	A 与平均价差额	B 单价	C 单价
14	3mm 厚深灰色铝单板（门厅处雨篷）	元/m²	1 177	32	−129	1 626	1 273
15	可开启门（6LOW-E+12A+6 中空钢化玻璃）	元/m²	943	213	86	859	879
16	明框玻璃幕墙窗	元/m²	672	0	−136	762	1 006
17	铝合金外包雨篷	元/m²	1 209	0	−66	1 284	1 357
18	穿孔金属板（穿孔率40%磨砂质感铁锈色）	元/m²	938	14	−111	923	1 230
19	氟碳铝板压顶（明框玻璃幕墙系统顶部）	元/m²	475	0	−29	524	528
20	3mm 厚铝合金挑檐（铝合金线条型材）	元/m	471	0	−125	470	879
21	100mm 厚 A 级防火岩棉（陶板层间防火）	元/m	96	23	8	86	73
二	措施费						
1	多层洋房及高层	元/m²	34	8	−3	36	26
2	配套用房	元/m²	43	13	8	36	30

注：限于篇幅，报价分析只显示了前三家单位的情况，下同。

表 5.2-17 人工价对比分析

序号	人工单价分类	投标单位报价/(元/m²) A	B	C	D	E
1	25mm 厚深灰色陶土板	125	160	184	163	160
2	2.5mm 厚铝单板（陶板上口压顶）	100	150	133	140	115
3	2.5mm 厚铝单板（风井百叶窗顶部）	100	150	133	140	135
4	3mm 厚银灰色铝单板（大面线条造型）	110	150	133	140	135
5	3mm 厚银灰色铝单板（二层及屋面包梁）	115	150	133	140	135
6	3mm 厚银灰色铝单板（屋面包柱墙）	115	150	133	140	135
7	3mm 厚银灰色铝单板（屋面花架铝板）	115	150	133	130	135

(续)

序号	人工单价分类	投标单位报价/(元/m²)				
		A	B	C	D	E
8	3mm厚铝单板（梯间格栅顶部压顶）	115	150	133	140	135
9	3mm厚铝单板门厅屋面及大屋面女儿墙处铝单板	115	150	133	140	135
10	玻璃幕墙1（半隐框幕墙）	130	150	164	161	140
11	玻璃幕墙1a（半隐框幕墙）	130	150	164	161	140
12	玻璃幕墙2（无框幕墙）	100	160	164	120	140
13	3mm厚深灰色铝单板（门厅处造型柱）	173	150	133	140	135
14	3mm厚深灰色铝单板（门厅处雨篷）	252	440	266	140	180
15	可开启门（6LOW-E+12A+6中空钢化玻璃门）	120	150	164	140	135
16	明框玻璃幕墙窗	130	150	164	140	160
17	铝合金外包雨篷（颜色同窗框）	261	348	394	175	180
18	穿孔金属板（穿孔率40%磨砂质感铁锈色）	140	150	133	170	160
19	氟碳铝板压顶（明框玻璃幕墙系统顶部）	110	150	133	120	135
20	3mm厚铝合金挑檐（铝合金线条型材）	30	80	133	160	60
21	100mm厚A级防火岩棉（陶板层间防火）	20	50	29	28	40

注：各投标单位人工单价及含量均不一致，现分析每清单项单位工程内人工合计，即人工单价×消耗量。

表5.2-18 主材单价对比分析

序号	材料名称	单位	A	B	C
1	25mm厚深灰色陶土板	元/m²	155	160	155
2	2.5mm厚深灰色氟碳漆铝单板	元/m²	215	215	215
3	3mm厚银灰色氟碳漆铝单板	元/m²	235	235	235
4	3mm厚深灰色氟碳漆铝单板	元/m²	235	235	235
5	6+1.52PVB+6钢化夹胶玻璃窗	元/m²	185	150	185
6	6LOW-E+12A+6中空钢化玻璃门	元/m²	400	180	400

(续)

序号	材料名称	单位	A	B	C
7	6LOW-E+12A+6 中空钢化玻璃窗	元/m²	150	180	150
8	3mm 厚穿孔钢板	元/m²	450	720	450
9	50mm 厚隔音棉	元/m²	23	30	23
10	80×60×5 镀锌钢管	元/kg	5	5	5
11	90×60×5 镀锌钢管	元/kg	5	5	5
12	90×50×4 镀锌钢管	元/kg	5	5	5
13	50×50×5 镀锌钢管	元/kg	5	5	5
14	50×50×4 镀锌钢管	元/kg	5	5	5
15	L50×5 镀锌角钢	元/kg	5	5	5
16	120×60×4 镀锌钢管	元/kg	5	5	5
17	100×50×5 热浸镀锌钢方管	元/kg	5	7	5
18	4mm 厚镀锌钢 U 槽	元/m	/	17	/
19	铝合金线条型材 01	元/kg	28	21	28
20	铝合金线条型材 02	元/kg	/	21	/
21	铝合金线条型材 03	元/kg	/	21	/
22	不锈钢拉手	元/套	450	150	450
23	地弹簧	元/套	300	300	300

3) 综合取费对比分析，见表 5.2-19。

表 5.2-19 综合取费对比分析

序号	内容	费率（%）					对标项目（%）	
		A	B	C	D	E	F	G
1	管理费	4.0	5.0	6.0	5.0	5.0	6	5
2	利润	4.0	5.0	4.0	5.0	5.0	3.6	10
3	税金	9.0	9.0	9.0	9.0	9.0	9	19
	合计	17.0	19.0	19.0	19.0	19.0	18.6	34.0

4) 措施费对比分析，见表 5.2-20。

表 5.2-20 措施费报价对比分析

序号	项目	单位	总工程量	措施费单价/(元/m²)				
				A	B	C	D	E
1	措施费							
1.1	多层洋房及高层	m²	40 563	34.37	36.05	26.44	42.06	48.07
2.1	配套用房	m²	490	42.55	36.05	30.04	30.04	36.05
2	检测费	栋	28	6500	20000	15000	30000	40000

5) 第二次回标小结。本次报价投标方较多，总价相差较大。本次分析主要针对综合单价费率、措施费、综合单价、人工单价、主要材料单价进行分析。投标总价、各项目全费用

综合单价及要素价格的准确性、合理性进行分析，5家投标单位取费均比较合理；针对偏高项，进行再次约谈及报价。

（8）第三次回标分析

1）总价分析，见表 5.2-21、表 5.2-22。

表 5.2-21 总价对比分析

排名	投标单位	第3轮报价/元	第2轮报价/元	与最低标对比		与第二轮报价对比	
				差额	差额比例	差额	差额比例
1	A	25 972 856	26 145 562	0	0%	−172 706	−0.66%
3	B	29 445 984	30 535 866	3 473 129	13%	−1 089 881	−3%
2	C	28 722 002	31 136 436	2 749 146	11%	−2 414 434	−6%
4	D	31 869 901	33 314 678	5 897 045	23%	−1 444 777	−4.34%
5	E	35 138 657	35 138 657	9 165 801	35%	0	0%

表 5.2-22 单方指标对比 （单位：元/m²）

排名	投标单位	地上建筑面积单方指标	幕墙面积单方指标
1	A	204	618
2	B	240	721
3	C	245	736
4	D	262	787
5	E	276	830

2）综合单价分析，见表 5.2-23～表 5.2-25。

表 5.2-23 综合单价对比分析

序号	项目	单位	A			B	C
			单价	与最低价差额	与平均价差额	单价	单价
一	实体工程						
1	25mm厚深灰色陶土板	元/m²	556	0	−14	580	575
2	2.5mm厚铝单板（陶板上口压顶）	元/m²	438	0	−43	519	487
3	2.5mm厚铝单板（风井百叶窗顶部）	元/m²	438	0	−69	575	508
4	3mm厚银灰色铝单板（大面线条造型）	元/m²	567	17	−17	636	551
5	3mm厚银灰色铝单板（二层及屋面包梁）	元/m²	549	0	−33	643	554
6	3mm厚银灰色铝单板（屋面包柱墙）	元/m²	575	34	−10	640	542

(续)

序号	项目	单位	A 单价	A 与最低价差额	A 与平均价差额	B 单价	C 单价
7	3mm厚银灰色铝单板（屋面花架铝板）	元/m²	550	0	-48	636	607
8	3mm厚铝单板（梯间格栅顶部压顶）	元/m²	479	0	-55	600	524
9	3mm厚铝单板（门厅屋面及大屋面女儿墙处）	元/m²	534	0	-62	644	608
10	玻璃幕墙1（半隐框幕墙）	元/m²	713	0	-65	854	765
11	玻璃幕墙1a（半隐框幕墙）	元/m²	688	0	-65	761	811
12	玻璃幕墙2（无框幕墙）	元/m²	370	0	-157	807	404
13	3mm厚深灰色铝单板（门厅处造型柱）	元/m²	867	249	135	618	710
14	3mm厚深灰色铝单板（门厅处雨篷）	元/m²	1103	0	-186	1564	1198
15	可开启门（6LOW-E+12A+6中空钢化玻璃门）	元/m²	943	120	68	859	823
16	明框玻璃幕墙窗	元/m²	664	0	-114	754	917
17	铝合金外包雨篷（颜色同窗框）	元/m²	1193	0	-35	1267	1226
18	穿孔金属板（穿孔率40%磨砂质感铁锈色）	元/m²	938	21	-127	916	1341
19	氟碳铝板压顶（明框玻璃幕墙系统顶部）	元/m²	475	0	-17	516	485
20	3mm厚铝合金挑檐（铝合金线条型材）	元/m	471	0	-121	470	834
21	100mm厚A级防火岩棉（陶板层间防火）	元/m	60	0	-9	74	71

表5.2-24 人工单价分析

序号	人工单价分类	投标报价/(元/m²) A	投标报价/(元/m²) C	投标报价/(元/m²) B
1	25mm厚深灰色陶土板	125	161	155
2	2.5mm厚铝单板（陶板上口压顶）	100	130	150
3	2.5mm厚铝单板（风井百叶窗顶部）	100	130	150
4	3mm厚银灰色铝单板（大面线条造型）	110	130	150

(续)

序号	人工单价分类	投标报价/(元/m²)		
		A	C	B
5	3mm厚银灰色铝单板（二层及屋面包梁）	115	130	150
6	3mm厚银灰色铝单板（屋面包柱墙）	115	130	150
7	3mm厚银灰色铝单板（屋面花架铝板）	115	130	150
8	3mm厚铝单板（梯间格栅顶部压顶）	115	130	150
9	3mm厚铝单板（门厅屋面及大屋面女儿墙处）	115	130	150
10	玻璃幕墙1（半隐框幕墙）	130	160	150
11	玻璃幕墙1a（半隐框幕墙）	130	160	150
12	玻璃幕墙2（无框幕墙）	100	160	160
13	3mm厚深灰色铝单板（门厅处造型柱）	173	130	150
14	3mm厚深灰色铝单板（门厅处雨篷）	252	260	395
15	可开启门（6LOW-E+12A+6中空钢化玻璃门）	120	160	150
16	明框玻璃幕墙窗	130	160	150
17	铝合金外包雨篷（颜色同窗框）	261	382	348
18	穿孔金属板（穿孔率40%磨砂质感铁锈色）	140	130	150
19	氟碳铝板压顶（明框玻璃幕墙系统顶部）	110	130	150
20	3mm厚铝合金挑檐（铝合金线条型材）	30	130	80
21	100mm厚A级防火岩棉（陶板层间防火）	20	29	40

注：第20、21项单位为元/m。

人工费分析小结：

①三次报价中，A单位的人工单价整体报价属较低［除3mm深灰色铝单板（门厅处造型柱）人工单价173元/m²偏高以外］。

②三次报价中，C单位的人工单价整体均有下调，其中25mm厚深灰色陶土板人工单价161元/m²仍最高，偏高较多；玻璃幕墙人工单价160元/m²元最高；铝合金外包雨篷人工单价382元/m²最高，严重偏高；3mm厚铝合金挑檐人工单价130元/m最高，严重偏高。

③三次报价中，B单位的人工单价整体仍偏高较多，其中25mm厚深灰色陶土板人工单价由160调整为155，降幅为5元/m²；3mm深灰色铝单板（门厅处雨篷）人工单价由440调整为395，降幅为45元/m²，此项仍为最高价；100mm厚A级防火岩棉（陶板层间防火）人工单价由50调整为40，降幅为10元/m，此项仍为最高价。

表5.2-25 主材单价对比分析

序号	材料名称	单位	A	B	C
1	25mm厚深灰色陶土板	元/m²	155	160	155
2	2.5厚深灰色氟碳漆铝单板	元/m²	215	215	215
3	3mm厚银灰色氟碳漆铝单板	元/m²	235	235	235
4	3mm厚深灰色氟碳漆铝单板	元/m²	235	235	235

(续)

序号	材料名称	单位	A	B	C
5	6+1.52PVB+6 钢化夹胶玻璃窗	元/m²	185	150	185
6	6LOW-E+12A+6 中空钢化玻璃门	元/m²	400	180	400
7	6LOW-E+12A+6 中空钢化玻璃窗	元/m²	150	180	150
8	3mm 厚穿孔钢板	元/m²	450	720	450
9	50mm 厚隔声棉	元/m²	23	30	23
10	80×60×5 镀锌钢管	元/kg	5	5	5
11	90×60×5 镀锌钢管	元/kg	5	5	5
12	90×50×4 镀锌钢管	元/kg	5	5	5
13	50×50×5 镀锌钢管	元/kg	5	5	5
14	50×50×4 镀锌钢管	元/kg	5	5	5
15	L50×5 镀锌角钢	元/kg	5	5	5
16	120×60×4mm 镀锌钢管	元/kg	5	5	5
17	100×50×5mm 热浸镀锌钢方管	元/kg	5	7	5
18	4mm 厚镀锌钢 U 槽	元/m	/	17	/
19	铝合金线条型材 01	元/kg	28	21	28
20	铝合金线条型材 02	元/kg	/	21	/
21	铝合金线条型材 03	元/kg	/	21	/
22	不锈钢拉手	元/套	450	150	450
23	地弹簧	元/套	300	300	300

3) 综合取费分析，见表 5.2-26。

表 5.2-26 综合取费报价对比

序号	内容	综合取费费率（%）		
		A	C	B
1	管理费	4.0	6.0	5.0
2	利润	4.0	4.0	5.0
3	税金	9.0	9.0	9.0
	合计	17.0	19.0	19.0

4) 措施费分析，见表 5.2-27。

表 5.2-27 措施费报价分析

序号	内容	措施费单价/(元/m²)		
		A	C	B
1	多层、高层	34.37	26.44	42.06
2	配套用房	42.18	30.04	42.06

5) 第三次回标小结：本次报价投标方较多，总价相差较大。因二次报价中 D 为次高价，E 为最高价，且高于排名第三家价格较多，故第二次约谈时未再约谈这两家单位。本次

分析主要针对 A、B、C 三家单位的综合单价费率、措施费、综合单价、人工单价、主要材料单价进行分析。三家投标单位取费均比较合理；三次报价中，A 配套用房施工措施费 42.18 元/m² 相对偏高；B 多层及高层施工措施费 42.06 元/m² 偏高；同时综合单价依然存在不平衡报价，建议定标时做综合考虑。

（9）定标建议

本工程经过 3 次回标，2 次约谈，经成本部出具商务标评标，不再做约谈。经招采部、项目部共同协商按合理低价原则确定中标单位。按分标段的定标安排，具体见表 5.2-28。

表 5.2-28　分标段定标分析

投标单位	第二轮报价		第三轮报价		最终报价合计
	1 标段	2 标段	1 标段	2 标段	
A	16 061 797	10 083 765	15 968 763	10 004 092	25 972 855
C	18 723 496	11 812 369	17 433 664	10 346 863	27 780 527
B	19 145 235	11 991 201	18 071 174	11 374 810	29 445 984
D	20 495 090	12 819 588	20 495 090	12 819 588	33 314 678
E	21 610 013	13 528 644	21 610 013	13 528 644	35 138 657

招采部建议 1 标段 A 中标，二标段 C 中标，两个标段的中标价合计 26 315 627 万元。非总价最低价中标。拟中标金额与近期定标价和基础报价的对比见表 5.2-29。

表 5.2-29　报价三比表

拟中标单位报价		近期中标项目定标价		基础报价	
单方指标/(元/m²)	金额/元	单方指标/(元/m²)	金额/元	单方指标/(元/m²)	金额/元
622	26 315 627	636	26 900 000	608	25 755 000

注：表中指标以外幕墙面积计算。基础报价为同业态近期项目的定标参考价。拟中标单位的投标报价在目标成本内。

3. 招标总结

（1）招标计划复盘

本项目招标总体时间从启动到发出中标通知书，实际共 81 天，较计划缩短 1 天；其中，从发标到发出中标通知书，实际 40 天，较计划缩短 2 天。周期较长的原因在于前期时间较长，且回标三次后才定标，详见表 5.2-30。

表 5.2-30　招标计划与实际完成对比

序号	工作清单	日历天数		完成时间	
		计划	实际	计划	实际
1	招标启动会	1	1	2019-6-22	2019-6-22
2	投标单位审批	37	37	2019-7-28	2019-7-28

(续)

序号	工作清单	日历天数		完成时间	
		计划	实际	计划	实际
3	招标文件审批	39	39	2019-7-30	2019-7-30
4	发标	41	42	2019-8-1	2019-8-2
5	现场踏勘、现场答疑、标前辅导	42	45	2019-8-2	2019-8-5
6	答疑回复	50	53	2019-8-10	2019-8-13
7	第一轮回标、开标	57	57	2019-8-17	2019-8-17
8	第一轮编制询标报告	60	65	2019-8-20	2019-8-25
9	第二轮回标、开标	70	70	2019-8-30	2019-8-30
10	第二轮编制询标报告	77	76	2019-9-6	2019-9-5
11	编制商务标评标报告	81	79	2019-9-10	2019-9-8
12	中标单位审批	81	80	2019-9-10	2019-9-9
13	发出《中标通知书》	82	81	2019-9-11	2019-9-10

(2) 数据分析与总结

1) 工程量分析,详见表 5.2-31、表 5.2-32。

表 5.2-31 外幕墙工程含量分析

序号	业态	外幕墙面积/m²	地上建筑面积/m²	幕墙面积比/(m²/m²)	窗地比/(m²/m²)
1	洋房	28 684	59 882	0.479	0.271
2	高层	13 642	65 383	0.209	0.196
	合计	42 326	125 265	0.338	0.232

注:窗地比是指该项目外门窗标段中外门窗面积与地上建筑面积的比值。

表 5.2-32 工程量指标明细

序号	主要材料	单位	清单工程量			地上建筑面积含量指标		
			洋房	高层	合计	洋房	高层	合计
1	陶土板	m²	8 058	5 521	13 579	0.13	0.08	0.11
2	铝单板	m²	19 332	7 220	26 552	0.32	0.11	0.21
3	玻璃幕墙	m²	1 090	900	1 990	0.02	0.01	0.02
4	穿孔金属板	m²	79	0	79	0.00	0.00	0.00
5	铝合金外包雨篷	m²	125	0	125	0.00	0.00	0.00
6	铝合金挑檐线条	m	47	0	47	0.00	0.00	0.00
7	100mm 厚 A 级防火岩棉	m	3 144	2 149	5 293	0.05	0.03	0.04
	合计(只计平米数)	m²	28 684	13 642	42 326	0.48	0.21	0.34

2) 成本指标分析,见表 5.2-33、表 5.2-34。

第5章 外立面工程

表 5.2-33 成本指标分析（按不同业态）

序号	业态	总价/元	幕墙面积/m²	平均单价/(元/m²)	地上建筑面积/m²	成本指标/(元/m²)
1	洋房	17 991 163	28 684	627	59 882	300
2	高层	8 324 464	13 642	610	65 383	127
合计（平均）		26 315 627	42 326	622	125 265	210

表 5.2-34 成本指标分析（按不同材料）

序号	主要材料	单位	实物工程量综合单价			地上建筑面积成本指标		
			洋房	高层	合计	洋房	高层	合计
1	陶土板	元/m²	597	597	597	80.3	50.4	64.7
2	铝单板	元/m²	620	588	611	200.0	65.0	129.5
3	玻璃幕墙	元/m²	682	717	698	12.4	9.9	11.1
4	穿孔金属板	元/m²	1006		1006	1.3	0.0	0.6
5	铝合金外包雨篷	元/m²	1280		1280	2.7	0.0	1.3
6	铝合金挑檐线条	元/m	505		505	0.4	0.0	0.2
7	100mm厚A级防火岩棉	元/m	64	64	64	3.4	2.1	2.7
合计（平均）		元/m²	627	610	622	300.4	127.3	210.1

3）综合单价，见表 5.2-35。

表 5.2-35 主要清单项的综合单价

序号	主要清单项	综合单价（元/m²）		
		供应价	安装价	合计
1	25mm厚深灰色陶土板幕墙	153	403	556
2	3mm厚银灰色铝单板（大面造型）	219	349	567
3	玻璃幕墙（半隐框幕墙）	162	551	713
4	玻璃幕墙窗（无框）	186	184	370
5	玻璃幕墙窗（明框）	163	501	664
6	穿孔金属板（穿孔率40%）	273	664	938
7	100mm厚A级防火岩棉-甲供	甲供	60	60

4）综合单价分析，见表 5.2-36～表 5.2-42。

表 5.2-36 陶板幕墙综合单价分析

序号	费用名称	单位	消耗量	单价/元	合计/元
1	人工费				125.00
1.1	综合人工	工日	1.00	125.00	125.00
2	主要材料费				302.54

(续)

序号	费用名称	单位	消耗量	单价/元	合计/元
2.1	25mm厚深灰色陶土板	m²	1.05	146.02	153.32
2.2	80×60×5镀锌钢管	kg	12.30	5.40	66.41
2.3	L50×5镀锌角钢连接件	kg	3.68	5.49	20.21
2.4	10#热浸镀锌槽钢连接件	kg	2.35	5.75	13.54
2.5	铝合金挂件，L=50mm	套	7.26	1.48	10.78
2.6	M6×20不锈钢螺栓挂件	套	14.52	0.27	3.86
2.7	M12×160化学锚栓	套	0.46	2.65	1.23
2.8	4mm厚立柱钢芯套，L=400mm	kg	1.00	5.40	5.38
2.9	200×300×10镀锌钢板	kg	2.26	6.02	13.62
2.10	2-M12×100不锈钢螺栓组件	套	0.92	5.75	5.32
2.11	30×40×4钢垫片	套	0.92	0.20	0.18
2.12	外墙外保温恢复及75mm防水	m²	0.06	106.19	6.12
2.13	M8×25不锈钢螺栓挂件	套	7.26	0.35	2.57
3	其他材料费				34.13
3.1	铝合金构件6063 T5/6	kg	0.39	17.70	6.91
3.2	三元乙丙胶条EPDM	kg	0.17	18.58	3.21
3.3	石材密封胶500ml/支	支	0.15	15.93	2.39
3.4	石材AB胶	kg	0.20	26.55	5.31
3.5	1.5mm厚镀锌钢板	m²	0.10	66.37	6.31
3.6	其他辅材费	元	1.00	10.00	10.00
4	机械费	台班	0.02	500.00	10.00
	人、材、机小计				471.66
5	管理费（4.0%）				18.87
6	利润（4.0%）				19.62
7	税金（9.0%）				45.91
	综合单价小计/（元/m²）				556.06

表5.2-37 铝单板（大面线条造型）综合单价分析

序号	费用名称	单位	消耗量	单价/元	合计/元
1	人工费				110.00
1.1	综合人工	工日	1.00	110.00	110.00
2	主要材料费				334.05
2.1	3mm厚银灰色氟碳漆铝单板	m²	1.03	212.39	218.76
2.2	90×60×5mm镀锌钢管	kg	10.03	5.40	54.17
2.3	L50×5镀锌角钢	kg	6.62	5.13	34.00

(续)

序号	费用名称	单位	消耗量	单价/元	合计/元
2.4	12#热浸镀锌槽钢连接件	kg	1.35	5.75	7.77
2.5	M12×110 不锈钢连接螺栓	套	0.57	2.83	1.60
2.6	M12×160 化学锚栓	套	1.13	2.65	3.01
2.7	200×300×10 镀锌钢板	kg	1.35	6.02	8.11
2.8	1.5mm 厚镀锌钢板	kg	0.10	66.37	6.64
3	其他材料费				27.29
3.1	白云 ss602 硅酮密封胶 500ml/支	支	0.85	15.93	13.54
3.2	外墙外保温恢复及 75mm 防水	m²	0.04	106.19	3.75
3.3	其他辅材费	元	1.00	10.00	10.00
4	机械费	台班	0.02	500.00	10.00
	人、材、机小计				481.35
5	管理费（4.0%）				19.25
6	利润（4.0%）				20.02
7	税金（9.0%）				46.86
	综合单价小计/(元/m²)				567.48

注：定标日长江网 A00 铝锭价：14500 元/吨。

表 5.2-38 玻璃幕墙（半隐框）综合单价分析

序号	费用名称	单位	消耗量	单价/元	合计/元
1	人工费				130.00
1.1	综合人工	工日	1.00	130.00	130.00
2	主要材料费				435.36
2.1	6+1.52PVB+6 钢化夹胶玻璃	m²	0.90	180.53	162.20
2.2	铝合金立柱（氟碳喷涂加金属粉）	kg	5.00	26.99	134.91
2.3	铝合金横梁（氟碳喷涂加金属粉）	kg	2.25	26.99	60.69
2.4	2mm 厚背衬铝单板—粉末喷涂	m²	0.14	159.29	22.28
2.5	50mm 厚 A 级保温棉（100kg/m³）	m²	0.14	—	—
2.6	铝合金托条副框	kg	1.33	17.70	23.59
2.7	M12×130 不锈钢螺栓	套	1.05	3.10	3.25
2.8	硅酮密封胶	支	0.93	15.93	14.81
2.9	12#热浸镀锌槽钢连接件	kg	0.54	5.75	3.12
2.10	M12×160 化学锚栓	套	1.05	2.65	2.79
2.11	200×200×10 镀锌钢板	kg	1.28	6.02	7.73
3	其他材料费				29.22
3.1	结构胶（白云 ss521）	升	0.06	30.97	1.98

(续)

序号	费用名称	单位	消耗量	单价/元	合计/元
3.2	三元乙丙胶条 EPDM	kg	0.43	18.58	7.93
3.3	双面贴	m	0.24	0.44	0.11
3.4	1.5mm 厚镀锌钢板	m²	0.08	66.37	5.09
3.5	防水砂浆	m³	0.03	132.74	4.11
3.6	其他辅材费	元	1.00	10.00	10.00
4	机械费	台班	0.02	500.00	10.00
	人、材、机小计				604.59
5	管理费（4.0%）				24.18
6	利润（4.0%）				25.15
7	税金（9.0%）				58.85
	综合单价小计/(元/m²)				712.77

表 5.2-39 玻璃幕墙（无框）综合单价分析

序号	费用名称	单位	消耗量	单价/元	合计/元
1	人工费				100.00
1.1	综合人工	工日	1.00	100.00	100.00
2	主要材料费				203.47
2.1	6+1.52PVB+6 钢化夹胶玻璃	m²	1.03	180.53	185.95
2.2	硅酮密封胶 白云 ss602	支	1.10	15.93	17.52
3	其他材料费				5.00
3.1	其他辅材费	元	1.00	5.00	5.00
4	机械费	台班	0.01	500.00	5.00
	人、材、机小计				313.47
5	管理费（4.0%）				12.54
6	利润（4.0%）				13.04
7	税金（9.0%）				30.51
	综合单价小计/(元/m²)				369.56

表 5.2-40 玻璃幕墙窗（明框）综合单价分析

序号	费用名称	单位	消耗量	单价/元	合计/元
1	人工费				130.00
1.1	综合人工	工日	1.00	130.00	130.00
2	主要材料费				389.83
2.1	6LOW-E+12A+6 中空钢化玻璃窗	m²	1.00	162.83	163.38
2.2	铝合金立柱	kg	1.51	26.99	40.62

(续)

序号	费用名称	单位	消耗量	单价/元	合计/元
2.3	铝合金横梁	kg	4.33	26.99	116.75
2.4	2mm厚背衬铝单板—粉末喷涂	m²	0.09	159.29	14.22
2.5	铝合金托条副框	kg	0.85	17.70	15.03
2.6	M12×110不锈钢连接螺栓	套	0.95	2.83	2.70
2.7	硅酮密封胶 白云ss602	支	0.93	15.93	14.81
2.8	12#热浸镀锌槽钢连接件	kg	0.47	5.75	2.70
2.9	M12×160化学锚栓	套	1.91	2.65	5.06
2.10	200×300×10镀锌钢板	kg	2.33	6.02	14.04
2.11	M6×90不锈钢螺栓	kg	0.95	0.53	0.51
2.12	50mm厚A级保温棉（100kg/m³）	m²	0.09	—	—
3	其他材料费				33.31
3.1	断热条	m	1.51	5.31	8.00
3.2	三元乙丙胶条EPDM	kg	0.38	18.58	7.15
3.3	1.5mm厚镀锌钢板	m²	0.08	66.37	5.45
3.4	50mm厚隔声棉（A级防火、带单层锡箔）（140kg/m³）	m²	0.11	—	—
3.5	防火胶 300ml/支	支	0.17	15.93	2.71
3.6	其他辅材费	元	1.00	10.00	10.00
4	机械费	台班	0.02	500.00	10.00
人、材、机小计					563.14
5	管理费（4.0%）				22.53
6	利润（4.0%）				23.43
7	税金（9.0%）				54.82
综合单价小计/(元/m²)					663.91

表5.2-41 穿孔金属板综合单价分析

序号	费用名称	单位	消耗量	单价/元	合计/元
1	人工费				140.00
1.1	综合人工	工日	1.00	140.00	140.00
2	主要材料费				602.66
2.1	铁锈色金属漆	m²	0.58	106.19	61.47
2.2	3mm厚穿孔钢板（不锈钢基层，穿孔率40%磨砂质感铁锈色）	m²	1.03	265.49	273.45
2.3	100×60×5mm钢方管	kg	14.02	5.40	75.69
2.4	60×60×4mm钢方管	kg	4.32	5.40	23.34

(续)

序号	费用名称	单位	消耗量	单价/元	合计/元
2.5	3mm 厚通长不锈钢板	m²	0.11	572.02	65.06
2.6	M10×120 不锈钢螺栓	套	0.85	1.33	1.12
2.7	铝合金立柱	kg	2.67	26.99	72.05
2.8	铝合金横梁	kg	0.93	26.99	25.10
2.9	4mm 厚镀锌钢 U 槽	kg	1.00	5.40	5.38
3	其他材料费				42.66
3.1	不锈钢角码	kg	0.39	30.97	12.13
3.2	铝合金挂件，$L=100$mm	kg	1.69	2.13	3.60
3.3	M12×160 化学锚栓	套	1.69	2.65	4.49
3.4	200×300×10 镀锌钢板	kg	2.07	6.02	12.45
3.5	其他辅材费	元	1.00	10.00	10.00
4	机械费	台班	0.02	500.00	10.00
	人、材、机小计				795.32
5	管理费（4.0%）				31.81
6	利润（4.0%）				33.09
7	税金（9.0%）				77.42
	综合单价小计/(元/m²)				937.64

表 5.2-42 防火岩棉（陶板层间防火）综合单价分析

序号	费用名称	单位	消耗量	单价/元	合计/元
1	人工费				20.00
1.1	综合人工	工日	1.00	20.00	20.00
2	主要材料费				25.55
2.1	100mm 厚 A 级防火岩棉（甲供）	kg	0.15	—	—
2.2	1.5mm 厚镀锌钢板	kg	0.28	66.37	18.61
2.3	防火胶	kg	0.27	15.93	4.37
2.4	L50×5 镀锌角钢	kg	0.50	5.13	2.57
3	其他材料费				2.50
3.1	其他辅材费	元	0.50	5.00	2.50
4	机械费	台班	0.01	500.00	2.50
	人、材、机小计				50.55
5	管理费（4.0%）				2.02
6	利润（4.0%）				2.10
7	税金（9.00%）				4.92
	综合单价小计/(元/m²)				59.59

【案例5.3】

商业综合体项目外装工程

1. 基本信息

(1) 工程概况（表5.3-1）

表5.3-1 工程概况

工程地点	山东省某三线城市
建设时间	2018年5月—2020年5月
主要业态	商业综合体、商业街
建筑面积	13.7万m^2，其中地上9.8万m^2，地下3.9万m^2
层数/层高	地上5层/层高5.3m
结构形式	框架结构

(2) 标段概况（表5.3-2）

表5.3-2 标段概况

特征工程量	外幕墙面积2.8万m^2
目标成本	4526万元，成本指标330元/m^2（按地上建筑面积）
外装工期	2019年6月10日—2020年4月30日
定标时间	2019年5月
招标方式	邀请招标
定价方式	总价包干
招标范围	外立面涉及外墙保温、外墙涂料、金属幕墙、玻璃幕墙、防火门窗、铝合金门窗、百叶栏杆、玻璃及铝板雨篷、外立面LOGO标识系统钢架、幕墙封堵、幕墙防雷与防水系统等内容；无甲供材
标段划分	不分标段

2. 招标过程

(1) 编制招标计划

通过对工程进度、目标成本、施工图纸、咨询公司上报的清单编制计划、供应库内资源数量等基础信息讨论和梳理，经过招标小组的共同讨论，编制招标计划见表5.3-3。

表5.3-3 招标实施计划

序号	工作清单	计划用时	起止时间	说明
1	招标立项	3天	3月7日—3月9日	排定招标计划、确定入围标准

（续）

序号	工作清单	计划用时	起止时间	说明
2	招标寻源	11天	3月9日—3月19日	完成单位寻源、确定考察单位
3	单位考察	16天	3月20日—4月4日	包括考察、汇报、确定入围单位等相关工作，单位数量多且分布不集中，影响考察进度
4	招标文件、清单编制与审批	35天	3月7日—4月10日	包括技术标准、材料品牌、评标办法、合同范本、付款方式、招标图纸、招标清单编制。其中清单编制包括事务所编制、成本部复核、事务所调整三个流程
5	发放标书	5天	4月10日—4月15日	因投标单位缴纳保证金时间差异，导致领取标书时间延迟
6	招标答疑	3天	4月18日—4月20日	针对投标单位提出的答疑汇总、整理、回复、补充图纸
7	回标与开标	1天	4月29日14:30	回标及开标
8	技术标评标	1天	4月30日8:30—12:00	包括项目经理答辩及评标评分各投标单位30分钟澄清时间
9	商务标评标	1天	4月30日	商务标评分
10	清标	9天	4月29日—5月7日	总价、综合单价、品牌、含量、市场价等
11	澄清洽谈	10天	第一轮（优惠让利洽谈）：5月8日 第二轮（优化方案洽谈）：5月15日 第三轮（付款方式洽谈）：5月17日	根据制度针对综合评分前三名进行澄清洽谈，依据洽谈结果进行澄清后评分。在第一轮洽谈及项目经理答辩时，部分单位提出优化建议。结合优化建议组织二次洽谈。拟定标时，因本工程金额较大，财务中心提出抵扣房款建议，组织第三次洽谈
12	定标	6天	5月18日—5月23日	包括定标报告编制、定标审批
13	发出中标通知书	1天	5月23日	定标审批完成当日下发中标通知书

（2）确定投标单位

1）确定入围标准。根据本工程的质量要求，结合招采制度及本工程的实际情况，经招标领导小组讨论确定本项目的入围标准如下：

①财务要求：近三年财务状况良好，近三年每年营业额不低于5000万元，企业注册资金不低于3000万元。

②业绩要求：近三年内承建不少于3个及以上商业综合体工程项目，且合同金额不低于2000万。

③资质要求：具备建筑幕墙专业施工壹级资质，具备一定的深化设计能力，幕墙设计甲

级资质。

④信誉要求：具有独立法人资格，独立承担民事责任的能力；企业及项目负责人信用良好，近三年无不良记录，无限制高额消费情况。

⑤项目经理资格：投标项目经理必须具有3个及以上商业综合体外装工程全过程项目管理经验，具有完整商业综合体项目管理经验。

⑥其他要求：不接受联合体投标；投标项目经理及其他专业工程师必须同投标单位员工一致，保证人证合一。

2）供应商寻源。因供应商库中幕墙工程供应商资源不足5家，所以寻找到足够数量的合适供应商是一个比较大的问题。

本工程主要通过以下四种途径解决供应商资源不足的问题，本次招标报名单位达到15家（表5.3-4）。

途径一：通过微信朋友圈分享招标信息寻源。采用易企秀编制相关招标信息简讯，通过全员微信朋友圈分享招标信息，经易企秀后台统计3天信息浏览量达120余次。

途径二：全员推荐。在公司内部推行全员推荐奖励制度，一旦推荐单位入围给予推荐人一定奖励。但推荐人员要对投标单位负责，不得干预或泄露与招标有关的相关信息。

途径三：部门强制推荐。对于与招标相关的招采部、设计部、工程部等相关部门，由招标领导小组强制要求各个部门推荐1家符合条件的投标单位，并对未推荐的部门进行相关惩罚、通报。

途径四：主动寻源。由招标负责人，通过明源云采购、优采平台、招标网等第三方平台，筛选符合要求的单位，主动邀请符合基本条件的投标单位。

表5.3-4 投标单位基本情况一览

序号	投标单位	财务状况	企业资质	企业业绩	企业信誉	项目经理	其他	单位来源
1	A	符合	符合	3个以上	无不良记录	符合	符合	工程部推荐
2	B	符合	符合	3个以上	无不良记录	符合	符合	供应商库
3	C	符合	符合	3个以上	无不良记录	符合	符合	供应商库
4	D	符合	符合	3个以上	无不良记录	符合	符合	供应商库
5	E	符合	符合	3个以上	无不良记录	符合	符合	设计部推荐
6	F	符合	符合	3个以上	无不良记录	符合	符合	第三方平台
7	G	符合	符合	3个以上	无不良记录	符合	符合	第三方平台
8	H	符合	符合	3个以上	无不良记录	符合	符合	第三方平台
9	I	符合	符合	3个以上	无不良记录	符合	符合	朋友圈推广
10	J	符合	符合	3个以上	无不良记录	符合	符合	朋友圈推广
11	K	符合	符合	3个以上	无不良记录	符合	符合	朋友圈推广
12	L	符合	符合	3个以上	无不良记录	符合	符合	朋友圈推广
13	M	符合	符合	3个以上	无不良记录	符合	**诉讼多**	朋友圈推广
14	N	符合	**不符合**	3个以上	无不良记录	符合	有安全事故	朋友圈推广
15	O	符合	符合	2个	**有失信行为**	符合	符合	朋友圈推广

通过对上述15家单位，从财务状况、企业资质、企业业绩、企业信誉、项目经理任职资格、近三年诉讼案件情况、行政处罚等方面初步筛选，确定12家单位进入供应商考察阶段。

三家排除单位排除依据具体见表5.3-5。

表5.3-5 投标单位排除的情况

序号	评价项目	M	N	O
1	财务状况	符合要求	符合要求	符合要求
2	企业资质	符合要求	幕墙设计资质乙级，不符合	符合要求
3	企业业绩	3个以上	3个以上	存在虚假业绩
4	企业信誉	无失信情况	无失信情况	法人失信，限制高额消费
5	项目经理任职资格	符合	符合	符合
6	近三年诉讼案件情况	较多，近三年293条诉讼	较少，85条诉讼，无重大劳动纠纷	较少，36条诉讼，无重大劳动纠纷
7	近三年行政处罚	行政处罚2例	行政处罚1例	无
8	近三年安全事故	无	安全事故1宗	无

3）供应商考察。

①考察内容。本标段对供应商的考察分两个方面：

a. 公司考察：重点考察企业的营业执照、资质证书、安全生产许可证、质量认证体系、企业规模、企业组织架构、企业业绩、相关人员证书、相关人员名片、投标相关人员社保缴纳情况、项目经理沟通情况等多层次、多方面进行综合衡量。

b. 项目考察：重点考察在建项目的企业内部承包方式、班组形式、现场施工管理人员的素质、工人技术能力、施工质量、安全措施、环保措施、设备状况、施工操作方法、施工现场重难点及质量通病防治措施、项目物资保障情况、竣工项目的观感情况、后续维保情况等。

②注意事项。考察中，与考察单位充分沟通，并告知考察单位本公司基本情况、本项目工程概况及进展情况、本工程的预计招标时间、招标要求、预估产值、评标办法、付款方式、保证金缴纳及退还情况等情况。

③考察结论。通过对供应商的实地考察，发现有1家单位存在挂靠行为（投标联系人无社保缴费证明或缴费证明无法查验）、1家单位维保不及时（在收到通知后2个月未安排维保，给项目造成恶劣影响）、1家单位现场管理混乱，工期严重滞后且存在项目经理担任多个项目情况、1家单位现场施工观感差，质量通病防治措施不到位。

各考察单位考察情况及考察结论见表5.3-6。

表5.3-6 投标单位考察情况汇总

序	投标单位	考察中发现的问题	考察结论
1	A	项目经理北方施工经验较少	基本符合要求，建议入围

(续)

序	投标单位	考察中发现的问题	考察结论
2	B	与泛光单位配合不到位,交界处存在瑕疵	基本符合要求,建议入围
3	C	现场文明施工管理不到位,材料存在乱堆乱放现象	基本符合要求,建议入围
4	D	现场细节处理不到位/设计团队实力相对较弱,设计人员偏少	基本符合要求,建议入围
5	E	管理班子配置不齐全,缺少专职采购员、预算员	基本符合要求,建议入围
6	F	现场细节处理不到位/设计团队实力相对较弱,设计人员偏少	基本符合要求,建议入围
7	G	企业安全生产许可证即将到期,尚未办理延期	基本符合要求,建议入围
8	H	管理班子配置不齐全,缺少专职采购员、预算员	基本符合要求,建议入围
9	I	施工现场大面观感较差,表面存在划痕及磕碰现象,现场成品保护不到位	基本符合要求,建议入围
10	J	投标联系人社保缴费证明无法查验,技术负责人无社保缴费证明,存在挂靠行为	不符合要求,不建议入围
11	K	经与商管公司沟通,此单位质保期内维保不及时,玻璃破碎2个月未维修更换,造成恶劣影响	不符合要求,不建议入围
12	L	经与在建工程项目发包方、监理沟通,此单位在施工班组调度、材料设备调度等方面严重滞后,存在不服从总包方管理的行为	不符合要求,不建议入围

经招标领导小组确定,最终确定9家入围单位,针对以上9家经考察符合要求的单位发送投标邀请函并签订投标承诺书。

(3) 确定招标范围

本工程外立面涉及外墙保温、外墙涂料、铝板幕墙、玻璃幕墙、防火门窗、铝合金门窗、百叶栏杆、玻璃及铝板雨篷、外立面LOGO标识系统、幕墙封堵、幕墙防雷与防水系统等内容。

以下3项内容安排在其他标段内,具体分析见表5.3-7。

表5.3-7 招标范围调整一览

序号	外立面工程内容	原因分析	合约安排
1	一层防火门	幕墙单位无防火门生产资质,避免消防验收问题	由专业厂家生产
2	LOGO标识系统问题	LOGO标识系统幕墙单位相对专业公司价格高	LOGO标识划分到室内外标识系统采购,基层由幕墙单位施工

最终确定本项目的招标范围如下:

1) 本项目投标单位的工作,包括但不限于:投标单位施工的工程,各参建单位的协调、配合,投标单位需要对上述范围内的工程质量、进度、安全等方面承担全部责任。

2) 本项目投标单位施工的内容包括但不限于:玻璃幕墙、橱窗、铝板幕墙、防火幕墙、铝板吊顶、格栅吊顶、铝板及玻璃雨篷、防火窗、百叶窗、格栅窗、电动排烟窗、地弹门、铝合金门窗、外墙涂料、外墙保温、广告位基层、观光电梯、钢结构框架、幕墙避雷系统、幕墙防水系统、幕墙清洗等招标图纸及招标文件中要求的全部施工内容。

3) 按照业主提供的施工图纸,中标后在20个工作日内提供深化图纸、计算书及意见。

(4) 确定材料技术要求和限定品牌

1) 明确技术标准。本工程在选择玻璃品牌时,未限定原厂原片还是原厂合片,导致玻璃价格偏差较大,最终确定采用原厂合片,并要求进行均质化处理,确保玻璃品质及档次。

2) 限定材料品牌。本工程在选择地弹门五金件时,选择了盖泽、多玛、坚朗三个品牌,因坚朗与盖泽、多玛分别应用于不同的产品类型和档次,价格差异较大,最终调整为坚朗、国强、合和这三个品牌。主要品牌调整情况见表5.3-8。

表5.3-8 材料品牌调整情况一览

序号	材料名称	限定品牌	调整品牌	调整原因
1	玻璃	信义、耀皮、南玻	要求原厂合片	技术标准不统一
2	铝板	恒彩、明珠	恒彩、明珠、吉祥	数量不足三家
3	铝型材	亚铝、忠旺、和平	华建、南山、山铝	非山东区域常用品牌
4	地弹簧	坚朗、盖泽、多玛	坚朗、国强、合和	材料档次不一致
5	保温材料	金隅、华能、泰石	博盛、华能、泰石	不在品牌库内
6	胶类	安泰、飞度、永安	白云、之江、硅宝	品牌档次偏低
7	化学锚栓	/	喜利得、慧鱼、坚朗	补充项

(5) 确定评标办法

本工程采用综合评标办法。其中技术标权重30%,商务标权重70%。

商务标评标原则:各投标报价中去掉一个最高价和一个最低价,其余各家的算术平均价下浮10%的价格为基准价E1。每高于基准报价1%扣1分,每低于基准报价1%扣0.5分,不足1%的按内插法计算评分。

技术标评标原则:各评委评分去掉一个最高分和一个最低分,其余各评委的算术平均价即为投标单位的最终技术标得分。技术标评分范围:60≤技术标得分≤95。

具体评分细则见表5.3-9。

表5.3-9 技术标的评分细则

序号	评审项目	评审细则	分值范围	评定分值
1	施工总体部署	工程整体有深刻认识;措施先进,施工段划分清晰、合理	0~5分	

(续)

序号	评审项目	评审细则	分值范围	评定分值
2	施工进度计划及保障措施	施工进度计划满足招标文件中的工期要求；有清晰的关键线路；有明确的里程碑节点；所列工序齐全；工序搭接合理；交叉作业工序插入时间合理；进度保证措施可靠、具体可行，冬雨期、农忙保勤措施，抢工措施可靠、具体可行	0~10分	
3	劳动力、材料及设备保障措施	劳动力、材料、机械设备投入计划及保证措施；有劳动力、材料保障应急预案	0~10分	
4	质量控制措施及成品保护措施	有质量管控目标；质量管理制度；对原材料质量、加工订货质量、安装施工质量有保证措施	0~10分	
5	安全文明施工管控措施、环保、消防防治措施	安全文明施工管理有目标、有制度、有措施、有应急预案 环保、消防防治措施有目标、有制度、有措施、有应急预案	0~10分	
6	各专业的协调、管理措施	对政府相关部门、甲方、设计、监理、总包、其余专业分包单位能制定良好的协调措施，保证项目顺利实施	0~5分	
7	重难点分析	针对本次招标的重点、难点，解决方案完整、安全、经济、切实可行、措施得力	0~15分	
8	后期维护	有维保的承诺；有维保工期；有维修保养服务的服务内容	0~5分	
9	技术答辩	有丰富的管理经验，答辩思路清晰，有有效的解决方案	0~15分	
10	合理化建议	针对本招标施工图纸、材料选型、技术标准等提出合理化建议或优化方案	0~15分	
	总评分	—	100分	

（6）确定付款方式

因幕墙渗漏问题属于较严重的质量通病，所以本工程特约定幕墙防水防渗漏质保期5年，防水防渗漏部分保修金为结算金额的2%。具体付款方式为：

1) 本工程无预付款。
2) 按月形象进度付款，每月拨付已完合格工程量的70%。
3) 工程全部完工并验收合格后付至已完工程造价的80%。
4) 工程结算完成后，6个月内付至结算金额的95%。
5) 结算总价的5%作为质保金，质保期2年（其中防水、防渗漏工程质保期5年，质量保修金为本工程结算总价的2%，含于上述5%中）。

（7）编制工程量清单

在编制工程量清单的过程中，要注意以下事项：

1）清单编制说明要图文并茂。本工程在编制清单编制说明时，对各清单项所包含的范围、计算规则通过相应节点、轴线或效果图位置加以引导，避免招标答疑时提出工程量偏差引起工程量复核产生大量工作。

【例1】商业街铝板吊顶清单项，按水平投影面积计算（收口及吊顶内涂料与保温不单独计算面积），在综合单价中综合考虑，各清单项划分详见下图（本节点适用于商业街一层吊顶）。

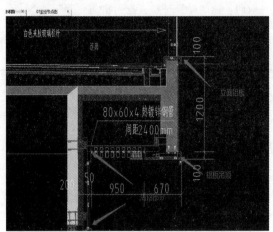

2）合理编制清单项。清单编制尽可能详尽，按不同立面、不同部位进行分别列项，对于隐蔽工程或计算容易产生偏差或可以优化的项尽量不单独列项，清单编制阶段尽量避免因招标人未考虑优化点而变相导致成本增加。

【例2】根据本工程的特点，幕墙后涂料、保温工程量大，且造型相对较多，不易计算，各投标单位在复核时偏差相对比较大，因此将隐蔽项工程量偏差比较大的工作内容包括在可见的幕墙清单项的范围内，由投标单位在综合单价中考虑，也可同时考虑各投标单位对隐蔽工程的优化因素，从而间接地降低了成本。

在分析各投标单位综合单价时，发现各投标单位对幕墙后涂料的含量偏差较大，同时有2家单位未单独列项，在澄清洽谈时，经沟通确认已在综合单价中考虑。此部分直接或间接减少成本12万元。

3）合理编制计算规则。计算规则在原则上要与清单计价规则保持一致，同时考虑企业自身因素，要尽量避免投标单位不看计算规则或以清单工程量为计算基础导致成本增加等风险因素。

【例3】因本工程铝板造型吊顶相对较多，所以在编制清单计算规则时采用立面投影面积，相对于按展开面积的计算规则减少了清单中铝板面积，避免了各投标单位的报价工程量偏差大的问题，规避了部分投标单位计算含量时不看计算规则以招标工程量计算人工费、辅材费用、保温含量等潜在增加成本的风险因素。

在本工程招标过程中，其中3家投标单位的造型铝板在计算人工费时以清单工程量（铝板展开系数为1.13）为基数，含量系数为1，通过投影面积计算，成本预估减少15万元。

4）措施费清单要尽可能描述详尽。因本工程需投标单位进行图纸优化，且因本地区因为环保形势严峻而暂停工的潜在风险较大，所以在编制措施费清单时包括图纸优化费用、环保因素等导致的一切暂停工费用、安全文明施工费用、幕墙试验费用等 23 项措施费用，提前规避在施工过程中承包单位提出部分费用未包含而引起的合同索赔问题。

【例 4】在总包施工过程中，因环保因素导致的临时停工、窝工、延期、现场文明施工费用增加等问题，总包单位提出费用索赔约 350 万元。因环保因素会贯穿于整个项目开发流程中，为提前规避此类索赔问题，所以在措施费用清单中单列一项——环保临时停工费用。

通过单列此项费用，为施工过程中解决此类问题找到依据，以便施工单位将此类风险在招标阶段就进行合理应对，由经验更丰富的投标单位负责并做竞争性报价，间接地减少了索赔和变更，为动态成本控制打下较好的基础。

5）清单编制时要重视施工图成本优化。在编制招标清单时，通过对比同类工程、其他项目的设计节点，发现部分材料在设计时存在设计超标的问题。

【例 5】商业街玻璃护栏玻璃设计为 8+1.52PVB+8 钢化夹胶超白玻璃，不锈钢立柱截面尺寸为 120×20，而购物中心玻璃护栏为标准节点设计为 6+1.14PVB+6 的钢化夹胶玻璃，立柱截面尺寸为 80×10。通过对比两个位置玻璃护栏均为 1.2m，单块玻璃尺寸均小于 1.5m²。同时查询其他工程类似项目节点，比较商业街跨度均为 6+1.14PVB+6 的钢化夹胶玻璃。

针对此问题，成本部向公司设计部提出图纸异议清单，设计部责成设计院限期复核，经幕墙工程设计院对护栏重新复核计算，护栏玻璃 6+1.14PVB+6 钢化夹胶玻璃，不锈钢立柱截面尺寸为 80×10 就可以满足安全性能要求。针对此项节点优化，估算可减少成本约 30 万元。

（8）发标

在发标后，有 2 家投标单位弃标，投标单位数量由 9 家减少为 7 家，变动情况见表 5.3-10。

投标单位 H 因保证金缴纳问题放弃投标。本工程招标文件领取时间为 5 天，但招标文件领取前必须缴纳招标文件工本费及投标保证金（保证金不接受投标保函），其中 1 家单位因只能提供投标保函，经反复确认最终放弃投标。投标单位 I 因付款方式问题放弃投标。该单位对付款方式提出异议，认为付款方式中无预付款，因前期材料订货资金需求比较大，存在垫资风险，工程结算完成后 6 个月内付款至结算金额的 95%，结算款付款周期长，增加了企业资金风险。该单位最终决定放弃投标。

表 5.3-10 投标单位名单变动情况一览

序号	投标单位	单位资质情况	主要工程业绩	单位来源	其他
1	A	施工壹级，设计甲级	业绩 3 个	工程部推荐	/
2	B	施工壹级，设计甲级	业绩 3 个	供应商库	/
3	C	施工壹级，设计甲级	业绩 3 个	供应商库	/
4	D	施工壹级，设计甲级	业绩 3 个	供应商库	/
5	E	施工壹级，设计甲级	业绩 3 个	设计部推荐	/
6	F	施工壹级，设计甲级	业绩 3 个	第三方平台	/
7	G	施工壹级，设计甲级	业绩 3 个	第三方平台	/
8	H	施工壹级，设计甲级	业绩 3 个	第三方平台	发标后弃标
9	I	施工壹级，设计甲级	业绩 3 个	朋友圈推广	发标后弃标

(9) 招标答疑

本标段存在未按时提交答疑的情况。本工程在答疑提交截止时间前,有2家投标单位未提交答疑文件,经反复沟通确认,在答疑截止时间后1天提交答疑文件。

在答疑阶段,需要注意以下事项:

1) 避免投标单位错误引导。在本工程答疑过程中有投标单位提出C类防火玻璃达不到防火幕墙要求,经沟通防火玻璃厂家及幕墙设计院确认确实无法满足防火幕墙隔热要求。因时间紧张,答疑回复时要求玻璃改为A类防火玻璃。后经反复与消防单位及建筑设计院沟通,此处设有窗喷,组合后可以满足隔热防火幕墙要求。最终避免了因投标单位的错误引导导致的成本增加,规避了投标单位的潜在的不正当投标。

2) 避免投标单位错误更改工程量。因本工程的体量较大,投标单位因未仔细阅读清单编制说明,对各清单项所包含的工作范围及计算规则的理解有偏差,导致部分工程量与招标人提供的工程量之间的偏差较大。经过复核,招标人提供的清单工程量无问题,要求投标单位依据招标人提供的工程量报价并在综合单价中综合考虑各风险因素,避免了因投标单位更改工程量而增加的清标工作量。

3) 规避工程量偏差存在的潜在风险因素。因投标时间相对比较紧张,部分投标单位可能存在未核算工程量而直接按招标清单的参考工程量报价的情况。因此,在招标答疑回复时特别强调招标清单工程量仅供参考,因工程量偏差产生的费用偏差,由投标单位自行承担且在施工过程或结算时均不予调整。

(10) 开标、评标

1) 投标文件提交方式:因本项目不组织公开唱标,所以各投标单位采用邮寄或委托相关人员递交技术标及商务标文件的方式,截止投标时间7家投标单位全部提交了投标文件。

2) 开标时要做好商务标保密工作。结合以往工程经验,在本工程开标时,各技术标评委及商务标评委均签署保密协议,一旦开标信息泄露,将对参评人员进行相关惩罚。开标记录见表5.3-11。

表5.3-11 开标记录

排序	投标单位	投标报价/元	标书	保证金
1	A	35 341 288	已提交	已缴纳
2	B	35 435 129	已提交	已缴纳
3	D	36 759 825	已提交	已缴纳
4	C	37 818 628	已提交	已缴纳
5	E	38 308 326	已提交	已缴纳
6	F	40 505 521	已提交	已缴纳
7	G	45 345 622	已提交	已缴纳

3) 评标人员组成。本项目技术标评标人员数量为5人(单数),由项目总工、项目经理、项目工程师、设计部经理、设计部专业工程师组成。商务标评审为三级审核,由成本部工程师、成本经理、财务总监组成三级审核。结合技术标及商务标评标情况,对投标单位的评分进行汇总,具体见表5.3-12。

表 5.3-12 综合评分

排序	投标单位	技术标得分（权重30%）	商务标得分（权重70%）	综合得分
1	A	86.67	96.02	93.21
2	B	76.33	95.75	89.93
3	D	76.00	91.85	87.09
4	C	74.00	88.73	84.31
5	E	77.67	87.29	84.40
6	F	69.67	80.83	77.48
7	G	66.33	66.59	66.51

1）技术标评标。本工程技术标评标设置两个环节，第一环节由评标人员对各投标单位技术标进行评标，第二环节由投标单位对评委提出的问题进行答辩。由技术标评标人员结合各投标单位的综合情况进行综合评分，详见表 5.3-13。

表 5.3-13 工程技术标评委评分汇总

序号	评委	各投标单位的技术标评定分值						
		A	B	C	D	E	F	G
1	项目总工	82	76	72	73	79	65	70
2	工程部经理	90	78	70	75	82	63	72
3	土建工程师	85	79	74	70	78	66	63
4	设计部经理	88	75	80	80	76	78	65
5	建筑设计师	87	73	76	83	75	82	64
算术平均分（去掉一个最高分去掉一个最低分后）		86.67	76.33	74.00	76.00	77.67	69.67	66.33

2）商务标评标。由成本部专业工程师依据清标情况，对投标单位的商务标进行初评。评标办法为各投标报价中去掉一个最高价和一个最低价，其余各家的算术平均值下浮10%的价格为基准价E1。每高于基准报价1%扣1分，每低于基准报价1%扣0.5分，不足1%的按内插法计算评分。由成本经理及财务总监对商务标评标情况进行复核，详见表5.3-14。

表 5.3-14 商务标评分

项目内容	各投标单位商务标评定分值						
	A	B	C	D	E	F	G
投标报价/元	35 341 288	35 435 129	37 818 628	36 759 825	略	略	略
修正报价/元	35 341 288	35 435 129	37 818 628	36 759 825	略	略	略
商务标得分	96.02	95.75	88.73	91.85	87.29	80.83	66.59
基准价/元	33 988 937						

(11) 清标阶段

清标环节主要从计算误差、投标总价、工程量偏差、综合单价、人工单价、措施费单价、规费取费、管理费及利润取费、材料品牌、主要材料单价、重点项等几个方面进行清标分析。

1) 计算误差复核。通过比对各投标单位的投标函与投标总价、工程量是否与招标工程量一致、各清单项单价与总价复核、综合单价与综合单价构成、规费取费、措施费计算等方面进行复核。通过复核，各投标单位的工程量无偏差。

2) 不平衡报价分析。投标总价各部分组成是否合理、综合单价与基准价偏离值、招标底价偏离比例，对偏离比例超过20%的重点标记，重点查看重大偏离项是否存在不平衡报价或后期可能出现变更或变相增加费用或取消的风险因素。例如投标单位G的报价中，结构胶价格23元/支，耐候胶价格35元/支，氟碳喷涂铝型材21元/kg，粉末喷涂型材29元/kg，铝合金百叶窗综合单价3280元/m²，严重偏离市场价的合理水平，详见表5.3-15。

表5.3-15 材料单价对比

序号	材料名称	单位	材料单价/元					
			A	B	C	D	E	F
1	TP8LOW-E+12A+TP8钢化中空玻璃	m²	209.67	178.32	176.89	210	152.43	178.25
2	TP6+1.14PVB+TP6夹胶钢化玻璃	m²	165.58	163.72	184.47	192	159.18	128.16
3	TP6LOW-E+12A+TP6钢化中空玻璃	m²	147.25	148.43	138.7	150	143.67	153.11
4	铝合金型材（粉末喷涂）	kg	18.82	22.46	21.42	21.76	18.35	19.84
5	幕墙开启五金	套	175.27	115.47	98.35	170.22	124.63	128.33
6	地弹簧（限重200kg）	套	358.41	342.28	176.99	355	283.19	298.46
7	2.5mm厚铝单板	m²	218.16	221.28	203.45	233.36	192.23	208.16
8	70mm厚保温岩棉	m²	35.91	39.82	33.23	45.5	36.18	30.23
9	镀锌钢材	kg	5.13	5.78	4.87	4.45	4.78	5.21
10	硅酮耐候密封胶	支	22.57	23.95	18.57	18.16	18.7	21.81
11	硅酮结构胶	支	22.57	33.17	30.18	20.22	30.77	37.15

3) 清单漏报情况分析。对各清单项重点查看是否存在漏报或者重大不合理情况，例如本工程措施费清单中关于脚手架费用、环保因素导致的停工费用，投标单位G均未填写价格。

4) 材料品牌选择符合性分析。在清标过程中发现投标单位C部分材料的品牌不在限定范围内，例如玻璃限定为信义、南玻、耀皮，但投标单位所报品牌为山东金晶，具体见表5.3-16。

表5.3-16 材料回标品牌对比

序号	材料名称	限定品牌	投标单位填报的材料品牌						
			A	B	C	D	E	F	G
1	玻璃	信义、耀皮、南玻	信义	南玻	金晶	南玻	南玻	信义	耀皮
2	铝板	恒彩、明珠、吉祥	吉祥	明珠	吉祥	吉祥	恒彩	吉祥	明珠

(续)

序号	材料名称	限定品牌	投标单位填报的材料品牌						
			A	B	C	D	E	F	G
3	铝型材	华建、南山、山铝	南山	华建	华建	南山	南山	山铝	华建
4	五金件	坚朗、国强、合和	和合	坚朗	和合	和合	和合	和合	和合
5	防火岩棉	博盛、华能、泰石	华能	凯华、泰石	华能	博盛	泰石	博盛	泰石
6	密封胶	白云、之江、硅宝	之江	白云	之江	硅宝	硅宝	白云	之江

5）综合单价组成合理性分析。在综合单价分析表中，投标单位存在专业度差、乱拼凑综合单价的情况。例如投标单位 F 在明框玻璃幕墙报价中，结构胶含量超过 1.8 支$/m^2$，明框幕墙清单项中无镀锌钢龙骨骨架，钢龙骨骨架含量超过 $7.8kg/m^2$，层间背衬板为 $1.2mm$ 喷涂钢板，清单组价为 $2mm$ 粉末喷涂钢板。

（12）澄清洽谈阶段

依据公司制度，针对综合排名前三名的投标单位进行商务澄清洽谈。本招标原计划洽谈一次，因第一次洽谈过程中投标单位提出补充优化建议，所以组织了第二次洽谈；为减轻公司财务资金压力，针对付款方式组织了第三次洽谈。其中在第一次洽谈过程中，发现投标单位存在挂靠行为，故取消其第二轮、第三轮洽谈资格。

1) 第一轮洽谈。首先针对三家投标单位投标报价在清标过程中发现的问题，如不平衡报价问题、报价中存在错误需要修正的问题进行了澄清说明，强调本次澄清洽谈的原则是无论何种原因均不接受总价上浮只允许下调。

其次，通过危机意识及强烈的合作意识让三家投标单位做出优惠让利、向三家投标单位示意后期项目计划进行变相让利。各项价格优惠均包含在总价及综合单价中。

最后，依据项目经理答辩时，部分投标单位提出的优化建议点，强调在同等情况或相近评分情况下，优化建议将作为最终定标的加分项。

通过第一轮洽谈，投标单位 A 优惠报价：3534 万元，投标单位 B 优惠报价：3393 万元，投标单位 D 优惠报价 3626 万元。

在第一阶段洽谈过程中评标人员与投标单位 A 商务负责人沟通中，发现此负责人对投标单位 A 公司基本情况不熟悉，无法阐明在公司负责的具体业务、无法提供有效名片、无法阐明在山东区域所施工的其他工地情况。

通过与其他投标单位沟通、通过调查商务负责人背景（供应商考察阶段未对商务负责人社保缴纳情况进行核验，商务负责人实际为投标单位的单位法人）等多方渠道获知此单位为挂靠单位，因此取消投标单位 A 后续的投标资格。

2) 第二次洽谈。针对投标单位提出的设计修改建议进行洽谈，投标单位 B 优惠报价为 3290 万元，投标单位 D 优惠报价为 3504 万元，具体见表 5.3-17。

表 5.3-17　洽谈中投标单位的设计修改建议一览

序号	清单项目	原设计	设计修改建议	预估降低成本/元	提出单位
1	商业街玻璃幕墙	8LOW-E+12A+8 超白钢化玻璃	6LOW-E+12A+6 普白钢化玻璃	330 000	D

（续）

序号	清单项目	原设计	设计修改建议	预估降低成本/元	提出单位
2	铝格栅吊顶	①规格：100×75×1.8 ②基层：2.5mm 厚铝板	①规格：75×50×1.2 ②基层：裸顶	475 000	B
3	地弹门	地弹簧限重 250kg	地弹簧限重 200kg	43 000	A
4	综合体玻璃幕墙	①层间玻璃：超白玻璃 ②背板：2mm 厚铝板	①层间玻璃：普通白玻 ②背板：1.2mm 厚喷涂钢板	119 000	B
	合计			967 000	

3）第三次洽谈。针对付款方式、商铺抵扣工程款比例等进行针对性洽谈，见表 5.3-18。

表 5.3-18 关于付款方式的洽谈情况一览

排序	投标单位	洽谈结果	报价影响评估
1	A	存在挂靠行为，取消洽谈资格	/
2	B	同意抵扣 20% 商铺 付款方式同招标文件要求	若招标文件中载明商铺抵扣比例，报价将上浮 3%
3	D	不同意抵扣商铺 付款方式可按节点进行支付，工程量完成 30%付 20%，工程量完成 60%付 45%，工程量完成 100%付 80%	若按此付款方式，在招标文件中约定，报价将上浮 1.5%
4	C	未进入洽谈阶段	/
5	E	未进入洽谈阶段	/
6	F	未进入洽谈阶段	/
7	G	未进入洽谈阶段	/

4）洽谈情况小结。通过三轮洽谈，最终洽谈情况见表 5.3-19。洽谈后的商务标评分表见 5.3-20，洽谈后的综合评分表见表 5.3-21。

表 5.3-19 商务洽谈结果一览

序号	投标单位	综合得分	第三次报价/元	一轮优惠让利洽谈成果	二轮优化方案洽谈成果	三轮付款方式洽谈成果
1	A	93.21	35 341 288	无下浮，废标	/	/
2	B	89.93	35 435 129	优惠下浮 150.5 万	优化下浮 103 万	抵扣 20%商铺
3	D	87.09	36 759 825	优惠下浮 50 万	优化下浮 122 万	按节点付款
4	C	84.31	37 818 628	/	/	/
5	E	84.40	38 308 326	/	/	/
6	F	77.48	40 505 521	/	/	/
7	G	66.51	45 345 622	/	/	/

表 5.3-20 商务标评分（澄清后）

项目内容	各投标单位评定分值						
	A	B	C	D	E	F	G
最终报价/元	废标	32 900 000	37 818 628	35 040 000	略	略	略
商务标得分	0	98.20	89.18	97.32	87.75	81.31	67.12
基准价	34 126 307						

表 5.3-21 综合评分（澄清后）

排序	投标单位	技术标得分（权重30%）	商务标得分（权重70%）	综合得分	最终报价/元
1	B	76.33	98.20	91.64	32 900 000
2	D	76.00	97.32	90.93	35 040 000
3	E	77.67	87.75	84.72	38 308 326
4	C	74.00	89.18	84.63	37 818 628
5	F	69.67	81.31	77.81	38 308 326
6	G	66.33	67.12	66.89	40 505 521

（13）编制评标报告

评标包括本项目的工程概况、招标范围、评标办法、评标人员组成、招标投标过程概述、技术标及商务标评标情况、澄清洽谈情况、推荐中标单位等相关内容。

在评标报告中，对拟上报定标价格进行合理性分析，包括与目标成本、标底及最低价的偏离分析。

1）与目标成本的差异分析，见表 5.3-22。

表 5.3-22 拟中标价与目标成本对比分析　　　　（单位：元）

目标成本	拟中标价	结余	原因分析
45 260 000	32 900 000	13 360 000	①部分费用归入其他合同范围内：外墙保温、标识系统划入总包合同内 500 万元 ②设计前期优化：优化铝板幕墙造型、优化材料种类、商业街建筑标准优化等，设计方案费用约 400 万元 ③成本优化：招标阶段成本优化费用约 181 万元 ④招标让利：通过竞争性招标，成本相对约降 255 万元

2）与标底差异的分析，见表 5.3-23。

表 5.3-23 拟中标价与标底价的对比分析　　　　（单位：元）

标底	拟中标价	结余	原因分析
37 600 000	32 900 000	4 700 000	①成本优化：招标阶段成本优化费用约 181 万元 ②招标让利：通过竞争性招标，成本相对约降 255 万元 ③其他原因：相对单一采购，投标单位集中采购，材料价偏差约 34 万元

3）与最低投标价差异的分析，见表 5.3-24。

表 5.3-24　拟中标价与最低投标价的对比分析　　　　（单位：元）

最低投标价	中标价	结余	原因分析
35 340 000	32 900 000	2 440 000	①成本优化：洽谈阶段成本优化费用约 100 万元 ②招标让利：通过竞争性洽谈，中标单位变相让利约 144 万元

4）确定中标单位。根据公司招采制度及本工程评标办法，选定综合排名第一的投标单位为中标单位，最终确定投标单位 B 为本项目中标单位，中标金额 3290 万元。

定标审批流程审批完成后，发起中标通知书。中标通知书包括本项目的项目名称、工期要求、质量要求、中标金额、中标单位、授权项目经理、招标联系人等基本相关内容。

3. 招标总结

（1）招标计划复盘

本项目招标总体时间从启动到发出中标通知书，实际共 76 天，较计划缩短 5 天；其中，从发标到发出中标通知书，实际 39 天，比计划缩短 5 天。周期较长的原因主要是确定投标单位环节，详见表 5.3-25。

表 5.3-25　招标计划与实际完成对比

序号	工作清单	日历天数		完成时间	
		计划	实际	计划	实际
1	招标立项	1	1	2019-3-9	2019-3-9
2	招标寻源	10	11	2019-3-18	2019-3-19
3	单位考察	25	27	2019-4-2	2019-4-4
4	招标文件编制与审批	38	33	2019-4-15	2019-4-10
5	发标	38	38	2019-4-15	2019-4-15
6	招标答疑	45	43	2019-4-22	2019-4-20
7	回标与开标	59	52	2019-5-6	2019-4-29
8	技术标评标	60	53	2019-5-7	2019-4-30
9	商务标评标	60	53	2019-5-7	2019-4-30
10	清标	68	60	2019-5-15	2019-5-7
11	澄清洽谈	74	70	2019-5-21	2019-5-17
12	定标	80	76	2019-5-27	2019-5-23
13	发出中标通知书	81	76	2019-5-28	2019-5-23

（2）数据分析与总结

1）工程量指标分析，见表 5.3-26。

表 5.3-26 工程量指标分析

序号	外装做法	含量指标（m²/m²）		主要参数
		按外立面投影面积	按地上建筑面积	
1	玻璃幕墙	0.34	0.10	8LOW-E（双银）+12A+8 中空钢化玻璃、6LOW-E（双银）+12A+6 中空钢化玻璃
2	铝合金门	0.09	0.03	玻璃：6LOW-E（双银）+12A+6 中空钢化玻璃
3	铝板雨篷	0.04	0.01	2.5mm 厚铝板
4	铝板幕墙	0.62	0.18	2.5mm 厚铝板
5	铝合金窗	0.05	0.02	含防火窗/电动排烟窗，有电动开启装置
6	外墙保温涂料	0.10	0.03	70mm 厚岩棉保温
7	玻璃栏板	0.04	0.01	6+1.52+6 钢化夹胶玻璃；不锈钢立柱
8	广告位基层	0.11	0.03	镀锌铁皮、铝板包边
合计		1.41	0.41	

注：地上建筑面积 97 520m²，外立面投影面积 28 250m²，墙地比 0.29。

2）成本指标分析，见表 5.3-27。

表 5.3-27 成本指标分析

序号	主要做法	合同总价/元	实物工程量/m²	平米指标/(元/m²)		
				按实物工程量	按外立面投影面积	按地上建筑面积
1	玻璃幕墙	10 098 813	9 807	1 030	357	104
2	铝合金门	2 822 397	2 596	1 087	100	29
3	铝板雨篷	1 542 397	1 087	1 419	55	16
4	铝板幕墙	13 327 074	17 728	752	472	137
5	铝合金窗	1 439 974	1 498	961	51	15
6	外墙保温涂料	846 054	2 968	285	30	9
7	玻璃栏板	917 715	1 234	744	32	9
8	广告位基层	1 905 577	3 250	586	67	20
合计		32 900 000	40 168	819	1 165	337

3）主要清单项目综合单价，见表 5.3-28。

表 5.3-28 主要清单项目综合单价

序号	主要清单项目	总价/元	工程量/m²	综合单价/(元/m²)		
				供应	安装	合计
1	大面明框玻璃幕墙	3 538 753	4 340	597	219	815
2	平面铝板幕墙	2 062 549	3 410	418	187	605

(续)

序号	主要清单项目	总价/元	工程量/m²	综合单价/(元/m²)		
				供应	安装	合计
3	铝板吊顶	1 507 527	2 410	414	211	626
4	铝板雨篷	1 296 551	1 270	689	332	1 021
5	广告位基层	745 534	1 490	338	162	500
6	地弹门	858 938	840	826	197	1 023
7	玻璃栏板	662 166	1 055	484	144	628
8	铝格栅吊顶	1 198 793	1 900	464	167	631

4) 主要清单项目的综合单价分析，见表5.3-29~表5.3-36。

表5.3-29 大面明框玻璃幕墙综合单价分析

序号	项目名称	规格型号	单位	含量	单价	合计/元	占比
一	材料费					596.74	73.19%
1	玻璃	TP8LOW-E + 12A + TP8 钢化中空玻璃	m²	1.02	178.32	181.89	22.31%
2	烤漆钢板	1.2mm	m²	0.02	113.25	2.27	0.28%
3	铝合金型材（粉末喷涂）	6063-T5/T6	kg	9.58	22.46	215.17	26.39%
4	铝合金型材（素材）	6063-T5/T6	kg	1.12	20.18	22.60	2.77%
5	铝合金型材（阳极氧化）	6063-T5/T6	kg	1.28	21.24	27.19	3.33%
6	铝材氟碳喷涂	三涂二烤	m²	0.26	73.37	19.08	2.34%
7	隔热条	PA66	m	4.21	1.45	6.10	0.75%
8	幕墙开启五金	四点锁	套	0.07	115.47	8.08	0.99%
9	硅酮耐候密封胶	500ml	支	0.63	23.95	15.09	1.85%
10	防火密封胶	300ml	支	0.12	23.95	2.87	0.35%
11	硅酮结构胶	双组分	升	0.04	33.17	1.33	0.16%
12	70mm 厚保温岩棉	100kg/m³	m²	0.02	39.82	0.80	0.10%
13	1.5mm 厚镀锌钢板	1.5mm	m²	0.42	72.22	30.33	3.72%
14	防火岩棉	120kg/m³	m³	0.02	584.67	11.69	1.43%
15	镀锌连接件	10号槽钢	kg	2.45	5.78	14.16	1.74%
16	预埋件	12mm 厚	kg	3.96	5.78	22.89	2.81%

(续)

序号	项目名称	规格型号	单位	含量	单价	合计/元	占比
17	M12不锈钢螺栓	M12	套	1.68	3.45	5.80	0.71%
18	M6不锈钢螺栓	M6×100	套	1.72	0.82	1.41	0.17%
19	其他辅材		m²	1.00	8.00	8.00	0.98%
二	人工费		m²	1.00	159.80	159.80	19.60%
三	机械使用费		m²	1.00	5.50	5.50	0.67%
四	管理费（3%）					22.86	2.80%
五	利润（4%）					30.48	3.74%
六	除税综合单价/(元/m²)					815	100%

表5.3-30 平面铝板幕墙综合单价分析

序号	项目名称	规格型号	单位	含量	单价	合计/元	占比
一	材料费					417.78	69.07%
1	2.5mm厚铝单板	氟碳喷涂	m²	1.12	221.28	247.83	40.97%
2	2mm厚铝板	粉末喷涂	m²	0.32	172.24	55.12	9.11%
3	镀锌钢材		kg	6.78	5.78	39.19	6.48%
4	硅酮耐候密封胶	500ml	支	0.45	23.95	10.78	1.78%
5	防火密封胶	300ml	支	0.08	23.95	1.92	0.32%
6	70mm厚保温岩棉	100kg/m³	m²	0.65	39.82	25.88	4.28%
7	1.5mm厚镀锌钢板	1.5mm	m²	0.18	72.22	13.00	2.15%
8	预埋件		kg	2.78	5.78	16.07	2.66%
9	其他辅材		m²	1.00	8.00	8.00	1.32%
二	人工费		m²	1.00	142.00	142.00	23.48%
三	机械使用费		m²	1.00	5.50	5.50	0.91%
四	管理费（3%）					16.96	2.80%
五	利润（4%）					22.61	3.74%
六	除税综合单价/(元/m²)					605	100%

表5.3-31 铝板吊顶综合单价分析

序号	项目名称	规格型号	单位	含量	单价	合计/元	占比
一	材料费					414.11	66.20%
1	2.5mm厚铝单板	氟碳喷涂	m²	1.32	221.28	292.09	46.69%
2	镀锌钢材		kg	13.45	5.78	77.74	12.43%

(续)

序号	项目名称	规格型号	单位	含量	单价	合计/元	占比
3	硅酮耐候密封胶	500ml	支	0.22	23.95	5.27	0.84%
4	70mm 厚保温岩棉	100kg/m³	m²	0.53	5.78	3.06	0.49%
5	1.5mm 厚镀锌钢板	1.5mm	m²	0.52	23.95	12.45	1.99%
6	预埋件		kg	2.68	5.78	15.49	2.48%
7	其他辅材		m²	1.00	8.00	8.00	1.28%
二	人工费		m²	1.00	163.00	163.00	26.06%
三	机械使用费		m²	1.00	7.50	7.50	1.20%
四	管理费（3%）					17.54	2.80%
五	利润（4%）					23.38	3.74%
六	除税综合单价/(元/m²)					626	100%

表 5.3-32 铝板雨篷综合单价分析

序号	项目名称	规格型号	单位	含量	单价	合计/元	占比
一	材料费					688.67	67.46%
1	2.5mm 厚铝单板	氟碳喷涂	m²	2.18	221.28	482.39	47.25%
2	镀锌钢材		kg	23.25	5.78	134.39	13.16%
3	硅酮耐候密封胶	500ml	支	1.23	23.95	29.46	2.89%
4	预埋件		kg	3.48	5.78	20.11	1.97%
5	其他辅材		m²	1.00	22.32	22.32	2.19%
二	人工费		m²	1.00	254.00	254.00	24.88%
三	机械使用费		m²	1.00	11.45	11.45	1.12%
四	管理费（3%）					28.62	2.80%
五	利润（4%）					38.16	3.74%
六	除税综合单价/(元/m²)					1021	100%

表 5.3-33 广告位基层综合单价分析

序号	项目名称	规格型号	单位	含量	单价	合计/元	占比
一	材料费					337.92	67.54%
1	2.5mm 厚铝单板	氟碳喷涂	m²	0.43	221.28	95.15	19.02%
2	镀锌钢材		kg	11.37	5.78	65.72	13.13%
3	硅酮耐候密封胶	500ml	支	0.18	23.95	4.31	0.86%
4	70mm 厚保温岩棉	100kg/m³	m²	0.93	39.82	37.03	7.40%

(续)

序号	项目名称	规格型号	单位	含量	单价	合计/元	占比
5	1.5mm 厚镀锌钢板	1.5mm	m²	0.83	72.22	59.94	11.98%
6	预埋件		kg	4.32	5.78	24.97	4.99%
7	其他辅材		m²	6.35	8.00	50.80	10.15%
二	人工费		m²	1.00	123.25	123.25	24.63%
三	机械使用费		m²	1.00	6.45	6.45	1.29%
四	管理费（3%）					14.03	2.80%
五	利润（4%）					18.70	3.74%
六	除税综合单价/(元/m²)					500	100%

表 5.3-34 地弹门综合单价分析

序号	项目名称	规格型号	单位	含量	单价	合计/元	占比
一	材料费					825.65	80.74%
1	玻璃	TP6LOW-E + 12A + TP6 钢化中空玻璃	m²	1.02	148.43	151.40	14.81%
2	镀锌钢材		kg	23.42	5.78	135.37	13.24%
3	不锈钢板	316 材质；实卡 1.2	m²	0.98	243.38	238.51	23.33%
4	地弹簧	限重 200kg	套	0.37	342.28	126.64	12.39%
5	不锈钢拉手	316 材质，定制	付	0.37	212.45	78.61	7.69%
6	地锁		套	0.37	75.22	27.83	2.72%
7	加固装置	防滑链	套	0.37	75.22	27.83	2.72%
8	硅酮耐候密封胶	500ml	支	1.23	23.95	29.46	2.88%
9	其他辅材		m²	1.00	10.00	10.00	0.98%
二	人工费		m²	1.00	121.50	121.50	11.88%
三	机械使用费		m²	1.00	8.50	8.50	0.83%
四	管理费（3%）					28.67	2.80%
五	利润（4%）					38.23	3.74%
六	除税综合单价/(元/m²)					1023	100%

表 5.3-35 玻璃护栏综合单价分析

序号	项目名称	规格型号	单位	含量	单价	合计/元	占比
一	材料费					483.58	77.05%
1	玻璃	TP6 + 1.14PVB + TP6 夹胶钢化玻璃	m²	1.02	163.72	166.99	26.61%
2	不锈钢板	实卡 1mm 厚	m²	0.06	159.24	9.55	1.52%
3	不锈钢构件	316 材质	kg	8.19	23.45	192.06	30.60%

(续)

序号	项目名称	规格型号	单位	含量	单价	合计/元	占比
4	不锈钢爪件	316材质	套	1.52	56.78	86.31	13.75%
5	镀锌连接件	10号槽钢	kg	0.32	5.78	1.85	0.29%
6	镀锌底板		kg	2.45	5.78	14.16	2.26%
7	硅酮耐候密封胶	500ml	支	0.32	23.95	7.66	1.22%
8	其他辅材		m²	1.00	5.00	5.00	0.80%
二	人工费		m²	1.00	100.00	100.00	15.93%
三	机械使用费		m²	1.00	3.00	3.00	0.48%
四	管理费（3%）					17.60	2.80%
五	利润（4%）					23.46	3.74%
六	除税综合单价/（元/m²）					628	100%

表5.3-36 铝格栅吊顶综合单价分析

序号	项目名称	规格型号	单位	含量	单价	合计/元	占比
一	材料费					464.17	73.57%
1	铝合金型材（素材）	6063-T5/T6	kg	8.78	20.18	177.18	28.08%
2	铝材氟碳喷涂	三涂二烤	m²	2.45	73.37	179.76	28.49%
3	镀锌钢材		kg	5.43	5.80	31.49	4.99%
4	70mm厚保温岩棉	100kg/m³	m²	0.93	39.82	37.03	5.87%
5	镀锌连接件	10号槽钢	kg	2.12	5.78	12.25	1.94%
6	预埋件		kg	2.50	5.78	14.45	2.29%
7	其他辅材		m²	1.00	12.00	12.00	1.90%
二	人工费		m²	1.00	120.00	120.00	19.02%
三	机械使用费		m²	1.00	5.50	5.50	0.87%
四	管理费（3%）					17.69	2.80%
五	利润（4%）					23.59	3.74%
六	除税综合单价（元/m²）					631	100%

（3）经验总结

本标段在招标阶段成本优化成果凸显，通过在清单编制阶段、澄清洽谈阶段，对图纸范围内相关节点、相关材料标准的优化，使本工程成本减少约181万元，提高了公司效益，实现了目标成本的弹性控制。具体见表5.3-37。

表5.3-37 招标过程中成本优化情况汇总

序号	清单项目	优化内容	工程量/m²	估价/（元/m²）	优化金额/万元	优化途径
1	综合体彩釉玻璃幕墙	彩釉玻璃改为普通白玻	500	300	150 000	工程部建议

(续)

序号	清单项目	优化内容	工程量/m²	估价/(元/m²)	优化金额/万元	优化途径
2	商业街玻璃护栏	玻璃由 8+1.52PVB+8 超白夹胶钢化玻璃改为 6+1.14PVB+6 超白钢化玻璃；立柱尺寸由 120×20 改为 80×12	1 500	200	300 000	成本部建议
3	广告位基层	基层 2.5mm 厚铝板改为 1.5mm 厚镀锌铁皮	1 500	150	225 000	成本部建议
4	广告位基层	3 层店招背板封堵铝板改为水泥压力板封堵	450	140	63 000	成本部建议
5	商业街（负一层）铝板幕墙	负一层拦河立面铝板改为涂料	180	600	108 000	咨询公司建议
6	商业街玻璃幕墙	玻璃由 8LOEW-E+12A+8 超白钢化改为 6+12A+6 普白钢化	5 500	60	330 000	投标单位建议
7	铝格栅吊顶	格栅规格由 100×75×2 改为 75×50×1.2；基层板铝板取消，改为裸顶	1 900	250	475 000	投标单位建议
8	地弹门	地弹簧限重由 250kg，改为 200kg	1 450	30	43 500	投标单位建议
9	综合体玻璃幕墙	层间玻璃由超白改为普白，背板由 2mm 厚铝板改为 1.2mm 厚喷涂钢板	3 400	35	119 000	投标单位建议
	合计		16 380	1 765	1 813 500	

在招标全过程仍有机会进行成本优化，具体包括：

1）图纸会审——正式发标前，要求设计部征询工程部对于施工图纸的意见，对于图纸中存在的不合理做法或达不到理想效果的做法进行优化，避免后期无效成本的发生。例如售楼处外装设计中同样采用了彩釉玻璃，彩釉玻璃定制影响了工期且现场效果较差，在本次外装中提出优化建议。

2）发标前——鼓励咨询单位进行优化。清单编制过程中，结合招标图纸对相似清单项的节点、材料要求等进行对比，编制相应疑问对比清单，提交设计部进行复核。

3）发标前——通过对标方式寻找优化点。成本部在审核招标清单及标底价时，要认真、深入查看图纸，掌握各节点对应的施工区域，对比以往工程或其他企业类似项目案例相似清单综合单价情况，对综合单价偏离较大或造价占比较大的部分，要重点分析，找出差距，提出异议，提请设计部进行复核修正。

4）发标前——成本部要与主要材料供应商的相关技术人员沟通，提请供应商协助审核图纸中就材料选择是否合理，是否属常规材料，是否有可优化空间等，征询其他类似工程采用的做法。

5）发标后——鼓励投标单位进行优化设计。发挥投标单位的专业经验，鼓励投标单位进行设计优化。

（4）问题分析与对策

本次招标工作中存在的主要问题是供应商入围资格审核不够细致。在投标报名单位初审及供应商考察阶段均未发现投标单位 A 存在挂靠资质的行为，导致在定标环节澄清洽谈阶段洽谈单位缺乏竞争力，未达到最终的谈判效果，拖延了定标工作时间。

主要原因包括：

1）未约定招标过程中授权联系人必须为 1 人，对于本次投标相关的所有投标单位进行查验。在本次招标过程中，投标单位 A 报名联系人（商务负责人）、承诺函联系人（办公室人员）、考察联系人并非同一人，初审过程中仅对承诺函联系人进行了查验，所以未发现商务负责人未在此公司任职的情况。

2）授权委托书格式不统一，无授权人及法定代表人身份证相关信息。投标单位 O 在提交授权委托书时，无法人及授权人相关身份证相关信息，未核验投标单位与授权书人是否一致。

3）敏感度不够。在招标过程中，发现投标单位 A 商务负责人、考察联系人手机号码归属地、说话口音均为山东区域，而投标单位 A 主要施工范围在珠三角地区。考察过程中发现，考察联系人对投标单位 A 公司情况不熟悉，但在考察情况汇报时未做说明。

4）未签署相关无挂靠行为声明。在招标过程中，未要求投标单位签署无挂靠行为声明、无挂靠行为证明性文件或其他对于存在挂靠行为的惩罚措施。

5）未对所有投标单位之间是否存在关系进行深入调查。

小结，鉴于上面在招采过程中发现的问题漏洞，为避免以后再发生，以后类似工程招标中可以使用如下对策：

1）在招标时告知投标单位承诺函联系人必须为公司唯一联系人，直至招标活动完成，负责招标活动中的所有事宜。同时，要求投标单位根据发包人要求提供有效的承诺函及证明文件。

2）可借助天眼查、企查查、信用中国等网站，协助建立完善的供应商资格审查机制，从投标单位社保证明真伪、业绩真伪、企业信誉、企业经营状况等多方面进行综合衡量与考核。

3）借助第三方机构做好背调工作，确保入围单位符合招标要求且无挂靠行为。

4）要求投标单位签署无挂靠行为声明及施工过程中不更换项目经理的声明。

5）提高单位审核敏感度，对在招标过程中遇到的相关问题或疑点及时向招标领导小组汇报，并申请进行深入调查工作。

6）加强考察阶段监督工作，避免发生考察人员不据实汇报的情况。

7）针对各投标单位之间关系进行调查，编制投标单位关系情况说明报告。

【案例5.4】

高层住宅项目外保温及涂料工程

1. 基本信息

(1) 工程概况（表5.4-1）

表5.4-1 工程概况

工程地点	江苏省某市
建设时间	2017年
主要业态	高层住宅
交付标准	毛坯
建筑面积	地上建筑面积为 85 975 m^2
层数/层高	地上18层/27层/34层/2.9m
结构形式	剪力墙结构

(2) 标段概况（表5.4-2）

表5.4-2 标段概况

特征工程量	外墙保温面积：136 536m^2，涂料面积：188 491 m^2
目标成本	目标成本为15 997 548元，成本指标为186元/m^2
工期要求	60天（18层），120天（27层），150天（34层）
定标时间	2017年5月
招标方式	邀请招标
定价方式	按招标图及招标范围实行总价包干
招标范围	外墙外保温、涂料；无甲供材
标段划分	划分为两个标段

2. 招标过程

(1) 编制招标计划

本标段从招标启动会到发出中标通知书，计划29天，中标单位需要在2017年6月20日前进场，详见表5.4-3。

表5.4-3 招标计划

序号	工作清单	完成时间	参加部门
1	招标启动会	2017-4-21	招采部、成本部、工程部
2	投标单位审批	2017-4-22	招采部
3	招标文件审批	2017-4-24	招采部
4	发标	2017-4-25	招采部
5	现场答疑、标前辅导	2017-4-27	招采部、成本部、工程部
6	答疑回复	2017-4-28	招采部

(续)

序号	工作清单	完成时间	参加部门
7	第一轮回标、开标	2017-5-5	招采部、成本部、财务部
8	淘汰、确定第二轮回标和议标单位	2017-5-5	招采部、工程部
9	定标前约谈	2017-5-12	招采部、工程部
10	编制评标报告	2017-5-16	招采部
11	中标单位审批	2017-5-18	招采部
12	发出《中标通知书》	2017-5-19	招采部

（2）确定招标范围及界面

1）招标范围

①保温工程：包括4栋高层住宅主楼、配套用房的竖向保温和局部外保温；高层住宅主楼阳台及设备平台天棚、单元入户门厅、架空层楼板、凸窗部位保温；女儿墙保温等。

②外墙装饰线条：保温部位的滴水线条，要求使用成品线条（PVC）；成品装饰线条（EPS线条）。

③涂料工程：包括4栋高层住宅主楼、三区地库、配套用房的外立面涂料；包括阳台及设备平台天棚、阳台及设备平台墙面、栏杆反坎、外墙门窗侧边、凸窗部位、空调机位的涂料，主楼涉及连廊的公共部位，连廊的顶面天棚及栏杆处反坎的涂料施工；包括天井部位的墙面涂料；女儿墙内侧、屋面机房及楼梯间、屋面水箱等所有构筑物的涂料饰面；外墙落水管、阳台落水管、伸缩缝/变形缝盖板的油漆涂料；附墙式通风口、出地面风井、地库车行及人行出入口、自行车坡道墙面涂料；其他零星部位涂料施工。

④负责一次外立面后开洞的修补工作。

⑤不包括楼面、屋面及阳台与设备平台地面的保温（在总包工作范围内）；不包括门窗洞口防水砂浆塞缝以及JS防水涂料（在总包工作范围内）。

2）合同界面划分，见表5.4-4。

表5.4-4 工作界面划分

序号	关联单位	保温涂料单位工作内容	关联单位工作内容
1	保温涂料	①保温涂料单位对自购材料均需按规范或政府部门有关规定进行材料检测或试验，包括质监、消防、环保节能、市政、安防等全部政府部门检测及验收要求 ②保温涂料单位需自行考虑施工及验收过程中的政府部门协调工作内容及费用 ③保温涂料单位施工期间和移交之前的半成品、成品保护责任。对外立面门窗、栏杆或者面砖等其他分包工程造成的污染要负责及时清理 ④墙面洞口（包含总包拆除脚手架及施工机械后的墙面洞口）涉及的保温涂料施工由保温涂料单位负责	无

（续）

序号	关联单位	保温涂料单位工作内容	关联单位工作内容
2	土建总包	①总包提供现有脚手架，如果总包搭设的天井脚手架不能完全满足保温涂料的施工要求，增加部分室外脚手架搭设和拆除由保温涂料单位自行负责 ②屋面外立面线条施工如需搭设活动脚手架，需要由保温涂料单位自行考虑 ③所有垃圾需要每天及时运送至总包提供的指定垃圾堆放点 ④负责首层地下室采暖空间和非采暖空间交界的板顶面涂料工程	总包协调配合服务费： ①保温涂料单位施工用水电费均由总包承担计入总包协调服务费，保温涂料单位办公区及生活区水电费由保温涂料单位与总包单位自行结算 ②总包负责提供保温涂料单位施工所用的现有垂直运输机械（塔式起重机及人货梯），并提供施工所用材料堆放场地 ③负责提供保温涂料施工所用的现有室外脚手架（如有时应提供） 工作内容： ①外墙面基层处理，包括界面剂及外墙抹灰 ②混凝土结构线脚的施工 ③屋面、阳台及设备平台地面的水平保温施工 ④外墙及屋面变形缝盖板施工 ⑤门窗洞口外侧防水砂浆找平、收口 ⑥门窗洞口四周JS防水施工 ⑦负责现浇滴水线 特殊部位： 负责凸出屋面的水泵房、电梯机房的结构施工
3	外立面门窗	①负责门窗边保温岩棉带及涂料收边 ②外墙保温成品滴水线	负责门窗洞口发泡剂、密封胶施工
4	综合机电	外墙雨水管着色、阳台雨水管着色、涂料区域空调等所有洞口的修整	
5	栏杆	所有栏杆（户内阳台、屋面栏杆、坡道栏杆、公共区域连廊栏杆等所有栏杆）涉及的墙面修补收头（含土建粉刷修补及保温涂料恢复）	
6	石材/铝板幕墙	外墙石材幕墙在龙骨安装完毕后，墙面修补收头	外墙保温的开槽
7	泛光照明	泛光照明支架或管线安装后的墙面修补及涂料恢复、防水等	外墙面上的支架安装或开槽（如需要）
8	精装修	涉及室内阳台、连廊方式的公共部位，连廊的顶部及梁侧、栏杆反坎处涂料施工	阳台、公共连廊的地面及踢脚线
9	景观	门卫及岗亭（不含成品岗亭）的外墙保温及涂料	小区正式围墙的涂料及线脚

(3) 确定投标单位

经审批确认,共邀请供方库中 8 家有公司业绩的合格供方参与投标。投标单位名单见表 5.4-5。

表 5.4-5 投标单位情况汇总

序号	投标单位	在公司内的业绩	单位来源
1	A	苏州项目一期、嘉兴项目	供方库
2	B	南通项目二期	供方库
3	C	南通项目一期	供方库
4	D	常州项目三期	供方库
5	E	常州项目二期	供方库
6	F	常熟项目一期、苏州项目二期	供方库
7	G	苏州项目一期	供方库
8	H	上海项目别墅	供方库

(4) 编制招标文件

在招标文件编制中需要注意的事项有:

1)关于合同签署。该标段是以总承包合同的分包单位进行签署,在招标文件中所附录合同协议书等中标后签署合同的文件都必须按这一原则进行拟定。

2)关于付款方式。鉴于本公司对本项目的统一安排,本工程预期会采用"现金""供应链融资"两种付款方式,承包商需积极配合雇主采用后者。在招标文件和议标中需要对此确认。

3)关于税票。本工程采用增值税一般征收方式,每次付款前必须提供增值税专用发票,税率为 11%。实体量清单中各项综合单价仍按照"营改增"前原计税方式计算并填报;由此导致的成本增加在开办费中单独填报,此部分费用总价包干,承包人后期不得对此提出任何索赔。

4)关于质量保修期:自相应备案分区取得竣工备案证并完成集中交付时起计 5 年。

5)关于样品和样板。在招标文件中要说明保温涂料现场样板和异地样板制作及施工的要求,见表 5.4-6。中标单位必须有保温图纸的二次深化设计能力,中标单位在施工前需要向项目工程部报批岩棉带排版图,并按照招标技术要求,做好工序样板。在报价中须包括按甲方设计要求不限次进行涂料样板制作直到双方签署确认封样的费用,该类费用无论发生几次,发包人均不会给予额外补偿。

表 5.4-6 外墙保温涂料送样及文件清单汇总

序号	需要送样的材料名称	需要提交的文件				是否需要设计部审核
		营业执照	出厂合格证	质检证明及明细	防火检测报告	
1	防火保温材料	√	√	√	√	√
2	网格布	√	√	√		

(续)

序号	需要送样的材料名称	需要提交的文件				是否需要设计部审核
		营业执照	出厂合格证	质检证明及明细	防火检测报告	
3	抗裂砂浆	√	√	√		
4	粘接剂	√	√	√		
5	保温钉	√	√	√		
6	抹面砂浆	√	√	√		
7	外墙腻子	√	√	√		
8	米黄色弹性涂料带分割线（平涂）	√	√	√		√
9	米黄色弹性涂料带分割线（拉毛）	√	√	√		√
10	深咖色弹性涂料带分割线（平涂）	√	√	√		√
11	仿黄麻液态花岗岩多彩漆带分割线	√	√	√		√

(5) 编制工程量清单

在本标段工程量清单编制中，需要注意清单说明的编制，主要包括：

1) 报价格式。在工程量清单说明中要强调：投标单位必须按照招标给定的工程量清单格式进行报价，招标文件给定的工程量清单列项及排序不得更改；招标文件中的工程量为参考数量，具体数据由投标单位自行统计复核，补充报价项目请统一列在报价清单给定的位置并详列出明细。

2) 工程量计算规则。外墙保温和涂料工程量的计算规则：按外墙涂料展开面积计算，扣除在外墙上的门窗孔洞和空圈，但不予扣除 0.3m² 以内的孔洞面积。

3) 关于施工吊篮费用。在开办费清单中进行单独报价，按涂料工程面积计算，中标后不予调整。外脚手架由总承包人免费提供给所有在场施工单位使用，但总承包人仍可在发包人批准的状态下有计划地拆除外脚手架，分包人需在投标报价前踏勘现场，详细了解本工程的外脚手架配置情况及拆除计划，如分包人不能在外墙脚手架拆除之前完成分包工程施工（含缺陷修复及整改），分包人自行自费设置施工吊篮以完成分包工程施工，施工吊篮设置及运行的安全性完全由分包人自行承担。

(6) 第一轮回标分析

1) 总价对比分析，见表 5.4-7。

表 5.4-7 总价分析

排名	投标单位	报价/元	相比最低标	
			高出金额/元	高出比例
1	B	16 315 200	—	—
2	C	16 480 277	165 077	1%
3	A	16 505 467	190 267	1%
4	G	17 074 932	759 732	5%

(续)

排名	投标单位	报价/元	相比最低标	
			高出金额/元	高出比例
5	D	17 482 137	1 166 937	7%
6	H	18 136 998	1 821 798	11%
7	F	18 805 808	2 490 608	15%
8	E	18 837 398	2 522 198	15%

①修正计算错误：A报价中综合单价计算合价时出现错误，导致计算误差少报约7.5万元；E在"投标汇总"表中从其他清单链接的数字出现错误，导致计算误差少报约1.5万元。其他单位无计算误差。

②淘汰不合理高价：本轮回标均超过目标成本，计划进行第二轮回标。其中最高报价单位E、F明显高于市场价，建议淘汰，不再对其进行回标分析。另外6家单位进入下一轮回标。

2）工程量分析。所有投标单位的工程量均与招标清单提供的参考量保持一致，无工程量偏差。

3）开办费主要项目分析。B开办费相对较为合理，个别价格需平衡。其他7家开办费用均存在不平衡报价，议标时需向投标人重点强调，需要消除不平衡报价。针对各单位未填报列项，议标时需逐一澄清是否已经考虑。（因篇幅所限，仅显示前4家单位的对比分析，见表5.4-8、表5.4-9）

表5.4-8 开办费对比分析

序号	项目名称	开办费报价/元			
		B	C	A	G
1	施工工作面接收	10 300	2 060	2 060	5 150
2	已完工程保护	10 300	20 600	3 090	51 500
3	临时设施建造及租赁	41 200	82 400	5 150	41 200
4	安全文明施工	10 300	10 300	2 060	5 150
5	恶劣天气及夜间施工和赶工	5 150	2 060	15 450	2 060
6	现场管理	12 360	10 300	2 060	2 060
7	材料二次搬运	5 150	2 060	13 390	2 060
8	涂料样板制作	286	515	1 030	515
9	材料设备检测试验	41 200	51 500	154 500	257 500
10	交叉作业施工配合	5 150	20 600	2 060	5 150
11	成品保护	10 300	20 600	103 000	20 600
12	施工许可等规费	5 150	0	1 030	0
13	办公及生活水电费	2 060	10 300	5 150	30 900
14	竣工验收	20 600	5 150	4 120	5 150

(续)

序号	项目名称	开办费报价/元			
		B	C	A	G
15	清理及清洁移交	5 150	5 150	3 090	3 090
16	施工吊篮的设置与使用	110 220	103 000	198 337	134 788
17	因营改增导致增加的费用	162 740	0	0	308 562
	总开办费合计	457 617	346 595	515 577	875 435
	开办费占总价比例	2.8%	2.1%	3.1%	5.1%

表 5.4-9 开办费清标汇总

投标单位	总体情况	偏高项	单价偏低项
B	占比合理	施工工作面接收和现场管理费用、竣工验收	已完工程保护、成品保护偏低
C	报价最低，占比合理	临时设施建造及租赁、交叉作业施工配合	开办费中未填报的项目，如施工许可规费，需复核
A	略偏高	恶劣天气及夜间施工及赶工、材料二次搬运、材料设备检测试验、成品保护、施工吊篮的设置与使用	已完工程保护、临时设施建造及租赁
G	偏高	已完工程保护、材料设备检测试验、办公及生活水电费	开办费中未填报的项目，如施工许可规费，需复核。

4）综合单价分析。主要清单项包括 9 项，对比分析见表 5.4-10、表 5.4-11。

表 5.4-10 综合单价对比

序号	项目名称	单位	综合单价				对标项目
			B	C	A	G	
1	40mm 厚岩棉外墙外保温带	元/m²	72	73	76	72	73
2	20mm 厚岩棉外墙外保温带	元/m²	63	62	68	62	64
3	20mm 厚无机保温砂浆（A 级）	元/m²	49	48	52	45	47
4	20mm 厚模塑聚苯板 EPS（含线条）	元/m²	50	55	67	46	48
5	仿黄麻液态花岗岩多彩漆	元/m²	70	62	69	64	70
6	弹性涂料拉毛	元/m²	32	33	31	29	29
7	弹性涂料（平涂）	元/m²	24	22	21	26	24
8	成品装饰线条一（尺寸 50×100）	元/m	16	24	15	29	16
9	吊篮	元/m²	1.0	1.0	2.0	1.5	

注：所选取的对标项目外墙保温及涂料样式和型材规格与本标段基本相同，具有一定参考性。

各家选用的保温板品牌均满足我公司技术要求，保温板主材价格对比见表 5.4-11。

表 5.4-11　保温板主材价格对比

投标单位	B	C	A	G	D	H
主材单价 /(元/m³)	425	530	410	465	490	525

从第一轮回标情况看，保温单价均偏高；最低标单位的涂料单价整体偏高，其余几家单位涂料部分单价偏高。各投标单位主要项目单价的清标情况见表 5.4-12。

表 5.4-12　主要清单项目的清标情况汇总

投标单位	单价偏高项	单价偏低项
B	①岩棉带单价偏高，其中粘结砂浆 8 元/m²、抗裂砂浆 8 元/m²、玻纤网格布 7.5 元/m² ②无机保温砂浆 49 元/m² ③涂料单价均偏高	无
C	①40mm 厚岩棉带单价偏高，其中岩棉带主材价格 530 元/m³ 严重偏高，抗裂砂浆材料价格 8 元/m²、锚固件 3.2 元/m² 偏高 ②无机保温砂浆 48 元/m² ③弹性涂料拉毛 33 元/m² ④成品装饰线条（50×100）24 元/m	无
A	①岩棉带单价偏高，其中粘结砂浆材料价格 9.5 元/m²、抗裂砂浆 10 元/m²、锚固件 2.8 元/m²，施工费用 31 元/m² 偏高 ②无机保温砂浆 52 元/m² ③模塑聚苯板 EPS（含线条）67 元/m² ④外立面装饰工程中仿黄麻液态花岗岩多彩漆 69 元/m²	无
G	①40mm 厚岩棉带单价偏高，其中岩棉带主材价格（460.00 元/m³）偏高，施工费用 31.5 元/m² 偏高 ②外立面装饰工程中弹性涂料（平涂）25.5 元/m² 偏高 ③成品装饰线条（50×100）29 元/m 严重偏高	无
D	①40mm 厚岩棉带单价偏高，包括岩棉带主材价格 19.5 元/m²、粘结砂浆平米材料价格 8.5 元/m²、抗裂砂浆 8.5 元/m² ②无机保温砂浆（A 级）50 元/m² ③模塑聚苯板 EPS（含线条）90 元/m² ④外立面装饰工程中弹性涂料拉毛 33 元/m² ⑤成品装饰线条（50×100）31 元/m² 严重偏高	无

5）回标样品评审情况，见表 5.4-13。

表 5.4-13　回标样品评审情况

投标单位	问题描述	评审意见
B	抗裂砂浆、外墙腻子未送样，保温钉长度不合格	需要二次评审
C	抗裂砂浆未送样，保温材料厚度不合格，保温钉长度不合格	需要二次评审

（续）

投标单位	问题描述	评审意见
A	抗裂砂浆未送样，保温钉长度不合格；弹性涂料不合格	需要二次评审
G	保温辅材较多未送样，保温钉长度不合格	需要二次评审
D	保温材料厚度不合格，弹性涂料不合格	需要二次评审
H	抗裂砂浆未送样；弹性涂料不合格	需要二次评审

6）第一轮回标小结。各投标单位单价明显高于历史项目价格水平，且总价都高于目标成本，项目考虑约谈议标后进行二轮回标。

7）第一次议标会。在项目公司组织投标单位、项目工程部、设计部进行了第一轮议标会，并出议标问卷（详见附件），要求投标单位进行第二轮回标。

本次议标会议主要对以下内容进行了讨论及澄清：

①向各投标单位阐述招标范围、界面、方案，清单列项，对疑问予以澄清及明确。

②明确和强调本工程所需工期、各型外墙保温及涂料所需材料、品牌、成品保护及一次验收通过等技术要求，对不完善的技术标要求予以澄清及补充。

③各投标单位对开办费、细部含量、综合单价的缺漏、偏高及偏低进行澄清。

议标会议后向相关投标单位发放议标问卷，以下为其中一家单位议标问卷的主要内容：

(一) 技术部分补充说明如下：

1. 甲方不提供临时设施及临设搭设场地，请贵公司确认，已对现场仔细勘察并完全了解现场的情况且相关费用已含在投标开办费中（包括但不限于脚手架的补充搭设、临时设施的搭设、生活、办公、调试用水电接驳点的位置及接驳措施费用等）。

2. 关于成品保护问题，请投标单位同时注意外墙保温及涂料的多次成品保护，请重点考虑本次报价中的成品保护费用，外墙保温及涂料的成品保护必须以随时修复为标准执行，若不按照建设单位要求执行成品保护，建设单位有权邀请第三方进行成品保护施工，费用从投标单位处支取或合同中双倍扣返至第三方成品保护施工单位，同时对外墙保温及涂料单位进行不少于 5000 元/次的罚款，投标单位不得以任何理由拒绝支付相应费用。

3. 为防止栏杆、门窗被涂料污染，需由保温涂料单位进行栏杆及门窗覆膜保护，相应费用填报应在开办费中"已完工程保护"；"成品保护"仅包含保温涂料单位对自身的成品和半成品的保护。

4. 请贵公司提供每一栋楼的进度计划及相应的劳动力计划。

5. 请贵公司对在建评估、品质排查、交付评估的成绩要求做出承诺。

6. 请贵公司在技术标中需要回应满足附件外墙保温及涂料工程精细化施工的质量要求，及精细化放线要求。

7. 请贵公司在技术标中需要完全回应技术要求及其附件。

8. 本项目高层住宅成品装饰线条均为 EPS 成品装饰线条。

(二) 商务报价说明：

9. 请投标单位根据招标文件及图纸进行工程量复核及报价，工程量清单所列的工作项目以及相应工程量仅作为投标报价的参考,投标人应根据工程说明、招标图纸、设计及规范要求进行全面核对,并自行承担遗漏项目或统计错误的损失,如对清单中有项目增减或工程量的增减,需要另行单列工程量清单调整报价表,格式同招标人提供的工程量清单表,招标人提供的清单格式不能更改。对于招标图纸中含有的内容而投标清单中未列出的,则认为相应工作的价格已经包含在其他项目中,一旦中标,不得另外提出额外增加费用。

10. 请贵公司确认,贵公司上报的单价不会随着市场的价格浮动而调整。

11. 请贵公司确认,投标单价已满足图纸及规范要求,清单中未列明的费用在经贵公司复核后,若无补充项目,则视为已包含于投标总价中。

12. 请贵公司确认开增值税专用发票的相关费用已考虑在投标报价中,本次增值税税率按11%计入。

13. 请贵公司在综合单价分析表中拆分出材料费、人工费、机械费等三类费用汇总明细。

(三)开办费价格说明

14. 请贵公司确认,"开办费项目"费用为包干性质,所有项目在工程竣工时无论实际是否发生,亦无论实体工程数量如何变化,均不予调整。

15. 请贵公司确认,开办费中列明及未列明的项目,无论贵公司是否填报,均已视作在投标总价中考虑,不再以任何形式追加费用。

16. 其中施工交接面、临时设施、文明施工、现场管理以及清理移交费用较高,请结合以往投标经验综合考虑。

(四)主体工程量及价格分析

外墙保温及涂料综合单价较市场价明显偏高,请重新复核后报价。

(7) 第二轮回标分析

1) 总价分析。6家单位单价在议标约谈后的第二轮报价中均有一定幅度下浮,其中最低报价单位B的下调幅度最大,略低于历史项目单价。具体见表5.4-14、表5.4-15。

表5.4-14 总价对比分析

投标单位	第一轮报价/元	第二轮报价/元	排名	与最低标相比		与第一轮相比	
				差额/元	差额比例	差额/元	差额比例
B	16 315 200	14 996 800	1	—	—	-1 318 400	-8%
C	16 480 277	15 734 202	4	737 402	5%	-746 075	-5%
A	16 505 467	15 282 066	2	285 266	2%	-1 223 401	-7%
G	17 074 932	15 725 273	3	728 473	4%	-1 349 659	-8%
D	17 482 137	16 406 095	5	1 409 295	9%	-1 076 042	-6%
H	18 136 998	17 003 495	6	2 006 695	13%	-1 133 503	-6%

表 5.4-15　总价组成对比

科目		B	A	G	C	D
总价 /元	开办费	246 459	338 128	565 367	346 595	887 860
	工程费	14 750 341	14 943 937	15 159 906	15 387 607	15 518 235
	合计	14 996 800	15 282 066	15 725 273	15 734 202	16 406 095
单价 /(元/m²)	开办费	3	4	7	4	11
	工程费	172	174	176	179	180
	合计	175	178	183	183	191

①修正计算错误：本轮回标各家单位均无计算误差。

②淘汰不合理高价：本轮回标各家排名发生变化，有 2 家投标单位的报价高于目标成本，且明显高于市场价，不合理，本轮淘汰。

其余各家投标报价均在目标成本范围内。第一轮报价的最低标 B 在本轮降价幅度最大(8%)，仍为最低标。A 降幅 7%，由第三名上升为第二名。C 因降价幅度最小（5%），由第二名下降为第三名。本轮次低标高出最低标 2%，后四标均高出最低标在 5% 以上，详见表 5.4-16。

表 5.4-16　总价清标情况汇总

投标单位	与上一轮报价对比	与一期工程单价对比
B	降幅 8% 其中，开办费下调 21 万元，其余为综合单价下调	略偏低
A	降幅 7% 其中，开办费下降 18 万元，其余为综合单价下调	略偏低
G	降幅 8% 其中，开办费下调 31 万元，其余为综合单价下调	略低
C	降幅 5% 其中，开办费总价未调整，除修正上一轮因计算误差少报 8 万元外，其余为综合单价下调	略低
D	降幅 6% 其中，开办费下降 9 万元，其余为综合单价下调	略高
H	降幅 6% 其中，开办费下降 10 万元，其余为综合单价下调	高

2）工程量分析。各家工程量均无差异，与参考工程量保持一致。

3）开办费分析。B 开办费相对较为合理，A 个别项价格需平衡，G、C、D 偏高，详见表 5.4-17。

表 5.4-17　开办费报价对比

序号	项目名称	开办费报价/元			
		B	A	G	C
1	施工工作面接收	5 150	2 060	2 575	2 060

(续)

序号	项目名称	开办费报价/元			
		B	A	G	C
2	已完工程保护	15 450	10 300	30 900	20 600
3	临时设施建造及租赁	20 600	10 300	25 750	72 100
4	安全文明施工	5 150	3 090	3 090	10 300
5	恶劣天气及夜间施工与赶工	3 090	5 150	2 060	2 060
6	现场管理	5 150	3 090	2 060	10 300
7	材料二次搬运	2 060	2 060	1 030	2 060
8	涂料样板制作	788	1 030	515	515
9	材料设备检测试验	30 900	77 250	175 100	51 500
10	交叉作业施工配合	5 150	2 060	4 120	15 450
11	成品保护	15 450	30 900	15 450	20 600
12	施工许可规费	5 150	0	1 030	5 150
13	办公及生活水电费	2 060	1 030	15 450	10 300
14	竣工验收	10 300	1 030	3 090	5 150
15	清理及清洁移交	3 090	0	2 060	5 150
16	施工吊篮的设置与使用	57 182	99 168	107 831	103 000
17	因营改增导致增加的费用	59 740	89 610	173 256	10 300
	总开办费合计	246 459	338 128	565 367	346 595
	第二轮开办费占比	1.6%	2.2%	3.7%	2.2%
	第一轮开办费占比	2.8%	3.1%	5.1%	2.1%

B：开办费用下调至合理范围。开办费下调后整体略偏低，除了议标问卷提醒的内容，下调了材料设备检测试验、施工吊篮的设置与使用，偏低。

A：开办费用属于合理范围，个别项目需要平衡，如：已完工程保护费用偏高，施工许可规费、清理及清洁移交报价为0。

G：开办费下调后仍略偏高，且存在不均衡报价，如材料设备检测试验费用，办公及生活水电费偏高。

C：开办费下调后仍偏高，报价存在不均衡报价，如临时设施建造及租赁、交叉作业施工配合调整后仍偏高。

D：开办费上调，仍偏高，报价存在不均衡报价，如安全文明施工、办公及生活水电费调整后仍偏高。

4）综合单价对比分析，见表5.4-18。

表5.4-18 综合单价对比

序号	项目名称	单位	B	A	G	C	D	对标项目
1	40mm厚岩棉外墙外保温带	元/m²	66	72	67	70	71	73

(续)

序号	项目名称	单位	B	A	G	C	D	对标项目
2	20mm厚岩棉外墙外保温带	元/m²	57	62	60	60	60	64
3	20mm厚无机保温砂浆（A级）	元/m²	47	46	45	47	47	47
4	20mm厚模塑聚苯板EPS（含线条）	元/m²	50	45	44	55	60	48
5	仿黄麻液态花岗岩多彩漆	元/m²	63	59	60	62	60	70
6	弹性涂料拉毛	元/m²	30	29	28	30	30	29
7	弹性涂料（平涂）	元/m²	23	20	23	20	20	24
8	成品装饰线条（50×100）	元/m	16	13	27	24	29	16
9	吊篮	元/m²	0.6	1.0	1.2	1.0	1.8	—

其中保温板主材价格对比见表5.4-19。

表5.4-19 保温板主材价格对比

投标单位	B	A	G	C	D	H
主材单价/(元/m³)	405	490	420	450	430	500

本轮回标，报价排名第一、第二的B、A整体价格水平已合理较低，其余单位大部分单价水平已处于合理范围，详见表5.4-20。

表5.4-20 主要清单项目的清标情况汇总

单位	总体情况	说明
B	议标问卷，本轮下调后保温价格已较低，优于历史项目，涂料价格与历史项目基本持平，整体价格合理，较其他单位也有一定优势	①岩棉带单价分别下调5.7元/m²、5.8元/m²（40mm厚岩棉带降幅为8%），其中主材单价由420元/m³下降为405元/m³ ②20mm厚无机保温砂浆由49元/m²下调至46元/m²（降幅6%） ③多彩漆由70元/m²下调至63元/m²（降幅10%） ④弹性涂料拉毛及平涂单价均下调6%
A	响应议标问卷，本轮下调后保温价格与历史项目基本持平，涂料价格已较低，优于历史项目，整体价格合理	①岩棉带单价分别下调4元/m²、5.7元/m²（40mm厚岩棉带降幅为5%），其中主材单价由400元/m³上涨为490元/m³，但施工费降低1元/m²，主要辅材价格下调 ②20mm厚无机保温砂浆由52元/m²下调至46元/m²（降幅12%） ③多彩漆由69元/m²下调至59元/m²（降幅15%）
G	响应议标问卷，本轮下调后除成品装饰线条仍偏高，各项价格已处于合理水平	①岩棉带单价分别下调4.5元/m²、2.1元/m²（40mm厚岩棉带降幅为6%），主要为主材单价由460元/m³下降为420元/m³，施工费降低2元/m² ②除弹性涂料平涂下调11.4%，其余涂料单价也进行了下调

（续）

单位	总体情况	说明
C	部分响应议标问卷，本轮成品装饰线条未调整，偏高；其余价格下调后已处于合理水平	①岩棉带单价分别下调 3.1 元/m²、1.5 元/m²（40mm 厚岩棉带降幅为 4.2%），主要为主材单价由 530 元/m³ 下降为 450 元/m³ ②20mm 厚无机保温砂浆、弹性涂料拉毛及平涂单价均有下调
D	响应议标问卷，本轮下调后除 EPS 保温板、成品装饰线条仍偏高，其余价格已处于合理水平	保温主材单价由 480 元/m³ 下降为 430 元/m³，保温各项单价有 4%～7% 的降幅

（8）最低标的合理性分析和定标建议

B 单位的最终报价控制在目标成本范围内，且各项单价均趋于合理，见表 5.4-21。

1）与对标项目价格相比，属于合理价。经分析，拟定标价格对应的成本指标低于对标项目，其中涂料高于对标项目。

2）与目标成本对比，在控制范围内。经分析，拟定标价低于目标成本约 100 万元，节余比例约 6%。

表 5.4-21 拟定标价的成本指标分析

序号	成本科目	建筑面积 /m²	拟定标价		目标成本		对标项目指标 /(元/m²)
			金额/元	指标 /(元/m²)	金额/元	指标 /(元/m²)	
1	外墙保温	85 975	8 900 304	103.5	10 062 685	117.1	128.3
2	外墙涂料	85 975	6 096 496	70.9	5 934 863	69.0	54.4
	合计	85 975	14 996 800	174.4	15 997 548	186.1	182.7

3）商务标定标意见

最低标报价在市场合理水平范围内，综合考虑实际施工现状及条件，最终报价合理，成本指标控制在目标成本之内，具备商务标定标条件。

3. 招标总结

（1）招标计划复盘

本项目招标总体时间从启动到发出中标通知书，实际共 47 天，较计划延长 18 天；其中，从发标到发出中标通知书，实际 39 天，比计划延长 14 天。周期较长的原因主要是回标次数较多，具体见表 5.4-22。

表 5.4-22 招标计划与实际完成对比

序号	工作清单	日历天数		完成时间	
		计划	实际	计划	实际
1	招标启动会	1	1	2017-4-21	2017-4-20
2	投标单位审批	2	6	2017-4-22	2017-4-25

(续)

序号	工作清单	日历天数		完成时间	
		计划	实际	计划	实际
3	招标文件审批	4	8	2017-4-24	2017-4-27
4	发标	5	9	2017-4-25	2017-4-28
5	现场答疑、标前辅导	7	13	2017-4-27	2017-5-2
6	答疑回复	8	14	2017-4-28	2017-5-3
7	第一轮回标、开标	15	16	2017-5-5	2017-5-5
8	淘汰、确定议标单位	15	19	2017-5-5	2017-5-8
9	定标前约谈	22	36	2017-5-12	2017-5-25
10	编制评标报告	26	43	2017-5-16	2017-6-1
11	中标单位审批	28	45	2017-5-18	2017-6-3
12	发出《中标通知书》	29	47	2017-5-19	2017-6-5

（2）数据分析与总结

以下进行的单位指标分析，只针对高层住宅，不包括配套建筑和地库部分；成本计算部分均已分摊开办费。

1）工程量指标分析，见表5.4-23～表5.4-26。

表5.4-23 外墙保温及涂料工程量指标

序号	主要清单项	地上建筑面积/m²	实物工程量/m²	含量指标/(m²/m²)
1	外墙保温	85 975	136 536	1.59
2	外墙涂料	85 975	188 491	2.19
	合计	85 975	325 027	3.78

表5.4-24 保温工程量指标明细

序	工程内容	工程量/m²	单位指标/(m²/m²)
1	40mm厚岩棉外墙外保温带	115 158	1.34
1.1	大面墙体垂直外墙	56 954	0.66
1.2	阳台、设备平台垂直外墙	38 938	0.45
1.3	阳台、设备平台处反坎、反梁外侧	6 778	0.08
1.4	空调机位墙内侧	10 477	0.12
1.5	其他外墙（女儿墙外侧）	1 008	0.01
1.6	首层大堂、连廊两侧公共区	1 004	0.01
2	20mm厚岩棉外墙外保温带	8 082	0.09
2.1	门窗洞口侧边	4 400	0.05
2.2	飘窗顶板、底板、侧板	3 683	0.04
3	20mm厚水泥基无机矿物轻集料内保温砂浆（A级）	13 295	0.15

(续)

序	工程内容	工程量/m²	单位指标/(m²/m²)
3.1	阳台、设备平台顶面	12 113	0.14
3.2	空调板	322	0.00
3.3	架空层楼板	860	0.01
	合计	136 536	1.59

表 5.4-25 涂料工程量指标明细

序号	工程内容	工程量/m²	单位指标/(m²/m²)
1	仿黄麻液态花岗岩多彩漆（含分隔线）	9 655	0.11
1.1	大面墙体（含门窗侧）	8 265	0.10
1.2	节点部位（阳台、设备平台反坎、反梁等）	1 127	0.01
1.3	二层以下雨水管（局部三层）	203	0.00
1.4	变形缝盖板（一至二层）	59	0.00
2	弹性涂料拉毛（含分隔线）	80 204	0.93
2.1	大面墙体（含门窗侧）	67 782	0.79
2.2	节点部位（阳台、设备平台反坎、反梁、混凝土雨篷等）	10 047	0.12
2.3	女儿墙内侧面及顶面墙体	706	0.01
2.4	机房层屋顶架构梁	54	0.00
2.5	自行车坡道墙体栏板内外侧	284	0.00
2.6	四层及以上雨水管（局部三层）	820	0.01
2.7	变形缝盖板（三层及以上）	510	0.01
3	弹性涂料（平涂），含分隔线	98 632	1.15
3.1	阳台、设备平台墙面	47 330	0.55
3.2	大面墙体（含门窗侧）	3 457	0.04
3.3	空调机位内侧墙体	14 947	0.17
3.4	阳台、设备平台反坎、反梁内侧	7 376	0.09
3.5	阳台及设备平台顶面	12 334	0.14
3.6	空调机位板	873	0.01
3.7	单元入户门厅顶棚	107	0.00
3.8	连廊顶面	4 409	0.05
3.9	连廊反坎、反梁内侧（含排水沟）	4 150	0.05
3.10	地下一层采光井墙面	563	0.01
3.11	飘窗上下板面	1 498	0.02
3.12	雨水管	1 587	0.02
	涂料合计	188 491	2.19

表 5.4-26 装饰线条工程量指标明细

序号	工程内容	工程量/m	单位指标/(m/m²)
1	线条尺寸 50×100	29 174	0.34
2	线条尺寸 50×150	3 619	0.04
3	线条尺寸 50×250	488	0.01
4	线条尺寸 50×680	3 461	0.04
	装饰线条合计	36 743	0.43

2) 成本指标分析表,见表 5.4-27~表 5.4-30。

表 5.4-27 分析成本指标

序号	主要清单项	总价/元	建筑面积指标/(元/m²)
1	外墙保温	8 995 917	105
2	外墙涂料	5 141 918	60
3	线条	760 524	9
	合计	14 898 359	173

表 5.4-28 保温工程成本指标分析

序号	工程内容	金额/元	单位指标/(元/m²)
1	40mm厚岩棉外墙外保温带	7 958 322	92.57
1.1	大面墙体垂直外墙	3 935 777	45.78
1.2	阳台、设备平台垂直外墙	2 690 874	31.30
1.3	阳台、设备平台处反坎、反梁外侧	468 458	5.45
1.4	空调机位墙内侧	723 830	8.42
1.5	其他外墙(女儿墙外侧)	69 669	0.81
1.6	首层大堂、连廊两侧公区	69 715	0.81
2	20mm厚岩棉外墙外保温带	482 940	5.62
2.1	门窗洞口侧边	262 982	3.06
2.2	飘窗顶板、底板、侧板	219 957	2.56
3	20mm厚水泥基无机矿物轻集料内保温砂浆(A级)	554 655	6.45
3.1	阳台、设备平台顶面	540 430	6.29
3.2	空调板	14 225	0.17
3.3	架空层楼板	40 346	0.47
	合计	8 995 917	104.63

表 5.4-29 涂料装饰成本指标分析

序号	工程内容	金额/元	单位指标/(元/m²)
1	仿黄麻液态花岗岩多彩漆(含分隔线)	594 348	6.91

(续)

序号	工程内容	金额/元	单位指标/(元/m²)
1.1	大面墙体（含门窗侧）	514 333	5.98
1.2	节点部位（阳台、设备平台反坎、反梁等）	70 158	0.82
1.3	二层以下雨水管（局部三层）	7 784	0.09
1.4	变形缝盖板（一至二层）	2 073	0.02
2	弹性涂料拉毛（含分隔线）	2 362 177	27.48
2.1	大面墙体（含门窗侧）	2 005 348	23.32
2.2	节点部位（阳台、设备平台反坎、反梁、混凝土雨篷等）	297 254	3.46
2.3	女儿墙内侧面及顶面墙体	20 893	0.24
2.4	机房层屋顶架构梁	1 605	0.02
2.5	自行车坡道墙体栏板内外侧	8 411	0.10
2.6	四层及以上雨水管（局部三层）	18 043	0.21
2.7	变形缝盖板（三层及以上）	10 623	0.12
3	弹性涂料（平涂），含分隔线	2 185 394	25.42
3.1	阳台、设备平台墙面	1 051 682	12.23
3.2	大面墙体（含门窗侧）	76 737	0.89
3.3	空调机位内侧墙体	332 228	3.86
3.4	阳台、设备平台反坎、反梁内侧	163 887	1.91
3.5	阳台及设备平台顶面	273 969	3.19
3.6	空调机位板	19 373	0.23
3.7	单元入户门厅顶棚	2 375	0.03
3.8	连廊顶面	98 006	1.14
3.9	连廊反坎、反梁内侧（含排水沟）	92 225	1.07
3.10	地下一层采光井墙面	12 507	0.15
3.11	飘窗上下板面	33 292	0.39
3.12	雨水管	29 111	0.34
	涂料合计	5 141 918	59.81

表 5.4-30 装饰线条成本指标分析

序号	工程内容	金额/元	单位指标/(元/m²)
1	线条一（尺寸 50×100）	449 858	5.23
2	线条二（尺寸 50×150）	72 578	0.84
3	线条三（尺寸 50×250）	13 954	0.16
4	线条四（尺寸 50×680）	224 133	2.61
	装饰线条合计	760 524	8.85

3) 主要清单项的综合单价，见表 5.4-31。

表 5.4-31 主要清单项的综合单价

序号	工程内容	单位	供应单价	安装单价	综合单价
1	40mm 厚岩棉外墙外保温带	元/m²	39.18	27.00	66.18
2	20mm 厚岩棉外墙外保温带	元/m²	30.36	27.00	57.36
3	20mm 厚水泥基无机矿物轻集料内保温砂浆（A 级）	元/m²	22.30	24.23	46.53
4	20mm 厚模塑聚苯板 EPS（含线条）	元/m²	27.50	22.06	49.56
5	仿黄麻液态花岗岩多彩漆（含分隔线）	元/m²	35.50	27.24	62.74
6	弹性涂料拉毛（含分隔线）	元/m²	17.24	12.56	29.80
7	弹性涂料（平涂），含分隔线	元/m²	11.65	11.04	22.69
8	装饰线条（线脚 50×100）	元/m	8.00	7.38	15.38

4) 综合单价分析，见表 5.4-32、表 5.4-33。

表 5.4-32 保温综合单价分析

40mm 厚岩棉外墙外保温带						
序号	施工内容	单位	材料单价/(元/kg)	材料用量/(kg/m²)	材料费/(元/m²)	施工费/(元/m²)	综合单价/(元/m²)
1	界面剂	kg	1.40	0.10	0.14	1.00	1.14
2	黏结砂浆	kg	1.20	5.50	6.60	2.00	8.60
3	岩棉带	m³	420	0.042	17.64	13.00	30.64
4	抹面砂浆	kg	1.30	5.55	7.22	5.00	12.22
5	玻纤网格布	m²	2.22	2.40	5.33	3.00	8.33
6	锚固件	套	0.25	9.00	2.25	3.00	5.25
	合计				39.18	27.00	66.18
20mm 厚岩棉外墙外保温带						
序号	施工内容	单位	材料单价/(元/kg)	材料用量/(kg/m²)	材料费/(元/m²)	施工费/(元/m²)	综合单价/(元/m²)
1	界面剂	kg	1.40	0.10	0.14	1.00	1.14
2	黏结砂浆	kg	1.20	5.50	6.60	2.00	8.60
3	岩棉带	m³	420	0.021	8.82	13.00	21.82
4	抹面砂浆	kg	1.30	5.55	7.22	5.00	12.22
5	玻纤网格布	m²	2.22	2.40	5.33	3.00	8.33
6	锚固件	套	0.25	9.00	2.25	3.00	5.25
	合计				30.36	27.00	57.36
20mm 厚保温砂浆						
序号	施工内容	单位	材料单价/(元/kg)	材料用量/(kg/m²)	材料费/(元/m²)	施工费/(元/m²)	综合单价/(元/m²)
1	无机保温砂浆	kg	580	0.02	11.60	14.23	25.83

(续)

20mm 厚保温砂浆

序号	施工内容	单位	材料单价/(元/kg)	材料用量/(kg/m²)	材料费/(元/m²)	施工费/(元/m²)	综合单价/(元/m²)
2	玻纤网格布	m²	2.14	1.40	3.00	5.00	8.00
3	抗裂砂浆	kg	1.40	5.50	7.70	5.00	12.70
	合计				22.30	24.23	46.53

表 5.4-33 涂料综合单价分析

仿黄麻液态花岗岩（多彩）

序	涂层体系	涂料系列	涂装次数	涂布量/(kg/m²)	涂料单价/(元/kg)	材料费/(元/m²)	施工费/(元/m²)	综合单价/(元/m²)
1	底层腻子	外墙耐水腻子	2	2.00	2.00	4.00	3.00	7.00
2	封闭底漆	抗碱封闭底漆	1	0.20	10.00	2.00	3.00	5.00
3	多彩底漆	外墙多彩底漆	1	0.20	25.00	5.00	2.00	7.00
4	中层涂料	多彩仿石涂料（多彩）	1	0.43	48.60	20.90	16.00	36.90
5	面层涂料	罩面漆	1	0.15	24.00	3.60	3.24	6.84
6	其他							0.00
	合计					35.50	27.24	62.74

弹性涂料平涂

序	涂层体系	涂料系列	涂装次数	涂布量/(kg/m²)	涂料单价/(元/kg)	材料费/(元/m²)	施工费/(元/m²)	综合单价/(元/m²)
1	底层腻子	柔性腻子	2	1.60	2.00	3.20	2.00	5.20
2	封闭底漆	抗碱底漆	1	0.20	16.00	3.20	3.00	6.20
3	中层涂料	拉毛涂料	2	0.15	15.00	2.25	4.04	6.29
4	面层涂料	面层涂料	2	0.15	20.00	3.00	2.00	5.00
5	其他							0.00
	合计					11.65	11.04	22.69

弹性涂料拉毛

序	涂层体系	涂料系列	涂装次数	涂布量/(kg/m²)	涂料单价（元/kg）	材料费/(元/m²)	施工费/(元/m²)	综合单价/(元/m²)
1	底层腻子	柔性腻子	2	1.50	2.00	3.00	2.00	5.00
2	封闭底漆	抗碱底漆	1	0.20	10.00	2.00	3.00	5.00
3	中层涂料	拉毛涂料	2	0.56	16.50	9.24	4.00	13.24
4	面层涂料	面层涂料	2	0.15	20.00	3.00	3.56	6.56
5	其他							0.00
	合计					17.24	12.56	29.80

第6章
室内装修工程

本章提要

本章主要介绍室内装修工程相关标段的招标过程和总结相关数据。这些标段包括住宅或商业、办公、宾馆的公区装修、套内装修，以及装修所涉及的甲供材料招标、使用阶段的装修改造等。本书列举的案例是住宅项目的3个标段。

【案例6.1】为套内批量全装修工程标段，列举的是山东省某高层住宅项目。

【案例6.2】为公区装修工程标段，列举的是河南省某大型高层住宅项目。该案例特点是有多层洋房、高层住宅两种业态，及地下一层、首层双大堂。

【案例6.3】为公区装修维修和品质升级工程标段，列举的是江苏省某高层住宅项目。该项目于2008年7月竣工交付，2018年进行了公区墙面装修的改造和升级。

【案例6.1】

高层住宅套内全装修工程

1. 基本信息

（1）工程概况（表6.1-1）

表6.1-1 工程概况

工程地点	山东省某三线城市
建设时间	2017年11月1日—2018年5月30日
主要业态	高层住宅（2栋、4个单元、3个户型、152户）
交付标准	全装修
建筑面积	地上建筑面积17 263m^2
层数/层高	地上19层/层高3m
结构形式	框剪结构

（2）标段概况（表6.1-2）

表6.1-2 标段概况

特征工程量	套内装修面积13 325m^2
目标成本	装修标准850元/m^2（按地上建筑面积）
工期目标	每户60个日历天
定标时间	2017年9月
招标方式	邀请招标
招标范围	招标图所示的室内装修工程全部施工内容，不包括防水工程 无甲供材料
定价方式	总价包干
标段划分	不分标段

2. 招标过程

（1）编制招标计划

本标段从招标申请到发出中标通知书，招标周期计划44天，中标单位需要在2017年10月1日前进场。具体见表6.1-3。

表6.1-3 招标计划

序号	工作项目	计划完成时间	完成标准
1	招标申请	2017-8-10	工期要求、材料标准、技术标准、施工图纸

(续)

序号	工作项目	计划完成时间	完成标准
2	招标公告发布	2017-8-11	完成OA招标公告发布
3	资格预审	2017-8-17	报名登记、资格预审、单位考察等内容
4	招标文件及工程量清单	2017-8-22	含招标申请附件审核、招标文件编制，清单编制
5	发标	2017-8-22	完成标书出售
6	招标答疑	2017-9-1	完成现场踏勘、发出书面招标答疑，组织招标答疑会
7	回标、开标	2017-9-7	收取回标文件及送样、签署承诺函
8	技术标评标	2017-9-7	技术标及材料样板符合性评审
9	商务标清标	2017-9-13	工程量偏离、不平衡报价分析、材料品牌符合性分析等
10	澄清洽谈（一轮）	2017-9-14	优惠让利洽谈、清标问题澄清
11	澄清洽谈（二轮）	2017-9-15	竞价洽谈
12	商务标评定	2017-9-15	商务标评分
13	定标	2017-9-21	编制评标报告，组织定标会议、中标结果公示
14	发出中标通知书	2017-9-22	

（2）确定招标范围及界面

本工程招标范围在项目部提交招标申请时已根据项目情况列明，经招采部复核及统一协调后，由招标领导小组最终确认调整招标范围描述如下：招标图所示的墙地面瓷砖、木地板、踢脚线、吊顶、油漆、柜子、整体厨房、户内门、洁具、灯具（射灯、筒灯、灯带）、开关插座、电路改造等全部施工内容，招标范围调整内容及原因见表6.1-4。

本标段不含防水工程，无甲供材料。

表6.1-4 招标范围调整清单

序号	精装工作内容	原因分析	调整意见
1	开关插座面板	总包及精装单位范围重复	由精装负责施工
2	防水施工	总包及精装单位施工范围重复	由总包单位施工

（3）确定投标单位

1）招标寻源。招采部通过公司官网、微信公众号发布招标公告吸引潜在投标单位报名，以及通过中国招标网、供应商库、招标代理推荐等渠道寻找潜在投标单位，按照以下5项初选条件筛选并登记：

①具有工商局颁发的营业执照，且在有效期内。

②具有独立法人资格。

③具有建筑装饰装修工程专业承包贰级及其以上资质。

④具有建筑安全生产许可证且在有效期内。

⑤具有丰富的相类似工程（三个以上）施工经验。

2）资格预审。本次招标投标报名单位23家，因投标单位数量较多，为减轻评标时工作压力，提高后期工作效率，经请示招标领导小组同意提高本次入围门槛，增加以下投标报名资格条件：

①单位须在本地有常用办公场地及后期维保服务团队。

②企业注册资金不低于1000万元。

③项目管理机构人员健全。

针对以上条件符合性筛选，经招标领导小组资格预审会讨论，最终同意进入考察阶段的报名单位为前10家。依据上述增加条件进行筛选，具体情况见表6.1-5。

表6.1-5 投标单位考察名单

序号	单位名称	本地常驻机构	注册资金	项目管理机构	其他
1	A	无	符合要求	健全	符合
2	B	无	符合要求	健全	符合
3	C	无	符合要求	不健全	符合
4	D	无	不符合要求	健全	符合
5	E	无	不符合要求	健全	符合
6	F	有	不符合要求	健全	符合
7	G	有	不符合要求	健全	符合
8	H	有	不符合要求	不健全	符合
9	I	有	不符合要求	不健全	符合
10	J	有	符合要求	不健全	符合
11	K	有	符合要求	不健全	无同类业绩
12	L	有	符合要求	健全	无同类业绩
13	M	有	符合要求	健全	挂靠资质

3）供应商考察。本次考察主要针对未在供应商库内的经初审通过的单位，进行相关考察。考察活动由招采部负责组织，项目部人员、经营部人员负责监督考察活动。

考察分两个方面：

①公司考察。供应商本地办公实地考察、企业资质文件真实性及有效性复核、企业获奖情况考察、企业财务状况考察、企业背景及管理水平考察、企业业绩考察等相关内容。

②项目考察。通过暗访的方式，实地考察项目现场管理人员素质、现场管理水平、班组构成、安全文明施工、工程质量、现场配合情况等内容。

4）供应商入围评判会。由招采部组织供应商考察评判会，经对通过资格预审的10家投标单位的实地考察，最终同意入围单位5家（表6.1-6），考察合格的5家单位，公司规模相当、施工水平在同一个档次，且有强烈的合作愿望。

表6.1-6 入围的投标单位名单

序号	投标单位	考察情况	考察结论	单位来源
1	A	售楼处合作单位，未考察	建议入围	供应商库
2	B	资质真实，现场管理水平高	基本符合要求，建议入围	工程部推荐

(续)

序号	投标单位	考察情况	考察结论	单位来源
3	C	资质真实，现场管理水平高	基本符合要求，建议入围	工程部推荐
4	D	资质真实，现场管理水平高	基本符合要求，建议入围	招标网
5	E	资质真实，现场管理水平高	基本符合要求，建议入围	自荐
6	F	现场管理组织混乱	**不符合要求，不建议入围**	招标网
7	G	业绩不真实，业绩合同造假	**不符合要求，不建议入围**	设计部推荐
8	H	现场实际管理人员1人	**不符合要求，不建议入围**	自荐
9	I	现场施工质量观感差	**不符合要求，不建议入围**	自荐
10	J	安全许可证不真实	**不符合要求，不建议入围**	招标网

5）最终确定的投标单位名单。在发标后、开标前，经公司董事会及招标领导小组推荐，临时增加1家投标单位N，并约定资格后审。最终投标单位名单见表6.1-7。

表6.1-7 最终投标单位名单一览

序号	投标单位	单位资质情况	主要工程业绩	单位来源
1	A	壹级	业绩3个	供应商库
2	B	壹级	业绩3个	工程部推荐
3	D	壹级	业绩3个	工程部推荐
4	C	壹级	业绩3个	招标网
5	E	壹级	业绩3个	自荐
6	N	壹级	业绩3个	董事会推荐、资格后审

（4）确定材料技术标准

因材料标准及材料封样与实体样板间交付标准不统一，经与项目部及设计部沟通，经请示招标领导小组，选择调整材料标准。主要材料标准调整原因见表6.1-8。

表6.1-8 材料技术标准调整事项汇总

序号	调整内容	调整原因	调整结果
1	瓷砖品牌	品牌档次低于交付标准档次	按交付标准执行
2	洗衣机龙头	洗衣机龙头为普通龙头，无法满足实际使用要求	改为专用龙头
3	卫生间扣板	此项交付标准中未限定品牌，为降低成本调整材料品牌	由樱花改为惜福
4	木地板封样	木地板封样与实体样板间不一致	按实体样板间执行

（5）确定评标办法

本工程评标采用技术标与商务标分开的二阶段评标法。其中技术标函合格、商务得分最高的即为中标单位（精确到小数点后2位）。商务标得分相同的，以技术标得分最高的为中标单位。

1）技术标评定原则：技术标评定分值（100分），凡技术标得分60分以上者（含60分）为技术标合格，技术标合格的标书方可参加商务标。凡技术标被评定为不合格的，评标小组应当出具书面报告并向投标单位当面澄清,详见表6.1-9。

表 6.1-9 技术标评分细则

序号	评审项目	评审细则	分值范围	评定分值
1	总体概述	对项目总体有深刻认识,表述清晰、完整、严谨、合理、措施先进、具体、有效、成熟,采用了新技术、新工艺、新材料、新设备;满足绿色施工要求,施工段划分呼应总体表述,划分清晰、合理、符合规范要求	0~10分	
2	施工进度计划和各阶段进度的保证措施及违约责任承诺	关键线路清晰、准确、完整,计划编制合理、可行。关键节点的控制措施有力、合理、可行。进度违约责任承诺具体,经济赔偿最大	0~10分	
3	劳动力和材料投入计划及其保证措施	投入计划与进度计划呼应,较好满足施工需要,调配投入计划合理、准确	0~10分	
4	机械设备投入计划	投入计划与进度计划呼应,较好满足施工需要,降噪措施较好满足绿色施工要求,采用先进机械设备	0~10分	
5	施工平面布置和临时设施布置	总体布置有针对性、合理,较好满足绿色施工需要,符合安全、文明生产要求	0~10分	
6	关键施工技术、工艺及工程项目实施的重点、难点分析和解决方案	对项目关键技术、工艺有深入的表述;对重点、难点有先进、合理的建议,解决方案完整、经济、安全、切实可行,措施得力	0~10分	
7	安全文明施工措施	针对项目实际情况,有先进、具体、完整、可行的实施措施,采用规范正确、清晰	0~10分	
8	质量保证和质量违约责任承诺	应用新技术、新工艺、新材料、新设备,针对项目实际提出先进、可行、具体的保证措施。超过招标文件的质量要求。质量违约责任承诺具体,经济赔偿最大	0~10分	
9	新技术应用和违约责任承诺	针对项目实际,提出采用新技术的具体措施。新技术的验证材料可靠,对节约投资和工期的保证措施得力、具体、严谨。对采用新技术可能产生的风险预见充分,违约承诺具体,经济赔偿最大	0~10分	
10	材料样品	材料样品求齐全、品牌合理、观感符合设计要求	0~10分	
	总评分	上述各项得分之和	100分	

2)商务评定原则:

①评标基准价的确定。在所有经评审的有效报价中,如最低投标报价在评标标底价以内

的，取最低投标报价作为评标基准价；如最低投标报价高于评标标底价，取评标标底价作为评标基准价。

②商务标得分确定。在所有经评审的有效报价中，投标报价等于评标基准价的得100分，投标报价每高于评标基准价一个百分点的扣1分，最多扣20分，中间按内插法计算。

（6）确定付款方式

本工程的付款方式如下：

1) 本工程预付款为合同价的20%。
2) 工程量完成60%时付至合同价的30%。
3) 工程量完成80%时付至合同价的50%。
4) 全部完成验收合格并向业主交付并审计完成后付至结算总价的95%。
5) 剩余5%作为保修金，2年后无质量问题不计利息付清。

（7）编制报价清单

1) 编制清单说明。在编制说明中，需要详细说明综合单价所包含的费用内容。包括人工费、材料设备费（含损耗）、机械使用费、水电费、企业管理费、利润、成品保护费、措施费、规费、办理验收直至取得验收合格证明文件和保修费用，以及政策性文件规定的各项应有费用及招标文件明示或暗示的所有一切风险、责任和义务的费用。同时投标单位应充分考虑施工期间各类材料、设备的市场风险和国家政策性调整以及施工条件确定风险系数等计入综合单价。

2) 清单项编制。清单项编制参照清单计价规范，按照不同区域空间进行分空间编制，即分为客厅、餐厅、阳台、厨房、卫生间、主次卧室等。各空间内工程量清单，依据地面、吊顶、墙面、其他等进行分别列项编制。

项目特征描述中根据图纸及技术要求进行描述，需对可能产生的争议项进行提前预判并列明。例如：块料楼地面清单项中，现场地面水平偏差超过30mm，但图纸做法中结合层厚度为30mm，对超出30mm厚部分投标单位在施工过程中可能会提出索赔问题，所以在清单描述中特别注明厚度结合现场实际情况综合考虑。可参照表6.1-10清单报价示例。

表6.1-10　清单报价表示例

序	项目编码	项目名称 项目特征	计量单位	工程数量	金额/元		
					全费用综合单价	合价	其中：暂估价
1	011102003001	块料楼地面 ①厚度为1mm的素水泥砂浆结合层（内掺建筑胶） ②结合层厚度、砂浆配合比：1:3干硬性水泥砂浆结合层（厚度结合现场综合考虑），9mm瓷砖专用粘结剂 ③面层材料品种、规格、颜色：800×800瓷砖 ④嵌缝材料种类：白水泥勾缝 ⑤具体做法详见图纸	m²				

3）工程量编制。招标时不向投标单位提供清单工程量，仅作为编制标底价及清标时使用。因本工程为图纸范围内总价包干，为规避投标单位在中标后提出招标人提供的工程量偏差较大而提出索赔的问题，所以在本次招标中仅提供清单项不提供工程量，由投标单位自行计算工程量，因工程量偏差造成的风险因素由投标人自行承担。

（8）发标

招标文件审批完成后，组织投标单位领取标书文件并递交保证金。但在发标过程中，因技术标存在排他性条款、临时补充投标单位两项导致招标答疑时间、定标时间推延。

1）投标单位提出招标文件中有排他性条款。在拿到招标文件后，投标单位 B 及投标单位 C 提出，招标文件所附技术标准中"投标单位所选材料供应商必须与发包人有合作经验并提供合作经验证明，否则判定为技术标不合格"，存在排他性行为，存在内定中标人的条款，要求删除此条，否则放弃本次投标。

经复核，只有投标单位 A 的所有材料供应商均与发包人有相关合作经验，经请示招标领导小组，为保证招标公平和公正性，在招标答疑时删除此条。

2）临时补充单位。在本项目发标完成后、正式开标前，经公司董事会及招标领导小组推荐，临时增加 1 家投标单位，并约定中标后进行考察。

（9）现场踏勘

本次招标在招标文件编制中约定由招标人组织现场踏勘，通过组织现场踏勘使各投标单位充分了解现场实际进度及周围环境情况、及时了解招标图纸与现场尺寸偏离情况，提高投标单位报价的准确性，同时减少后期施工过程中可能引起的相关变更费用索赔问题。

1）需要投标单位签订《现场踏勘安全协议书》。在现场踏勘前要求所有投标单位提交《现场踏勘安全协议书》，项目部宣贯现场踏勘纪律，预防现场踏勘过程中可能出现的安全事故，并规避由此可能引起的索赔问题。

2）要求投标单位现场复尺。要求各投标单位自行携带现场复核工具，自行对墙地面高差、层高、各户房屋面积进行实测实量，对现场施工进度及工作面开展进行调研。同时在招标文件中强调投标单位自行对现场踏勘成果负责，施工过程及结算过程中不以招标图纸与现场不符而要求另行追加相关费用。

（10）招标答疑会

本次招标答疑环节，区别于以往工程招标答疑时采用邮件回复的形式，本次招标答疑环节采用现场招标答疑会的形式，一举多得。

1）宣贯企业文化，增强投标单位的合作欲望，并在核算成本时慎重考虑利润点。招标答疑会开始前，组织投标单位观看企业宣传片，让投标单位充分了解企业的文化、企业背景、企业实力、在建项目及后期招标计划等情况。

招标企业的实力能提升投标单位的投标热情，提高与招标企业合作的愿望，通过对后续项目的展望，变相降低相应成本。在招标答疑会现场，组织投标单位观看企业宣传视频，使投标单位充分了解企业文化，增强投标单位的合作欲望，使投标单位在投标时压缩利润空间降低投标报价。

同时，现场答疑会，也促进了投标单位更加了解在建楼盘，可以协助宣传，推动楼盘销售。

2）招标答疑纪要。现场答疑会，可以使投标单位与招标人在现场进行充分交流，投标单位提出疑问后，招标人现场宣读答疑回复，对存在疑惑的地方现场进行二次澄清或理解不到位的由投标单位进行现场阐述。招标答疑会结束后，所有投标单位人员进行针对答疑纪要进行确认，最后形成统一的书面招标答疑清单，并发送投标单位。

（11）开标

1）签署《开标价与投标价一致承诺函》。本次开标不公开唱标，为防止投标单位提交2份标书情况，开标时组织各投标单位分别对各自投标报价进行书面确认，并签署开标价与投标价一致承诺函。

承诺函

致发包人：

我单位承诺，我方提交的关于_____工程的投标总价（大写）_____（小写：_____）与开标人（开标人：_____ 监标人：_____）开标时公开的投标总价（大写）_____（小写：_____）一致。因价款不一致导致的失误，我方愿以投标总价与开标价中的最低价作为本工程投标价，价差部分将作为我单位优惠让利，后续澄清洽谈时不再调整此部分价差。

承诺人：

承诺时间：

2）开标记录表。由招采部负责本次开标工作，运营部负责监督本次招标工作。具体开标情况见表6.1-11。

表 6.1-11 开标记录

序号	投标单位	投标报价/元	标书	材料样品	保证金
1	N	11 733 258	已提交	已提交	已缴纳
2	A	11 944 368	已提交	已提交	已缴纳
3	D	12 279 920	已提交	已提交	已缴纳
4	E	12 520 877	已提交	已提交	已缴纳
5	C	13 189 120	已提交	已提交	已缴纳
6	B	13 262 796	已提交	已提交	已缴纳

（12）技术标评标

1）技术标评委组成。根据招采管理制度，本项目技术标评委由项目总工、项目经理、项目工程师、成本经理、采购经理五人组成。

2）技术标评分。结合各投标单位编制的技术标文件及材料封样情况，技术标评委依据评标办法进行综合评分。除投标单位B技术标不合格外，其他各投标单位技术标全部合格，具体见表6.1-12。

表 6.1-12 技术标评委评分汇总

序号	评委	各投标人评定分值					
		A	B	C	D	E	N
1	项目总工	82	45	72	73	73	79

（续）

序号	评委	各投标人评定分值					
		A	B	C	D	E	N
2	项目经理	90	53	70	75	79	82
3	项目工程师	85	59	74	70	72	78
4	成本部经理	88	55	80	80	82	85
5	采购经理	87	59	76	83	85	82
算术平均分		86.67	**55.67**	74.00	76.00	78.00	81.00
评分结论		合格	不合格	合格	合格	合格	合格

算术平均分说明：去掉一个最高分、去掉一个最低分后的算术平均。
评审说明：
①投标单位B工期未响应招标文件要求，工期延长90日。
②投标单位B未提交现场平面图。
③投标单位B未提供材料样品。
④项目总体概述与本项目不相符。

（13）商务标的清标

本工程的清标工作主要从计算误差、工程量偏差、综合单价合理性、主材价格合理性、材料品牌合理性等五个方面进行分析。

1）计算误差复核。主要复核各投标单位投标总价与投标函是否一致、投标总价与按单价汇总是否一致、综合单价与综合单价分析表是否一致、各综合单价组成计算是否正确等方面。经复核各投标单位计算无误差。

2）工程量复核。因本工程招标仅提供招标清单项未提供招标工程量，所以工程量复核是本次清标的重点工作。

以各投标单位中工程量去掉一个最高值和一个最低值，其余各家的算术平均工程量为基准工程量。对工程量与基准量偏离超过10%的工程量进行复核，对整体工程量偏高或异常偏低的情况在澄清时重点提出并要求修正。

经复核，本次招标过程中，各单位工程量与基准工程量偏离都在10%控制范围内，无重大偏离项，详见表6.1-13。

表6.1-13 主要工程量复核情况汇总

序号	主要清单项目	单位	回标工程量					
			B	C	D	E	N	基准量
1	块料墙面	m²	11 598	11 018	11 598	11 830	11 598	11 598
2	实木复合木地板铺贴	m²	5 692	5 806	5 692	5 806	5 692	5 692
3	涂料	m²	35 891	38 762	35 891	36 609	35 891	35 891
4	块料楼地面	m²	6 388	6 516	6 388	6 516	6 388	6 388

(续)

序号	主要清单项目	单位	回标工程量					基准量
			B	C	D	E	N	
5	油烟机、燃气灶、水盆及龙头供货及安装	套	152	152	152	152	152	152
6	整体厨房（地柜，含台面）	m²	684	684	684	684	684	684
7	木门（生态木门）	樘	456	456	456	456	456	456
8	卫浴五金供货及安装（马桶、洗面盆、花洒、浴室柜等）	套	152	152	152	152	152	152
9	定制衣柜（颗粒板）	m²	580	580	580	580	580	580
10	钛镁合金门	樘	304	304	304	304	304	304
11	天棚吊顶（石膏板吊边顶）	m²	3 406	3 474	3 406	3 474	3 406	3 406
12	照明线路敷设	m²	13 325	13 325	13 325	13 592	13 325	13 325
13	瓷砖墙面拉毛	m²	11 598	11 018	11 598	11 830	11 598	11 598
14	自流平找平层	m²	5 692	5 806	5 692	5 806	5 692	5 692
15	实木复合踢脚线（100mm）	m	10 530	10 720	10 530	10 741	10 530	10 530
16	集成吊顶（300×300）	m²	1 383	1 366	1 383	1 411	1 383	1 383
17	成品石膏线(100mm高)	m	4 560	4 723	4 560	4 651	4 560	4 560

3）漏项或隐藏项核对。对各投标单位的清单项是否存在漏报或不填价情况，进行核对，防止后期引起索赔情况。对各投标单位在招标清单项中是否存在隐藏投标项，采用明高暗低（隐藏一笔费用，单价高而总价偏低）的不当竞争手段，增加后期变更风险。

例如，投标单位 C 隐藏一笔费用（在块料楼地面清单项合计中总价乘以 0.8 系数导致总价偏低，但单价高于其他投标单位，此项影响成本 26.2 万元）导致其总价低于投标单位 B。

4）不平衡报价分析。对各投标单位综合单价及其综合单价分析表进行核对。以各投标单位中综合单价去掉一个最高价和一个最低价，其余各家的算术平均价下浮 10% 作为基准价。对偏离比例超过 20% 的重点标记，并与样板间单价进行比对，找出偏离原因，并重点查看重大偏离项是否存在不平衡报价或后期可能出现变更或变相增加费用或取消的风险因素。

例如，清单项室内套装门，投标单位 E 投标价 600 元/套，基准价为 1000 元/套，样板间价格1200元/套，报价严重偏离市场价。经调查及与设计部沟通后发现，投标单位E已与设计院方面沟通，此项正在进行设计变更，在合同签订后此项会进行重新调整与定价，从而间接增加本工程费用，详见表6.1-14。

表6.1-14 单价对比分析

序号	主要清单项目	单位	综合单价					基准单价
			A	C	D	E	N	
1	块料墙面	元/m²	168	205	172	163	175	155
2	实木复合木地板铺贴	元/m²	216	196	215	220	236	195
3	涂料	元/m²	38	42	48	42	34	37
4	块料楼地面	元/m²	168	155	172	175	174	154
5	油烟机、燃气灶、水盆及龙头供货与安装	元/套	8761	6038	5719	6768	6214	5706
6	整体厨房（地柜，含台面）	元/m²	1088	1172	998	1095	1054	971
7	木门（生态木门）	元/樘	976	1350	1008	600	1454	1000
8	卫浴五金供货及安装（马桶、洗面盆、花洒、浴室柜等）	元/套	4368	6326	4512	5973	3912	4456
9	定制衣柜（颗粒板）	元/m²	915	1058	1055	1025	885	899
10	钛镁合金门	元/樘	1290	1470	1305	1326	1241	1176
11	天棚吊顶（石膏板吊边顶）	元/m²	115	135	95	145	109	108
12	照明线路敷设	元/m²	28	43	38	45	26	33
13	瓷砖墙面拉毛	元/m²	28	38	38	32	26	29
14	自流平找平层	元/m²	42	51	48	42	37	40
15	实木复合踢脚线（100mm）	元/m	24	50	38	55	27	34
16	集成吊顶（300×300）	元/m²	145	138	105	165	135	125
17	成品石膏线（100mm高）	元/m	26	55	39	45	38	37

5）复核材料品牌选择是否符合招标要求。核对主材是否在限定品牌范围内，材料标准是否与设计要求标准一致等相关符合性分析。

例如，投标单位C所报木地板品牌"和邦盛世"不在限定范围内，限定品牌为大自然、圣象或同档次材料，详见表6.1-15。

表6.1-15 材料品牌回标情况汇总

序号	主要材料	限定品牌	材料品牌				
			A	C	D	E	N
1	木地板	圣象、大自然、生活家	圣象	和邦盛世	圣象	圣象	圣象
2	瓷砖	萨米特（指定型号）	萨米特	萨米特	萨米特	萨米特	萨米特

(续)

序号	主要材料	限定品牌	材料品牌				
			A	C	D	E	N
3	乳胶漆	立邦、多乐士、华润	立邦	立邦	立邦	立邦	多乐士
4	石膏板	泰山、北新、拜尔	泰山	泰山	泰山	泰山	泰山
5	卫浴五金	国产优质	箭牌	九牧	九牧	浪鲸	闻洲
6	卫浴	九牧（指定型号）	九牧	九牧	九牧	九牧	九牧
7	开关插座	飞雕、鸿雁、人民	鸿雁	鸿雁	鸿雁	鸿雁	鸿雁
8	灯具	雷士、三雄、欧普	三雄	雷士	雷士	雷士	三雄
9	烟机灶具	方太（指定型号）	方太	方太	方太	方太	方太

（14）澄清、洽谈环节

本工程澄清洽谈共分为 2 轮，第 1 轮洽谈主要针对投标单位各项清单中存在的问题进行澄清洽谈，并就各投标单位的优惠让利报价进行洽谈。第 2 轮，根据第 1 轮的洽谈结果，确定商务评标的标底价，针对性再进行洽谈。

1）第一轮洽商。在第一轮洽商前，将清标过程中发现的各投标单位标书中存在的问题下发商务标清标意见函，提请各投标单位提前进行复核并重新核算成本，并告知重新提交澄清报价，本次澄清报价只接受总价下浮不接受总价上浮。

洽商时，针对各家重新提交的澄清报价，结合商务标清标意见函，复核各家是否对清标意见函中的问题进行了调整。

通过危机意识及强烈的合作意识让投标单位看到本次中标的希望，通过对后期项目的展望让投标单位看到后期的合作愿景，并进一步指出澄清报价中不合理之处等促使投标方多层次、多方面优惠让利。

通过本轮洽谈，各投标单位优惠让利情况见表 6.1-16。

表 6.1-16 洽谈后让利情况汇总

排名	投标单位	投标报价/元	一轮洽谈报价/元	让利金额/元
1	N	11 733 258	11 500 000	233 258
2	A	11 944 368	11 650 000	294 368
3	D	12 279 920	11 900 000	379 920
4	E	12 520 877	12 420 877	100 000
5	C	13 189 120	13 050 000	139 120
6	B	13 262 796	废标	废标

2）设定评标标底价

基于第一轮澄清洽商结果，通过分析最低价总价属于合理报价，猜测其可能还有一定的下浮空间，同时通过各环节的沟通了解到其中 3 家单位对项目有很强烈的合作愿意，结合样板间报价情况和第一轮洽谈结果，请示招标领导小组同意后，决定以第一轮最低报价下浮3%，即 1115 万作为评标标底价。

3)第二轮洽商。本次洽商主要组织各投标单位进行公开竞价,通过公开竞争的方式确定最低综合报价。

为防止投标单位串通均不参与竞价环节,所以竞价环节按照第一轮报价中从最低价到最高价的顺序依次进行一对一洽谈竞价。洽谈时告知投标单位各轮次竞价最低价情况,提升竞价的竞争氛围,促使投标单位进行相关猜测降价。竞价环节充分利用明价暗竞的方式,利用各投标单位相互猜测心理,寻出竞价最低者。

本轮竞价规则为:以评标标底价作为最高竞价,各投标单位每次降价幅度5万元,各投标单位最终报价=评标标底价–降价幅度总和。竞价顺序依据二轮报价从低到高的顺序进行,直至征询各投标单位无再进行降价的情况下,本轮竞价结束。

通过本轮3次竞价,确定本轮竞价最低价为1090万元,实现竞价下浮25万元,详见表6.1-17。

表 6.1-17　二轮洽谈竞价让利情况汇总

序号	投标单位	一轮竞标	二轮竞标	三轮竞标	最终报价
1	N	让利5万	让利10万	让利10万	10 900 000
2	A	让利10万	让利5万	不参与	11 000 000
3	D	5万	不参与	不参与	11 100 000
4	E	标底价	不参与	不参与	11 150 000
5	C	不参与	不参与	不参与	13 050 000
6	B	废标	废标	废标	废标

(15)商务标评审

1)评标基准价的确定。本项目最低投标价1090万<评标标底价1115万,所以最低投标价作为评标基准价。

2)评标得分确定。在所有经评审的有效报价中,投标报价等于评标基准价的得100分,投标报价每高于评标基准价一个百分点的扣1分,最多扣20分,中间按内插法计算。各投标单位详细评分见表6.1-18。

表 6.1-18　商务标评分

序号	投标单位	报价/元	商务标评分
	标底价	11 150 000	—
	基准价	10 900 000	—
1	N	10 900 000	100.00
2	A	11 000 000	99.08
3	D	11 100 000	98.17
4	C	11 150 000	97.71
5	E	13 050 000	80.28

(16)资格后审

投标单位N,为发标后新引进的单位,因招标工作时间紧张,经招标领导小组同意,对此单位在中标后进行考察。经项目部、招采部等相关部门人员考察，投标单位 N 在本地有常驻办公地点、企业资质真实、证件均在有效期内、近三年获得鲁班奖 2 宗、施工现场管理良好、现场质量通病防治有措施、安全文明施工措施到位、售后服务有专业团队。

经工程部及招采部共同确认，投标单位 N 符合本项目招标要求，建议确定为中标单位。

（17）编制评标报告

评标报告编制内容包括：基本概况、招标及评标过程简述、技术标及商务标评审意见、各单位排名、建议中标单位等情况。

本次招标各投标单位排名情况见表 6.1-19。

表 6.1-19　评标结果汇总

序号	投标单位	商务标得分	技术标评价	最终报价/元
1	N	100	合格	10 900 000
2	A	99.08	合格	11 000 000
3	D	97.25	合格	11 200 000
4	C	96.33	合格	11 300 000
5	E	80.28	合格	13 050 000
6	B	废标	废标	废标

（18）定标会议

由招采部组织定标会议，向招标领导小组汇报评标结果及相关开标数据分析情况，并对招标小组提出的质疑进行解释。经招标领导小组定标会议讨论，按照少数服从多数的原则，结合技术标和商务标的评标结果，确定综合评分最高的投标单位 N 为本工程中标单位，中标金额为 1090 万元。

（19）中标公示和中标通知

本工程开标结果在公司官网及微信公众平台公示 3 天，并通知所有投标单位最终投标结果，同时接受各投标单位质疑。

公示内容包括：招标工程名称、各投标单位得分情况、中标单位得分情况等相关内容。

在中标公示满 72 小时后，向中标单位发出中标通知书。中标通知书包括本项目的项目名称、工期要求、质量要求、中标金额、中标单位、授权项目经理、招标联系人等基本相关内容。

3. 招标总结

（1）招标计划复盘

本项目招标总体时间从启动到发出中标通知书，实际 51 天，比计划超 7 天；其中，从发标到发出中标通知书，实际 33 天，比计划超 1 天。超计划的主要环节是在资格预审阶段。具体见表 6.1-20。

表 6.1-20　招标计划与实际完成对比

序号	工作清单	日历天数		完成时间	
		计划	实际	计划	实际
1	招标申请	1	1	2017-8-10	2017-8-10

(续)

序号	工作清单	日历天数 计划	日历天数 实际	完成时间 计划	完成时间 实际
2	招标公告发布	2	2	2017-8-11	2017-8-11
3	资格预审	8	12	2017-8-17	2017-8-21
4	招标文件及工程量清单	13	16	2017-8-22	2017-8-25
5	发标	13	19	2017-8-22	2017-8-28
6	招标答疑	23	28	2017-9-1	2017-9-6
7	回标、开标	29	35	2017-9-7	2017-9-13
8	技术标评标	29	35	2017-9-7	2017-9-13
9	商务标清标	35	42	2017-9-13	2017-9-20
10	澄清洽谈（一轮）	36	47	2017-9-14	2017-9-25
11	澄清洽谈（二轮）	37	48	2017-9-15	2017-9-26
12	商务标评定	37	48	2017-9-15	2017-9-26
13	定标	43	50	2017-9-21	2017-9-28
14	发出中标通知书	44	51	2017-9-22	2017-9-29

（2）数据分析与总结

1）工程量指标分析，详见表6.1-21。

表6.1-21　住宅套内全装修工程量指标分析

序号	主要工程	单位	工程量	建筑面积含量指标
1	装修面积	m^2	13 325	0.772
2	卫生间数量	个	152	0.009
3	厨房数量	个	152	0.009
4	天棚吊顶	m^2	4 789	0.277
5	瓷砖墙地面	m^2	17 896	1.036
6	木地板	m^2	5 692	0.329
7	涂料	m^2	35 891	2.079
8	室内门	樘	760	0.044
9	整体厨房	m	684	0.040
10	卫浴洁具	套	152	0.009
11	定制衣柜	m^2	580	0.034

2）成本指标分析，见表6.1-22、表6.1-23。

表6.1-22　住宅套内全装修成本指标分析

序号	主要清单项目	总价/元	装修面积/m^2	单价/(元/m^2)
1	主卧室	1 468 669	2 678	548

(续)

序	主要清单项目	总价/元	装修面积/m²	单价/(元/m²)
2	次卧室	2 054 517	3 594	572
3	客餐厅	1 986 390	4 831	411
4	厨房	2 890 731	783	3693
5	卫生间	1 896 154	755	2513
6	生活阳台	603 539	684	882
	合计	10 900 000	13 325	818

表 6.1-23　建筑做法对应的成本指标汇总

序	内装做法	总价/元	单位指标/(元/m²)	
			按地上建筑面积	按装修面积
1	墙地砖铺贴	3 266 165	189	245
2	木地板铺贴	1 692 321	98	127
3	天棚吊顶	678 126	39	51
4	室内涂料	1 121 047	65	84
5	室内门	1 004 669	58	75
6	整体橱柜、烟机、灶具	1 547 025	90	116
7	定制衣柜	476 703	28	36
8	卫生洁具	552 448	32	41
9	电气部分	561 496	33	42
	总计	10 900 000	631	818

3）实物工程量综合单价，见表 6.1-24、表 6.1-25。

表 6.1-24　主要清单项的全费用综合单价

序	主要清单项目	工程量	计量单位	综合单价/元	总价/元	占比
1	块料墙面	11 598	m²	163	1 887 407	17%
2	实木复合木地板铺贴（不含自流平）	5 692	m²	219	1 249 037	11%
3	涂料	35 891	m²	31	1 121 047	10%
4	块料楼地面	6 388	m²	161	1 030 631	9%
5	油烟机、燃气灶、水盆及龙头供货与安装	152	套	5 772	877 416	8%
6	整体厨房（地柜，含台面）	684	m	979	669 609	6%
7	木门（生态木门）	456	樘	1 350	615 732	6%

（续）

序	主要清单项目	工程量	计量单位	综合单价/元	总价/元	占比
8	卫浴五金供货及安装（马桶、洗面盆、花洒、浴室柜等）	152	套	3 635	552 448	5%
9	定制衣柜（颗粒板）	580	m²	822	476 703	4%
10	钛镁合金门	304	樘	1 153	350 536	3%
11	天棚吊顶（石膏板吊边顶）	3 406	m²	101	344 964	3%
12	照明线路敷设	13 325	m²	24	326 118	3%
13	瓷砖墙面拉毛	11 598	m²	24	279 727	3%
14	自流平找平层	5 692	m²	34	196 284	2%
15	实木复合踢脚线（100mm）	10 530	m	25	263 250	2%
16	集成吊顶（300×300）	1 383	m²	125	173 562	2%
17	成品石膏线（100mm 高）	4 560	m	35	159 600	1%
18	其他项（瓷砖踢脚、开关插座、灯具等）	—	—	—	325 929	3%
	合计	—	—	—	10 900 000	100%

表 6.1-25　主要功能区域装修做法及中标单位选定品牌

装饰区域	装修内容	规格型号	投标选用品牌
客餐厅	地面仿大理石瓷砖	800×800	萨米特
	仿大理石过门石		萨米特
	墙面、顶面乳胶漆	净味三合一	多乐士
	瓷砖踢脚线	100mm 高	萨米特
	入户半包门套	实木复合	定制
	石膏吊边顶	单层石膏板吊顶	泰山
	走廊筒灯	详见物料手册	三雄极光
	开关插座	详见物料手册	鸿雁
主卧	水泥砂浆找平（含自流平）	30mm 厚	山水
	实木复合木地板	12mm 厚	大自然
	仿大理石过门石	100×800	萨米特
	墙面、顶面乳胶漆	净味三合一	多乐士
	实木复合踢脚线	50mm	大自然
	生态木门及门套	定制	定制
	衣柜及柜门	颗粒板柜体及柜门	定制
	顶面成品石膏压线	100mm 高	银桥
	开关插座	详见物料手册	鸿雁

（续）

装饰区域	装修内容	规格型号	投标选用品牌
次卧（2个）	水泥砂浆找平（含自流平）	30mm 厚	山水
	实木复合木地板	12mm 厚	大自然
	仿大理石过门石	100×800	萨米特
	墙面、顶面乳胶漆	净味三合一	多乐士
	实木复合踢脚线	50mm	大自然
	生态木门及门套	定制	定制
	衣柜及柜门	颗粒板柜体及柜门	定制
	顶面成品石膏压线	100mm 高	银桥
	开关插座	详见物料手册	鸿雁
卫生间（1个）	地面防滑地砖	300×300	萨米特
	仿大理石墙砖	300×600	萨米特
	钛镁合金门	定制	定制
	集成吊顶	300×300	惜福
	卫浴五金三件套	厕纸架、毛巾杆、淋浴架	闻洲
	马桶、花洒、龙头、台下盆	详见物料手册	九牧
	浴室柜	定制	定制
	浴霸	三合一浴霸	奥普
	开关插座	详见物料手册	鸿雁
	地漏	详见物料手册	潜水艇
厨房	地面防滑地砖	300×300	萨米特
	仿大理石墙砖	300×600	萨米特
	集成吊顶	300×300	惜福
	钛镁合金门	钛镁合金门	定制
	洗菜盆及龙头	详见物料手册	九牧
	碗篮架	详见物料手册	九牧
	整体厨房	PVC 覆膜门板	定制
	油烟机、燃气灶	详见物料手册	方太
	集成灯	300×300	三雄极光
	地漏	详见物料手册	潜水艇
	开关插座	详见物料手册	鸿雁

(续)

装饰区域	装修内容	规格型号	投标选用品牌
阳台	地面防滑地砖	800×800	萨米特
	墙面墙砖	400×800	萨米特
	顶面乳胶漆	净味三合一	多乐士
	地漏	洗衣机专用地漏	潜水艇
	洗衣机专用龙头	详见物料手册	九牧
	开关插座	详见物料手册	鸿雁

【案例6.2】

住宅公区装修工程

1. 基本信息

(1) 工程概况（表 6.2-1）

表 6.2-1 工程概况一览

工程地点	河南省某市
建设时间	2018—2020 年
主要业态	多层、高层，26 栋、36 单元、962 户
交付标准	公区装修、套内毛坯
建筑面积	住宅地上建筑面积 125 265 m^2，见【案例 5.2】中的表 5.2-2
层数/层高	多层：地上 5 层/7 层/8 层/9 层/2.9m；地下 2 层 高层：地上 20 层/2.9m；地下 2 层
结构形式	剪力墙结构

(2) 标段概况（表 6.2-2）

表 6.2-2 标段概况

特征工程量	共 17 227m^2，详见表 6.2-3
目标成本	目标成本为 29 188 795 元，装修面积成本指标为 1806 元/m^2
工期要求	多层：150 个日历天；高层：180 个日历天
定标时间	2019 年 7 月
招标方式	邀请招标
定价方式	按施工图及招标范围总价包干
招标范围	住宅建筑内公共区域的装修工程
标段划分	对应总包工程，划分为 2 个标段

表 6.2-3 装修面积与地上建筑面积对应关系

标段	业态	楼栋数	单元数	地上建筑面积/m^2	装修面积/m^2
1 标段	多层	10	14	37 026	4 996
	高层	4	5	56 656	4 957
	合计	14	19	93 682	9 953
2 标段	多层	10	15	22 856	5 112
	高层	2	2	8 726	2 162
	合计	12	17	31 582	7 274
两标段总计		26	36	125 265	17 227

说明：本案例中公区装修面积按装修区域的楼地面装修面积口径统计。

2. 招标过程

(1) 编制招标计划

本标段从招标启动会（于2019年4月25日召开），到发出中标通知书，计划85天。中标单位需要在2019年8月1日前进场，具体见表6.2-4。

表6.2-4 招标计划

序号	工作清单	计划完成时间	参加部门
1	招标启动会	2019-4-25	招采部、工程部、设计部
2	投标单位审批	2019-5-13	招采部
3	招标文件审批	2019-5-30	招采部
4	发标	2019-5-31	招采部
5	现场踏勘、现场答疑、标前辅导	2019-6-5	招采部、工程部、设计部
6	答疑回复	2019-6-13	招采部
7	第一轮回标、开标	2019-6-20	成本部、招采部
8	第一轮编制询标报告	2019-6-28	成本部
9	第二轮回标、开标	2019-7-1	成本部、招采部
10	第二轮编制询标报告	2019-7-10	招采部
11	编制商务标评标报告	2019-7-16	招采部
12	中标单位审批	2019-7-17	招采部
13	发出《中标通知书》	2019-7-18	招采部

(2) 确定招标范围及界面

1) 招标范围。依据招标文件、招标图纸、工程规范，本工程承包范围包括以下内容（表6.2-5），不包括甲供材（表6.2-6）和甲分包工程（表6.2-7），同时对乙供材料限定了品牌/厂家/产地的范围（表6.2-8）。

表6.2-5 招标范围汇总

专业	序号	招标范围
安装部分	1	施工图纸范围内照明灯具的采购及安装
	2	地下大堂及一层大堂灯具、开关插座从本层电井装饰配电箱处接线
	3	地下大堂及一层大堂装饰配电箱、电井中的开关、时间控制器的采购安装及相应管线敷
	4	标准层所有天棚吊顶灯具就近接线
	5	楼层显示灯、应急照明、疏散指示、安全出入口指示灯的安装及移位（上述灯具为甲供）
	6	消防报警系统、安防系统、智能化系统施工由相关专业单位负责，其中底盒的安装、定位、挖孔均由投标人负责施工

(续)

专业	序号	招标范围
装饰部分	1	招标图范围内所有内容
	2	精装区域防火门、管井防火门的安装，防火门、管井防火门为甲供
	3	入户门的室外门顶的采购及施工
	4	防火门闭门器安装，闭门器为甲供
	5	地下大堂及一层大堂的单元电动门的电源预留

表 6.2-6 甲供材明细

序号	内容
1	楼层显示灯、应急照明、疏散指示、安全出入口指示灯
2	防火门、管井门（含锁具、合页）
3	消火栓箱门
4	闭门器
5	欧洲白蜡木木塑饰面面层
6	定制白色砂岩木塑饰面墙面

表 6.2-7 甲分包工程明细

序号	内容
1	大堂自动门
2	监控系统、安防、背景音乐系统
3	消防系统
4	活动家具
5	入户门采购及安装（含入户门门锁）
6	楼梯栏杆及扶手
7	电梯采购及安装（不含电梯门套）

表 6.2-8 甲指乙购材料品牌

序号	材料名称	材质/规格/饰面	品牌/厂家/产地
1	硅酮密封胶	/	白云 SS550、浙江之江 ZJ306、思蓝德 MF890
2	AB 胶	/	武汉科达
3	乳胶漆	/	立邦、多乐士、嘉宝莉
4	电线	/	河南金水电缆集团有限公司

(续)

序号	材料名称	材质/规格/饰面	品牌/厂家/产地
5	LEDT5 灯管	/	雷士、三雄极光、松下、西顿
6	细木工板	/	河北金秋木业、兔宝宝、莫干山（E1级合格品）
7	轻钢龙骨、石膏板	/	龙牌或同档次
	矿棉板	/	阿姆斯壮、大建、龙牌
8	连接件、膨胀栓	/	世纪津标、环捷
9	槽钢、角钢	热浸镀锌，厚度满足国标要求	优质
10	不锈钢挂件	304 不锈钢，厚度（符合国标）4mm	优质
11	空气开关	/	德力西 6 系列
12	时间控制器	Ng316T	德力西
13	红外线感应 LED 筒灯，自带蓄电池	4寸	见物料表
14	红外线感应 LED4 寸筒灯	4寸	见物料表
15	LED4 寸筒灯/灯带	/	见物料表
16	PVC 管材管件	壁厚 1.3mm，外直径 16mm，4m/支	上塑、中财、联塑或同档次
17	PVC 管材管件	壁厚 1.4mm，外直径 20mm，4m/支	上塑、中财、联塑或同档次
18	PVC 管材管件	壁厚 1.7mm，外直径 25mm，4m/支	上塑、中财、联塑或同档次
19	PVC 管材管件	壁厚 1.8mm，外直径 32mm，4m/支	上塑、中财、联塑或同档次
20	PVC 线盒	86×60、86×70	上塑、中财、联塑或同档次
21	JDG16/20/25	/	满足国标要求
22	粉刷、找平腻子	/	303、立邦、胖子或同档次
23	入户门门顶	/	雅洁或同档次

注：材料序号 16~19 由甲方指定品牌及型号，如果投标人有更优的品牌型号请申报招标人同意；其他材料均需要在指定范围；上述材料均由乙方采购，乙方报价时将合理费用考虑在综合单价中，结算时不再调整。

2）合同界面。本标段承包单位与总包或其他分包单位的合同界面划分见表 6.2-9。

第6章 室内装修工程

表 6.2-9　合同界面划分说明

部位	区域	总包或其他分包单位	装修单位
墙面	楼梯间	①高层：总包负责水泥砂浆粉刷完成（距结构地面及踏步以上200mm范围墙体不需粉刷）并经验收合格后移交，以防火门为界面（含防火门洞口三边粉刷），其中高层楼梯间三层半（不含三层半）以上墙面总包负责乳胶漆施工	高层楼梯间三层半（含三层半）以下墙面装修单位负责乳胶漆施工
		②洋房：总包负责水泥砂浆粉刷完成至楼层平台梁内侧（距结构地面及踏步以上200mm范围墙体不需粉刷）并经验收合格后移交，以楼层梁为界面	
	装修范围内电井	总包负责批白施工，完成并经验收合格后移交，含电井洞口四边批白	
	装修范围内水井	总包负责水泥砂浆粉刷，完成并经验收合格后移交，含水井洞口四边粉刷	
	电梯井道	根据总包合同要求移交	
	电梯前室	①瓷砖饰面：要求水泥砂浆粉刷完成并经验收合格后移交	
		②石塑板饰面：要求所有墙体砌筑完毕，不需粉刷	
	夹层电梯前室	总包负责水泥砂浆粉刷完成（距结构地面以上200mm范围墙体不需粉刷）并经验收合格后移交	
	门窗与墙体内侧交接处	总包负责完成所有窗户副框向楼内窗洞口四边粉刷并经验收合格移交	
	控制线	①总包提供墙面楼层标高+1.00m水平控制线	
		②外幕墙单位提供窗框（副框）安装垂直控制线，在窗洞口上、下边标志明确	
		③提供窗框（副框）水平控制线，在窗洞口左右两侧标志明确	
顶棚	梁	所有梁全部由总包单位修补找方完成，其中装修范围内精装部分内梁不需粉刷找方	
	楼板	所有楼板顶凿平修整验收合格后移交（其中装修范围内吊顶精装部分除外），其中高层楼梯间三层半（不含三层半）以上顶面总包负责乳胶漆施工	
	水井、电井	总包负责顶棚批白及向下翻边部分批白施工	

(续)

部位	区域	总包或其他分包单位	装修单位
楼地面	所有地面（除电井、水井）	①总包以结构面移交精装，其中高层楼梯间三层半（不含三层）以上地面总包负责地面水泥砂浆粉刷施工 ②杂物及垃圾清理完毕 ③标高根据一米线满足精装厚度要求	精装单位根据1米控制线，了解现场铺装厚度
楼地面	电井	总包负责完成水泥砂浆自流平地面	精装单位根据1米控制线，了解现场铺装厚度
楼地面	水井	①总包负责完成地面水泥砂浆自流平施工 ②由专业分包完成地面防水施工	精装单位根据1米控制线，了解现场铺装厚度
屋面	屋面所有范围	总包负责屋面防水完工并验收合格后移交	
电气	装修范围内（仅限精装范围、夹层电梯厅内）	①总包完成强弱电井内电气安装	负责电梯前室、走道等室内部位照明、应急照明、安全出口、疏散指示吊顶内配管、管内穿线、安装
电气	装修范围内（仅限精装范围、夹层电梯厅内）	②总包负责预留照明、应急照明、安全出口、疏散指示电源预留点	负责墙面设置插座，从电井配电箱下端至插座整个线路敷设、安装
电气	装修范围内（仅限精装范围、夹层电梯厅内）	③消防报警系统、安防系统、智能化系统施工由相关专业单位负责	安装定位、底盒（由相关专业单位提供底盒）挖孔、底盒安装
电气	装修范围内（仅限简装楼梯间内）	总包负责照明、应急照明、安全出口、疏散指示线路敷设及安装全部工作内容	精装负责点位设置
门	入户门、防火门	总包提供准确的洞口上口标高、洞口尺寸；洞口三边粉刷完成	入户门、电井门、水井门、防火门、消防箱、百叶类安装均应按精装放线定位，消防报警类、安防类、智能化类等底盒位置均应按精装定位安装，精装单位要在以上工作开展之前进场
门	水井、电井门	总包提供准确的洞口上口、下口标高、洞口尺寸，洞口四边粉刷完成	入户门、电井门、水井门、防火门、消防箱、百叶类安装均应按精装放线定位，消防报警类、安防类、智能化类等底盒位置均应按精装定位安装，精装单位要在以上工作开展之前进场

（3）确定投标单位

经审批确认，共邀请供方库内外6家有公司业绩的合格供方参与投标。投标单位名单见表6.2-10。

表6.2-10 投标单位情况

序号	投标单位	在公司内的业绩	来源
1	A	郑州住宅一期套内、公区	库内单位
2	B	新乡项目别墅样板房	库内单位
3	C	洛阳项目样板区	库内单位

(续)

序号	投标单位	在公司内的业绩	来源
4	D	新密项目会所	库内单位
5	E	郑州洋房公区	库内单位
6	F	郑州洋房套内	库内单位

(4) 编制招标文件

在编制招标文件中需要注意以下三项内容：

1) 关于甲供材的金额和结算。甲方供应材料的价格不包含在投标总价中，但乙方实际领用的材料数量如果超过河南省2016年定额消耗量，则超过部分按甲方实际采购价的2倍乘以超领数量在本工程竣工结算价款中扣除。

2) 关于付款方式。工程进度款项支付方式包括：转账、支票、银行承兑汇票。乙方在甲方每次付款前，须提供符合本合同约定税率为9%的增值税专用发票（支付结算款时提供含质保金在内的全税发票）。

①无预付款，根据完成工程进度节点付款。

②完成合同金额超过30%，经甲方验收合格后，支付合同金额的20%。

③完成合同金额超过50%，经甲方验收合格后，累计支付至合同金额的40%。

④完成合同金额超过80%，经甲方验收合格后，累计支付至合同金额的60%。

⑤全部工程完工且验收合格并提供结算文件后，累计支付至合同金额的80%。

⑥结算完成后累计支付至结算金额的97%，剩余3%作为质保金，质保期满无息返还。

3) 关于结算方式。本工程投标总价是固定合同总价，除非发生合同变更，否则投标总价不会调整。本工程结算价款计算方式如下：

工程竣工结算价款=合同固定总价±（经甲方审批同意的现场签证、设计变更增加或减少的工程造价）-（违约金、罚款和赔偿款）-甲供材超领部分对应的金额-合同范围内未施工部分金额。

(5) 编制工程量清单

在本标段工程量清单编制中，需要注意编制工程量清单说明。表6.2-11是本标段清单编制说明示例。

表 6.2-11 清单编制说明示例

序号	清单编制说明
1	编制依据：招标文件、施工图纸、施工界面划分、装修范围图
2	编制范围：本标段招标范围
3	编制说明：本清单项目特征描述均为主要施工做法，具体细节请投标单位详细阅读施工图说明、各节点的图示内容，满足国家及相关行业标准规范，同时满足招标文件所附的施工标准
4	注意事项（装修部分）
4.1	本清单中的各项综合单价均为完成相对应工序的成活价。对于节点骨架基层不详等图示问题，施工单位根据企业施工经验按常规做法自行考虑

(续)

序号	清单编制说明
4.2	本清单中所有天棚吊顶均包含但不限于灯孔、检修孔、风口、消防器具开孔、成品型材收边条等所有施工工序内容，具体做法详见施工图纸及施工图说明
4.3	本清单中所有墙面均包含但不限于金属线条接缝、消防器具开孔、电梯按钮及暗装镶嵌类的所有开孔、1mm深阴刻楼层号字、成品型材收边条、手动报警器、声光报警器、复式器定制底盒等所有施工工序内容，具体做法详见施工图纸及施工图说明
4.4	所有入户门牌、成品装饰、成品装饰画不计入
4.5	除入户门外，本精装修范围内的防火门管井门均由装修单位安装，清单项已计入
4.6	防火门套属于防火门配套安装，不再单独列取清单项
4.7	感应自动门不锈钢门套在本次精装范围内
4.8	多层楼梯间从底到顶的墙面、地面、顶面均属于精装范围，计入精装清单
4.9	高层普通楼梯间的三层半楼梯间（含三层半）以下部分属于精装范围，计入精装清单
4.10	高层剪刀梯楼梯间，地面及踢脚装修至三层地面，墙面及顶面装修至三层完成
4.11	楼梯间的门均计入本次精装范围
4.12	有连廊的楼栋连廊地面全部装修，踢脚线全部装修，顶面乳胶漆全部装修，WM12235A按防火门12235计入清单
4.13	不锈钢蚀刻楼层号包含在相应电梯门套内
5	注意事项（安装部分）
5.1	消防应急灯具按原建筑电气图计入，应急照明线路由总包预埋线路就近敷设，多层楼梯间按全部计入，高层剪刀梯楼梯间计算至三层顶，普通楼梯间计算至三层半
5.2	楼梯间及原顶粉刷的房间灯具按原建筑电气图计入
5.3	竖井内线路均敷设在桥架内
5.4	应急照明灯具计入清单
5.5	电动门电源处预留1m
5.6	一层大堂插座就近沿地敷设
5.7	大堂照明系统图显示沿桥架敷设，大堂中没有桥架，按敷管计入
5.8	配电箱安装高度距地1m
5.9	门厅外单元指示牌照明线路，引至此位置预留2.5m长，埋地敷设
6	报价要求： 本清单包含图示范围内的所有工作内容，请投标单位认真识图、合理报价。本工程为固定总价合同，除变更签证外，施工及结算不因图示节点标注不明、清单特征描述不全等任何理由增补费用，投标单位应充分审图，对清单漏项及工程量偏差部分在清单中补充增加
7	填写工程量清单的注意事项
7.1	投标单位仅需在实体工程及措施项目综合单价明细表中填写即可，链接已关联，请勿改动
7.2	综合单价明细表中的主材单价应与主要材料表中主材单价一致
7.3	综合单价明细表中其他材料费填报时必须填明细（包括材料名称、单位、消耗量、单价、合价等），不允许仅填写辅材一项

(续)

序号	清单编制说明
7.4	请各投标单位用 Excel 表格填报，勿用 WPS 格式填写

（6）第一次回标分析

本工程经过一次询标，二次清标分析，最终得出商务标评标报告。

1）总价对比分析，见表 6.2-12、表 6.2-13。

表 6.2-12　回标总价对比分析

排名	投标单位	总报价/元	与最低标差异	
			金额/元	比例
1	D	22 416 845	0	0%
2	E	22 738 162	321 317	1%
3	B	22 911 694	494 850	2%
4	A	24 392 752	1 975 907	9%
5	F	25 676 867	3 260 022	15%
6	C	25 841 608	3 424 763	15%

表 6.2-13　总价组成对比分析

标段	楼栋	投标报价/元				
		D	E	B	A	F
1标段	多层	6 935 449	7 113 431	6 991 702	7 470 958	7 726 558
	高层	5 855 570	5 822 625	6 140 120	6 504 260	7 051 033
	合计	12 791 019	12 936 056	13 131 822	13 975 217	14 777 592
2标段	多层	7 220 717	7 401 260	7 268 499	7 743 599	8 020 050
	高层	2 405 109	2 400 846	2 511 374	2 673 935	2 879 225
	合计	9 625 826	9 802 106	9 779 872	10 417 535	10 899 276
两标段总计		22 416 845	22 738 162	22 911 694	24 392 752	25 676 867

2）询标。成本部负责将各家报价进行分析，针对有异议的部分进行询问及确认，双方进行确认后，要求投标单位在规定的时间内进行二次报价，询标内容详见表 6.2-14。

表 6.2-14　询标记录

序号	洽谈事项	洽谈结果
1	是否已查看施工现场并了解施工现场？	
2	本项目为新项目，税率按 9% 的工程类增值税专用发票开具，是否同意？	
3	是否同意招标人的付款方式？	
4	是否同意本招标工程为固定包干总价合同？	
5	投标人对本项目的质保期是否响应招标文件？	

(续)

序号	洽谈事项	洽谈结果
6	本工程的具体开工日期以项目部通知为准,是否知悉?	
7	本项目工程的计划工期,是否响应招标文件?	
8	是否已查看设计封样并确认封样?	
9	工程量、工程项目偏离是否已经包含在报价中(无偏离视为已包含)	
10	是否已落实材料价格并理解招标文件的投标报价说明?	
11	投标报价未响应招标文件(投标单位最终的标段投标总价保留至万元,万元以下不计入合同总价),投标报价保留至个位数后两位	
...		
21	窗套(欧洲白蜡木木塑饰面面层)综合单价 450 元/m² 偏高,主材单价 80 元/m² 偏高,18mm 厚阻燃板基层材料单价 66 元/m² 最高,请核实	
22	墙、顶面乳胶漆综合单价偏高,请核实	
23	天棚吊顶(1.0mm 穿孔铝板)综合单价 343 元/m² 次高,主材费 137 元,轻钢龙骨 37 元偏高,请核实	
24	天棚吊顶(吸音板面层)综合单价 322 元/m² 偏高,主材费 117 元,轻钢龙骨 37 元/m² 偏高,请核实	
25	天棚吊顶(矿棉板面层)综合单价 285 元/m² 偏高,轻钢龙骨 37 元偏高,请核实	
26	辅材未标注品牌,是否默认为响应招标文件(详见招标文件)	

(7) 第二次回标分析

第二次回标后做了详细的商务标评标报告,并进行了第二次约谈。

1) 总价对比分析,见表 6.2-15~表 6.2-17。

表 6.2-15 回标总价对比分析

排名	投标单位	总报价/元	与最低标差异	
			金额/元	比例
1	A	19 886 900	0	0%
2	E	19 977 800	90 900	0%
3	D	19 998 000	111 100	1%
4	B	20 018 200	131 300	1%
5	C	22 906 800	3 019 900	15%
6	F	23 462 300	3 575 400	18%

注:C 单位安装偏离报价为 228 800 元;F 单位安装偏离报价为 133 000 元。

表 6.2-16 两轮报价对比分析

排名	投标单位	两次报价	报价金额/元			两轮报价差异	
			1 标段	2 标段	合计	差额/元	幅度
1	A	一次	13 975 217	10 417 535	24 392 752	−4 505 852	−18%
		二次	11 453 400	8 433 500	19 886 900		
2	E	一次	12 936 056	9 802 106	22 738 162	−2 760 362	−12%
		二次	11 584 700	8 393 100	19 977 800		
3	D	一次	12 791 019	9 625 826	22 416 845	−2 418 845	−11%
		二次	11 554 400	8 443 600	19 998 000		
4	B	一次	13 131 822	9 779 872	22 911 694	−2 893 494	−13%
		二次	11 645 300	8 372 900	20 018 200		
5	C	一次	14 843 580	10 998 028	25 841 608	−2 934 808	−11%
		二次	13 271 400	9 635 400	22 906 800		
6	F	一次	14 777 592	10 899 276	25 676 867	−2 214 567	−9%
		二次	13 564 300	9 898 000	23 462 300		

表 6.2-17 两轮报价单方指标对比分析

排名	投标单位	两次报价	单价/(元/m²)			两轮报价差异	
			1 标段	2 标段	合计	差额/(元/m²)	幅度
1	A	一次	1 404	1 432	1 416	−262	−18%
		二次	1 151	1 159	1 154		
2	E	一次	1 300	1 348	1 320	−160	−12%
		二次	1 164	1 154	1 160		
3	D	一次	1 285	1 323	1 301	−140	−11%
		二次	1 161	1 161	1 161		
4	B	一次	1 319	1 344	1 330	−168	−13%
		二次	1 170	1 151	1 162		
5	C	一次	1 491	1 512	1 500	−170	−11%
		二次	1 333	1 325	1 330		
6	F	一次	1 485	1 498	1 490	−129	−9%
		二次	1 363	1 361	1 362		

2) 单价对比分析,见表 6.2-18~表 6.2-21。

表 6.2-18 单价对比分析

序号	清单名称	计量单位	工程量	综合单价/元					
				A	E	D	B	C	F
1	欧洲白蜡木木塑饰面墙面	m²	14 136	232	193	228	210	225	250
2	地砖地面	m²	11 160	203	179	194	187	216	220

(续)

序号	清单名称	计量单位	工程量	综合单价/元					
				A	E	D	B	C	F
3	浅灰色墙砖	m²	9 650	218	227	238	271	255	254
4	天棚吊顶，吸音板面层	m²	6 861	289	247	290	309	269	348
5	不锈钢电梯门套	m²	1 280	792	743	664	763	1260	856
6	乳胶漆墙面	m²	15 012	45	45	43	46	44	47
7	芝麻黑火烧水洗面石材地面 600×1200	m²	1 745	384	601	410	396	528	352
8	成品踢脚线	m	11 686	54	51	74	61	56	95
9	定制白色砂岩木塑饰面墙面	m²	2 478	244	221	244	202	245	266
10	天棚吊顶，1.0mm 厚穿孔铝板	m²	2 089	265	243	305	278	242	336
11	地砖楼梯面	m²	1 762	299	249	276	279	398	401
12	石材过门石	m²	746	384	601	502	396	535	402
13	天棚吊顶矿棉板面层（石膏基层）	m²	850	310	298	316	370	379	441
14	天棚吊顶矿棉板面层	m²	812	310	194	285	351	379	403
15	地砖踢脚线（CT-05）（梯板处）	m²	246	976	356	684	1082	805	741
16	地砖地面（连廊处）	m²	1 138	209	177	184	172	216	214
17	红外线感应 LED 筒灯（4寸）	套	2 482	96	116	102	103	103	121
18	原顶面乳胶漆	m²	5 021	45	45	43	46	46	47
19	红外线应急 LED 筒灯（4寸）	套	1 339	141	162	153	155	138	149
20	防火门安装 1100×2300	樘	571	325	427	325	215	346	429
21	干挂 600×1200 浅灰色墙砖	m²	384	446	595	421	518	536	478
22	电梯门顶不锈钢饰面	m²	263	643	743	664	562	782	724
23	门洞不锈钢门套及顶部	m²	208	792	743	664	526	818	780
24	管井门安装 800×2150	樘	611	238	467	272	147	346	448
25	管井门安装 1000×2150	樘	480	284	467	302	149	346	448
26	防火门安装 1200×2300	樘	356	349	427	325	227	346	429
27	地砖地面 600×1200	m²	357	315	208	225	333	275	351

(续)

序号	清单名称	计量单位	工程量	综合单价/元					
				A	E	D	B	C	F
28	粘贴浅灰色墙砖 600×1200	m²	464	256	263	286	346	314	354

注：表中各清单项按造价占比从高到低排序（下同）。

表 6.2-19 人工单价对比分析

序号	清单名称	计量单位	人工单价/元					
			A	E	D	B	C	F
1	欧洲白蜡木木塑饰面墙面	m²	110	92	102	98	93	110
2	地砖地面	m²	60	65	66	60	67	59
3	浅灰色墙砖	m²	75	74	72	68	81	59
4	天棚吊顶，吸音板面层	m²	80	83	72	75	65	99
5	不锈钢电梯门套	m²	260	115	132	143	251	180
6	乳胶漆墙面	m²	25	30	24	26	23	23
7	芝麻黑火烧水洗面石材地面 600×1200	m²	75	125	78	68	100	59
8	成品踢脚线	m	20	14	18	15	19	25
9	定制白色砂岩木塑饰面墙面	m²	120	115	114	98	100	110
10	天棚吊顶 1.0mm 厚穿孔铝板	m²	75	66	72	75	59	90
11	地砖楼梯面	m²	105	74	96	90	111	99
12	石材过门石	m²	75	125	144	68	99	90
13	天棚吊顶矿棉板面层（石膏基层）	m²	85	92	86	75	75	117
14	天棚吊顶矿棉板面层	m²		69	78			99
15	地砖踢脚线（CT-05）（梯板处）	m²	460	120	150	102	453	180
16	地砖地面（连廊处）	m²	60	65	66	60	67	59
17	红外线感应 LED 筒灯（4寸）	套	10	15	16	30	15	18
18	原顶面乳胶漆	m²	25	30	24	26	25	23
19	红外线应急 LED 筒灯（4寸）	套	10	15	16	30	15	18
20	防火门安装 1100×2300	樘	228	253	258	75	185	180

(续)

序号	清单名称	计量单位	人工单价/元					
			A	E	D	B	C	F
21	干挂 600×1200 浅灰色墙砖	m²	147	192	144	135	169	119
22	电梯门顶不锈钢饰面	m²	141	115	132	120	138	180
23	门洞不锈钢门套及顶部	m²	260	115	132	120	158	180
24	管井门安装 800×2150	樘	155	285	216	75	185	180
25	管井门安装 1000×2150	樘	194	285	240	75	185	180
26	防火门安装 1200×2300	樘	248	253	258	83	185	180
27	地砖地面 600×1200	m²	70	65	66	60	67	59
28	粘贴浅灰色墙砖 600×1200	m²	75	74	84	68	81	59

表 6.2-20 主材价对比分析

序号	清单名称	计量单位	主材单价/元					
			A	E	D	B	C	F
1	欧洲白蜡木木塑饰面墙面	m²	0	0	0	0	0	0
2	地砖地面	m²	91	59	58	66	61	85
3	浅灰色墙砖	m²	70	55	62	64	62	81
4	天棚吊顶，吸音板面层	m²	100	100	92	116	93	126
5	不锈钢电梯门套	m²	254	428	326	382	556	312
6	乳胶漆墙面	m²	5	3	7	11	5	8
7	芝麻黑火烧水洗面石材地面 600×1200	m²	231	337	221	235	260	189
8	成品踢脚线	m	17	26	36	30	19	42
9	定制白色砂岩木塑饰面墙面	m²	0	0	0	0	0	0
10	天棚吊顶 1.0mm 厚穿孔铝板	m²	94	107	107	90	86	126
11	地砖楼梯面	m²	126	105	80	93	101	173
12	石材过门石	m²	231	337	227	235	266	198
13	天棚吊顶矿棉板面层（石膏基层）	m²	105	128	89	163	136	168
14	天棚吊顶矿棉板面层	m²	105	68	89	163	136	168
15	地砖踢脚线（CT-05）（梯板处）	m²	206	73	59	246	73	200

（续）

序号	清单名称	计量单位	主材单价/元					
			A	E	D	B	C	F
16	地砖地面（连廊处）	m²	96	57	58	66	61	85
17	红外线感应LED筒灯（4寸）	套	67	68	66	55	57	76
18	原顶面乳胶漆	m²	5	3	7	11	5	8
19	红外线应急LED筒灯（4寸）	套	105	105	106	98	82	98
20	防火门安装1100×2300	樘	0	0	0	0	0	0
21	干挂600×1200浅灰色墙砖	m²	113	173	85	164	106	181
22	电梯门顶不锈钢饰面	m²	254	428	326	223	376	312
23	门洞不锈钢门套及顶部	m²	254	428	326	223	376	312
24	管井门安装800×2150	樘	0	0	0	0	0	0
25	管井门安装1000×2150	樘	0	0	0	0	0	0
26	防火门安装1200×2300	樘	0	0	0	0	0	0
27	地砖地面600×1200	m²	175	82	82	186	104	189
28	粘贴浅灰色墙砖600×1200	m²	102	84	88	164	106	181

表6.2-21 综合取费对比分析

序号	投标单位	管理费	利润	税金	合计	排名
1	A	3.00%	6.00%	9.00%	18.00%	1
2	E	6.00%	8.00%	9.00%	23.00%	3
3	D	5.00%	10.00%	9.00%	24.00%	4
4	B	4.00%	7.00%	9.00%	20.00%	2
5	C	15.00%	10.00%	9.00%	34.00%	5
6	F	6.00%	9.00%	9.00%	24.00%	4

3）措施费对比分析，见表6.2-22。

表6.2-22 措施费报价对比分析

序号	投标单位	措施费/(元/m²)	措施费合计/元	排名
1	A	47.94	782 553	3
2	E	68.63	1 120 288	5
3	D	36.51	595 974	1
4	B	39.42	643 476	2

(续)

序号	投标单位	措施费/(元/m²)	措施费合计/元	排名
5	C	79.01	1 289 727	6
6	F	48.49	791 531	4

4）回标分析小结，清标情况汇总见表 6.2-23。

表 6.2-23　清标情况汇总

投标单位	清标情况	建议
A	①二次报价最低 ②比一次降 445 万元，其中扣减一次报价中木塑面主材费约 126 万元 ③无单价最高项，但木塑面及不锈钢门套人工费偏高，600×600 地砖主材费用偏高	若此单位中标，建议对以上项进行再次约谈调整
E	①二次报价次低 ②比一次降 273.3 万元，其中扣减一次报价中木塑面主材费约 228 万元 ③单价最高项有 6 项，但最高项石材地面、石材过门石及干挂墙砖 600×1200 的主材费及人工费仍然偏高较多，防火门及管井门安装人工费依然偏高，红外线感应及应急 LED 灯主材价偏高 ④对比同期投标项目的报价：石材单价高出 40 元/m²，人工费高出 38 元/m²；墙砖 600×600 人工费高出 2.4 元/m²；不锈钢电梯门套及门顶项人工费高出 23 元/m²，1.2mm 不锈钢单价出 70 元/m²；欧洲白蜡木木塑饰面墙面人工费高出 23 元/m²；防火门安装人工费 253 比对标项目高出 46 元/樘；入户门门顶主材单价 25 比对标项目高出 13 元/套	若此单位中标，建议对以上项进行再次约谈调整
D	①二次报价排名第三 ②比一次降 239.49 万元，其中扣减一次报价中木塑面主材费约 146 万元 ③无单价最高项，但石材过门石人工费 144 元/m² 最高，偏高较多，防火门安装人工费 258 元/樘，偏高较多；管井门安装人工费偏高较多；浅灰色墙砖 600×1200 人工费 84 元/m² 最高，红外线应急 LED 筒灯（4寸）主材费 106 元/套最高	若此单位中标，建议对以上两项进行再次约谈调整

注：1. 篇幅所限，本表只展示了其中 3 家单位。
　　2. 以上是从成本角度对各投标单位综合分析其综合单价的合理性、投标报价的规范性及严谨性，最终评标结论还要结合技术标评定结果、施工质量、现场配合程度及其他方面要求综合考虑。

（8）第三次回标分析

第三次回标后做了最终版详细的商务标评标报告，不再进行约谈。

1）总价对比分析，见表 6.2-24～表 6.2-26。

表 6.2-24　回标总价对比

排名	投标单位	总报价/元	与最低标差异	
			金额/元	比例
1	A	19 326 196	0	0%
2	E	19 548 786	222 590	1%
3	D	19 998 000	671 804	3%
4	B	20 018 200	692 004	4%
5	C	未参与报价		
6	F	未参与报价		

表 6.2-25　三次报价汇总对比分析（总价）

排名	投标单位	三次报价	报价金额/元			环比报价差异	
			1 标段	2 标段	合计	金额/元	比例
1	A	一次	13 975 217	10 417 535	24 392 752		
		二次	11 453 400	8 433 500	19 886 900	-4 505 852	-18%
		三次	11 141 598	8 184 597	19 326 196	-560 704	-3%
2	E	一次	12 936 056	9 802 106	22 738 162		
		二次	11 584 700	8 393 100	19 977 800	-2 760 362	-12%
		三次	11 363 047	8 185 739	19 548 786	-429 014	-2%
3	D	一次	12 791 019	9 625 826	22 416 845		
		二次	11 554 400	8 443 600	19 998 000	-2 418 845	-11%
		三次	11 554 400	8 443 600	19 998 000	0	0%
4	B	一次	13 131 822	9 779 872	22 911 694		
		二次	11 645 300	8 372 900	20 018 200	-2 893 494	-13%
		三次	11 645 300	8 372 900	20 018 200	0	0%
5	C	一次	14 843 580	10 998 028	25 841 608		
		二次	13 271 400	9 635 400	22 906 800	-2 934 808	-11%
		三次				未参与报价	
6	F	一次	14 777 592	10 899 276	25 676 867		
		二次	13 564 300	9 898 000	23 462 300	-2 214 567	-9%
		三次				未参与报价	

表 6.2-26　三次报价对比分析（单方指标）

排名	投标单位	三次报价	单价/(元/m²)			环比报价差异	
			1 标段	2 标段	合计	差额/(元/m²)	比例
1	A	一次	1 494	1 495	1 494		
		二次	1 224	1 210	1 218	-276	-18%
		三次	1 191	1 175	1 184	-34	-3%

(续)

排名	投标单位	三次报价	单价/(元/m²)			环比报价差异	
			1标段	2标段	合计	差额/(元/m²)	比例
2	E	一次	1 383	1 407	1 393		
		二次	1 238	1 205	1 224	-169	-12%
		三次	1 215	1 175	1 198	-26	-2%
3	D	一次	1 367	1 381	1 373		
		二次	1 235	1 212	1 225	-148	-11%
		三次	1 235	1 212	1 225	0	0%
4	B	一次	1 404	1 404	1 404		
		二次	1 245	1 202	1 226	-177	-13%
		三次	1 245	1 202	1 226	0	0%
5	C	一次	1 587	1 578	1 583		
		二次	1 419	1 383	1 403	-180	-11%
		三次				未参与报价	
6	F	一次	1 580	1 564	1 573		
		二次	1 450	1 420	1 437	-136	-9%
		三次				未参与报价	

2）综合单价对比分析，见表6.2-27～表6.2-30。

表6.2-27 综合单价对比分析

序号	清单名称	单位	综合单价/元					
			A	E	D	B	C	F
1	欧洲白蜡木木塑饰面墙面	m²	228	174	228	210	225	250
2	地砖地面	m²	175	179	194	187	216	220
3	浅灰色墙砖	m²	218	227	238	271	255	254
4	天棚吊顶，吸音板面层	m²	289	247	290	309	269	348
5	不锈钢电梯门套	m²	768	743	664	763	1260	856
6	乳胶漆墙面	m²	45	45	43	46	44	47
7	芝麻黑火烧水洗面石材地面 600×1200	m²	384	601	410	396	528	352
8	成品踢脚线	m	54	51	74	61	56	95
9	定制白色砂岩木塑饰面墙面	m²	228	221	244	202	245	266
10	天棚吊顶1.0mm厚穿孔铝板	m²	265	243	305	278	242	336
11	地砖楼梯面	m²	299	249	276	279	398	401
12	石材过门石	m²	384	601	502	396	535	402

(续)

序号	清单名称	单位	综合单价/元					
			A	E	D	B	C	F
13	天棚吊顶矿棉板面层（石膏基层）	m²	310	298	316	370	379	441
14	天棚吊顶矿棉板面层	m²	310	194	285	351	379	403
15	地砖踢脚线（CT-05）（梯板处）	m²	913	356	684	1082	805	741
16	地砖地面（连廊处）	m²	180	177	184	172	216	214
17	红外线感应LED筒灯（4寸）	套	96	116	102	103	103	121
18	原顶面乳胶漆	m²	45	45	43	46	46	47
19	红外线应急LED筒灯（4寸）	套	141	162	153	155	138	149
20	防火门安装 1100×2300	樘	325	427	325	215	346	429
21	干挂 600×1200 浅灰色墙砖	m²	446	595	421	518	536	478
22	电梯门顶不锈钢饰面	m²	643	743	664	562	782	724
23	门洞不锈钢门套及顶部	m²	768	743	664	526	818	780
24	管井门安装 800×2150	樘	238	398	272	147	346	448
25	管井门安装 1000×2150	樘	284	398	302	149	346	448
26	防火门安装 1200×2300	樘	349	427	325	227	346	429
27	地砖地面 600×1200	m²	223	208	225	333	275	351
28	粘贴浅灰色墙砖 600×1200	m²	256	263	286	346	314	354

注：C、F两家单位的报价是第二次的报价，下同。

表 6.2-28 人工费对比分析

序号	清单名称	单位	人工单价/元					
			A	E	D	B	C	F
1	欧洲白蜡木木塑饰面墙面	m²	110	92	102	98	93	110
2	地砖地面	m²	60	65	66	60	67	59
3	浅灰色墙砖	m²	75	74	72	68	81	59
4	天棚吊顶，吸音板面层	m²	80	83	72	75	65	99
5	不锈钢电梯门套	m²	240	115	132	143	251	180
6	乳胶漆墙面	m²	25	30	24	26	23	23
7	芝麻黑火烧水洗面石材地面 600×1200	m²	75	125	78	68	100	59
8	成品踢脚线	m	20	14	18	15	19	25
9	定制白色砂岩木塑饰面墙面	m²	110	115	114	98	100	110
10	天棚吊顶 1.0mm 厚穿孔铝板	m²	75	66	72	75	59	90

(续)

序号	清单名称	单位	人工单价/元					
			A	E	D	B	C	F
11	地砖楼梯面	m²	105	74	96	90	111	99
12	石材过门石	m²	75	125	144	68	99	90
13	天棚吊顶矿棉板面层（石膏基层）	m²	85	92	86	75	75	117
14	天棚吊顶矿棉板面层	m²	85	69	78	75	75	99
15	地砖踢脚线（CT-05）（梯板处）	m²	460	120	150	102	453	180
16	地砖地面（连廊处）	m²	60	65	66	60	67	59
17	红外线感应LED筒灯（4寸）	套	10	15	16	30	15	18
18	原顶面乳胶漆	m²	25	30	24	26	25	23
19	红外线应急LED筒灯（4寸）	套	10	15	16	30	15	18
20	防火门安装 1100×2300	樘	228	253	258	75	185	180
21	干挂 600×1200 浅灰色墙砖	m²	147	192	144	135	169	119
22	电梯门顶不锈钢饰面	m²	141	115	132	120	138	180
23	门洞不锈钢门套及顶部	m²	240	115	132	120	158	180
24	管井门安装 800×2150	樘	155	230	216	75	185	180
25	管井门安装 1000×2150	樘	194	230	240	75	185	180
26	防火门安装 1200×2300	樘	248	253	258	83	185	180
27	地砖地面 600×1200	m²	60	65	66	60	67	59
28	粘贴浅灰色墙砖 600×1200	m²	75	74	84	68	81	59

表 6.2-29 主材对比分析

序号	清单名称	单位	主材单价/元					
			A	E	D	B	C	F
1	欧洲白蜡木木塑饰面墙面	m²	0	0	0	0	0	0
2	地砖地面	m²	68	59	58	66	61	85
3	浅灰色墙砖	m²	70	55	62	64	62	81.25
4	天棚吊顶，吸音板面层	m²	100	100	92	116	93	126
5	不锈钢电梯门套	m²	254	428	326	382	556	312
6	乳胶漆墙面	m²	5	3	7	11	5	8
7	芝麻黑火烧水洗面石材地面 600×1200	m²	231	337	221	235	260	189

（续）

序号	清单名称	单位	主材单价/元					
			A	E	D	B	C	F
8	成品踢脚线	m	17	26	36	30	19	42
9	定制白色砂岩木塑饰面墙面	m²	0	0	0	0	0	0
10	天棚吊顶 1.0mm 穿孔铝板	m²	94	107	107	90	86	126
11	地砖楼梯面	m²	126	105	80	93	101	173
12	石材过门石	m²	231	337	227	235	266	198
13	天棚吊顶矿棉板面层（石膏基层）	m²	105	128	89	163	136	168
14	天棚吊顶矿棉板面层	m²	105	68	89	163	136	168
15	地砖踢脚线（CT-05）（梯板处）	m²	153	73	59	246	73	200
16	地砖地面（连廊处）	m²	71	57	58	66	61	85
17	红外线感应 LED 筒灯（4 寸）	套	67	68	66	55	57	76
18	原顶面乳胶漆	m²	5	3	7	11.25	5	8
19	红外线应急 LED 筒灯（4 寸）	套	105	105	106	98	82	98
20	防火门安装 1100×2300	樘	0	0	0	0	0	0
21	干挂 600×1200 浅灰色墙砖	m²	113	173	85	164	106	181
22	电梯门顶不锈钢饰面	m²	254	428	326	223	376	312
23	门洞不锈钢门套及顶部	m²	254	428	326	223	376	312
24	管井门安装 800×2150	樘	0	0	0	0	0	0
25	管井门安装 1000×2150	樘	0	0	0	0	0	0
26	防火门安装 1200×2300	樘	0	0	0	0	0	0
27	地砖地面 600×1200	m²	108	82	82	186	104	189
28	粘贴浅灰色墙砖 600×1200	m²	102	84	88	164	106	181

表 6.2-30 综合取费对比分析

序号	投标单位	管理费	利润	税金	合计	排名
1	A	3.00%	6.00%	9.00%	18.00%	1

(续)

序号	投标单位	管理费	利润	税金	合计	排名
2	E	6.00%	8.00%	9.00%	23.00%	3
3	D	5.00%	10.00%	9.00%	24.00%	4
4	B	4.00%	7.00%	9.00%	20.00%	2
5	C	15.00%	10.00%	9.00%	34.00%	5
6	F	6.00%	9.00%	9.00%	24.00%	4

3) 措施费对比分析，见表6.2-31。

表6.2-31 措施费对比分析

序号	投标单位	措施费单价/(元/m²)	措施费合计/元	排名
1	A	47.94	782 553	3
2	E	68.63	1 120 288	5
3	D	36.51	595 974	1
4	B	39.42	643 476	2
5	C	79.01	1 289 727	6
6	F	48.49	791 531	4

4) 第三次回标分析小结，见表6.2-32。

表6.2-32 第三次清标情况汇总

投标单位	清标情况	建议
A	①三次报价最低 ②三轮报价均环比降价，其中扣减一次报价中木塑面主材全费用约156万元 ③整体报价无单价最高项，但木塑面及不锈钢门套人工费依然偏高	若此单位中标，建议对以上项进行再次约谈调整
E	①三次报价次低，比最低价略高 ②三轮报价均环比降价，其中扣减一次报价中木塑面主材全费用约286万元 ③整体报价中有4项是最高单价项，其中石材地面、石材过门石及干挂墙砖600×1200的主材费及人工费仍然偏高较多，防火门及管井门安装人工费依然偏高，红外线感应及应急LED灯主材价偏高 ④对比同期另一项目报价：石材单价高出40元/m²，人工费高出38元/m²；不锈钢电梯门套及门顶项人工费高出23元/m²，1.2mm不锈钢单价高出70元/m²；欧洲白蜡木木塑饰墙面人工费高出23元/m²；防火门安装人工费高出23元/樘；入户门门顶主材单价高出13元/套	若此单位中标，建议对以上项进行再次约谈调整

第6章 室内装修工程

(续)

投标单位	清标情况	建议
D	①三次报价排名第四，比第三名略高 ②三轮报价中三次报价同二次报价未做调整，二次比一次降300万元，其中扣减一次报价中木塑面主材全费用约198万元 ③整体报价中有2项是单价最高项，浅灰色墙砖及地砖踢脚线（梯板处）偏高较多；红外线感应及应急LED筒灯（4寸）人工费30元/套最高，偏高较多；乳胶漆项主材费用未做调整，依然最高 ④对比同期另一项目报价：综合取费中利润率高出1%；墙地砖600×600主材单价高出8元/m²；不锈钢电梯门套及门顶1.2mm不锈钢单价25元/m²；欧洲白蜡木木塑饰面墙面人工费高出15元/m²；防火门安装人工费高出22元/樘	若此单位中标，建议对以上项进行再次约谈调整

(9) 定标建议

本工程经过3次回标、2次约谈，经成本部出具商务标评标，不再做约谈。经招采部、项目部协商按合理低价原则确定中标单位。

最终报价单位的技术标均为合格，按照分两个标段、分别由不同单位中标的安排，建议由两个标段的最低标单位中标，见表6.2-33。

表6.2-33 最终定标报告汇总

成本项		装修面积/m²	A		E		D	
			金额/元	指标/(元/m²)	金额/元	指标/(元/m²)	金额/元	指标/(元/m²)
总报价	1标	9 953	11 141 598	1 119	11 363 047	1 142	11 554 400	1 161
	2标	7 274	8 184 597	1 125	8 185 739	1 125	8 443 600	1 161
	合计	17 227	19 326 196	1 122	19 548 786	1 135	19 998 000	1 161
扣除措施费后的报价	1标		10 664 459		10 679 975		11 191 026	
	2标		7 835 871		7 686 504		8 178 021	
	合计		18 500 330		18 366 479		19 369 047	
裸价（扣除费利税后）	1标		9 037 677		8 682 907		9 025 021	
	2标		6 640 569		6 249 190		6 595 178	
	合计		15 678 246		14 932 097		15 620 199	
费利税	管理费	%	3		6		5	
	利润	%	6		8		10	
	税金	%	9		9		9	
	合计	%	18		23		24	
措施费		元/m²	48		69		37	

注：受篇幅所限，仅展示报价前三名的对比情况。

3. 招标总结

（1）招标计划复盘

本项目招标总体时间从启动到发出中标通知书，实际92天，超过计划7天；其中，从发标到发出中标通知书，实际56天，超过计划7天，主要原因是增加一轮回标，详见表6.2-34。

表 6.2-34　招标计划与实际完成对比

序	工作清单	日历天数（天）		完成时间	
		计划	实际	计划	实际
1	招标启动会	1	1	2019-4-25	2019-4-25
2	投标单位审批	19	19	2019-5-13	2019-5-13
3	招标文件审批	36	36	2019-5-30	2019-5-30
4	发标	37	37	2019-5-31	2019-5-31
5	现场踏勘、现场答疑、标前辅导	42	42	2019-6-5	2019-6-5
6	答疑回复	50	50	2019-6-13	2019-6-13
7	第一轮回标、开标	57	57	2019-6-20	2019-6-20
8	第一轮编制询标报告	65	65	2019-6-28	2019-6-28
9	第二轮回标、开标、编制报告	68	68	2019-7-1	2019-7-1
10	第三轮回标、开标、编制报告	77	79	2019-7-10	2019-7-12
11	编制商务标评标报告	83	83	2019-7-16	2019-7-16
12	中标单位审批	84	85	2019-7-17	2019-7-18
13	发出《中标通知书》	85	92	2019-7-18	2019-7-25

（2）数据分析与总结

1）工程量分析。以下分别按业态、装修区域、部位三种方式进行工程量统计和分析。见表6.2-35～表6.2-38。

表 6.2-35　公区装修工程含量分析（按业态）

序	业态	楼栋数	单元数	户数	装修面积 /m²	地上建筑面积 /m²	装修面积含量 /(m²/m²)
1	多层	20	29	446	10 108	59 882	0.1688
2	高层	6	7	516	7 120	65 383	0.1089
	合计（平均）	26	36	962	17 227	125 265	0.1375

注：除上表以外，以下的数据分析均以2标段为例进行，所有指标的计算面积均以多层和高层（不含地下和配套）的地上建筑面积为准。

表 6.2-36　公区装修工程含量分析（按功能区域）

序号	装修区域	单位	公区装修面积/m²			装修面积指标/(m²/m²)		
			多层	高层	合计	多层	高层	合计
1	地下二层前室	m²	272	31	303	0.0119	0.0036	0.0096

（续）

序号	装修区域	单位	公区装修面积/m²			装修面积指标/(m²/m²)		
			多层	高层	合计	多层	高层	合计
2	地下二层大堂	m²	298	118	416	0.0131	0.0135	0.0132
3	地下一层前室	m²	252	30	282	0.0110	0.0034	0.0089
4	地下一层大堂	m²	152	0	152	0.0066	0.0000	0.0048
5	地下夹层前室	m²	182	30	212	0.0080	0.0034	0.0067
6	首层大堂	m²	357	86	443	0.0156	0.0098	0.0140
7	首层前室	m²	317	31	349	0.0139	0.0036	0.0110
8	首层走廊	m²	60	27	87	0.0026	0.0030	0.0027
9	首层电梯厅	m²	0	0	0	0.0000	0.0000	0.0000
10	标准层前室	m²	209	568	777	0.0091	0.0651	0.0246
11	走道、走廊	m²	1 581	505	2 086	0.0692	0.0578	0.0660
12	连廊	m²	0	473	473	0.0000	0.0542	0.0150
13	楼梯间	m²	1 431	264	1 695	0.0626	0.0303	0.0537
	合计	m²	5 112	2 162	7 274	0.2237	0.2478	0.2303

表6.2-37 公区内装工程含量分析（按部位划分）

序	部位	各部位装修面积/m²			公区装修面积指标/(m²/m²)		
		高层	多层	合计	高层	多层	合计
1	墙面	4 082	15 664	19 746	1.8878	3.0641	2.7145
2	楼地面	2 162	5 112	7 274	1.0000	1.0000	1.0000
3	天棚吊顶	2 319	5 314	7 633	1.0723	1.0395	1.0493
	合计	8 563	26 090	34 653	3.9602	5.1037	4.7637

表6.2-38 公区装修面积统计

序号	装修区域	单位	多层				高层			
			楼地面	墙面	天棚	合计	楼地面	墙面	天棚	合计
1	地下二层前室	m²	272	1 104	263	1 639	31	58	25	115
2	地下二层大堂	m²	298	670	282	1 251	118	175	116	409
3	地下一层前室	m²	252	825	234	1 311	30	67	25	122
4	地下一层大堂	m²	152	399	144	695	0	0	0	0
5	地下夹层前室	m²	182	540	168	890	30	67	25	122
6	首层大堂	m²	357	813	325	1 496	86	205	77	368
7	首层前室	m²	317	977	318	1 613	31	53	25	110
8	首层走廊	m²	60	146	48	255	27	67	25	119
9	首层电梯厅	m²	0	0	0	0	0	0	0	0

(续)

序号	装修区域	单位	多层				高层			
			楼地面	墙面	天棚	合计	楼地面	墙面	天棚	合计
10	标准层前室	m²	1 790	5 001	1 730	8 521	568	1 255	484	2 308
11	走道、走廊	m²	0	0	0	0	505	1 266	484	2 254
12	连廊	m²	0	0	0	0	473	32	760	1 265
13	楼梯间	m²	1 431	5 188	1 802	8 421	264	837	270	1 371
	合计	m²	5 112	15 664	5 314	26 090	2 162	4 082	2 319	8 563

2) 成本指标分析。以下分别按业态、专业、楼层、部位四种方式进行成本统计和分析，见表 6.2-39~表 6.2-44。

表 6.2-39 公区内装成本指标分析（按业态）

序	业态	成本金额/元			面积/m²		成本指标/(元/m²)	
		定标价	甲供材	合计	装修面积	地上建筑面职	装修面积	地上建筑面积
1	多层	5 970 721	625 685	6 596 406	5 112	22 856	1 290	289
2	高层	2 213 968	238 885	2 452 853	2 162	8 726	1 134	281
合计（平均）		8 184 689	864 570	9 049 259	7 274	31 582	1 244	287

除上表外，本节分析均不含甲供材金额，整个项目的甲供材金额见表 6.2-40。

表 6.2-40 甲供材造价汇总

序号	内容	单位	工程量	甲供金额/元	装修施工价/元
1	楼层显示灯、应急照明、疏散指示、安全出入口指示灯	个	2 178	202 000	34 841
2	防火门、管井门（含锁具、合页）	樘	2 149	2 259 402	709 262
3	闭门器	套	1 047	303 000	27 232
4	木塑饰面墙板	m²	17 174	686 962	3 915 681
	合计	—	—	3 451 364	4 687 016

表 6.2-41 公区内装成本指标分析（按专业）

序	业态	定标价/元				成本指标/(元/m²)			
		装饰	机电	措施	合计	装饰	机电	措施	合计
1	多层	5 454 995	278 979	236 747	5 970 721	1 067	55	46	1 168
2	高层	2 027 312	89 383	97 273	2 213 968	938	41	45	1 024
合计（平均）		7 482 307	368 362	334 020	8 184 689	1 029	51	46	1 125

表 6.2-42 公区内装成本指标分析（按楼层） （单位：元/m²）

序号	装修区域	多层				高层			
		装饰	机电	措施	合计	装饰	机电	措施	合计
1	地下二层	1 029	56	46	1 131	982	50	45	1 077

（续）

序号	装修区域	多层				高层			
		装饰	机电	措施	合计	装饰	机电	措施	合计
2	地下一层	1 067	56	46	1 169	1 191	68	45	1 304
3	地下夹层	1 372	59	46	1 477	1 191	68	45	1 304
4	首层	1 497	126	46	1 669	1 483	64	45	1 592
5	标准层	1 285	68	46	1 399	943	44	45	1 032
6	楼梯间	551	0	46	597	526	0	45	571
	合计（平均）	1 067	55	46	1 168	938	41	45	1 024

表 6.2-43 公区内装成本指标分析（按部位） （单位：元/m²）

序号	部位	公区装修面积指标			实物装修面积指标		
		高层	多层	合计	高层	多层	合计
1	墙面	534	634	604	283	207	223
2	楼地面	209	228	222	209	228	222
3	天棚吊顶	195	206	203	182	198	193
	合计（平均）	938	1 067	1 029	237	209	216

表 6.2-44 公区内装成本指标分析（按搂层和部位） （单位：元/m²）

序号	装修区域	多层				高层			
		楼地面	墙面	天棚	合计	楼地面	墙面	天棚	合计
1	地下二层前室	189	170	158	172	215	356	265	297
2	地下二层大堂	187	261	265	244	225	313	265	274
3	地下一层前室	192	212	167	200	206	339	265	291
4	地下一层大堂	186	258	265	244	—	—	—	—
5	地下夹层前室	184	318	265	281	206	339	265	291
6	首层大堂	384	300	310	322	384	423	304	389
7	首层电梯厅	384	278	305	304	384	365	310	358
8	首层走廊	384	607	310	498	184	279	289	260
9	标准层前室	182	294	289	270	206	341	289	297
10	走道、走廊	—	—	—	—	184	283	289	262
11	连廊	—	—	—	—	180	1 772	53	144
12	楼梯间	236	67	56	94	228	79	46	101
	合计（平均）	228	207	198	209	209	283	182	237

注：表 6.2-44 以各个部位的实物装修面积计算成本指标，合计数与表 6.2-43 中数据对应。

3）典型清单项目的综合单价，见表 6.2-45、表 6.2-46。

表 6.2-45 高层住宅不同装修部位的综合单价　　　　　　（单位：元/m²）

装修部位	首层大堂		标准层	
	主要材料	综合单价	主要材料	综合单价
天花工程	矿棉板	310	吸声板	289
	乳胶漆	—	乳胶漆	—
墙面工程	瓷砖干挂墙面	446	瓷砖湿贴墙面	218
	欧洲白蜡木木塑饰面墙面	228	欧洲白蜡木木塑饰面墙面	—
	定制铝型材踢脚线	54	定制铝型材踢脚线	54
地面工程	石材地面	384	瓷砖地面	175
电梯门套	不锈钢电梯门套	768	不锈钢电梯门套	768

表 6.2-46 综合单价汇总　　　　　　（单位：元/m²）

序号	清单名称	项目特征	综合单价		
			主材价	安装价	合计
1	木塑饰面墙面	①欧洲白蜡木、白色砂岩木塑饰面面层，9mm厚水泥板基层 ②包含墙面阳角、末端部位"T"形成品铝型材收边 ③膨胀螺栓，28系列卡式轻钢龙骨，50型轻钢副龙骨	甲供	228	228
2	湿贴600×600浅灰色墙砖	①包含墙面阳角、末端部位"T"形成品铝型材收边，窗边口打密封胶，门边"L"形成品铝型材安装，消火栓专用成品型材条 ②墙砖专用粘接剂 ③根据招标技术要求中施工标准排版要求，材料损耗含在报价内	70	148	218
3	干挂600×1200浅灰色墙砖	①包含墙面阳角、末端部位"T"形成品铝型材收边，窗边口打密封胶，门边"L"形成品铝型材安装，消火栓专用成品型材条 ②干挂骨架：原建筑墙体混凝土部分采用 80mm 长∠40×5mm 等边镀锌角钢点支、M10×100 膨胀螺栓，不锈钢干挂件施工；加气块砖墙墙面竖向立筋采用 5#镀锌槽钢，间距约 1000mm。横向采用∠40×5mm 等边镀锌角钢，槽钢与角钢焊接完成，焊渣去除后采用红丹防锈漆涂刷一遍，并涂刷钢结构防火涂料两遍	102	344	446

(续)

序号	清单名称	项目特征	综合单价 主材价	综合单价 安装价	综合单价 合计
4	乳胶漆墙面	①基层处理 ②批刮腻子 ③刷乳胶漆	5	41	45
5	1.2mm厚黑色不锈钢电梯门套	18mm厚阻燃板基层	229	539	768
6	定制60mm高成品铝型材踢脚线	基层固定及处理	17	37	54
7	50mm高深灰色地砖踢脚线	①基层处理 ②粘结层 ③1.0mm厚铝型材U形收口条	74	596	669
8	10mm厚600×600深灰色地砖地面	①40mm厚水泥砂浆 ②素水泥粘结层 ③根据招标技术要求中施工标准的排版要求，材料损耗含在报价内	71	104	175
9	20mm厚芝麻黑火烧水洗面石材地面600×1200	①30mm厚水泥砂浆 ②素水泥粘结层	200	184	384
10	吸声板天棚吊顶	①吸音板面层 ②含"W"成品铝型材收口条 ③φ8mm吊丝，50配50系列轻钢龙骨 ④其他说明：含筒灯孔、灯带、检修口、风口等所有工艺，具体做法详见施工图纸及施工图说明 ⑤工程量为水平投影面积	100	189	289
11	矿棉板天棚吊顶	①矿棉板面层，9.5mm厚石膏板基层 ②含"W"成品收口条 ③φ8mm吊丝，50配50系列轻钢龙骨 ④其他说明：含筒灯孔、灯带、检修口、风口等所有工艺，具体做法详见施工图纸及施工图说明 ⑤工程量为水平投影面积	105	205	310
12	1.0mm穿孔铝板天棚吊顶	①PB-03：1.0mm穿孔铝板 ②包含"W"成品铝型材收口条 ③φ8mm吊杆，50配50系列轻钢龙骨 ④其他说明：含筒灯孔、灯带、检修口、风口等所有工艺 ⑤工程量为投影面积	94	171	265

4）综合单价分析，见表6.2-47~表6.2-52。

表 6.2-47 瓷砖干挂墙面综合单价分析

序号	费用名称	单位	消耗量	单价/元	合计/(元/m²)
1	人工费				147
1.1	综合人工	工日	0.42	350.00	147
2	主要材料费				113
2.1	CT-01：600×1200浅灰色墙砖	m²	1.20	85.00	102
2.2	加工费	m²	1.05	10.00	11
3	其他材料费				110
3.1	干挂钢骨架	m²	1.00	85.00	85
3.2	辅材	m²	1.00	25.00	25
4	机械费	m²	1.00	5.00	5
	人、材、机小计				375
5	管理费（3.0%）				11
6	利润（6.0%）				23
7	税金（9.0%）				37
	综合单价小计				446

表 6.2-48 木塑饰面墙面综合单价分析

序号	费用名称	单位	消耗量	单价/元	合计/(元/m²)
1	人工费				110
1.1	综合人工	工日	0.31	350	110
2	主要材料费				33
2.1	定制白色砂岩木塑饰面墙面	m²		甲供	0
2.2	9mm厚水泥板基层	m²	1.05	20	20
2.3	胶	m²	1.05	12	13
3	其他材料费				45
3.1	28系列卡式轻钢龙骨，50型轻钢副龙骨	m²	1.05	35	37
3.2	"T"形成品铝型材收边	m	1.05	8	8
4	机械费	m²	1.05	3	3
	人、材、机小计				191
5	管理费（3.0%）				6
6	利润（6.0%）				12
7	税金（9.0%）				19
	综合单价小计				228

第6章 室内装修工程

表 6.2-49 浅灰色墙砖综合单价分析

序号	费用名称	单位	消耗量	单价/元	合计/(元/m²)
1	人工费				75
1.1	综合人工	工日	0.17	450.00	75
2	主要材料费				70
2.1	600×600浅灰色墙砖	m²	1.35	52.00	70
3	其他材料费				35
3.1	粘接剂	m²	1.05	25.00	26
3.2	"T"形成品铝型材收边	m	1.05	8.00	8
4	机械费	m²	1.05	3.00	3
	人、材、机小计				183
5	管理费（3.0%）				5
6	利润（6.0%）				11
7	税金（9.0%）				18
	综合单价小计				218

表 6.2-50 石材地面综合单价分析

序号	费用名称	单位	消耗量	单价/元	合计/(元/m²)
1	人工费				75
1.1	综合人工	工日	0.17	450.00	75
2	主要材料费				231
2.1	20mm厚600×1200mm芝麻黑石材火烧水洗面（ST-01）	m²	1.05	190.00	200
2.2	石材润色剂2遍	m²	1.05	20.00	21
2.3	石材加工费	m²	1.00	10.00	10
3	其他材料费				13
3.1	30mm厚水泥砂浆	m²	1.05	10.50	11
3.2	填缝剂	m²	1.05	2.00	2
4	机械费	m²	1.00	4.00	4
	人、材、机小计				323
5	管理费（3.00%）				10
6	利润（6.00%）				20
7	税金（9.00%）				31
	综合单价小计				384

表 6.2-51 地砖地面综合单价分析

序号	费用名称	材料规格型号	单位	消耗量	单价/元	合计/(元/m²)
1	人工费					60

（续）

序号	费用名称	材料规格型号	单位	消耗量	单价/元	合计/(元/m²)
1.1	综合人工		工日	0.13	450.00	60
2	主要材料费					68
2.1		10mm厚600×600深灰色地砖（CT-02）	m²	1.30	52.00	68
3	其他材料费					17
3.1	40mm厚水泥砂浆		m²	1.05	14.00	15
3.2	填缝剂		m²	1.05	2.00	2
4	机械费		m²	1.00	3.00	3
	人、材、机小计					147
5	管理费（3.0%）					4
6	利润（6.0%）					10
7	税金（9.0%）					14
	综合单价小计					175

表6.2-52 矿棉板天棚吊顶

序号	费用名称	单位	消耗量	单价/元	合计/(元/m²)
1	人工费				85
1.1	综合人工	工日	0.24	350.00	85
2	主要材料费				137
2.1	PB-01：矿棉板面层	m²	1.05	100.00	105
2.2	9.5mm厚石膏板基层	m²	1.05	15.00	16
2.3	"W"成品铝型材收口条（MT-04）	m	1.05	15.00	16
3	其他材料费				35
3.1	轻钢龙骨	m²	1.05	28.00	29
3.2	白乳胶	m²	1.05	5.00	5
4	机械费	m²	1.05	4.00	4
	人、材、机小计				260
5	管理费（3.0%）				8
6	利润（6.0%）				16
7	税金（9.0%）				26
	综合单价小计				310

5）主材价格信息，见表6.2-53。

表 6.2-53　主材价格信息

序号	材料名称	规格型号	单位	单价/元
装饰工程				
1	黑色不锈钢	1.2mm 厚	m²	218
2	定制成品铝型材踢脚线	60mm 高	m	16
3	深灰色地砖	600×600×10	m²	52
4	深灰色地砖	600×1200×10	m²	90
5	浅灰色墙砖	600×1200	m²	85
6	浅灰色墙砖	600×600	m²	52
7	深灰色地砖踢脚线	50mm 高	m²	52
8	瓷砖踢脚线	50mm 高	m²	52
9	芝麻黑火烧水洗面石材	600×1200×20	m²	190
10	欧洲白蜡木木塑饰面	4.0mm 厚	m²	主材甲供
11	白色砂岩木塑饰面	4.0mm 厚	m²	主材甲供
12	矿棉板		m²	100
13	吸声板		m²	95
14	穿孔铝板	1.0mm 厚	m²	85
15	白色乳胶漆		Ng	4
16	细木工板		m²	55
17	轻钢龙骨		m²	28
18	石膏板		m²	15
19	粉刷、找平腻子		kg	7
安装工程				
1	LED 筒灯（4寸）	常明灯（地下门厅）	套	50
2	红外线感应 LED 筒灯	4寸	套	67
3	红外线应急 LED 筒灯	4寸；自带蓄电池，持续时间不小 30min	套	105
4	LED 筒灯（4寸）	计时器控制	套	67
5	安全出口灯		个	甲供
6	疏散指示灯		个	甲供
7	楼层显示灯		个	甲供
8	事故照明灯		个	甲供
9	火灾禁入灯		个	甲供
10	型材灯		m	40
11	防水插座		个	43
12	安全型五孔插座		个	28

（续）

序号	材料名称	规格型号	单位	单价/元
13	安全型五孔插座（带USB）		个	50
14	接线盒		个	1.50
15	JDG管	JDG25	m	4.80
16	JDG管	JDG20	m	3.90
17	电线	WDZN-BYJ-2.5	m	1.77
18	电线	WDZA-BYJ-2.5	m	1.45
19	电线	WDZA-BYJ-4	m	2.45

【案例6.3】

高层住宅公区装修维修和品质升级工程

1. 基本信息

（1）工程概况（表6.3-1）

表6.3-1 工程概况

工程地点	浙江省某市
建设时间	2008年交付，2018年维修升级
主要业态	小高层、高层住宅，2013户
交付标准	毛坯
建筑面积	约260 000m^2
层数/层高	地上11层、33层/2.9m
结构形式	剪力墙结构

（2）标段概况（表6.3-2）

表6.3-2 标段概况

特征工程量	见表6.3-3
目标成本	500万元 本项目于2008年7月竣工交付，本工程为脱保维修工程，以估算金额作为目标成本
工期要求	2018年7月30日完工
定标时间	2018年4月
招标方式	邀请招标
定价方式	基于工程范围、技术要求及招标图纸的总价包干合同，无材料调差、无人工调差
招标范围	首层大堂墙面的瓷砖拆除、重新铺贴；标准层公区墙面的瓷砖修补并压铝卡槽线条。无甲供材
标段划分	不划分标段

表6.3-3 装修工程量统计

序号	业态	层数	楼栋数	公区楼地面面积/m^2		
				首层	标准层	合计
1	高层住宅	33	10	644	7 918	8 563
2	小高层住宅	11	12	438	2 640	3 078
	合计		22	1 083	10 559	11 641

2. 招标过程

（1）编制招标计划

本标段从招标启动会到发出中标通知书，计划30天，中标单位需要在2018年4月20日前进场。具体计划见表6.3-4。

表 6.3-4 招标计划

序号	工作清单	计划完成时间	参加部门
1	投标单位审批	2018-4-1	招采部、物业部
2	现场计量、编制工程量清单	2018-4-1	招采部、成本部、物业部
3	招标文件审批	2018-4-3	招采部
4	发标	2018-4-5	招采部
5	现场答疑、标前辅导	2018-4-7	招采部、物业部
6	答疑回复	2018-4-8	招采部
7	第一轮回标、开标	2018-4-10	招采部、成本部、财务部
8	定标前约谈	2018-4-12	招采部、物业部
9	编制评标报告	2018-4-13	招采部
10	中标单位审批	2018-4-14	招采部
11	发出《中标通知书》	2018-4-15	招采部

（2）确定招标范围

本标段的招标范围包括：

①一期楼栋首层大堂、公共走道及电梯前室的墙面，标准层、顶层的公共走道及电梯前室的墙面瓷砖维修。

②招标范围内的墙砖修复，包括脱落、破损及其他存在伤害危险的墙砖替换、修复。

③招标范围内标准层公区墙砖缝内压半圆3#铝卡槽线条进行装修品质提升。

④修复范围内涉及相关已完成构件（如防火门、窗、消防箱等）需拆除进行瓷砖修复的，由施工单位负责恢复原貌。

⑤施工过程中涉及的临水、临电、成品保护、安全防护成本、施工建筑垃圾清运等费用包含在总价中。

（3）确定投标单位

本次招标共邀请集团内周边项目的供方共6家单位参与投标，见表6.3-5。

表 6.3-5 投标单位名单

序号	投标单位	资质	公司内装修工程业绩	单位来源
1	A	装饰装修贰级	绍兴住宅一期公区精装、常州住宅三期公区精装	供方库
2	B	装饰装修壹级	苏州住宅一期大堂及公共区域精装、上海住宅项目自用办公室精装	供方库

(续)

序号	投标单位	资质	公司内装修工程业绩	单位来源
3	C	装饰装修贰级	常州三期精装样板房、常州项目幼儿园精装	供方库
4	D	装饰装修贰级	苏州项目第三方维保单位；绍兴别墅一期品质提升工程	供方库
5	E	装饰装修贰级	常州商业项目一期公区精装、常州项目三期公区精装	供方库
6	F	装饰装修壹级	昆山一期公区装修、别墅样板房装修	供方库

(4) 回标分析

1) 总价对比分析。清标情况主要是报价修正。包括 A：无算术误差；E：投标函上少算 10 元，不予修正；B：无算术误差；D：开办费少算 152670 元，工程量电梯门套少算 2 套 4363 元，需要修正金额为 157 033 元，不影响排名；F：汇总公式错误少算 119 000 元，需要修正，不影响排名；C：汇总公式错误少算 52 132 元，需要修正，不影响排名。具体见表 6.3-6。

表 6.3-6 回标总价对比分析

排名	投标单位	投标总价/元			与最低标对比	
		投标函	修正金额	修正后	差额/元	差额比例
1	A	3 468 201	0	3 468 201	0	0%
2	E	3 628 250	0	3 628 250	160 049	5%
3	B	4 379 068	0	4 379 068	910 866	26%
4	D	5 854 245	157 033	6 011 278	2 386 043	69%
5	F	5 926 754	119 000	6 045 754	2 458 553	71%
6	C	7 950 731	52 132	8 002 863	4 482 529	129%

2) 开办费分析，见表 6.3-7。

表 6.3-7 开办费对比分析

序号	项目名称	开办费报价明细/元				
		A	E	B	D	F
1	接收场地	3 030	2 020	20 200	—	18 180
2	安全防护措施	20 200	20 200	20 200	5	18 180
3	现场及施工照明	10 100	2 020	15 150	10 124	13 635
4	文明施工	20 200	60 600	30 300	177 171	27 270
5	临时设施	35 350	31 310	151 500	179 702	136 350
6	二次搬运	5 050	5 050	30 300	192 358	27 270
7	检测和试验	5 050	13 130	20 200	—	18 180

(续)

序号	项目名称	开办费报价明细/元				
		A	E	B	D	F
8	室内环境检测	505	8 080	20 200	25 311	18 180
9	保险	10 100	20 200	15 150	161 985	13 635
10	成品保护费	10 100	48 480	30 300	25 311	27 270
11	清理及移交	10 100	68 680	30 300	20 048	27 270
12	施工占用、使用许可	505	2 020	15 150	—	13 635
	开办费报价合计	130 290	281 790	398 950	792 014	359 055
	投标总价合计	3 468 201	3 628 250	4 379 068	6 011 278	6 045 754
	开办费费率	3.8%	7.8%	9.1%	13.2%	5.9%

开办费清标小结：历史项目公区精装的开办费占总报价比例一般是3%~4%。本次投标单位开办费清标情况见表6.3-8。

表6.3-8 开办费清标情况汇总

排名	投标单位	主要问题	结论
1	A	有2项偏低：室内环境检测报价、施工占用/使用许可	较为合理
2	E	有3项偏高：文明施工、成品保护费、清理及移交	偏高
3	B	有4项偏高：临时设施、材料二次搬运及损耗、材料检测和试验费、清理及移交	严重偏高
4	D	有4项偏高：文明施工、临时设施、材料二次搬运及损耗、保险 有1项偏低：安全防护措施	严重偏高
5	F	有2项偏高：现场安全文明施工、临时设施	偏高
6	C	有1项偏高：临时设施 有2项偏低：材料检测和试验费、保险	略偏低

3）主要材料工程量对比分析。本轮回标，除"D"外，其余投标单位均按参考工程量进行报价；"D"减少2套大理石门套线拆装修补的工程量。经复核，未根据我公司最新参考工程量清单报价。

最低标"A"完全响应招标清单中的参考工程量。

4）主要单价对比分析，见表6.3-9、表6.3-10。

表6.3-9 主要单价分析

序号	主要清单项	工程量	单位	综合单价/元			
				A	E	B	D
	首层						
1	凿除300×600米黄色瓷砖	5 099	m²	11	22	12	17
2	凿除瓷砖粘贴的粘接剂基层	4 066	m²	20	25	9	6

(续)

序号	主要清单项	工程量	单位	综合单价/元			
				A	E	B	D
3	墙面粉刷修补	5 099	m²	35	32	66	36
4	拆除、安装墙面开关面板、应急照明灯、安全出口指示灯、消防箱盖等	22	层	147	200	600	600
5	拆除100mm石膏线条	1 535	m	4	12	3	4
6	拆除、安装门套线条（除大理石门套线）	841	m	11	65	0	35
7	300×600 米黄色墙砖（采用面砖专用黏结剂）	4 066	m²	130	195	150	207
8	100mm 石膏线条安装及涂料修补	1 536	m	28	29	19	20
9	白色乳胶漆	1 033	m²	33	42	38	67
10	门边打胶收口	1 925	m	5	12	6	10
11	垃圾外运	5 099	m²	11	18	20	12
12	脚手架费（超过3m高）	4 438	m²	13	24	10	45
13	大理石门套线拆装修补	51	套	533	3 800	—	2 160
	标准层						
14	凿除300×600米黄色瓷砖粘贴黏接剂基层	543	m²	37	22	12	17
15	墙面粉刷修补	543	m²	35	32	66	35
16	300×600 米黄色墙砖（采用面砖专用黏结剂）	543	m²	130	195	150	207
17	半圆 3#铝卡槽线条	110 758	m	19	13	23	29

表 6.3-10 综合单价清标情况汇总

排名	投标单位	主要问题	结论
1	A	无单价偏高项	合理较低
2	E	有3项偏高项：300×600米黄色墙砖、拆除和安装门套线条、大理石门套线拆装修补	偏高
3	B	有4项偏高：墙面粉刷修补、300×600米黄色墙砖、大理石门套线拆装修补、半圆3#铝卡槽线条 有1项未报价：拆除、安装门套线条（除大理石门套线）	偏高
4	D	有4项偏高项：300×600米黄色墙砖、白色乳胶漆、大理石门套线拆装修补、半圆3#铝卡槽线条	偏高
5	F	有3项偏高项：300×600米黄色墙砖、墙面粉刷修补、半圆3#铝卡槽线条	偏高
6	C	总价最高，虽不是所有单价均最高，但工程量较大的单价均偏高过多，导致总价偏高较多	最高

5) 主要材料回标品牌对比分析，见表6.3-11。

表6.3-11 乙供材料品牌对比分析

排名	投标单位	油漆、涂料	腻子粉	密封胶	背胶	粘结剂	结论
招标品牌范围		三棵树、多乐士、嘉宝莉、美涂士	美巢、壁丽宝、佳佳宝	道康宁、汉高百得、瓦克	爱迪、天尧、雨虹、西卡、曹杨	曹杨、韦伯、爱迪、德高	—
1	A	多乐士	壁丽宝	道康宁	曹杨	曹杨	符合
2	E	多乐士	美巢	道康宁	曹杨	曹杨	符合
3	B	多乐士	佳佳宝	道康宁	雨虹	德高	符合
4	D	美涂士	壁丽宝	道康宁	曹杨	德高	符合
5	F	嘉宝莉	佳佳宝	道康宁	雨虹	德高	符合
6	C	未提供					未提供

除C以外，另外5家单位回标的材料品牌符合招标文件要求。

6) 设计样品评审。"C"瓷砖、膨胀螺管+螺栓样品不合格，"D"膨胀螺管+螺栓样品未送样，其他4家单位样品均合格。最低价"A"样品均合格，详见表6.3-12。

表6.3-12 材料送样评审情况汇总

排名	投标单位	瓷砖	膨胀螺管+螺栓	石膏线条	乳胶漆	铝卡槽线条	结论
1	A	合格	合格	合格	合格	合格	合格
2	E	合格	合格	合格	合格	合格	合格
3	B	合格	合格	合格	合格	合格	合格
4	D	合格	未送样	合格	合格	合格	待补送
5	F	合格	合格	合格	合格	合格	合格
6	C	不合格	不合格	合格	合格	合格	不合格

(5) 最低标合理性分析和定标建议

1) 与目标成本对比分析。拟定标指标较目标成本结余154万元（约31%），主要因凿除单价及半圆3#铝卡槽线条单价较目标成本的估算单价低近20%、45%，总价低约200万元，其他单价略有上浮，具体见表6.3-13。

表6.3-13 最低标与目标成本对比分析

科目	估算金额			拟中标指标		
	估算金额/元	装修面积/m²	单方指标/(元/m²)	最低报价/元	装修面积/m²	单方指标/(元/m²)
公区装饰维修工程	5 000 000	11 641	430	3 468 201	11 641	298

2) 定标建议。各投标单位均按参考量报价，招标界面、技术要求已较为明确；技术评标均满足我公司要求，最低标单位"A"的投标总价低于估算金额，数量响应参考工程量，

单价均较合理，整体单价竞争优势明显，已基本具备定标条件。

3. 招标总结

（1）招标计划复盘

本项目招标总体时间从启动到发出中标通知书，实际13天，比计划缩短2天；其中，从发标到发出中标通知书，实际9天，比计划缩短2天，详见表6.3-14。

表6.3-14 招标计划与实际完成对比

序号	工作清单	日历天数		完成时间	
		计划	实际	计划	实际
1	投标单位审批	1	1	2018-4-1	2018-4-3
2	招标文件审批	3	4	2018-4-3	2018-4-6
3	发标	5	5	2018-4-5	2018-4-7
4	现场答疑、标前辅导	7	6	2018-4-7	2018-4-8
5	答疑回复	8	6	2018-4-8	2018-4-8
6	第一轮回标、开标	10	9	2018-4-10	2018-4-11
7	定标前约谈	12	10	2018-4-12	2018-4-12
8	编制评标报告	13	11	2018-4-13	2018-4-13
9	中标单位审批	14	12	2018-4-14	2018-4-14
10	发出《中标通知书》	15	13	2018-4-15	2018-4-15

（2）数据分析与总结

1）工程量指标分析，见表6.3-15。

表6.3-15 工程量指标分析

序号	业态	公区墙面维修面积/m^2			公区墙面维修面积指标/(m^2/m^2)		
		首层	标准层	合计	首层	标准层	合计
1	高层住宅	3 843	519	4 361	5.96	0.065	0.51
2	小高层住宅	1 307	30	1 337	2.98	0.011	0.43
	合计	5 150	548	5 698	4.76	0.052	0.49

注：表中面积指标是用墙面更换维修面积/公区装修特征面积（即维修区域的楼地面面积）得到。

2）成本指标分析，见表6.3-16、表6.3-17。

表6.3-16 成本指标分析

序号	业态	维修金额/元			特征面积指标/(元/m^2)		
		首层	标准层	合计	首层	标准层	合计
1	高层	825 243	1 863 730	2 688 973	1 281	235	314
2	小高层	319 481	459 747	779 228	729	174	253
	合计	1 144 724	2 323 477	3 468 201	3 468 201	220	298

表 6.3-17 成本指标拆分析

序号	业态	装修内容	维修金额/元			特征面积指标（元/m²）		
			首层	标准层	合计	首层	标准层	合计
1	高层	维修	825 243	108 832	934 075	1 281	14	109
		提升	0	1 754 898	1 754 898	0	222	205
2	小高层	维修	319 481	6 241	325 722	729	2	106
		提升	0	453 506	453 506	0	172	147
合计			1 144 724	2 323 477	3 468 201	1 057	220	298

注：提升项装修内容是指标准层公区墙面瓷砖修补后压铝卡槽线条（见表 6.3-18 中 2.4 项）。

3）主要清单项综合单价，见表 6.3-18。

表 6.3-18 高层住宅部分的工程量清单

序号	工程内容	工程量	单位	综合单价/元	合价/元
1	首层大堂				792 593
1.1	凿除 300×600 米黄色瓷砖	3 843	m²	11	42 273
1.2	凿除瓷砖粘贴粘接剂基层	2 935	m²	20	58 700
1.3	墙面粉刷修补	3 843	m²	35	134 505
1.4	拆除、安装墙面开关面板、应急照明灯、安全出口指示灯、消防箱盖等	10	层	147	1 470
1.5	拆除 100mm 石膏线条	907	m	4	3 628
1.6	拆除、安装门套线条（除大理石门套线）	257	m	11	2 827
1.7	300×600 米黄色墙砖供应及安装（采用面砖专用黏结剂）	2 935	m²	130	381 550
1.8	100mm 石膏线条安装及涂料修补	907	m	28	25 396
1.9	白色乳胶漆（墙面水泥砂浆修补/挂网格布/批刮腻子/刷乳胶漆）	953	m²	33	31 449
1.10	门边打胶收口	1 370	m	5	6 850
1.11	垃圾外运	3 843	m²	11	42 273
1.12	脚手架费（超过 3m 高）	3 637	m²	13	47 281
1.13	大理石门套线拆装修补	27	套	533	14 391
2	标准层				1 793 603
2.1	凿除 300×600 米黄色瓷砖粘贴粘接剂基层（含打孔时损坏）	518	m²	37	19 166
2.2	墙面粉刷修补（含打孔时损坏）	518	m²	35	18 130
2.3	300×600 米黄色墙砖（采用面砖专用粘结剂）（含打孔时损坏）	518	m²	130	67 340

（续）

序号	工程内容	工程量	单位	综合单价/元	合价/元
2.4	半圆 3#铝卡槽线条，壁厚 1.2mm，膨胀螺栓直径 0.8cm，长 8cm	88 893	m	19	1 688 967
	合计				2 586 196

注：表中综合单价不含开办费分摊值。

4）综合单价分析，见表 6.3-19。

表 6.3-19　综合单价分析

序号	清单项目	单位	综合单价组成/元				
			主材价	施工费	费利税	开办费	合计
1	300×600 米黄色瓷砖	m²	22.5	75.0	32.4	5.2	135.1
2	半圆 3#铝卡槽线条	m	5.9	8.0	4.6	1.2	19.7
3	白色乳胶漆	m²	8.0	17.0	8.3	1.0	34.3

注：该项目的管理费率为 6%，利润率为 8%，税率为 11%。

第7章
室外工程

本 章 提 要

本章主要介绍室外工程相关标段的招标过程和总结相关数据。这些标段包括景观绿化、室外管网、道路、雕塑小品等。本书列举的案例是其中的2个标段。

【案例7.1】为景观绿化工程，列举的是江苏省某大型高层住宅项目。

【案例7.2】为音乐喷泉工程，列举的是河北省某商业街项目。该案例的特点是采取设计与施工分开招标的方式，探讨和总结了此类标段按设计施工一体化招标的做法运作流程及利弊得失。

【案例7.1】

住宅小区景观绿化工程

1. 基本信息

(1) 工程概况（表7.1-1）

表7.1-1 工程概况

工程地点	江苏省某市
建设时间	2017年
主要业态	1期包含4栋高层住宅、商业、配套用房及地库，二期包含4栋高层住宅、配套用房及地库
交付标准	毛坯
建筑面积	地上建筑面积233 000m²，见表7.1-3
层数/层高	地上28~33层/2.9m
结构形式	剪力墙结构

(2) 标段概况（表7.1-2~表7.1-3）

表7.1-2 标段总体概况

特征工程量	室外景观面积34 538m²，见表7.1-3
目标成本	1052万元，景观成本指标305元/m²，其中：一期165元/m²，二期为605元/m²
工期要求	分两期施工，一期进场时间5月30日，完工时间2017年10月30日。二期进场时间2017年9月30日，完工时间2018年08月30日
定标时间	2017年5月
招标方式	邀请招标形式
定价方式	基于施工图纸、技术要求、工程范围的总价包干合同，无材料及人工调差
招标范围	一期及二期工程的室外景观工程，包括绿化、园建、水电及土方工程和北侧交付区域临时围墙、主楼采光井玻璃雨篷工程，不包含用地红线范围内的沥青道路及路牙石、小区雨污水管网；无甲供材
标段划分	不分标段

表7.1-3 项目规模及景观面积

指标	一期	二期	合计/平均
地上建筑面积/m²	150 000	83 000	233 000
软景面积/m²	13 310	6 597	19 907
硬景面积/m²	9 581	5 050	14 631
景观面积合计/m²	22 891	11 647	34 538
软景比例	58%	57%	58%

2. 招标过程

（1）编制招标计划

该标段要求在 5 月底进场施工，预计招标时间 60 天。详细计划见表 7.1-4。

表 7.1-4　招标计划

序号	工作清单	计划完成时间	责任部门
1	招标启动会	2017-3-18	成本部
2	投标单位审批	2017-3-18	成本部
3	招标文件审批	2017-3-20	成本部
4	发标	2017-3-23	成本部
5	现场答疑、标前辅导	2017-3-25	成本部
6	答疑回复	2017-3-26	成本部、工程部
7	第一轮回标、开标	2017-4-25	成本部、财务部
8	第一轮议标会议	2017-4-30	成本部（商务）、工程部（技术）
9	定标前约谈	2017-5-10	成本部
10	编制评标报告	2017-5-10	成本部
11	中标单位审批	2017-5-10	成本部
12	发出《中标通知书》	2017-5-12	成本部

（2）确定招标范围、界面

1）招标范围。本工程招标范围为一期及二期范围内的园林绿化、园建工程、景观机电及给水排水、小区围墙、园林小品等，不包含小区雨污水系统、全部沥青道路基层、面层及道路侧石。

①景观图纸所有绿化相关内容，包含苗的检疫证明、起苗、运输、种植、养护。

②景观负责合同范围内的工作内容的养护工作，通过竣工验收并移交物业之日起 24 个月内进行修复工作（景观单位自行承担养护用水、用电的费用）。

③景观单位需在养护期内确保苗木成活率 100%，并在合同养护期（24 个月）到期后苗木成活率 100% 正式移交相关单位。

④景观单位负责配合办理所有绿化施工证、竣工备案证等政府手续，配合并通过政府验收。

具体的招标范围说明见表 7.1-5，合同界面的详细说明见表 7.1-6。

表 7.1-5　招标范围说明

序号	工作事项	景观招标范围说明
1	土方回填	①用地红线内土方由总包单位回填，标高为（4.30m），园林单位现场复核无异议后与总包办理书面移交手续，园林单位根据竖向设计要求进行剩余土方的回填及造型 ②人行道与市政路之间的绿化带内土方由市政单位回填，标高为 4.30m，园林单位现场复核无异议后完成办理书面移交单，园林单位根据竖向设计要求进行剩余土方的回填及造型

（续）

序号	工作事项	景观招标范围说明
2	窨井调整	室外窨井井盖安装完成后的标高为4.30m，园林单位现场复核无异议后与相关单位办理书面移交手续，园林单位根据竖向设计，对窨井标高进行调整，并负责窨井的成品保护工作
3	井盖及更换	①景观范围内的装饰井盖和草坪井盖的铺装，由景观单位施工；总包单位负责雨污水井盖供应及安装 ②园路两侧绿化可视范围内的井盖须待相关配套验收完成后，在原有井盖上增加草坪井盖（沿建筑周边井盖不需更换），园林单位进场后应及时与室外相关配套专业进行沟通，协助调整管线走向，园路上不允许出现窨井，地面铺装面上如有窨井，园林单位需增加装饰井盖（下沉式井盖），地面铺装范围内的窨井均采用不锈钢下沉式井盖
4	人工草坪安装	配电房顶部、绿化带内未更换草坪井盖的窨井均需铺设人工草坪进行装饰并在人工草皮上标注相应窨井的功能
5	主入口景观岗亭外立面的装饰工程	由精装修单位负责，并负责与门窗交接处的收尾工作，岗亭相关的其他工作内容（结构、门窗等）均不在此次景观招标范围内
6	防护栏杆	室外水平防护栏杆包括自行车坡道、汽车坡道、出地库楼梯间以及出地下室楼梯间等部位，由景观单位施工
7	涂料	小区永久围墙及燃气调压站护栏涂料由景观单位施工，其余建筑物及构筑物涂料均不在景观单位施工范围
8	景观家具	所有景观家具如成品岗亭、垃圾筒、座椅、成品花钵、健身器材及游乐设施、信报箱均由景观单位负责
9	标识标牌、停车划线	小区标识标牌、停车划线等由相应分包单位负责
10	景观正式用电	由园林单位从专用变压器的用户变压器内的用电端口接出（具体参数要求及位置参照设计图纸）
11	景观正式用水	由园林单位从小区内自来水绿化的端口接入，并设置水表（具体参数要求及位置参照设计图纸）
12	单元门厅地面	单元入户门厅基础由总包单位施工，面层由景观单位施工；单元门内（含门槛石）为精装修单位施工范围
13	沥青道路、沥青停车位及与沥青关联的路牙	不在景观招标范围内
14	停车位	室外总体单位负责沥青停车位（机动车及非机动车）区域基础做至混凝土垫层及停车位区域平石。停车位面层及车挡由景观单位施工
15	小区入口道闸、车库顶板排水层	不在此次景观招标范围内
16	小区内上人口、自行车坡道等部位与园路连接处的施工工作	由园林单位参照设计图纸进行施工
17	小区内所有电缆分支箱、配电箱等凸出地面箱体	含在招标范围内，必须用木格栅进行装饰，燃气调压站护栏采用镀锌钢管方管（喷漆）制作安装（具体做法参照设计图纸）

(续)

序号	工作事项	景观招标范围说明
18	小区景观排水	参照景观排水图施工,所有排水管道均需采用 S2 级 HDPE 双壁波纹管,排水井根据需要做不低于 10cm 的沉降,井为砖砌内外双粉
19	深化设计与优化设计	投标单位负责对设计公司提供的图纸不满足现场实际情况或存在缺陷部分的审查及全部施工深化 并在进场两周内完成深化设计工作 同时将图纸提供给建设单位及景观设计单位进行审核
20	现场施工用电、用水	由总包提供接驳点,水、电费用由景观单位与总包自行协商解决,建设单位不提供临建搭设区域,园林施工单位需自行考虑生活区及办公区设置
21	封闭施工	现场施工需考虑沿湖西路增设施工围挡,进行封闭施工
22	移交	景观施工单位需对已办理移交的外场施工界面负责安全文明施工管理,及时清理垃圾,场容场貌满足各种检查要求
23	养护期	养护期限为 24 个月,以通过竣工验收后移交物业之日起开始计算;24 个月绿化养护期届满时将组织正式移交验收;移交验收的不合格部分由施工单位无偿返工(更换、补种、现场清理等全部工作)并养护至第二年再次验收
24	其他	景观施工图纸上所有的内容均在此次景观招标范围内(除以上已说明不在范围内的内容);商务标未列明而景观设计图纸有要求的工作项目视为投标人已将费用包含于总投标价格内。因安装结构与设计图纸不尽相符之处,必须调整方案或增加材料、工作量等,所产生的增加费用包含于投标总价内

表 7.1-6 合同界面说明

序号	相关合同	景观单位工作内容	总包及其他分包工作内容
1	土建总包	一、通则 景观单位自行负责水电接驳点至施工场地的接驳费用,并承担施工用水电费、移交物业后的景观养护水电费 二、工作 ①景观单位完成标高+4.30m 以上部分的回填及造型,按照图纸要求完成,包括堆坡整形、微地形调整、土体改良(含种植土) ②清除自身施工过程中的需要清除的杂物	一、通则 总包提供施工水电的接驳点具体位置 二、工作 ①总包负责回填土至平均标高+4.30m 并与景观单位办理书面移交手续 ②室外散水及周边排水明沟(含盖板)由总包施工(包括自行车坡道、汽车坡道、公共楼梯间出入口处等) ③变电站(含基础、结构)由总包负责 ④车库顶板的防水层及土工布过滤层由总包施工 ⑤主入口岗亭结构由总包负责施工

(续)

序号	相关合同	景观单位工作内容	总包及其他分包工作内容
2	综合机电	①景观照明、给水排水系统由景观单位按图施工 ②供应、安装景观照明配电箱并负责景观配电箱至用户变压器的接驳 ③除高杆灯外的所有景观照明灯具的供应、安装 ④突出地面箱体、燃气调压站的围护工作按图纸施工	提供正式水电的接驳点： ①给水的接驳点位于自来水预留专用绿化水头 ②电的接驳点位于商业用户变压器内
3	弱电	无	入口处的车闸基础、系统（含人行闸）由弱电施工单位负责
4	保温涂料	小区永久围墙涂料由景观单位负责	①变电所的外墙弹性涂料由保温涂料施工单位负责 ②排烟井、采光井的防雨百叶、玻璃顶棚及主入口岗亭门窗工作由门窗施工单位负责 ③自行车及汽车坡道侧墙、主楼与地库上入口及所有室外地面凸出物的墙面涂料由保温涂料施工单位负责
5	精装修	①入户门厅外的地面面层施工 ②景观家具如小品、垃圾筒、座椅、健身器材及游乐设施等均在景观范围内	①大堂单元门的门槛石铺装由精装施工单位负责 ②入户门厅地面基础由总包单位负责
6	栏杆	小区永久围墙铁艺栏杆由景观单位负责	其他栏杆由总包或栏杆单位完成
7	室外总体	①景观范围内的排水（含管线、排水沟及检查井）、园林灌溉（含管线、井及设备）由景观单位负责，灌溉用水费用由景观单位负责，景观排水就近接入雨水井，接入雨水井管道由景观单位施工 ②由景观单位复核雨污水、给水、电力、消防、电信相应窨井的标高，并完成综合管线和景观完成面的标高复核，且负责窨井的二次提升及装饰井盖施工 ③景观单位负责硬质铺装上的装饰井盖 ④园路两侧绿化可视范围内的井盖上由景观单位增加草坪井盖 ⑤供应及安装次入口的成品岗亭	①道路雨污水单位负责雨污水井及雨污水管道供应及安装，并将建筑物（如变电站等配套用房）周边明沟排水接至第一口雨水井 ②道路雨污水单位负责所有雨污水管道土方的开挖及回填 ③道路雨污水单位负责沥青主干道道路基层、面层及道路自排水 ④道路雨污水单位负责沥青道路侧石 ⑤道路雨污水单位负责沥青停车位区域基础做至混凝土垫层及停车位区域平石 ⑥因道路及雨污水开挖造成的多余土方由道路雨污水单位负责清运出场 ⑦完成次入口岗亭的基座

(续)

序号	相关合同	景观单位工作内容	总包及其他分包工作内容
8	专业单位	①除标志标牌单位工作范围内的其他标识标牌 ②高杆路灯的配套管线的供应及安装 ③负责燃气调压站前人行汀步及燃气管调压站护栏、路灯基础施工完毕后的景观恢复 ④景观负责树木铭牌 ⑤信报箱的设计、供应、安装及验收 ⑥主入口结构岗亭施工 ⑦建筑单体附墙井道玻璃雨篷供应及安装	①标示标牌单位负责单体楼栋的导识系统，包括门牌引导牌、平面引导牌 ②由交通划线单位负责停车位划线及道路划线

(3) 确定投标单位

本次招标共邀请供方库内单位7家、新入库单位1家，共8家单位参与投标，详见表7.1-7。

表7.1-7 投标单位名单汇总

序号	投标单位	类似工程业绩	来源
1	A	苏州项目、无锡项目示范区	供方库
2	B	南通一期	供方库
3	C	张家港项目、江阴项目	供方库
4	D	南通一期景观	供方库
5	E	常熟项目	供方库
6	F	—	供方库
7	G	常州项目示范区	供方库
8	H	—	新入库单位

(4) 编制工程量清单

本标段的工程量清单委托造价咨询单位编制，提供参考工程量给投标单位报价参考。
1) 在清单说明中，除常规内容以外，需要注意绿植部分的专业性要求，例如：
①保活期为两年。
②所有苗木存活率为100%。
③苗木高度指苗木自地面至最高生长点之间的垂直距离（不包括徒长枝）。
④苗木胸径指苗木自地面至1.2m处树干直径。
⑤苗木地径指苗木自地面30cm处树干直径。
⑥苗木规格均为施工现场种植、整形、修剪完毕后的规格。
⑦施工期内需考虑反季节种植费及防汛、暴雨等不可抗力因素，无需其他特殊措施及赶工方案。

2) 在投标总计表中将增值税单独列出，如表 7.1-8 所示：

表 7.1-8 报价汇总

序号	清单项	工程数量	计量单位	金额/元			
				含税合价	不含税合价	增值税总额	税率
	投标总计						
1	开办费	1	项				
2	土方工程	1	项				
3	绿化工程	1	项				
4	园建工程	1	项				
5	安装工程	1	项				
6	杂项	1	项				
	投标总计						

（5）编制招标文件

需要注意详细说明以下四点内容：

1) 关于送样与替代的约定。在招标文件中详细说明需要投标单位提供样品的清单及效果图。第一次回标前需参照设计提供的材料小样进行送样，必须提供一套供项目公司和区域公司确认，投标单位提供的材料样板必须按照景观设计清单上的编号标注清楚，以便审核。投标单位可以提供相同档次，相同色系的材料来代替，代替品实物样品必须通过设计单位及建设单位确认后方可使用。必须将代替品的品牌、型号及供应单位在回标资料中注明，并提供小样。

2) 关于绿植部分的竣工初验时间的约定。花坛内种植的一、二年生花卉应在种植后 15 天内进行验收；对于宿根花卉，春季种植的应在当年发芽后进行验收，秋季种植的应在第二年春发芽出土后进行验收；灌木地被生长期应在栽植后 1 个月、休眠期栽植应在新的生长发芽开始 1 个月期满方可验收；乔木生长期应在栽植 3 个月、休眠期应在新的生长开始 3 个月期满后方可验收。

3) 关于付款方式。本工程的工程款由甲方直接支付给分包商。具体付款方式如下：

①本工程无预付款，按月度以进度款方式支付。

②按月度以进度款方式支付工程款，每月 18 日提交付款申请，经监理、承包商审核后提交甲方，甲方按核定工程量的 70%（含甲方审批确认的变更金额）在 56 天内支付审批后的工程款，月进度款<合同额的 2%且不超过 20 万元的，并入下期支付。2 月、4 月、6 月、8 月、10 月、12 月工程款并入下月支付。

③施工合同预留质量保证金分二次在支付承包商工程进度款时暂扣，该项金额为合同总价的 2%且不超过 300 万元；施工合同预留质量保证金将根据分包商在第三方飞行检查、竣工前五方查验等检查中得分确定实际支付金额，在项目正式交付后，由区域工程管理中心及

区域工程管理部审核后支付。

④工程竣工验收备案后，甲方支付分包商至合同总价的88%（或合同总价90%扣除300万元，含甲方审批确认的变更金额）。

⑤本工程约定绿化苗木部分的保留金为苗木结算价的15%，其余部分（含硬质景观、水电、土方等）保留金为该部分结算价的5%；办理完结算手续后，雇主支付分包商扣除两部分保留金后的结算款。

⑥苗木部分保留金在保修期两年内每满壹年退还7.5%（即苗木保留金的1/2）。其余部分保留金（含硬质景观、水电、土方等）在保修期满两年后一次性退还。

⑦须提供增值税专用发票。

4）关于维修期的备品备件。在养护期结束后，与物业办理移交手续时，需移交给物业公司每种硬质铺装材料$5m^2$，每种规格的窨井盖各5个，方便物业以后自行维修。

（6）第一轮回标分析

1）总价对比分析，见表7.1-9、表7.1-10。

表7.1-9 总价对比分析

排名	投标单位	投标总价/元	比目标成本		相对最低标		景观面积单方指标/(元/m²)
			差额/元	差额比例	差额/元	差额比例	
	目标成本	10 523 057	—	—	—	—	305
1	A	10 926 921	403 864	4%	—	0%	316
2	B	12 072 605	1 549 548	15%	1 145 684	10%	350
3	D	12 091 746	1 568 689	15%	1 164 825	11%	350
4	E	12 484 106	1 961 049	19%	1 557 185	14%	361
5	F	13 152 221	2 629 164	25%	2 225 300	20%	381
6	G	14 259 045	3 735 988	36%	3 332 124	30%	413
7	C	14 313 991	3 790 934	36%	3 387 070	31%	414
8	H	21 222 380	10 699 323	102%	10 295 459	94%	614

表7.1-10 投标总价具体组成对比分析

序号	投标单位	报价组成/元					
		开办费	土方	绿化	园建	水电	杂项
1	A	116 287	643 407	5 345 931	3 680 290	658 302	482 704
2	B	494 400	689 798	3 758 588	4 124 724	1 356 799	1 648 295
3	D	587 611	489 107	5 719 343	3 600 413	987 603	707 670
4	E	628 300	576 632	5 470 852	3 608 444	1 199 653	1 000 225
5	F	379 040	732 274	5 660 315	4 522 932	1 043 184	814 475

①算术误差：H单位：在投标总计中，从其他清单页链接"含税总价"时重复计算税费，导致投标总价多报约60万元。

A单位：二期清单"四号清单 园建工程"中门卫屋面做法、水平防护栏杆以及"五号

清单 安装工程"中检修阀门井、补水阀门井、一期"六号清单 杂项"中植筋做法均未报价（按第二低单位的报价约 8 万元）。

F 单位：二期清单"五号清单 安装工程"中水景潜水泵未报价（按第六名报价约 0.7 万元）。

本轮回标其余单位均无算术误差。

根据公司招标管理制度《施工类合同招标工作程序》的规定，该算术错误导致的排名变动不予修正。若剔除上述误差因素影响，仍不影响投标报价排名，但在后续议标会议中应提醒上述单位在下轮回标时修正。

②淘汰最高标：本轮回标所有单位投标报价均超目标成本，最低报价超目标成本 40 万元，约 4%。

本轮最低报价优势明显，排名第二至四位的三家投标报价较接近，分别高出最低标 10%、11%、14%，价差在 5%以内。排名第五的 F 高出最低标 20%。本轮最高三个投标单位的报价偏高幅度较大，高出最低标在 30%以上。

因工程量几乎没有差异，各家单位投标报价的差异主要为价格水平的差异，本轮最高三家投标价格水平较高，已无竞争优势，经申请本轮予以淘汰，后续不再做具体分析。（因篇幅所限，以下分析仅列举报价排名前三的单位）

2）工程量分析。为确保招标工程量准确，在发标前已由成本部与造价咨询单位进行核量工作，并提供各家投标单位作为报价参考。

本轮回标除 G 对"四号清单 园建工程"局部工程量有微调外（增报围墙 56.5m，影响投标报价增报约 18 万元，不影响投标报价排名），其余单位回标工程量均为招标清单提供的参考量。

3）开办费分析，详见表 7.1-11。

表 7.1-11　开办费报价对比分析

序号	组成明细	开办费报价/元		
		A	B	D
1	接收场地	3 090	15 450	15 450
2	生活、办公、施工用水电费	32 960	30 900	30 900
3	材料报验及报检	3 399	10 300	9 270
4	安全文明施工	6 180	10 300	7 210
5	临时设施	10 300	15 450	26 780
6	配合施工及交叉作业	6 180	10 300	8 240
7	图纸深化设计	2 884	10 300	5 150
8	成品保护	5 665	15 450	11 330
9	小区井与市政井的接驳	3 090	15 450	11 330
10	卫生费、占道费、排污费、临建报批	3 090	10 300	7 210
11	局部苗木调整	2 060	15 450	12 360
12	恶劣天气及夜间施工及赶工	7 210	10 300	12 360

(续)

序号	组成明细	开办费报价/元		
		A	B	D
13	竣工验收及竣工图纸绘制、打印	7 210	10 300	6 180
14	竣工交付前的保洁、清理及移交	3 090	10 300	8 240
15	小区围墙红线外侧与市政道路接驳处理	4 120	10 300	18 540
16	造型堆坡局部修改	5 974	15 450	12 360
17	现场样板	4 635	10 300	3 090
18	营改增税费调整	0	267 800	355 861
19	绿植移栽	5 150	0	25 750
	合计	116 287	494 400	587 611
	开办费占比	1.1%	4.1%	4.9%

汇总历史项目的定标数据,在营改增的过渡期内,景观工程的开办费(含因营改增增加税费)占比在1%~2.5%(苏州一期1.4%、常州项目2.5%,上海项目1.8%),本工程综合单价中已包含增值税税金,另需投标单位考虑一项绿植移栽(影响较小),因此开办费占比在1%~2%为合理范围。

总体来看,各家单位开办费报价在11.6~63.0万元,开办费占比在1.1%~5.0%,报价差异较大,其中A开办费占比处于合理较低,B、D、E均偏高。

开办费分析小结:本轮回标,各家单位开办费报价均需在第二轮进行调整。对于开办费中未填报的项目以及报价不合理项目,需在议标时重点澄清。

4)主要单价分析。本轮对主要单价进行分析,选取对造价影响较大的项目,占总造价的60%以上。因清单项目较多,本文选取主要清单对比见表7.1-12。

表7.1-12 主要清单综合单价对比分析

序号	项目名称	参考量	计量单位	综合单价/元			
				A	B	D	历史中标价
1	土方工程						
1.1	外购土方回填	14 851	m³	36	32	23	15
1.2	挖土方	1 470	m³	9	10	18	3
2	绿化工程						
2.1	香樟A	13	株	2 870	3 440	6 000	4 000
2.2	香樟B	203	株	1 208	1 806	2 800	1 400
2.3	香泡	37	株	5 772	3 268	2 400	7 900
2.4	朴树A	18	株	7 800	4 988	12 000	7 300
2.5	无患子	28	株	4 056	2 064	2 900	2 300
2.6	金桂A	33	株	2 496	1 720	3 500	4 500
2.7	石楠A	31	株	1 057	2 752	850	1 100

(续)

序号	项目名称	参考量	计量单位	综合单价/元			历史中标价
				A	B	D	
2.8	日本早樱	49	株	2 808	1 892	2 400	—
2.9	日本晚樱	90	株	1 248	1 427	850	925
2.10	紫薇	29	株	2 028	1 376	1 500	600
2.11	毛鹃	1 016	m²	137	83	120	146
2.12	红叶石楠	1 089	m²	99	67	85	112
2.13	金边黄杨	871	m²	137	69	73	74
2.14	法国冬青	1 074	m²	168	112	180	—
2.15	草坪	7 442	m²	22	17	25	18
3	园建工程						
3.1	素土夯实	7 857	m²	2	2	2	2
3.2	碎石垫层	850	m³	165	172	139	140
3.3	C20混凝土（含模板）	371	m³	386	445	449	430
3.4	C15混凝土（含模板）	350	m³	360	435	436	420
3.5	M7.5水泥砂浆砌筑MU10砖砌体	109	m³	480	480	490	450
3.6	黄木纹锈石板，片径300~500mm	443	m²	215	208	135	—
3.7	钢筋	35 892	kg	4	5	5	5
3.8	模板	1 492	m²	56	45	25	60
3.9	镀锌方钢深灰色氟碳漆饰面	20 010	kg	6	15	9	—
3.10	6+6无色夹胶玻璃	151	m²	320	450	280	480
3.11	30mm厚黄锈石荔枝面花岗岩	1 020	m²	191	183	171	165
3.12	30mm厚芝麻黑荔枝面花岗岩	1 485	m²	169	183	152	200
3.13	30mm厚芝麻灰花岗岩荔枝面	283	m²	169	211	152	165
3.14	50mm烧结砖	3 170	m²	136	118	126	125
3.15	铁艺栏杆	337	m	314	650	556	480
3.16	8+1.14PVB+8钢化夹胶玻璃	344	m²	486	550	390	—
4	安装工程						
4.1	电力电缆YJV-3×4	4 905	m	11	15	19	10

(续)

序号	项目名称	参考量	计量单位	综合单价/元			
				A	B	D	历史中标价
4.2	电力电缆 YJV-3×6	2 583	m	15	16	23	16
4.3	管沟土方	2 048	m³	30	45	22	21
4.4	De160 PE 排水管/HDPE	740	m	23	59	62	25
5	杂项						
5.1	成品塑料雨水箅子（300×400）	79	个	158	300	76	—

考虑到本标段的业态、定标时间等对景观造价有较大影响，选取区域内近期已定标类似项目：常州项目（高层住宅、2017年1月定标）为对标项目。具体单价对比分析详见后文"与历史项目对比分析"。

A：土方工程、园建工程报价整体偏高，绿化工程略偏高，安装工程略偏低，杂项报价整体处于合理范围。土方工程偏高，如场地平整、外购土方回填综合单价偏高。绿化工程略偏高，主要因为地被植物整体偏高，乔木及灌木如丛生朴树、苏铁A、乐昌含笑、香泡、日本早樱、红梅、紫薇等综合单价偏高；而芭蕉、白碧桃、南天竹综合单价略偏低。园建工程中，如素土夯实、50mm烧结砖、模板等综合单价偏高；C20混凝土（含模板）、C15混凝土（含模板）、镀锌方钢氟碳漆饰面等综合单价略偏低。此外，安装工程和杂项中，排水管整体报价偏低，配电箱、低压灯变压器、信报箱等综合单价偏低。

同时，清单中存在前后报价不一致的项目，如大叶黄杨、红花继木等；园建工程中如防水涂膜、防水卷材等未报价，以上内容需在议标会议中澄清。

B：土方工程、园建工程、安装工程报价整体偏高，杂项严重偏高，绿化工程报价整体处于合理范围。土方工程偏高，如外购土方回填、基槽回填土方、多余土方处理综合单价偏高。园建工程偏高，主要因镀锌方钢氟碳漆饰面、碎石垫层、30mm厚芝麻黑荔枝面花岗岩、30mm芝麻灰花岗岩荔枝面、铁艺栏杆（围墙标准段）等综合单价偏高，因工程量较大影响报价较多。安装工程偏高，主要因电气、给水管、阀门、阀门井等整体偏高，如管沟土方、AL配电箱、低压灯变压器、低压灯变压器井、检修阀门井、De63 PP-R给水管等综合单价偏高。杂项，如成品岗亭、成品车挡、接线井盖、信报箱等综合单价大幅偏高。绿化工程中，如香樟B、珊瑚朴等综合单价偏高；而苦楝、苏铁A、紫叶李B、榆叶梅等综合单价略偏低。

D：绿化工程报价整体偏高，土方、园建、安装等整体处于合理范围。绿化工程中，乔木及灌木报价较高，综合单价偏高项目较多，如香樟A、香樟B、榉树、朴树A、苦楝、重阳木、黄山栾、金桂A、金桂B、鸡爪槭T、榆叶梅、瓜子黄杨球等。其他工程中，如非机动车出入口铁艺栏杆、60mm厚细石混凝土、会客厅廊架格栅、6+6无色夹胶玻璃、电力电缆YJV-3×4等综合单价偏高，而低压灯变压器、低压灯变压器井盖、接线井盖等综合单价略偏低。

E：园建工程、安装工程和杂项报价整体偏高，绿化工程略偏高，土方工程整体处于合理范围。如碎石垫层、M7.5水泥砂浆砌筑MU10砖砌体、管沟土方、壁灯、水景潜水泵、商业街灯、临时围挡搭拆（2.3m高）、信报箱等综合单价偏高。绿化工程中，主要因乔木报价偏高，如丛生胡柚、香泡、杨梅T、紫叶李A、紫薇等综合单价偏高。土方工程虽然整体合理，但个别项目如场地平整、挖土方综合单价偏高。

F：除杂项报价整体合理以外，其他专业工程报价均整体偏高。同时，二期清单中水景潜水泵未报价。

单价分析小结：本轮回标中，各家单位的报价普遍偏高。A 需在第二轮调整不平衡报价，B 的杂项工程有较大下浮空间，D 需重点澄清绿化工程报价，E 和 F 整体有较大下浮空间。与历史项目相比，大部分价格已合理，少数项目如外购土方回填、碎石垫层、砖砌体等仍需下调。

5）点工单价对比分析，见表7.1-13。

表 7.1-13 点工单价对比分析

序号	项目名称	综合单价		
		A	B	D
正常工作时间人工单价/（元/工日）				
1	风动钻机手	280	260	260
2	机械设备操作工（挖掘机、推土机等）	280	260	350
3	车辆司机	260	260	350
4	杂工	150	180	150
5	苗木种植工	230	150	180
6	硬质铺砖工	280	260	260
正常工作时间以外的人工单价/（元/工日）				
1	风动钻机手	280	260	300
2	机械设备操作工（挖掘机、推土机等）	280	260	420
3	车辆司机	300	260	420
4	杂工	150	180	180
5	苗木种植工	230	150	216
6	硬质铺砖工	280	260	300
机械设备台班单价/（元/台班）				
1	自行式起重机（起重量2t以下）	2000	1600	1500
2	自行式起重机（起重量2t以上）	3500	1900	2000
3	自卸车	1500	1000	800
4	75mm水泵，包括软管	890	1500	100
5	200型挖掘机	2000	1500	3000
拆除工程单价/（元/m³）				
1	钢筋混凝土拆除	370	180	450
2	素混凝土拆除	100	100	380
3	砌体拆除	230	60	200

6）第一轮回标小结：本轮回标，A实体工程量清单中土方、园建工程整体报价偏高，以及各专业工程之间不平衡报价需在议标时澄清。B、D开办费偏高，实体工程量清单中个别专业工程报价偏高，需重点澄清。E和F整体偏高，需调整。

7）第一轮议标会议。本次招标，技术标与商务标分别组织议标会议，会后分别向各投标单位发放议标问卷。主要内容包括以下三项：

①技术标中需要澄清的事项或问题。

②商务标中价格过高或过低的问题。

③关于发票和增值税率的问题进行再次强调和澄清。本工程一期为简易征收项目，二期为一般征收项目。各家单位在投标报价时，一期景观自行考虑填报税率并提供增值税专用发票，二期景观需提供11%的增值税专用发票。

（7）第二轮回标分析

1）总价分析，见表7.1-14、表7.1-15。

表7.1-14 总价对比分析

排名	投标单位	投标总价/元		相对最低标		相对第一轮回标		
		第二轮	第一轮	差额/元	差额比例	首轮排名	差额/元	差额比例
1	A	9 522 179	10 926 921	—	0%	1	−1 404 742	−13%
2	E	11 457 426	12 484 106	1 935 248	20%	4	−1 026 680	−8%
3	B	11 585 088	12 072 605	2 062 909	22%	2	−487 517	−4%
4	D	11 844 566	12 091 746	2 322 388	24%	3	−247 179	−2%
5	F	13 005 339	13 152 221	3 483 160	37%	5	−146 882	−1%
6	G	第一轮淘汰	14 259 045					
7	C	第一轮淘汰	14 313 991					
8	H	第一轮淘汰	21 222 380					

表7.1-15 投标总价组成分析　　　　　　　　　　　（单位：元）

序号	清单项	总价组成				
		A	E	B	D	F
1	开办费	116 287	365 650	481 010	534 561	653 535
2	土方工程	430 656	526 204	626 261	487 637	642 525
3	绿化工程	4 298 952	5 118 160	4 134 447	5 486 135	5 574 634
4	园建工程	3 512 044	3 541 316	3 961 704	3 639 821	4 364 344
5	安装工程	658 632	1 050 252	1 298 507	999 355	1 043 128
6	杂项	505 608	855 844	1 083 158	697 057	727 173
	总价	9 522 179	11 457 426	11 585 088	11 844 567	13 005 339

算术误差：本轮回标各家单位均无算术误差。

目标成本：除A外，其余单位投标报价均超目标成本。本轮回标A整体下调幅度最大，下调约 13 个点，排名仍为第一。E 整体下调约 8 个点，由第四名（首轮排名）上升为第二名；排名第三、第四、第五的 B、D 和 F，本轮下调幅度依次减少，较首轮相对排名未发生变化。

本轮最低标 A 较其余几家单位报价优势明显，较次低标 E 报价低约 193 万元。次低标至第五标报价高出最低标均在 20%以上。

A：报价整体降低 140 万元（降幅 13%），其中开办费未调整，主要为绿化工程降低约 100 万元。

E：报价整体降低 102 万元（降幅 8%）。其中开办费降低 26 万元，绿化工程降低 35 万元，安装工程降低 15 万元，其余专业工程报价均有降低。

B：报价整体降低 49 万元（降幅 4%）。其中开办费降低 2 万元，杂项降低 56 万元，园建工程降低 17 万元，土方及安装工程报价均有降低。绿化工程因首轮部分项目报价偏低，本轮增加报价 36 万元。

D：报价整体降低 25 万元（降幅 2%）。其中开办费降低 5 万元，绿化工程降低 23 万元，土方工程及杂项报价均有降低。园建和安装工程修正偏低项后报价略有增加。

2）工程量分析。本轮回标各家单位回标工程量均为清单参考量。

3）开办费分析，开办费报价对比见表 7.1-16。

表 7.1-16　开办费报价对比

	对比项	开办费报价				
		A	E	B	D	F
第一轮	开办费报价/元	116 287	628 300	494 400	587 611	略
	总报价/元	10 926 921	12 484 106	12 072 605	12 091 746	略
	开办费占比	1.1%	5.0%	4.1%	4.9%	2.9%
第二轮	开办费报价/元	116 287	365 650	481 010	534 561	略
	总报价/元	9 522 179	11 457 426	11 585 088	11 844 566	略
	开办费占比	1.2%	3.2%	4.2%	4.5%	5.0%

本轮开办费报价 A 未调整，仍处于合理范围。E、B 和 D 均有下调，但仍偏高。F 增加开办费报价，偏高。

4）主要单价分析。仍选取第一轮单价项目，本轮对比分析见表 7.1-17。

表 7.1-17　主要单价对比

序	项目名称	参考工程量	计量单位	最低三标报价/元			历史中标价/元
				A	E	B	
1	土方						
1.1	场地平整	33 532	m²	1	3	2	1
1.2	外购土方回填	14 419	m³	24	25	30	15
1.3	挖土方	1 427	m³	9	18	10	3
2	绿化						

（续）

序	项目名称	参考工程量	计量单位	最低三标报价/元			历史中标价/元
				A	E	B	
2.1	香樟 A	13	株	2 870	3 625	3 784	4 000
2.2	香樟 B	197	株	1 208	1 479	1 987	1 400
2.3	乐昌含笑	16	株	1 230	1 958	1 456	—
2.4	广玉兰	28	株	1 404	1 378	2 081	1 280
2.5	丛生胡柚	11	株	1 280	6 525	1 561	5 000
2.6	香泡	36	株	2 600	5 800	3 595	7 900
2.7	特选榉树	13	株	10 200	17 400	10 406	15 000
2.8	榉树	3	株	6 800	13 775	4 730	4 500
2.9	丛生朴树	2	株	11 000	13 775	8 514	—
2.10	朴树 A	17	株	5 900	9 860	5 487	7 300
2.11	珊瑚朴	6	株	5 616	3 625	6 622	—
2.12	苦楝	17	株	1 000	2 900	946	—
2.13	重阳木	12	株	4 680	2 465	1 892	—
2.14	无患子	27	株	3 100	4 350	2 270	2 300
2.15	黄山栾	65	株	3 276	3 480	2 705	—
2.16	苏铁 A	10	株	1 150	870	350	—
2.17	罗汉松	1	株	8 800	29 000	2 838	—
2.18	金桂 A	32	株	2 496	1 813	1 892	4 500
2.19	金桂 B	36	株	1 404	1 160	1 324	1 800
2.20	石楠 A	30	株	1 057	653	3 027	1 100
2.21	杨梅 T	2	株	3 900	6 525	2 838	4 360
2.22	紫叶李 A	41	株	1 200/2 340	4 640	1 419	—
2.23	紫叶李 B	55	株	1 200/1 685	1 233	757	—
2.24	鸡爪槭 T	4	株	14 820	11 600	8 703	350
2.25	日本早樱 T	5	株	2 500	5 510	3 027	—
2.26	日本早樱	48	株	1 300	2 175	2 081	—
2.27	日本晚樱	87	株	850	943	1 570	925
2.28	红梅	6	株	1 500	1 595	1 324	450
2.29	紫薇	28	株	2 028	2 610	1 514	600
2.30	榆叶梅	10	株	1 000	580	227	—
2.31	毛鹃	986	m²	108	160	91	146
2.32	紫鹃	489	m²	96	138	91	128
2.33	金森女贞	472	m²	110	94	90	100

(续)

序	项目名称	参考工程量	计量单位	最低三标报价/元			历史中标价/元
				A	E	B	
2.34	红叶石楠	1 057	m²	75	123	74	112
2.35	大叶黄杨	382	m²	90	116	72	—
2.36	小叶黄杨	660	m²	90	94	92	—
2.37	金边黄杨	846	m²	70	116	76	74
2.38	桃叶珊瑚	283	m²	90	145	85	82
2.39	八角金盘	134	m²	135/245	138	85	72
2.40	法国冬青	1043	m²	168	174	123	—
2.41	草坪	7225	m²	22	25	19	18
3	园建						
3.1	素土夯实,夯实系数≥0.93	7628	m²	1	1	2	2
3.2	碎石垫层	826	m³	165	170	167	140
3.3	C20混凝土(含模板)	361	m³	476	430	400	430
3.4	C15混凝土(含模板)	340	m³	360	420	435	420
3.5	M7.5水泥砂浆砌筑MU10砖砌体	106	m³	480	550	480	450
3.6	黄木纹锈石板,25mm厚1:3水泥砂浆粘结层	430	m²	174	200	208	—
3.7	50mm厚100mm宽南方松防腐木,两侧倒圆角深棕色木漆饰面,间缝5mm	10	m²	280	340	300	200
3.8	钢筋	34 847	kg	4	5	5	5
3.9	模板	1 448	m²	56	50	45	60
3.10	廊架格栅	40	m²	450	100	300	
3.11	镀锌方钢深灰色氟碳漆饰面	19 427	kg	6	9	13	
3.12	6+6无色夹胶玻璃	147	m²	320	250	350	480
3.13	格栅	39	m²	450	240	400	
3.14	30mm厚黄锈石荔枝面花岗岩,25mm厚1:3水泥砂浆结合层	990	m²	191	190	178	165
3.15	30mm厚芝麻黑荔枝面花岗岩,25mm厚1:3水泥砂浆结合层	1 442	m²	169	175	178	200
3.16	30mm厚芝麻灰花岗岩荔枝面,25mm厚1:3水泥砂浆结合层	275	m²	169	165	206	165
3.17	200×100×50烧结砖(深红色、米黄色),25mm厚1:3水泥砂浆结合层	3 077	m²	113	430	118	125

(续)

序	项目名称	参考工程量	计量单位	最低三标报价/元 A	E	B	历史中标价/元
3.18	暗红色塑胶路面	433	m²	173	240	180	190
3.19	30mm厚细石混凝土找平层	433	m²	29	30	26	30
3.20	铁艺栏杆（50×50×3厚方钢，深灰色金属漆、20×20×2厚方钢，深灰色金属漆）	92	m	324	300	250	—
3.21	80mm厚草绿色混凝土植草砖细砂填缝	2 851	m²	88	100	108	98
3.22	150×100圆木桩（防腐、抛光处理）插入土壤	2 840	根	12	10	10	—
3.23	LOGO字体（围墙标准段）	66	项	376	200	1950	—
3.24	铁艺栏杆（3mm厚60×80矩形方通，外饰黑色氟碳烤漆、2mm厚25×25方通，外饰黑色氟碳烤漆@165/330）	327	m	314	300	600	480
4	安装工程						
4.1	电力电缆YJV-3×4	4 762	m	11	13	15	10
4.2	电力电缆YJV-3×6	2 508	m	15	20	16	16
4.3	庭院灯	156	套	1144	1935	2020	1850
4.4	管沟土方	1 988	m³	30	36	35	21
4.5	绿地雨水口	74	座	267	329	500	—
4.6	De63 PP-R 给水管	676	m	41	37	71	25
4.7	De75 PP-R 给水管	524	m	52	53	91	72
4.8	De160 PE 排水管/HDPE	718	m	32/15	56	59	25
5	杂项						
5.1	成品塑料雨水箅子 300×400	77	个	158	100	250	—
5.2	接线井盖（重型塑料复合盖板或装饰性井盖）	72	个	350	350	750	—

A：基本响应议标问卷，下调了场地平整、外购土方回填、素土夯实、黄木纹锈石板、50mm烧结砖、模板、廊架格栅、圆木桩、水平防护栏杆（$H=1050mm$）等单价；乔木及灌木如特选榉树、榉树、朴树A、丛生朴树、无患子、罗汉松、苏铁A、乐昌含笑、香泡、日本早樱、红梅、紫薇等，地被植物如毛鹃、金森女贞、大叶黄杨、小叶黄杨、金边黄杨、桃叶珊瑚等均有较大幅度的下调。同时，上调了C20混凝土、De160排水管、成品岗亭等略偏低的单价。各项单价调整后各专业工程（土方、绿化、园建等）报价已较低，安装工程整体仍略偏低。

E：基本响应议标问卷，下调了挖土方、碎石垫层、M7.5水泥砂浆砌筑MU10砖砌体、混凝土植草砖、管沟土方、壁灯、水景潜水泵、商业街灯、临时围挡搭拆（2.3m高）、信报箱等单价。乔木如丛生胡柚、香泡、榉树、丛生朴树、苦楝、无患子、黄山栾、罗汉松等，地被如毛鹃、紫鹃、大叶黄杨、金边黄杨、八角金盘、法国冬青、草坪等单价也有一定程度的下调。各项价格调整后安装工程和杂项整体仍偏高。

B：基本响应议标问卷，下调了外购土方回填、基槽回填土方、镀锌方钢氟碳漆饰面、碎石垫层、30mm厚芝麻黑荔枝面花岗岩、30mm芝麻灰花岗岩荔枝面、铁艺栏杆（围墙标准段）等单价。安装工程中电气、给水管、阀门、阀门井等偏高项以及杂项如成品岗亭、成品车挡、接线井盖、信报箱等也有一定程度的下调。绿化工程中除首轮报价偏低的项目进行上调外，还有如香樟B、珊瑚朴、石楠A等单价也略有上调。各项价格调整后土方、园建、安装工程和杂项整体仍偏高。

本轮回标后，A整体价格水平已较合理。其余各家均存在部分专业工程报价偏高，主要表现为单价未降至合理水平。

（8）议标和定标

1) 最低标与目标成本对比分析。最低报价按成本科目的划分与目标成本对比，低于目标成本10%，各项价格水平具有一定的优势，具备了定标条件。具体分析见表7.1-18。

表7.1-18 最低报价与目标成本对比分析

目标成本		最低报价		最低报价-目标成本	
金额/元	成本指标/(元/m^2)	金额/元	成本指标/(元/m^2)	节约金额/元	节约比例
10 523 057	305	9 522 179	276	-1 000 878	-10%

2) 最低标与历史项目对比分析

①对标项目选择说明：本工程为项目第一期景观工程，没有项目内同类标段对比。考虑到同业态指标的对比性，故选择省内、相同业态的常州某高层住宅项目作为对标项目。

该项目的景观工程于2017年1月定标，景观面积48 017m^2（含住宅小区23 529 m^2、修复区7 616 m^2、市政绿化带16 872 m^2；均不含沥青道路），其中硬景6 862m^2（比例14%），软景41 155m^2（比例86%）。

②单价对比。选取最低标与历史项目的单价进行对比分析，详见主要单价分析表。

与常州项目对标：最低报价单位A的绿化软景报价较对标项目报价相对偏低，尤其是地被植物类报价明显较有优势。硬景工程中土方及基础类如碎石及混凝土部分报价略高于对标项目，也是由于近期原材料价格上涨较严重；铺装面层类报价基本与对标项目持平，差异不大。总体价格相对较低，具有报价优势。

③景观面积成本指标对比。选取最低报价单位与对标项目的景观面积成本指标进行对比分析，见表7.1-19。

表7.1-19 最低报价与对标项目的景观成本指标对比 （单位：元/m^2）

成本科目	目标成本	最低报价	对标项目（常州）
景观绿化工程	305	276	298

说明：常州项目的景观面积中包含红线外市政绿化带（景观配置较低，特征指标仅72元/m^2），对整体指标造成偏差，故选取剔除市政绿化带后的景观面积成本指标（298元/m^2）来对标。

选取最低标与历史项目景观含量指标进行对比分析，详见表 7.1-20。

表 7.1-20　最低报价与对标项目的综合对比

面积/数量		本次定标项目		对标项目		备注
		成本指标/(元/m²)	工程量指标	成本指标/(元/m²)	工程量指标	
硬景		308	42%	750	14%	按景观面积核算指标
软景		218	58%	148	86%	
其中	色被	—	36%	—	36%	—
	草皮	—	22%	—	50%	
	乔木	—	0.03	—	0.03	
	高灌木及灌木球类	—	0.04	—	0.04	单位：株/m²

与常州项目的对比分析：本工程最低报价的景观成本指标较常州项目偏低 22 元/m²（比例约 8%）。

①硬景指标为 308 元/m²，不足常州项目该项指标的一半，除了价格水平较有优势以外（硬质铺装石材、烧结砖等档次基本相当），常州项目还包括室外标示和标牌、商业部分配合市政验收、景观恢复、假山塑石等招标内容（本项目招标范围未含上述内容），因此常州项目的硬景指标高于本项目。

②软景指标为 218 元/m²，高于常州项目，主要因为绿化配置时选用较多特选树、景点树等价格水平较高的苗木，如特选榉树（10 200 元/株）、丛生朴树（11 000 元/株）、鸡爪槭（14 820 元/株）等；同时常州项目软景配置中选用单价较低的草皮面积比例较高（常州项目草皮面积占比 50%，而本项目草皮面积占比为 22%），以上因素综合影响导致本工程软景指标偏高。

3）定标意见

①不平衡报价调整、总价取整及最终承诺函。通过两轮回标，目前最低报价单位"A"的各项价格水平已较低，与近期已定标的常州项目相比，有一定的价格优势。A 在第二轮报价中存在局部不平衡，因此，经请示项目、区域领导决策，完成不平衡报价调整及总价取整至万元，调整后的开办费列项及单价作为合同清单。本次招标的重要事项如土壤改良方案、反季节种植措施等已由投标单位做出承诺。

②技术评标报告。项目工程部对技术标进行了综合评判，按规定报审的样品已全部通过审核，本轮回标各家单位技术标均为合格。

③结论。经过二轮回标，各家单位对招标性质（总价包干）、招标范围均已明确，工程量统一。最终回标"A"技术标合格且样品评审合格，总价排名第一。经过综合评审，由最低标单位 A 中标，中标金额为 9 520 000 元。

3. 招标总结

（1）招标计划复盘

本项目招标总体时间从启动到发出中标通知书，实际 68 天，超过计划 12 天；其中，从发标到发出中标通知书，实际62天，超过计划11天，详见表7.1-21。

表7.1-21 招标计划与实际完成对比

序号	工作清单	日历天数		完成时间	
		计划	实际	计划	实际
1	招标启动会	1	1	2017-3-18	2017-3-18
2	投标单位审批	1	1	2017-3-18	2017-3-18
3	招标文件审批	3	7	2017-3-20	2017-3-24
4	发标	6	7	2017-3-23	2017-3-24
5	现场答疑、标前辅导	8	8	2017-3-25	2017-3-25
6	答疑回复	9	9	2017-3-26	2017-3-26
7	第一轮回标、开标	39	47	2017-4-25	2017-5-3
8	第一轮议标会议	44	53	2017-4-30	2017-5-9
9	定标前约谈	54	62	2017-5-10	2017-5-18
10	编制评标报告	54	66	2017-5-10	2017-5-22
11	中标单位审批	54	67	2017-5-10	2017-5-23
12	发出《中标通知书》	56	68	2017-5-12	2017-5-24

（2）数据分析与总结

1）工程量指标分析，见表7.1-22。

表7.1-22 工程量指标分析

指标科目		单位	一期	二期	合计
建筑面积	地上	m²	150 000	83 000	233 000
景观面积	软景	m²	13 310	6 597	19 907
	硬景	m²	9 581	5 050	14 631
	合计	m²	22 891	11 647	34 538
	软景比例	—	58%	57%	58%
景观工程量	土方 挖填体积	m³	11 058	5 738	16 796
	绿化 色被面积	m²	7 780	4 311	12 091
	草皮面积	m²	5 131	2 094	7 225
	乔木数量	株	635	363	998
	高灌木及灌木球类数量	株	790	451	1 241
	园建 围墙	m	139	188	327
	石材类	m²	3 098	1 739	4 837
	砖类	m²	3 561	1 600	5 161
	塑胶路面	m²	364	69	433
	防护栏杆	m²	238	202	439

(续)

指标科目			单位	一期	二期	合计
景观工程量	机电	电缆	m	4 082	3 783	7 865
		灯	套	198	154	352
		给水管	m	1 187	648	1 835
		排水管	m	628	231	859
工程量指标（工程量/景观面积）	土方	挖填体积	m³/m²	0.483	0.493	0.486
	绿化	色被面积	m²/m²	0.340	0.370	0.350
		草皮面积	m²/m²	0.224	0.180	0.209
		乔木数量	株/m²	0.028	0.031	0.029
		高灌木及灌木球类数量	株/m²	0.035	0.039	0.036
	园建	围墙	m/m²	0.006	0.016	0.009
		石材类	m²/m²	0.135	0.149	0.140
		砖类	m²/m²	0.156	0.137	0.149
	机电	电缆	m/m²	0.178	0.325	0.228
		灯	套/m²	0.009	0.013	0.010
		给水管	m/m²	0.052	0.056	0.053
		排水管	m/m²	0.027	0.020	0.025

2）成本指标分析，见表7.1-23。

表 7.1-23 成本指标分析

指标科目		一期	二期	合计
景观成本/元	开办费	103 195	81 254	184 448
	土方工程	292 376	138 280	430 655
	绿化	2 600 246	1 487 969	4 088 215
	园建	2 078 349	1 448 036	3 526 385
	机电	473 587	353 347	826 933
	其他	322 444	140 919	463 363
	合计	5 870 196	3 649 804	9 520 000
景观指标/(元/实物面积)	绿化	195	226	205
	园建	217	287	241
景观指标/(元/景观面积)	开办费	5	7	5
	土方工程	13	12	12
	绿化	114	128	118
	园建	91	124	102
	机电	21	30	24
	其他	14	12	13
	合计	256	313	276

(续)

指标科目		一期	二期	合计
景观指标 /(元/景观面积)	软景	144	162	150
	硬景	113	151	125
	合计	256	313	276
	软景占比	56%	52%	54%
景观指标 /(元/地上建面)	按地上建筑面积	39	44	41

3) 实物工程量综合单价,见表 7.1-24。

表 7.1-24 典型项目的实物工程量综合单价

序号	项目名称	参考工程量	计量单位	综合单价/元
1	土方			
1.1	场地平整	33 532	m^2	0.8
1.2	外购土方回填(含造型堆坡)	14 419	m^3	24
1.3	挖土方	1 427	m^3	9
2	绿化			
2.1	香樟 B 胸径:18~20cm 高度:700~750cm 蓬径:400~450cm 其他:全蓬种植、三级分叉,不偏冠,分枝点 200cm	197	株	1233
2.2	乐昌含笑 胸径:17~18cm 高度:600~650cm 蓬径:350~400cm 其他:全蓬种植、三级分叉,分枝点 200cm	16	株	1255
2.3	广玉兰 胸径:17~18cm 高度:600~650cm 蓬径:350~400cm 其他:全蓬种植、三级分叉,分枝 180cm	28	株	1432
2.4	丛生胡柚 高度:500~550cm 蓬径:400~450cm 其他:全蓬种植,6支以上,不偏冠,分枝点 150cm,移植 3 年苗	11	株	1306

（续）

序号	项目名称	参考工程量	计量单位	综合单价/元
2.5	香泡 胸径：18~20cm 高度：400~450cm 蓬径：350~400cm 其他：全蓬种植，三级分叉，分枝180cm	36	株	2 652
2.6	特选榉树 胸径：25~28cm 高度：850~900cm 蓬径：450~500cm 其他：全蓬种植，三级分叉，分枝250cm，移植3年苗	13	株	10 404
2.7	朴树A 胸径：25~28cm 高度：800~850cm 蓬径：500~550cm 其他：全蓬种植，三级分叉，分枝250cm	17	株	6 018
2.8	苦楝 胸径：18~20cm 高度：600~650cm 蓬径：350~400cm 其他：全蓬种植，三级分叉，分枝200cm	17	株	1 020
2.9	重阳木 胸径：18~20cm 高度：600~650cm 蓬径：350~400cm 其他：全蓬种植，三级分叉，分枝200cm	12	株	4 774
2.10	无患子 胸径：18~20cm 高度：600~650cm 蓬径：400~450cm 其他：全蓬种植，三级分叉，分枝200cm	27	株	3 162
2.11	黄山栾 胸径：18~20cm 高度：650~700cm 蓬径：400~450cm 其他：全蓬种植，三级分叉，不偏冠，分枝点200cm	65	株	3 342

（续）

序号	项目名称	参考工程量	计量单位	综合单价/元
2.12	苏铁 A 高度：200cm 蓬径：180~200cm 其他：不脱脚，球型丰满，浑圆，落地起蓬	10	株	1 173
2.13	金桂 A 高度：350cm 蓬径：350cm 其他：丛生，姿态佳，分枝数>8	32	株	2 546
2.14	石楠 A 地径：16cm 高度：350cm 蓬径：300cm 其他：全冠，造型优美，分枝点 60cm	30	株	1 079
2.15	紫叶李 A 地径：15cm 高度：350cm 蓬径：300cm 其他：姿态、造型优美，分枝点 60cm，不截头	29	株	1 530
2.16	紫叶李 B 地径：12cm 高度：250cm 蓬径：220cm 其他：姿态、造型优美，分枝点 50cm，不截头	34	株	1 224
2.17	日本早樱 地径：15cm 高度：350cm 蓬径：300cm 其他：全冠，树形优美，分枝点 80cm	48	株	1 326
2.18	日本晚樱 地径：12cm 高度：250cm 蓬径：220cm 其他：全冠，树形优美，分枝点 60cm	87	株	867

（续）

序号	项目名称	参考工程量	计量单位	综合单价/元
2.19	红梅 地径：10cm 高度：200cm 蓬径：180cm 其他：全冠，树形优美，分枝点50cm	6	株	1 530
2.20	紫薇 地径：12cm 高度：300cm 蓬径：250cm 其他：全冠，树形优美，分枝点50cm	28	株	2 069
2.21	榆叶梅 地径：8cm 高度：200cm 蓬径：150cm 其他：全冠，树形优美，分枝点30cm	10	株	1 020
2.22	毛鹃 高度：30~35cm 冠幅：25~30cm 其他：36株/m²，两年生，不脱脚	986	m²	110
2.23	紫鹃 高度：25~30cm 冠幅：25~30cm 其他：36株/m²，两年生，不脱脚	489	m²	98
2.24	金森女贞 高度：40~45cm 冠幅：30~35cm 其他：36株/m²，两年生，不脱脚	472	m²	112
2.25	红叶石楠 高度：50~60cm 冠幅：40~50cm 其他：25株/m²，两年生，不脱脚	1 057	m²	77
2.26	大叶黄杨 高度：50~60cm 冠幅：35~40cm 其他：25株/m²，两年生，不脱脚	382	m²	92
2.27	小叶黄杨 高度：40~45cm 冠幅：30~35cm 其他：36株/m²，两年生，不脱脚	660	m²	92

(续)

序号	项目名称	参考工程量	计量单位	综合单价/元
2.28	金边黄杨 高度：40~45cm 冠幅：35~40cm 其他：25株/m²，两年生，不脱脚	846	m²	71
2.29	桃叶珊瑚 高度：35~40cm 冠幅：30~35cm 其他：36株/m²，两年生，不脱脚	283	m²	92
2.30	法国冬青 高度：120cm 冠幅：70~80cm 其他：16株/m²，两年生，不脱脚	1043	m²	172
2.31	草坪 满铺，矮生百慕大+黑麦草，草坪须铺5cm沙土垫层	7225	m²	22
3	园建			
3.1	素土夯实，夯实系数≥0.93	7628	m²	1.0
3.2	碎石垫层	826	m³	168
3.3	C20混凝土（含模板）	361	m³	485
3.4	C15混凝土（含模板）	340	m³	367
3.5	M7.5水泥砂浆砌筑MU10砖砌体	106	m³	490
3.6	30mm黄锈石荔枝面花岗岩含结合层	990	m²	195
3.7	30mm厚芝麻黑荔枝面花岗岩含结合层	1442	m²	172
3.8	200×100×50烧结砖（深红色、米黄色）含结合层	3077	m²	122
3.9	暗红色塑胶路面	433	m²	176
3.10	80mm厚草绿色混凝土植草砖 细砂填缝	2851	m²	90
3.11	铁艺栏杆 H=1050mm；20×20×1.8方通，面饰黑色氟碳漆；30×30×2.5方通，面饰黑色氟碳漆；50×50×3方通，面饰黑色氟碳漆	200	m	318
4	安装工程			
4.1	电力电缆YJV-3×4 电缆敷设，电缆头制安	4762	m	11
4.2	电力电缆YJV-3×6 电缆敷设，电缆头制安	2508	m	16

（续）

序号	项目名称	参考工程量	计量单位	综合单价/元
4.3	庭院灯 1. 功率及规格：IP65 柱高 3500mm，65W 节能灯 2. 灯具安装、灯具基础、支架制作	156	套	1406
4.4	管沟土方（三类土，含挖土、填土）	1988	m^3	31
4.5	绿地雨水口	74	座	272
4.6	De63 PP-R 给水管，热熔连接	676	m	42
4.7	De75 PP-R 给水管，热熔连接	524	m	54
4.8	De160 PE 排水管/HDPE	718	m	56
5	杂项			
5.1	成品塑料雨水箅子（草绿色）300×400	77	个	102
5.2	接线井盖（重型塑料复合盖板或装饰性井盖）	72	个	306
5.3	信报箱	1376	户	66

【案例7.2】

商业街音乐喷泉工程

1. 基本信息

(1) 工程概况（表 7.2-1）

表 7.2-1 工程概况

工程地点	河北省某市
建设时间	2016 年 12 月—2018 年 12 月
主要业态	商业街
交付标准	公共区域精装修，其他区域简装修
建筑面积	地上建筑面积 37 449m²
结构形式	框架结构

(2) 标段概况（表 7.2-2）

表 7.2-2 标段概况

特征工程量	音乐喷泉施工面积 170m²
目标成本	3 500 000 元
工期要求	96 天
定标时间	2017 年 1 月 16 日
招标方式	邀请招标
定价方式	总价包干
招标范围	音乐喷泉所有机电和设备系统
标段划分	不分标段

2. 招标过程

(1) 编制招标计划

以下按时间顺序说明从招标开始到发出中标通知书为止的重要事件的招标计划，见表 7.2-3。

表 7.2-3 招标计划

序号	工作清单	计划完成时间	参加部门
1	召开招标启动会	2016-10-19	成本部、工程部、设计部
2	确定入围单位	2016-11-6	成本部、工程部、设计部
3	发标	2016-11-16	成本部

(续)

序号	工作清单	计划完成时间	参加部门
4	第一轮回标并开技术标	2016-11-24	工程部、设计部
5	第一轮开经济标及清标	2016-12-15	成本部
6	第二轮回标	2016-12-25	成本部
7	第二轮开经济标及清标	2016-12-30	成本部
8	与最低价单位约谈	2017-1-7	成本部、工程部、设计部
9	最低价单位最终报价	2017-1-15	成本部
10	定标会	2017-1-25	工程部、成本部、设计部
11	发出中标通知书	2017-1-29	成本部

（2）确定投标单位

本次招标为先确定方案后根据所确定的方案招施工标，供方库内6家有业绩的合格供方单位参与方案投标（详见表7.2-4），其中A为本项目景观方案设计中标单位，D、F两家单位不符合要求。E环境艺术喷泉有限公司，因"招标所用喷泉设备及控制系统不是常用喷泉设备，我公司无法采购到"而弃标。最终有3家单位A、B、C入围。

表7.2-4 投标单位情况汇总

序号	投标单位	类似业绩	评估结果
1	A	大慈寺文化商业综合体项目商业及酒店水景工程	符合入围标准，方案设计中标单位
2	B	佛山文华公园多媒体水舞声光秀	符合入围标准
3	C	镇江市长江路环境提升及生态湿地建设音乐喷泉工程	符合入围标准
4	D	天津武清区南湖景观提升改造及水秀系统	不符合入围标准
5	E	太阳光汾河湾环岛数控音乐喷泉	符合入围标准，弃标
6	F	杭州西湖三公园音乐喷泉提升完善项目	不符合入围标准

（3）编制招标文件

招标文件中需要注意以下三项内容：

1）清晰说明工程范围。包括依据本项目音乐喷泉工程的招标文件、招标图纸、工程规范及工程量清单所示要求，完成1项多媒体水景工程的全部系统的设计（包括深化设计、施工图设计、现场配合）、设备制造及供货、安装、调试、曲目编排、培训、保修及售后服务，并通过验收、移交的所有工作，同时按上述顺序移交相应资料。

2）约定好合约界面，如下：

①总包已完成施工现场"三通一平"（水通、电通、路通），预留总电源引到乙方的控制柜内的接驳点。

②总包已完成池外管道预埋，包括：进水管、排污管、电缆管、溢水管。

③总包已预留距离工程中心位置50m内的水源接口，保证施工之前水源通畅且符合喷泉正常使用范围要求。

④总包已提供用于本工程人员的生产及生活的临建设施。
⑤喷泉水池结构、防水、饰面层已由室外景观单位完成。

3）确定付款方式，如下：
①预付款：25%。
②设备到货款：设备到现场经甲方、监理验收合格，支付至货设备款的50%。
③竣工验收款：竣工验收并调试完成，付款至已完成合格产值的85%。
④结算完成款：结算完成，付款至结算价款的95%。
⑤质保金款：质保金为结算价款的5%，2年质保期满后一次性付清。

（4）编制工程量清单

本项目招标工程量清单为根据技术方案编制的分项清单（见表7.2-5），由各投标单位深化设计后加入子项报价清单。

表7.2-5 工程量清单汇总

序号	项目名称	单位	数量	报价/元
1	喷头及其装置	项	1	
2	喷泉专用潜水电泵及电动机	项	1	
3	阀门、管路	项	1	
4	水下彩灯	项	1	
5	音响系统	项	1	
6	电控部分	项	1	
7	多媒体表演	项	1	
8	结构改造	项	1	
9	投标方投标报价补项	项	1	
10	措施费	项	1	
11	规费	项	1	
	合计报价			

在本标段工程量清单编制中，需要注意清单说明的编制，主要包括：

1）合同价格的充分性。合同价格包括为履行合同所需要的一切费用，合同价格不因任何法律法规的变更、任何材料或消耗品的价格、燃料或电力价格、运费、装卸费、储存费、保险费、税费、工资或津贴、汇率波动等变动而调整。

2）清单项目的综合单价包括：喷头及其装置部分，包括直喷喷嘴和跳圈设备的安装等，喷泉专用潜水电泵及电动机部分的材料及安装费用，阀门、管路部分的材料费用，水下彩灯部分的材料费用，音响系统的材料及安装费用，电控部分的安装，多媒体表演的设计及安装，结构改造的设计及安装，投标方投标报价补项的费用等，风险费、利润及税金，进口相关税项及费用（如有进口货物）。

3）税率：增值税税率11%。

(5) 第一轮回标分析

1) 总价分析,见表 7.2-6~表 7.2-8。

表 7.2-6 总价对比分析

序号	投标单位	投标金额/元	与最低报价对比	
			差额/元	差额比例
1	A	3 002 698	—	—
2	B	5 081 253	2 078 555	69%
3	C	5 133 939	2 131 240	71%

说明:成本顾问对本工程的标底金额为:3 455 137 元,已纳入估算明细。

表 7.2-7 报价组成对比

序号	项目名称	各投标单位报价/元		
		A	B	C
1	音乐喷泉	3 002 698	4 837 002	4 995 319
2	措施费	0	195 912	138 620
3	规费	0	48 339	0
	合计	3 002 698	5 081 253	5 133 939

表 7.2-8 工程部分报价组成对比分析

序号	项目名称	各投标单位报价/元		
		A	B	C
1	喷头及其装置	687 823	1 186 180	2 445 552
2	喷泉专用潜水电泵及电动机	501 497	1 355 043	1 000 465
3	阀门、管路	10 705	191 799	34 536
4	水下彩灯	340 318	1 153 283	943 056
5	音响系统	187 558	278 437	111 222
6	电控	99 257	559 033	208 073
7	多媒体表演	83 141	51 788	165 834
8	结构改造	0	61 439	86 580
9	报价补充项	1 092 400	0	0
	合计	3 002 698	4 837 002	4 995 319

2) 措施费对比分析,见表 7.2-9。

表 7.2-9 措施费对比分析

序号	项目名称	措施费报价明细/元		
		A	B	C
1	安全生产、文明施工费	0	178 999	69 310

(续)

序号	项目名称	措施费报价明细/元		
		A	B	C
2	临时设施费	0	0	36 965
3	生产工具用具使用费	0	0	0
4	检验试验配合费	0	0	0
5	工程定位复测场地清理费	0	0	0
6	已完工程及设备保护费	0	0	32 345
7	有害环境中施工增加费用	0	0	0
8	其他费用	0	0	0
9	冬期施工	0	6 663	0
10	二次搬运	0	10 250	0
	措施费小计	0	0	138 620

3) 单价对比分析，见表 7.2-10。

表 7.2-10 单价对比分析

序号	项目名称	计量单位	工程量	综合单价/元		
				A	B	C
一	喷头及其装置					
1	直喷喷嘴	个	60	208	1 068	17 183
2	跳泉设备	个	9	75 041	124 675	157 176
二	喷泉专用潜水电泵及电机部分					
1	D400 砂缸过滤系统	套	1	10 053	17 203	11 322
2	加药系统	套	1	21 403	20 480	5 994
3	自变频潜水泵（Oase、Wet、Crystal 或进口同档品牌）	台	60	5 852	18 137	14 386
4	跳泉自变频潜水泵（Oase、Wet、Crystal 或进口同档品牌）	台	9	7 674	24 083	12 654
5	排污潜水泵	台	1	0	4 241	2 131
6	软水装置	台	1	49 882	8 125	3 996
三	阀门、管路部分					
1	调节阀	个	10	0	122	107
2	镀锌信号管	m	6	0	24	33
3	镀锌电管	m	11	0	43	60
4	补水管	m	6	11	24	33
5	排水管	m	20	37	43	60

(续)

序号	项目名称	计量单位	工程量	综合单价/元 A	综合单价/元 B	综合单价/元 C
6	过滤回水支管	m	30	26	32	53
7	过滤出水管	m	35	26	32	53
8	连通管	m	8	0	139	160
9	排水管	m	40	103	88	87
10	溢流管	m	80	0	139	80
11	压力表	块	1	0	694	200
12	水表	块	1	0	2 284	200
13	电磁阀	个	1	2 264	5 704	599
14	三向阀	个	2	0	3 525	200
15	分析探头	个	1	0	11 089	400
16	液位感应器	个	1	1 882	1 890	200
17	篮式过滤器	个	1	0	4 561	3 996
18	相关线缆的供应及敷设	项	1	0	137 845	10 656
四	水下彩灯部分					
	LED 水下彩灯（Oase、Wet、Crystal 或进口同档品牌）	套	60	5 672	19 221	15 718
五	音响系统					
1	音响系统（Bose、Community 或进口同档品牌）	套	4	44 823	51 935	23 976
2	信号控制器	台	1	8 266	70 695	15 318
六	电控部分					
1	电控柜	套	1	23 988	265 105	46 620
2	电缆供应及敷设（1）	m	300	14	32	9
3	电缆供应及敷设（2）	m	300	0	34	10
4	信号线	m	40	12	26	6
5	电源线	m	150	14	440	3
6	控制线	m	150	12	30	3
7	隔离变压器	个	26	0	1 985	1 998
8	变频器	个	5	720	4 041	3 330
9	电源	个	21	0	4 878	3 330
10	主控机	套	1	62 920	27 476	15 984
11	送配电装置系统	系统	1	0	734	0

(续)

序号	项目名称	计量单位	工程量	综合单价/元		
				A	B	C
七	多媒体表演					
1	应供应及编制多媒体水景表演程序	项	1	83 141	43 290	159 840
2	无线终端控制设备	台	1	0	8 498	5 994
八	结构改造					
	土建结构改造及管路预留预埋	项	1	0	61 439	86 580
九	投标报价补项（略）					

4）议标情况。第一次开标后共发出议标疑问卷，各单位对疑问卷内容均进行了确认。议标问卷的主要内容包括，以 B 单位为例：

> 经评阅标书，兹有下列问题需要贵公司澄清或确认：
>
> 本答疑澄清供各投标单位回标之用，本答疑澄清若与招标文件有不符之处以本答疑澄清为准，之后对本文问题所做的新的澄清比本次澄清拥有更优先的解释权。
>
> 技术部分补充说明如下：
>
> 1. 请提供国产设备的书面证明，证明资料需来自标杆项目，要选择国际一线品牌，若国内品牌通过验证能达到进口品牌也可以，改成国产设备的前提是需要提供行业标准。
>
> 2. 请提供喷泉行业标准、既往经典案例（视频、合同及技术经济资料等）、国内外技术差异。
>
> 3. 方案优化后不能降低原品质要求。
>
> 商务部分补充说明如下：
>
> 一、商务报价说明
>
> 请投标单位根据招标文件及图纸进行工程量复核及报价，工程量清单所列的工作项目以及相应工程量仅作为投标报价的参考，投标人应根据工程说明、招标图纸、设计及规范要求进行全面核对，并自行承担遗漏项目或统计错误而造成的损失，如对清单中有项目增减或工程量的增减，需要另行单列工程量清单调整报价表，格式同招标人提供的工程量清单表，招标人提供的清单格式不能更改。
>
> 1. 对于招标图纸中含有的内容而投标清单中未有列出，则认为相应工作的价格已经包含在其他项目中，一旦中标，不得另外提出额外增加费用。
>
> 2. 请贵公司确认，贵公司上报的单价不会随着市场的价格浮动而调整。
>
> 3. 请贵公司确认，投标单价已满足图纸及规范要求，清单中未列明的费用在经贵公司复核后，若无补充项目，则视为已包含于投标总价中。
>
> 4. 请贵公司确认开增值税专用发票的相关费用已考虑至投标报价中，本次增值税税率按 11% 计入。
>
> 5. 请贵公司在综合单价分析表中拆分出材料费、人工费、机械费等三类费用汇总明细。

> 二、措施费价格说明
> 1. 请贵公司确认,"措施费项目"费用为包干性质,所有项目在工程竣工时无论实际是否发生,亦无论实体工程数量如何变化,均不予调整。
> 2. 请贵公司确认,措施费中列明及未列明的项目,无论贵公司是否填报,均已视作在投标总价中考虑,不再以任何形式追加费用。
> 本议标问卷应作为本项目招标文件的一部分,若与招标文件、补充议标文件有含糊和矛盾的地方,以本议标问卷的解释为准。

(6) 第二轮回标分析

1) 总价分析。三家单位的价格均做了适当的调整,详见表7.2-11~表7.2-13。

表7.2-11 总价对比分析

序号	投标单位	投标金额/元	与最低报价对比	
			差额/元	差额比例
1	A	2 849 225	—	—
2	B	4 957 741	2 108 516	74.0%
3	C	4 615 871	1 766 645	62.0%

表7.2-12 报价组成对比分析

序号	主要清单项	报价组成/元		
		A	B	C
1	音乐喷泉	2 849 225	4 713 490	4 477 251
2	措施费	0	195 912	138 620
3	规费	0	48 339	0
	合计	2 849 225	4 957 741	4 615 871

表7.2-13 工程部分报价组成对比分析

序号	项目名称	工程部分报价组成/元		
		A	B	C
1	喷头及其装置	655 183	1 162 676	2 204 597
2	喷泉专用潜水电泵及电动机	475 623	1 320 933	889 078
3	阀门、管路	10 130	187 753	30 484
4	水下彩灯	309 724	1 129 481	841 550
5	音响系统	187 180	272 376	99 596
6	电控	93 293	539 216	186 045
7	多媒体表演	79 067	40 829	148 100
8	结构改造	0.00	60 228	77 802
9	报价补充项	1 039 025	0	0
	总计	2 849 225	4 713 490	4 477 251

2)措施费和规费报价对比分析,见表 7.2-14。

表 7.2-14 措施费和规费报价对比分析

序号	名称	各投标单位报价					
		A		B		C	
		费率	金额/元	费率	金额/元	费率	金额/元
1	措施费	0.0%	0	4.2%	195 912	3.1%	138 620
2	规费	0.0%	0	0.9%	43 549	0.0%	0

总结:经分析,所有投标单位中,A 单位报价总价最低,且各项单价处于最低或次低水平,商务评分中 A 单位得分最高。

3)两轮开标报价的汇总情况。第二轮报价,所有单位报价总价均有一定幅度下调,具体下调情况见表 7.2-15~表 7.2-19。

表 7.2-15 两轮总价对比分析汇总

投标单位	总价调整情况	单价调整情况
A	总价下调 5.11%	水下彩灯下降幅度最大,下降 8.99%
B	总价下调 2.96%	多媒体表演设备下调幅度最大,下调 21.16%
C	总价下调 10.04%	阀门、管路下调幅度最大,下调 11.73%

表 7.2-16 两轮报价总价对比

投标单位	第一轮报价/元	第二轮报价/元	增/减额度/元	增/减百分比
A	3 002 698	2 849 225	−153 473	−5%
B	5 081 253	4 957 741	−123 512	−2%
C	5 133 938	4 615 871	−518 068	−10%

表 7.2-17 两轮单价对比(A 单位)

序号	项目名称	第一轮报价/元	第二轮报价/元	增/减额度/元	增/减百分比
1	喷头及其装置	687 823	655 183	−32 640	−5%
2	喷泉专用潜水电泵及电动机	501 497	475 623	−25 874	−5%
3	阀门、管路	10 705	10 130	−575	−5%
4	水下彩灯	340 318	309 724	−30 594	−9%
5	音响系统	187 558	187 180	−378	0%
6	电控部分	99 257	93 293	−5 963	−6%
7	多媒体表演	83 141	79 067	−4 073	−5%
8	结构改造	0	0	0	0%
9	投标方投标报价补项	1 092 400	1 039 025	−53 375	−5%
	合计	3 002 698	2 849 225	−153 473	−5%

表 7.2-18　两轮单价对比（B 单位）

序号	项目名称	第一轮报价/元	第二轮报价/元	增/减额度/元	增/减百分比
1	喷头及其装置	1 186 180	1 162 676	-23 504	-2%
2	喷泉专用潜水电泵及电动机	1 355 043	1 320 933	-34 110	-3%
3	阀门、管路	191 799	187 753	-4 046	-2%
4	水下彩灯	1 153 283	1 129 481	-23 802	-2%
5	音响系统	278 437	272 376	-6 061	-2%
6	电控部分	559 033	539 216	-19 818	-4%
7	多媒体表演	51 788	40 829	-10 960	-21%
8	结构改造	61 439	60 228	-1 211	-2%
9	投标方投标报价补项	0	0	0	0%
	合计	4 837 002	4 713 490	-123 512	-3%

表 7.2-19　两轮单价对比（C 单位）

序号	项目名称	第一轮报价/元	第二轮报价/元	增/减额度/元	增/减百分比
1	喷头及其装置	2 445 552	2 204 597	-240 955	-10%
2	喷泉专用潜水电泵及电动机	1 000 465	889 078	-111 387	-11%
3	阀门、管路	34 536	30 484	-4 052	-12%
4	水下彩灯	943 056	841 550	-101 506	-11%
5	音响系统	111 222	99 596	-11 626	-10%
6	电控部分	208 073	186 045	-22 029	-11%
7	多媒体表演	165 834	148 100	-17 735	-11%
8	结构改造	86 580	77 802	-8 778	-10%
9	投标方投标报价补项	0	0	0	0%
	合计	4 995 319	4 477 251	-518 068	-10%

（7）技术标分析

1）工程、设计部技术评标意见。建议成本合约、招采部门对 OS 品牌的代理商进行一轮压价。

A 为方案设计中标单位，所有投标单位的投标文件都必须符合本次招标方案即 A 单位所提供方案的技术要求。

根据设计方案，招标要求的设备品牌为："OS、CR、WE、FO 或进口同等品牌"，经了解 OS 为 A 公司产品，而 CR、WE、FO 或进口同等品牌目前国内均无经销商，如采购需直接采用进口设备，价格远远高于 OS，故所有投标单位均选择 OS 品牌的设备（注：OS 为 A 公司对应的海外厂商旗下品牌）。

由于设计方案中对品牌的约定和类似品牌的市场情况无形中增加了 A 公司的价格竞争优势和报价的不平衡性（注：在上述报价中也明显地有所体现：A 单位的措施费、规费等均为零，但提供了深化涉及后的"补项"；B、C 单位则没有单独列出"补项"）。即：虽然 OS 品牌的报价在各家单位中总价最低，但无法排除 OS 品牌为投标单位 B、C 提供本次投标所需的设备及专利技术支持的报价时，高于其为自身品牌的代理商 A 提供设备及专利技术支持的报价。

2）评标沟通情况。成本部、招采部将上述建议反馈到公司审计监察部门，三部门沟通结果如下：

①总体原则：按照现有制度，且全过程采用网上进行，流程情况合规，且考虑尊重发标时候公开确定的定标原则，可以考虑定标。

②成本因素：OS 存在一定的报价策略技巧，按照招采制度流程虽无流程上的违规，但给予自身代理商和给予其他投标单位的出货价格可能存在较大差异，且所报价格方案在技术标基础上有所优化发挥，OS 给出的书面解释是"价格诚意"，而实际在报价存在策略技巧的情况下，也存在一定的竞争壁垒；成本部门可以在定标流程会签过程中书面提示后期价格风险。

③若废掉 OS 这一最低价重新招标，在现有制度基础上（设计和施工分开）很可能造成二次回标价格全面上抬，因向市场传达了甲方对于技术的理解和把控存在盲区甚至有所偏好的信号，且无现成的一体化招标制度可依据，按旧制度则很可能废最低价后二次招标也仍无法实现绝对公平。

④若设计方案不变、施工标重招，且采用部分国外其他品牌（如 WL、GF 等国外品牌）、部分 OS 品牌的方式，则后期责任难以划分，扯皮风险大，会带来不可预见的管理成本增加。

⑤本次价格不可比的主要原因包括：设计研发部门对于技术参数及行业规范的把握受限；海外品牌进入国内市场的力度不同，国内外行业标准化程度也不统一；在现有制度（设计和施工分别按照设计招标制度和施工招标制度分开招）的约定下，很难避免向市场传达"甲方存在设计偏好"的印象，可以考虑针对此类不能单纯由技术参数确定标准、或方案和施工高度紧密结合的几个专业出具一体化招标制度，在今后的同类招标中予以避免。

3）定标建议，见表 7.2-20。

表 7.2-20　定标方案的风险分析

序号	方案	风险分析
方案一	直接低价中标	存在违反"三公原则"的风险
方案二	直接废除并重新招标	存在前期设计方案不能发挥作用而产生沉没成本的风险，且将无法保证按时开业
方案三	重新招标，并采用"设计施工一体化"的方式进行招标	①需考虑支付未中标单位方案费用的成本，该部分成本预计为施工总成本的 8% 至 10% 左右 ②"设计施工一体化"的方式，因带有知识产权性质的方案会直接决定施工成本，因此不能简单按照设计类招标的招采制度进行招标（有成本过高的风险），也不能简单地按照施工类招标的招采制度进行招标（技术标权重最高 20%，有为低价中标导致方案设计时达不到要求的风险）

综上,建议由成本部组织一轮洽谈,要求最低价单位减免设计费用,并根据洽谈情况酌情定标。

(8) 洽谈情况和定标结果

2017年1月7日,成本部与最低价单位A进行洽谈,去掉了方案设计费13万元,最终报价为2 719 225元,确定为本工程中标单位。

3. 招标总结

(1) 招标计划复盘

本项目招标总体时间从启动到发出中标通知书,实际93天,比计划缩短10天;其中,从发标到发出中标通知书,实际65天,比计划缩短10天,具体见表7.2-21。

表 7.2-21 招标计划与实际完成对比

序号	工作清单	日历天数(天)		完成时间	
		计划	实际	计划	实际
1	招标启动会	1	1	2016-10-19	2016-10-19
2	确定入围单位	19	19	2016-11-6	2016-11-6
3	发标	29	29	2016-11-16	2016-11-16
4	第一轮回标并开技术标	37	37	2016-11-24	2016-11-24
5	第一轮开经济标及清标	58	57	2016-12-15	2016-12-14
6	第二轮回标	68	73	2016-12-25	2016-12-30
7	第二轮开经济标及清标	73	74	2016-12-30	2016-12-31
8	与最低价单位约谈	81	81	2017-1-7	2017-1-7
9	最低投标单位修订投标报价	89	85	2017-1-15	2017-1-11
10	定标会	99	89	2017-1-25	2017-1-15
11	发出中标通知书	103	93	2017-1-29	2017-1-19

(2) 数据分析与总结

1) 成本指标分析,见表7.2-22。

表 7.2-22 音乐喷泉工程成本指标

主要清单项	总价/元	对应的建筑面积/m²	建筑面积指标/(元/m²)
音乐喷泉工程	2 719 225	37 449	72.6

2) 实物工程量综合单价,见表7.2-23。

表 7.2-23 音乐喷泉工程量综合单价

序号	项目名称	总价/元	权重	水景面积指标/(元/m²)
1	喷头及其装置	625 289	23%	3 678
2	喷泉专用潜水电泵及电动机	453 922	17%	2 670

(续)

序号	项目名称	总价/元	权重	水景面积指标/(元/m²)
3	阀门、管路	9 668	0%	57
4	水下彩灯	295 592	11%	1 739
5	音响系统	178 640	7%	1 051
6	电控	89 037	3%	524
7	多媒体表演	75 460	3%	444
8	结构改造	0	0%	0
9	增补项	991 618	36%	5 833
	合计	2 719 225	100%	15 995

3）报价明细，见表 7.2-24。

表 7.2-24 报价明细

序号	项目名称	项目特征	单位	工程量	单价/元	总价/元
一		喷头及其装置				625 289
1	直喷喷嘴	KOMET 10-12T NOZZLE	个	60.00	189	11 321
2	跳泉设备		个	9.00	68 219	613 968
二		喷泉专用潜水电泵及电动机				453 922
1	D400 砂缸过滤系统		套	1.00	9 133	9 133
2	加药系统		套	1.00	19 447	19 447
3	自变频潜水泵（Oase、Wet、Crystal 或进口同档品牌）	Varionaut 90/24V/DMX/02	台	60.00	5 299	317 935
4	跳泉自变频潜水泵（Oase、Wet、Crystal 或进口同档品牌）	Varionaut 150/24V/DMX/02	台	9.00	6 860	61 740
5	排污潜水泵	功率1500W，电压230V，重量16kg，尺寸178mm×246mm×453mm	台	1.00	0	0
6	软水装置	功率6W，电压220V，软水主机尺寸300mm×300mm×1600mm，盐箱尺寸350mm×350mm×900mm	台	1.00	45 667	45 667
三		阀门、管路部分				9 668
1	调节阀	DN25	个	10.00	0	0
2	镀锌信号管	DN25（c.o. p-o. 320）	m	5.60	0	0
3	镀锌电管	DN50（c.o. p-o. 320）	m	11.20	0	0

（续）

序号	项目名称	项目特征	单位	工程量	单价/元	总价/元
4	补水管	DN25（c.o. p-o. 320）	m	5.60	11	61
5	排水管	DN50（c.o. p-o. 830，接至就近排水系统）	m	20.00	33	655
6	过滤回水支管	DN40（c.o. p-o. 810）	m	29.60	22	649
7	过滤出水管	DN40（c.o. p-o. 810）	m	34.70	22	761
8	连通管	DN150（c.o. p-o. 674）	m	8.10	0	0
9	排水管	DN100（接至就近排水系统）	m	40.00	95	3 798
10	溢流管	DN150（c.o. p-o. 674）（接至就近排水系统）	m	80.00	0	0
11	压力表		块	1.00	0	0
12	水表		块	1.00	0	0
13	电磁阀		个	1.00	2 045	2 045
14	三向阀		个	2.00	0	0
15	分析探头		个	1.00	0	0
16	液位感应器	WSS 20-4	个	1.00	1 699	1 699
17	篮式过滤器		个	1.00	0	0
18	相关线缆的供应及敷设	投标单位根据实际情况，自行设计线缆连接，考虑敷设所需穿墙洞口的开凿、线槽（管、盒）的安装及封堵收口等综合报价	项	1.00	0	0
四		水下彩灯部分				295 592
	LED 水下彩灯（Oase、Wet、Crystal 或进口同档品牌）	PROFIPLANE LED 320/DMX/02（含电缆及支架）	套	60.00	4 927	295 592
五		音响系统				178 640
1	音响系统(Bose、Community 或进口同档品牌)	外形尺寸（cm）：98.6（H）×10.4（W）×14.0（D），包含基座，灯杆。含主机、功放、电缆及音箱的供货安装等	套	4.00	42 801	171 203
2	信号控制器	功率 50W，24VDC 供电，重量 0.33kg，尺寸 158mm×94×58mm	台	1.00	7 437	7 437
六		电控部分				89 037
1	电控柜	1000mm×500mm×1800mm 电控柜	套	1.00	20 712	20 712

(续)

序号	项目名称	项目特征	单位	工程量	单价/元	总价/元
2	电缆供应及敷设（1）	H07RN-F 3×1.5mm²，综合考虑敷设所需穿墙洞口的开凿、线槽（管、盒）的安装及封堵收口等	m	300.00	13	3 882
3	电缆供应及敷设（2）	H07RN-F 3×2.5mm²，综合考虑敷设所需穿墙洞口的开凿、线槽（管、盒）的安装及封堵收口等	m	300.00	0	0
4	信号线	Binary-234	m	40.00	11	432
5	电源线		m	150.00	13	1 941
6	控制线		m	150.00	11	1 618
7	隔离变压器		个	26.00	0	0
8	变频器	UST150，采用闭环速度控制技术	个	5.00	654	3 272
9	电源	UPS250	个	21.00	0	0
10	主控机	系统主机服务器	套	1.00	57 178	57 178
11	送配电装置系统		系统	1.00	0	0
七		多媒体表演				75 460
1	应供应及编制多媒体水景表演程序	固定的4个节目源及为大湖花园天地专门打造的一个多媒体水景秀节目的一个配合节目源	项	1.00	75 460	75 460
2	无线终端控制设备	9.7寸IOS平板电脑	台	1.00	0	0
八		结构改造				0
	土建结构改造及管路预留预埋	含现场结构配筋、基层找平及防水、防水保护层等需改造处	项	1.00	0	0
九		投标方投标报价补项				991 618
1	PVC 管材	PVC DN25 DE32 PN10	m	96.00	11	1 043
2	PVC 管材	PVC DN50 DE63 PN10	m	80.00	33	2 619
3	PVC 管材	PVC DN40, DE50 PN10	m	135.00	22	2 961
4	PVC 管材	PVC DN100, DE110 PN10	m	160.00	95	15 191
5	PVC 管材	Pipe Fittings (SN3)	组	1.00	29 227	29 227
6	电缆供应及敷设	Rubber-Sheathed-Cable H07RN-F 3×1.5mm²	m	700.00	13	9 059
7	信号线	AES/EBU Cabel BINARY234/sw/2×0.34mm	m	110.00	11	1 187

(续)

序号	项目名称	项目特征	单位	工程量	单价/元	总价/元
8	防水电缆	Rubber-Sheathed-Cable H07RN-F $3\times1.5mm^2$	m	450.00	13	5 824
9	带防水接头电源线（24V）	Connection Cable 24 V DC/3, 0m/01	条	60.00	199	11 930
10	带防水接头电源线（24V）	Connection Cable 24 V DC/7, 5m/01	条	15.00	327	4 909
11	带防水接头DMX信号线	Connection Cable DMX/3, 0m/01	条	60.00	755	45 309
12	带防水接头DMX信号线	Connection Cable DMX/5, 0m/01	条	15.00	812	12 177
13	DMX终端接头（防水）	End resistant for BUS-system DMX/01	个	3.00	252	755
14	led灯防水延长线	Extension Cable hybrid/3, 0 m	条	30.00	787	23 597
15	IP68水下接线套件	Power Splice 22	套	3.00	170	510
16	IP68水下接线盒	Underwater Cable connector T 3	台	10.00	913	9 125
17	水下led灯驱动器	Underwater LED Driver /DMX/02	台	15.00	3 461	51 922
18	24VDC水下变压器	Underwater Power supply 250/24V/01	台	19.00	3 987	75 751
19	连接套件	Connection Pipes and fittings（SN2）	套	60.00	365	21 920
20	石英砂	Crystal Quartz Sand（25kg）	袋	2.00	130	259
21	过滤系统药品	Anti-algae Agent ASS 100	个	1.00	503	503
22	过滤系统药品	OxyPool	个	1.00	881	881
23	过滤系统药品	pH Value reducer phw 30	个	1.00	629	629
24	进出水配件	Debris Sieve 70 E	个	1.00	302	302
25	进出水配件	Debris Sieve 100 E	个	4.00	365	1 460
26	进出水配件	Inflow Nozzle 15E	个	3.00	787	2 360
27	进出水配件	Plug 70 T	个	2.00	327	654
28	进出水配件	Concrete Part 70 T	个	3.00	812	2 435
29	进出水配件	Concrete Part 100 T	个	4.00	1 038	4 153
30	闸阀	Shut off Gate Valve 11/2″290	个	2.00	292	583
31	PVC弯头	PVC-U Elbow 90°, DN40, PN10	个	8.00	54	433

(续)

序号	项目名称	项目特征	单位	工程量	单价/元	总价/元
32	防水信号电缆	AES/EBU Cabel BINARY 234/sw/2×0.34mm	m	200.00	11	2 158
33	带防水接头电源线（12V）	Connection Cable 12 V AC/3,0m/01	条	9.00	199	1 790
34	带防水接头电源线（24V）	Connection Cable 24 V DC/3,0m/01	条	9.00	199	1 790
35	带防水接头DMX信号线	Connection Cable DMX/3,0m/01	条	16.00	755	12 082
36	DMX终端接头（防水）	End Resistant for BUS-system DMX/01	个	2.00	252	503
37	IP68水下接线套件	Power Splice 22	套	3.00	170	510
38	IP68水下接线盒	Underwater Cable Connector T 3	台	6.00	913	5 475
39	24VDC水下变压器	Underwater Power Supply 250/24V/01	台	5.00	3 987	19 934
40	带防水接头DMX信号线	Connection Cable DMX/5,0m/01	条	2.00	812	1 624
41	进出水配件	Spiral Hose Green 1 1/2″, 25 m	个	25.00	39	978
42	跳泉安装套件	Installtion Kit for JJ (SN1)	套	9.00	548	4 932
43	防水电缆	Rubber-Sheathed-Cable H07RN-F 2×1.5mm^2	m	20.00	13	259
44	防水电缆	Rubber-Sheathed-Cable H07RN-F 3×1.5mm^2	m	40.00	13	518
45	防水电缆	Rubber-Sheathed-Cable H07RN-F 4×1.5mm^2	m	100.00	17	1 726
46	项目安装调试费	T&C Manhour 1 OCN Engineer, 1 week on site. 1 OAP Programmer, 1 week on Site（税11%）	项	1.00	597 672	597 672
		合计				2 719 225

（3）经验教训总结

建议健全"设计施工一体化"的招标制度，规范设计施工类招标，界定"设计方案与施工分开招"与"设计施工一体化招标"各自的适用范围，特别是要注意避免在某些特殊专业的招标中，采用"先定设计标、后定施工标"的招标方式后导致投标单位低价拿下技术标段并嵌入有利于其自身的技术壁垒的情况。具体包括：

1）制度的适用范围应明确，行业规范足够统一、清楚和技术参数约定足够明确的专业，不宜采用一体化招标制度，不能单纯由技术参数确定标准以及方案和施工高度紧密结合的专业方可参照一体化招标制度。

2）制度的编制应尽量沿用现有设计招标制度和施工招标制度，从现有制度中进行组合，得到一体化招标制度，不能与现有制度造成冲突。

3）一体化招标的仍宜采用综合评分，避免现有制度下设计单位在提供方案时加入方案偏好带来废技术标或带来商务清标困难的现象。

4）一体化招标模式下，商务清标应主要考虑在技术方案合乎甲方要求的情况下，采用总价对比的方式来评商务标，所报方案不同时清单编制应考虑加入各单位自填项，确实无法逐一对比的细目，在清标时由成本部门予以提示，总体采用以总价对比为主的方式。

第 8 章
其他工程

本 章 提 要

本章主要介绍房地产项目中其他标段的招标过程和总结相关数据。这些标段包括正式开工前和正式交付前的临时工程或非实体性工程等。本书列举的案例是住宅交付前开荒保洁标段。

【案例8.1】开荒保洁标段，列举的是河南省某大型住宅项目。

【案例8.1】

住宅小区开荒保洁

1. 基本信息

(1) 工程概况（表8.1-1、表8.1-2）

表8.1-1 工程总体概况

工程地点	河南省某市
建设时间	2018—2020年
主要业态	别墅、叠拼、洋房、高层，1435户
建筑面积	见表8.1-2
层数/层高	地上5层/7层/17层/29层，住宅层高2.9m
结构形式	剪力墙结构

表8.1-2 建筑面积一览

序号	业态	施工图预算面积/m²		
		地下	地上	合计
1	别墅	2 542	12 630	15 172
2	洋房	2 834	15 121	17 955
3	小高层	1 603	35 087	36 689
4	地库	24 420	0	24 420
5	高层	5 045	42 333	47 379
	合计	36 445	105 171	141 615

(2) 标段概况（表8.1-3）

表8.1-3 标段概况一览

特征工程量	室内、外墙、屋面保洁，共209 293m²
目标成本	目标成本为849 693元，成本指标为6元/m²
工期要求	绝对工期30个日历天
定标时间	2020年5月
招标方式	邀请招标形式
定价方式	按施工图及招标范围实行总价包干
招标范围	本期项目的室内、建筑内管道井及未铺地砖步梯部位、屋面及地下车库、设备间（含设备）的开荒保洁
标段划分	金额不大，不分标段

2. 招标过程

(1) 编制单项招标计划

本标段从招标启动会到发出中标通知书，计划 13 天，中标单位需要在 2020 年 6 月 1 日前进场。具体计划见表 8.1-4。

表 8.1-4 招标计划

序号	工作清单	计划完成时间	参加部门
1	招标启动会	2020-5-13	工程部、成本部
2	投标单位审批	2020-5-13	成本部
3	招标文件审批	2020-5-13	成本部
4	发标	2020-5-14	招采部
5	现场踏勘、现场答疑、标前辅导	2020-5-17	工程部、成本部
6	答疑回复	2020-5-18	成本部、工程部、招采部
7	第一轮回标、开标	2020-5-19	成本部、财务部
8	编制评标报告	2020-5-19	成本部
9	中标单位审批	2020-5-23	招采部
10	发出《中标通知书》	2020-5-25	招采部

(2) 确定招标范围及界面

依据招标文件、招标图纸、工程规范所示，本工程承包范围包括室内开荒保洁、户门、外墙、窗户、栏板（连廊）、百叶窗清洗、建筑内管道井及未铺地砖步梯部位的清洗、屋面及地下车库、设备间（含设备）的开荒保洁。

(3) 确定投标单位

经审批确认，共邀请供方库内外 7 家有公司业绩的合格供方参与投标。投标单位名单见表 8.1-5。

表 8.1-5 投标单位情况

序号	投标单位	类似工程业绩	来源
1	A	—	库内单位
2	B	—	库内单位
3	C	银基等	库内单位
4	D	—	库内单位
5	E	昌建等	新入库单位
6	F	和昌、保利等	新入库单位
7	G	建业、亚新等	新入库单位
8	H	—	库内单位

(4) 确定技术标准（表 8.1-6）

表 8.1-6　技术标准一览

序号	部位	具体要求
检测标准	外立面整体效果	①清洗后恢复墙面原色泽、光洁度，清洗操作各作业面及各接口处无明显色差，墙面不得遗留污迹、水渍 ②原由于腐蚀、风化造成的区域范围在清洗前应做书面确认
	瓷片、石材	清洗后恢复墙面原色泽、光洁度，窗台、窗口无明显污渍、水迹，各防水层、防水处理面（防水胶）无污迹、水渍
	玻璃	①清洗后表面无灰尘、水渍、污迹，无刮痕，窗框及交接口无污渍、水迹，整体目测光洁、透明，纸巾擦试1m内无明显污渍，清洗操作各作业面及各接口处与其他未清洗墙面无明显色差 ②清洗玻璃时，应使用玻璃水，并且采用玻璃刮刮擦的施工方式进行施工
	护栏、铝板、百叶等构件	①清洗后表面无污渍、水迹、刮痕，亮钢应恢复原色泽度、光洁度，亚钢应恢复原质感 ②护栏表面光泽、无水渍、污垢、无脱漆现象，与墙面接口处无灰尘、水、污迹
	水泥墙面（采光井）	清洗后恢复原墙面色泽，对于交接缝要清洗干净无明显污垢、水渍，生活阳台及边角无污垢、灰尘
	白灰、涂料墙面	恢复原色泽、墙面无灰尘、污渍，整体墙面无明显色差，无墙皮、原漆脱落现象，手摸无明显掉色现象
检测方式	清洗过程中全程配置监控人员	由管理处挑选人员对清洗过程全程监控，每个作业组配置一名监控员，负责填写工程进度单，对安全、环境、质量等进行跟踪
	检测点设定办法	按小区楼层标准每三层设立一个检测点，本点检测覆盖面为三层
	远距离整体观测	可采用望远镜等设施对清洗后的墙面进行远距离检测，距离可根据实际情况设定

(5) 编制工程量清单

1）确定工程量计算规则，包括：

①室内开荒保洁：按户型套内面积计算，阳台计算全面积，非住宅类按建筑面积计算。

②外墙、窗户、百叶窗清洗：按照实际清洗部位的面积（墙砖/真石漆面积+窗户、栏板面积+铝板面积+石材面积）。

③建筑内管道井开荒保洁：按楼内水电井、弱电井的个数计算。

④未铺地砖步梯开荒保洁：按楼内未铺地砖步梯层数计算。

⑤屋面开荒保洁：按屋顶实际清洗面积计算。

⑥地下车库开荒保洁：按在建地下建筑面积计算。

2）工程量报价清单。本项目按总价包干方式报价，招标清单中提供参考工程量，由投标单位自行计算和复核。具体见表8.1-7。

表 8.1-7 主要报价清单一览

序号	清单项目	单位	参考工程量	项目特征
1	户型套内保洁	m²	80 820	①室内水泥墙面交接缝清洗干净无明显污垢、水渍；生活阳台及边角无污垢、灰尘；清洗后恢复原墙面色泽 ②腻子顶棚无灰尘、污渍，整体无明显色差，无脱落现象，手摸无明显掉色现象；恢复原色泽 ③楼地面清洗干净，无明显污垢、水渍，边角清洗干净 ④其他说明：详细位置及要求见施工图、说明及开荒保洁质量标准 ⑤包括但不限于此空间范围内所有内容（如：开关面板、集分水器、暖气片等附属物）
2	外墙、窗户、百叶窗清洗	m²	95 500	①涂料墙面无灰尘、污渍，整体无明显色差，无脱落现象，手摸无明显掉色现象，交接缝清洗干净无明显污垢、水渍 ②石材、瓷片墙面窗台窗口无明显污渍、水迹，各防水层、防水处理面（防水胶）无污迹、水渍；清洗后恢复原色泽、光洁度 ③玻璃窗框及交接口无污渍、水迹，整体目测光洁、透明，纸巾擦拭1m内无明显污渍 ④铝板、百叶表面无污渍、水迹、刮痕，亮钢应恢复原色泽度、光洁度，亚钢应恢复原质感，与墙面接口处无灰尘、水、污迹 ⑤其他说明：详细位置及要求见施工图、说明及开荒保洁质量标准 ⑥包括但不限于此空间范围内所有内容（包括大堂幕墙、电动门、连廊栏板、电梯前室窗户、楼梯间窗户，洋房首层采光窗、地弹簧门等附属物）
3	建筑内管道井清洁	个	606	①墙面无灰尘、污渍，整体无明显色差，无脱落现象，手摸无明显掉色现象；恢复原色泽 ②楼地面清洗干净，无明显污垢、水渍，边角清洗干净 ③其他说明：详细位置及要求见施工图、说明及开荒保洁质量标准 ④包括但不限于此空间范围内所有内容
4	建筑内非精装区域楼梯间保洁	层	223	①墙面无灰尘、污渍，整体无明显色差，无脱落现象，手摸无明显掉色现象；恢复原色泽 ②楼地面清洗干净，无明显污垢、水渍，边角清洗干净 ③栏杆表面光泽、无水渍、污垢及脱漆现象 ④其他说明：详细位置及要求见施工图、说明及开荒保洁质量标准 ⑤包括但不限于此空间范围内所有内容

(续)

序号	清单项目	单位	参考工程量	项目特征
5	屋面保洁	m²	8 552	①无灰尘、污渍、水迹，整体无明显色差，各防水层、防水处理面（防水胶）无污迹、水渍；清洗后恢复原色泽、光洁度 ②其他说明：详细位置及要求见施工图、说明及开荒保洁质量标准 ③包括但不限于此空间范围内所有内容（含女儿墙内侧、屋面栏杆、栏板、钢梯、屋面瓦、天窗、铝板等所有附属物）
6	地下车库保洁	m²	24 420	①墙柱面无灰尘、污渍，整体无明显色差，无脱落现象，手摸无明显掉色现象；恢复原色泽 ②顶棚无灰尘、污渍，整体无明显色差，无脱落现象，手摸无明显掉色现象；恢复原色泽 ③楼地面清洗干净，无明显污垢、水渍，边角清洗干净 ④栏杆表面光泽、无水渍、污垢及脱漆现象 ⑤其他说明：详细位置及要求见施工图、说明及开荒保洁质量标准 ⑥包括但不限于此空间范围内所有内容（包括所有电动门、管道、桥架、设备间及设备、所有门类等附属物）

（6）回标分析

1）总价对比分析，见表8.1-8、表8.1-9。A单位在发标前弃标。

表8.1-8 总价对比分析

排名	投标单位	报价金额/元	相比最低报价		相比目标成本		相比标底价	
			差额/元	差额比例	差额/元	差额比例	差额/元	差额比例
1	B	643 658	0	0%	−206 034	24%	99 216	13%
2	C	903 027	259 368	40%	53 334	6%	160 152	22%
3	D	997 734	354 075	55%	997 734	117%	254 859	34%
4	E	963 175	319 516	50%	963 175	113%	220 300	30%
5	F	1 041 868	398 210	62%	1 041 868	123%	298 993	40%
6	G	966 661	323 003	50%	966 661	114%	223 787	30%
7	H	1 051 653	407 995	63%	1 051 653	124%	308 778	42%

注：本项目标底价为742 875元。

表8.1-9 分项报价总价对比

序号	清单项目	报价组成/元			
		B	C	D	E
1	户型套内保洁	242 461	329 415	363 691	549 577

(续)

序号	清单项目	报价组成/元			
		B	C	D	E
2	外墙、窗户、百叶窗清洗	286 501	362 294	382 001	286 501
3	建筑内管道井清洁	9 090	33 330	24 240	30 300
4	建筑内非精装区域楼梯间保洁	6 690	24 100	44 600	22 300
5	屋面保洁	25 656	68 417	85 521	25 656
6	地下车库保洁	73 261	85 471	97 681	48 841
	合计	643 658	903 027	997 734	963 175

(注：因篇幅原因只显示前4家单位报价分析)

2）单价对比分析，见表8.1-10。

表 8.1-10 单价对比分析

序号	清单项目	单位	综合单价						
			B	C	D	E	F	G	H
1	户型套内保洁	元/m²	3.0	4.1	4.5	6.8	6.9	5.0	7.0
2	外墙、窗户、百叶窗清洗	元/m²	3.0	3.8	4.0	3.0	3.5	4.0	3.5
3	建筑内管道井清洁	元/个	15	55	40	50	55	6	60
4	建筑内非精装区域楼梯间保洁	元/层	30	108	200	100	115	180	120
5	屋面保洁	元/m²	3.0	8.0	10.0	3.0	3.5	6.0	3.5
6	地下车库保洁	元/m²	3.0	3.5	4.0	2.0	2.5	3.5	2.4
	合计（建筑面积单价指标）	元/m²	4.5	6.4	7.0	6.8	7.4	6.8	7.4

（7）询标和洽谈

因工期紧张，在开标当天约谈各家单位，就单方报价、税金、工作内容、工期等内容再次确定，各家均表示确认，并不做报价调整，故本项目不对各家报价进行修正。

（8）编制评标报告

根据各家报价单价分析表、三比表（表8.1-11），做商务标评标报告。商务标评标报告综合结论如下：

1）一次回标后共有七家投标单位，本次报价由低到高顺序依次为B、C、D、E、F、G、H，本次报价最高为H，报价金额为1 051 653元，报价最低为B，报价金额为643 658元，最高报价与最低报价差额407 995元。

2）本次报价单方造价由低到高顺序依次为B、G、E、C、F、D、H，最高价H单方为7.43元/m²，最低价B项目单方为4.55元/m²，两者单价差额为2.88元/m²。

3）C报价格式与其他六家不一致，其他六家报价中所有业态楼栋，单方报价均一致，C报价中不同业态的楼栋单方报价也不同。

4）本次招标报价分析中合约规划金额（即目标成本）、标底价与拟中标单位报价内容分析，即三比表见表8.1-11。

表 8.1-11　三比表

工程量	目标成本		拟中标单位报价		标底价	
建筑面积/m²	单方/(元/m²)	金额/元	单方/(元/m²)	金额/元	单方/(元/m²)	金额/元
141 615	6.0	849 693	4.6	643 658	5.3	742 875

小结：拟中标单位报价为本次 7 家报价中最低价。拟中标单位报价低于合约规划金额单方（单价差额 1.45 元），低于标底价（单价差额 0.70 元/m²）。

以上是从成本角度对各投标单位投标报价的综合分析，请公司结合各投标单位的技术标评定结果、施工质量及其他方面要求综合考虑选取合适的中标单位。

（9）样板验收

B 单位第一打样效果不理想，要求重新打样，并邀请 C、D、E 参与打样对比。

项目部、物业部、招采部共同进行样板验收，确认 B 第二次打样符合要求，C 样板不符合要求。

按照 B 第二次打样标准，与 B 进行谈判，最终价格上浮至 137 万。拟中标单位报价高于目标成本 50307 元（单价差额 0.36 元/m²）。

对 E 的打样进行验收，除了部分细节外，其他均满足公司要求。

（10）定标报告

由于该项目三期各投标单位报价的离散性比较大，除 B 外，其他家均高于基准价 34%以上，B 报价低于基准报价 12%，低于目标成本 6.00 元/m²。次低标 C 不响应付款条件，故对排名第四且样板合格的 E 进行二次谈判，最终报价为 90 万元，高于目标成本 85 万元。

3. 招标总结

（1）招标计划复盘

本项目招标总体时间从启动到发出中标通知书，实际 13 天，与计划相同；其中，从发标到发出中标通知书，实际 12 天，与计划相同。具体见表 8.1-12。

表 8.1-12　招标计划与实际完成对比

序号	工作清单	日历天数		完成时间	
		计划	实际	计划	实际
1	招标启动会	1	1	2020-5-13	2020-5-13
2	投标单位审批	1	1	2020-5-13	2020-5-13
3	招标文件审批	1	1	2020-5-13	2020-5-13
4	发标	2	2	2020-5-14	2020-5-14
5	现场踏勘、现场答疑、标前辅导	5	5	2020-5-17	2020-5-17
6	答疑回复	6	6	2020-5-18	2020-5-18
7	第一轮回标、开标	7	7	2020-5-19	2020-5-19
8	编制评标报告	7	8	2020-5-19	2020-5-20
9	中标单位审批	11	12	2020-5-23	2020-5-24

(续)

序号	工作清单	日历天数		完成时间	
		计划	实际	计划	实际
10	发出《中标通知书》	13	13	2020-5-25	2020-5-25

（2）数据分析与总结

1）工程量指标分析，见表 8.1-13。

表 8.1-13　工程量指标分析

序号	清单项目	工程量/m²	参照面积/m²		单位含量/(m²/m²)
1	户型套内保洁	80 820	地上建筑面积	117 195	0.690
2	外墙、窗户、百叶窗清洗	95 500	地上建筑面积	117 195	0.815
3	屋面保洁	8 552	屋面面积	8 552	1.000
4	地下车库保洁	24 420	地下建筑面积	24 420	1.000

2）成本指标分析，见表 8.1-14。

表 8.1-14　成本指标分析

地下部分		地上部分		合计	
建筑面积/m²	单位成本/(元/m²)	建筑面积/m²	单位成本/(元/m²)	建筑面积/m²	单位成本/(元/m²)
24 420	3.5	117 195	7.0	141 615	6.4

3）综合单价汇总，见表 8.1-15。

表 8.1-15　综合单价汇总

序号	清单项目	单位	工程量	综合单价/元	合价/元
1	户型套内保洁	m²	80 820	4.0	326 388
2	外墙、窗户、百叶窗清洗	m²	95 500	3.8	362 294
3	建筑内管道井清洁	个	606	55.0	33 330
4	建筑内非精装区域楼梯间保洁	层	223	108.1	24 100
5	屋面保洁	m²	8 552	8.0	68 417
6	地下车库保洁	m²	24 420	3.5	85 471
	合计	—	—	—	900 000

注：上述单价均含增值税 6%。

附 录

本书出版致谢单位

序	单位名称	联系人	联系方式
1	上海江欢成建筑设计有限公司 （业务范围：建筑设计、城市设计、景观室内设计、结构咨询优化）	江 春	13818975875
2	克三关（上海）科技有限公司 （业务范围：图书策划、销售，装配式建筑、成本优化、招标采购培训和咨询）	胡卫波	17317259517
3	北京汇睿达科技有限公司 （业务范围："策地帮"智能投资决策工具、供方管理系统、招采管理系统、成本管理系统、客服管理系统、智慧工地管理平台、智慧督办系统、满意度调研工具、地产企业经营管理系统、成本数据库等）	唐德华	18911842971
4	吉林诚信工程建设咨询有限公司 （业务范围：全过程造价咨询）	何丽梅	18688890722
5	漳州大盛软件有限公司 （业务范围：建筑、电力工程计价软件，公路造价管理系统，水利综合造价软件）	曾洪林	18649605383